桐蔭横浜大学法学部20周年

法の基層と展開

―― 法学部教育の可能性 ――

桐蔭法学研究会 編

信 山 社

はじめに

　桐蔭横浜大学法学部は，1993年，歴史の大きな節目が近付く予兆が感じられるなか，アメリカのスタンフォード大学，そしてドイツのチュービンゲン大学と連携し，研究や教育の特別企画を展開し，また，横浜地方裁判所から陪審法廷を移築し模擬裁判などの体験型教育を推進し，意欲的なスタートを切った。この創学の作業にかかわるという光栄に浴しえたわたくしとしては，20年の歳月を想い，感一入である。新たな状況を迎えて，われわれも，偏差値とは異別の基軸をなす教育フォーミュラに拠って，研究と教育の間を通い合う実効ある回路を開こうと決意し，21世紀日本に求められる大学の使命を果たすべく懸命の模索を行っている。

　折しも，高等教育に対する社会的関心が高まり，これから社会の要となるのは人材養成であるという観点から，大学改革をめぐって多方面にわたる論議が多彩に展開されている。この際，歴史の潮流を読み取り，大学教育の一端を担うべきものとして，本学法学部も，社会的使命の達成に寄与しなければならないという共通認識に立って，改革改善に向けて真剣な努力を続けている。

　少子化が一段と進行し，また，グローバリゼイションが誰の目にも明らかになっている今日，少子化の趨勢は止め難く，また，グローバリゼイションも国際化とは異なり選択の余地のないものと受け止められている。こうした状況にあって，とりわけそのインパクトが衝撃的なのは，進学率50%超というユニバーサル化（M.トロウの定義）の現象である。ユニバーサル化を迎えたわれわれは，エリート教育からマス教育への推移を経験したためか，過酷な入学試験を目のあたりにしてきたゆえか，大学入学者と学力上位層とが一致するものと錯覚しやすく，この捉え方が招来している問題は深刻である。

　これに加えて，若者の変質という事情があり，学力低下や覇気の乏しさがしばしば指摘される。20代の若者に焦点を合わせて時代区分を措定すると，1940年代の若者（第1世代），そして70年前後の若者（第2世代）は，第2次世界大戦の敗北と日本社会の封建性の残滓ということを深刻に受け止め，「民主主義」と「豊かな社会」に強い憧憬を抱き，ひたむきにこれを追い求め，いわば理想の時代を懸命に生き抜いてきた。ところが，冷戦構造の崩壊（1989年）お

はじめに

よび高度経済成長の終焉を迎えたあたりで，第3世代の若者の目には，前の世代が抱いてきた理想はその輝きを失ってくる。そして，2010年代の若者世代は，突如として眼前に開けたグローバリティのさなかで，新しい理想を探求し，自ら目標を再設定しなければならないという未曾有の難題に直面している。その当惑は，察するに余りあるものである。このようにして，ほぼ半世紀にわたって懸命な営みを続けてきた旧世代には，先達となる力に乏しいことから，若者第4世代は，正しく孤立無援に近い状態にある。われわれは，若者の無気力を嘆くのではなく，冷静な知性と温かいまなざしをもって，その彼方を見守るべきであろう。そのようにして，高等教育が知識集積型から創造思考型へとパラダイムシフトを遂げるならば，デジタル・ネイティヴである新世代は，集合知の存在もあって新たな時空を切り拓いて行くものと期待されるのである。

当然のことながら，学生と教師が平等の立場から互いに論じ合う対話型の授業，すなわちソクラティック・メソッドの方法に注目が集まるのは，しごく自然の成り行きである。この教育手法は法科大学院において先行して導入されたものであるが，他の大学院はもとより，広く学部レベルにも妥当する汎用性をもつのである。

ここに世に送る論集は，「研究と教育の架橋」という要請に応えるべく，「法の基層と変容」というテーマを設定し，法をその深みとダイナミズムにおいて捉えるという問題意識を共有した上で執筆されたものである。各執筆者は，それぞれの専門分野において研究と教育のよき接合から生まれる成果を目指して着実な歩みを進めようとしている。大学教育に突き付けられた今日的課題に応えていくために，わが国の大学は，それぞれの地点から個性ある探求を続けることを要請されている。社会の命運を決するのは人材であるとの認識が広がっている現在，われわれのこの営みが，ささやかであれ，何ほどかの未来への貢献となることを願って止まない。

結びに，この企画を担った編集委員に心からの敬意を表し，また，丹念な編集の労を執っていただいた信山社の袖山貴，稲葉文子の各氏に厚くお礼申し上げたい。

2014年3月

小島武司

目　次

はじめに……………………………………………小島　武司…ⅲ

第1部　法の原理・原則 ── 基　層

第1講　近代私法体系の成立と展開
　　　── 新たな私法体系の再編に向けて………………中野　邦保…3

第2講　契約の拘束力とその限界 ── 贈与を中心に
　　　……………………………………………小島　奈津子…51

第3講　契約からの離脱の自由と規制
　　　── 解雇規制の正当化根拠 ……………………勝亦　啓文…69

第4講　正当防衛にみる「正」と「不正」
　　　── 量的過剰の観点から ………………………原口　伸夫…87

第5講　「故意」の概念とその抽象化
　　　── 方法の錯誤を素材に ………………………谷脇　真渡…107

第6講　人格と所有 ──「性の商品化」をめぐって
　　　………………………………………………原　千砂子…125

コラム①　西洋法史研究への誘い ── サヴィニーミュージアムと
　　　メモリアルライブラリー ……西洋法史研究所：浅岡　慶太…145

ⅴ

目　次

> 第2部　多様化する社会と正義の重層性 ── 変　容

第7講　法の下の平等とアファーマティブ・アクション
　　　　　　　　　　　　　　………………………………………茂木　洋平…151

第8講　国民の裁判への参加と公平・公正な裁判
　　　　　　　　　　　　　　………………………………………麻妻　和人…169

第9講　弁護士の役割の変化と拡大
　　　　　　　　　　　　　　………………………………………秋田　知子…187

第10講　グローバル環境犯罪とカオス複雑系グリーン社会正義
　　　　　　　　　　　　　　………………………………………竹村　典良…205

第11講　暴力団にかかわる正義と公正 ── 法社会学的視点から
　　　　　　　　　　　　　　………………………………………河合　幹雄…225

第12講　国家と法治観 ── 戦後のアジア3大国家関係史と展望
　　　　　　　　　　　　　　………………………………ペマ・ギャルポ…241

第13講　政治と法の空間 ── 実践の空間における政治的判断
　　　　　　　　　　　　　　………………………………………升　信夫…261

　コラム②　歴史的空間としての法廷 ── 旧横浜地方裁判所陪審法廷
　　　　　　　　　　　………………………………日本法史研究所：山城　崇夫…283

目　次

第3部　法学部教育の新たな可能性 ── 展　開

第14講　法の視覚化における視覚的法学教育の可能性
　　　　………………………………………山口　裕博…289

第15講　法学部教育と司法アクセスの拡充
　　　　………………………………………小 林　　学…313

第16講　六法的思考 ── 法学部教育の歴史から
　　　　………………………………………出 口　雄一…335

コラム③　対話促進による協調的紛争解決に向けて
　　　　── ミディエイションの展開
　　　　……………………ミディエイション交渉研究所：韓　　寧…357

おわりに　………………………………………桐蔭法学研究会…361

vii

第1部
法の原理・原則
——基 層——

第1講　近代私法体系の成立と展開
── 新たな私法体系の再編に向けて ──

中野　邦保

> 人間社会を規律する「法」とは，どのようなものであろうか。本講は，この問いに対し，学問（Wissenschaft）と同様，法が有するある種の体系的性格から考察するものである。具体的には，まず，現在の私法体系の基礎をなす近代私法体系が，どのようにして成立したのか検討する。次に，その後の社会の変化に伴い，それがどのように展開していったのか検討する。そして，それにより生じた限界を克服するために，今後，われわれは，どのような私法体系を再編していくべきか，大陸法系・英米法系の法構造を見極めたうえで，考えうるヴァリエーションを模索する。最後に，以上の考察をふまえたうえで，「法－社会－人」の関係から，「法」とは何か再考する。

1 はじめに

(1)　「法」とは何か

「法とは何か」という問いは，法学の最初にして最後の問題であるといわれる。そのため，ある意味，この問いに対する答えを求め続ける学問的営為こそが「法学」である。

では，この問いに対し，これまで，どのような議論がなされてきたのであろうか。

まず，「法とは何か」という問いに対しては，法は規範か事実か，法と道徳や強制とはどのような関係を有するのか，悪法も法か，といったかたちで，「法」を他と分かち，法たらしめている法の本質的特徴とは何かが問題となる（法の本質・概念については，その方法論を含め，加藤1976：287-427頁，碧海2000：40-72頁参照）。また，法秩序・法規範が有する統一性，構造的・機能的特質

第1部　法の原理・原則 —— 基　層 ——

とは何か，ということも問題となる（この点，法システムを，規範・制度・技術・主体の4側面からなる，人々の相互主体的活動によって支えられている動態と把握したうえで，法は規範的機能〔行為規範・裁決規範・組織規範〕を有するいくつかの法規範が組み合わせ用いられることによって，さまざまな社会的機能〔社会統制・活動促進・紛争解決・資源配分〕を果たしているとする見解がある〔田中2011：41-47, 67-78頁〕）。

　さらに，法律学はとかく法理念による価値判断を伴うものであることから，こうした法の本質にかかる問題と密接に関連し，もっとも古くから論じられている問いとして，法の目指すべき理念あるいは目的とは何か，ということも問題となる（たとえば，法の理念として，正義，合目的性，法的安定性などがあげられるが，次の(2)で述べるように，そもそも「法」という言葉には「正しさ」が含意されており〔正しいものが法である〕，正義の実現という理念は「法」それ自体に内在されている）。

　このような「法」の意義，役割・機能，目的をめぐる議論は，個別の条文からなる法律・法典の総体が法一般であるためか，実定法の解釈において，意義・要件，効果，趣旨を検討するのと同様，ある意味，パラレルな思考様式を有している。そのため，法的価値判断を伴う法的三段論法にみられるように，法には，ある種特有の思考・判断枠組があるように考えられる。このことからすると，裁判過程におけるものをも含め，法的思考や法的判断はいかに発見，基礎づけられ，それらの構造・方法の特質等とは何か，ということが問題となり，この点からも，「法とは何か」を考察することができる（この問題領域については，青井2007：6-9頁，201頁以下参照）。

　以上述べた，①法の本質にかかる「法概念論」，②法の目的・正義にかかる「法価値論」，③法的判断や法的思考にかかる「法学方法論」の3つが（呼称の相違はあれど），法理学・法哲学の中心的な問題領域として一般的に理解されている。これらの問題領域は，別個独立に存在しているのではなく，「法とは何か」という問いに向けて，相互に密接な内的関係性を有するものとして理解できる。また，「法とは何か」という問いは，実定法の分野といえども，ある問題・事例等について考察する場合には，究極的には，法をどのように理解するかという問題に関わるので，基礎法の問題にとどまらない。

　そのため，「法とは何か」という問いをひろく法に関係する人々がそれぞれの立場から多角的かつ重層的に検討・考察することによって，「法」全体の理

解を深めることができ，それにより，法システムがより発展していくものと考えられる。

（2）「法」と「権利」

(a) 「法・権利」を示す "ius" の概念史

このように，「法とは何か」という問いをめぐってはさまざまなかたちで議論がなされている。この理由は，各論者が，法現象のどのような範囲・側面（分野）に焦点をあて（客体的条件），時代・社会の理論的・実践的課題をどのように受け止め，どのような問題関心で法に対してアプローチするか（主体的条件）によって異なるためと考えられている（田中2011：34-35頁）。そのため，「法とは何か」を問うことは「趣味の問題」とさえ極論されることもある。ただ，この問いは，前述したように，さまざまな問題に分節して検討しうることから，ここでは，「法」という言葉の歴史的展開から考えてみることとする。

「法」という言葉は，当然のことながら，日本語においては「権利」とは別の言葉が用いられている。しかし，ラテン語では，"ius (jus)" という1つの言葉で，「法・権利」という2つの概念をあらわしていた。

"ius" は，古代ローマにおいては，「正義 (iustitia) は，各人に彼自身の ius を配分する，恒常的で永続的な意思である」（『学説彙纂』第1巻第1章第10法文序文，『法学提要』第1巻第1章序文）というように，アリストテレス (Aristoteles, 384-322 B.C.) が論じた「正しいこと (dikaion)」（とりわけ配分的正義）に関わるものとして，「各人のもの」（各人の正当な取り分）といった客観的な意味でしか解されていなかった。

しかし，12世紀以降，ローマ法学者・カノン法学者によって，"ius" を帰属主体である人に備わった「力 (vis)」とする主観的な理解が付け加えられていった。そして，清貧論争の際に，主意主義者であったオッカムのウィリアム (William of Ockham, c.1287-1347/49) によって，主観的側面がさらに推し進められた。その結果，客観的・具体的な「もの」（各人の正当な取り分）と解されていた "ius" が，帰属主体の側から，その「もの」を使用する人間の「権能 (potestas)」と把握され，さらには「所有・支配 (dominium)」，「処理能力 (facultas)」，「自由 (liberty)」と主観的に解されていくこととなった。

このようにして客観的な意味（法）と主観的な意味（権利）を併せもつに至った二重概念 "ius" は，中世末期から近世にかけて，いずれも「正しい」の意

味をもつright（英語），Recht（ドイツ語），droit（フランス語）等に訳されていった。

　なお，ラテン語には，ローマ法由来の，「正しいこと」という内容を背景にもつ"ius"と，「定立される」という態様に着目する"lex"（法律）という言葉がある。これに対し，英語には，"law"という言葉しか存在せず，"right"は「権利」という意味しかない。この理由は，大陸法系と英米法系における法体系の展開過程の相違にもとづくものと考えられる（なお，本講では，英・米の両法系を念頭におく記述があるため，「英米法系」という用語を用いているが，基本的には，コモン・ローとエクィティを含めたイギリス法系を指す）。すなわち，後述するように，イギリス（イングランド）においては，国王裁判所の裁判例を通じてコモン・ローが形成されていったことから，ローマ法が本格的に継受されなかった。そのため，二重概念を有する"ius"が浸透せず，主観的に解されていた"ius"のみが，国王による専制的な"law"に対抗して，正しさを主張するものとして，"right"と観念された。これに対し，程度の差はあれ，ローマ法を継受した大陸法系においては，二重概念を有する"ius"がそのまま維持された。その結果，ヨーロッパ大陸諸語においては，客観的な「法」と主観的な「権利」とを区別するものの，「法＝権利」という，両者は互いに分かちがたく結びついた概念として理解されていったとされる（以上の説明につき，市原2010：16-27頁参照）。

　最後に，「法」と「権利」の関係について付言すれば，両者は同じことの2つの側面（社会との客観的な関係〔法〕か，個人の主観的な関係〔権利〕かといった捉え方による相違）にほかならない。そのため，「法」と「権利」は，相互規定的な関係（「権利」は「法」によって支えられ，「権利」を定めるルールの総体が「法」である）を有するとともに，共進化的な関係（「法」が「権利」を生み，「権利」が「法」を生むというプロセスを通じて，「法」と「権利」が共に進化し続ける）にあると考えられる（このような理解につき，大村2008：65-67頁参照）。

　(b)　「法」と「権利」の分類

　以上，二重概念"ius"について検討したが，「法」と「権利」の分類について述べると，一般に，両者は，いずれも「公／私」という2つの観点から体系的に説明される（ただし，「公／私」については，両者を区別する実益〔意義〕，区別の可否，基準，関係等をめぐり種々の議論がなされており，単純に，すべて截然

と分類できるわけではないことに注意されたい）。

　まず「法」は，その対象と機能との関係から，国の社会的な秩序を維持する統治の手段として，国家との垂直関係に機能する「公法」と，人々の生活関係を衡平かつ妥当に規律する取引のルールとして，私人間の水平関係に機能する「私法」とに分類される。そして，この対象と「垂直」・「水平」関係というベクトルの相違から，憲法，刑法等の「公法」は，「命令・服従」を指導原理とするのに対し，民法，商法等の「私法」は，そのような国家機関を主体とした権力服従の上下秩序の原理を有さず，「自由・平等」を指導原理とすると解されている。また，「権利」についても，法の分類をそのまま反映させるかたちで，公法上認められる「公権」と，私法上認められる「私権」とに二分して理解されている（我妻1965：1-4，31-32頁）。

　以上のような「公／私」の関係は，近代に入り，主権国家体制から国民国家が形成される過程において，「国家」と「社会」とが分離し，公法的関係が独自の存在意義を有することによって意識されるようになったものである。ローマにおいても，「公／私」の区分はあったものの，それは国家の利益か私人の利益かという「利益」を中心とした捉え方であった。そのため，公法的領域は狭く，法学は私法，とりわけ市民法（ius civile）にその源流を求めることができる民法を中心に発展し，権利概念も私権を中心に展開されてきた。

　そこで，以下では，全法分野においてもっとも長き伝統を有し，法のさまざまな特徴が顕著にあらわれる，私法の一般法たる「民法」を中心に検討する。

（3）　法体系からの分析

　わが国の民法典は，1898（明治31）年に，不平等条約を改正するために施行された。この民法典は，ドイツ民法第一草案を参考に起草されたため，総則・物権・債権・親族・相続の全5編で構成されており，共通な規定（総則）を個別的な規定（各論）に先だって冒頭に置くかたちで法典が編纂されている（具体的には，物権・債権・親族・相続の各編は，その冒頭で「総則」の章を置くとともに，それら各編全体の「総則」として第1編が位置づけられている）。このような法典編纂方式は，ユスティニアヌス帝（Iustinianus，在位527-565）の命によって，著名な法律家たちの著作から選び抜かれた学説を要約・集成した『学説彙纂（Digesta〔ギリシャ語Pandectae〕）』全50巻に由来し，「パンデクテン方式」という。なお，ドイツ民法典（1900年）も，パンデクテン方式を採用するもの

の，（わが国の呼称にあわせれば）債権法（Recht der Schuldverhältnisse）が物権法（Sachenrecht）に先んじて規定されており，わが国の民法典とでは編別順が逆になっている（その理由は，わが国では，物権法は，衣食住という人の生存に関する物の規定なので，各種の権利に先んじて規定すべきと考えられたためとされる〔岡松1899：9-10頁〕）。

　また，わが国の民法典は，法全体に共通する構成要素として「権利」が位置づけられている。具体的には，財産法は物権・債権峻別論を前提とした物権・債権の関係によって，家族法は親権・夫婦の権利義務・相続権の関係によって規定されている。そして，総則編は，「権利」の主体（「誰が」権利を有し，それを行使できるのか），「権利」の客体（権利を有する者は「何を」どうすることができるのか），「権利」の変動（権利はいかなる「原因」により，どのように「発生・変更・消滅」するのか）というかたちで，民法典全体が「権利の体系」として構成されている（我妻1965：31頁参照）。

　これに対し，ドイツ民法典やわが国の民法典から約100年前に成立した，プロイセン一般ラント法（1794年），フランス民法典（1804年），オーストリア一般民法典（1811年）といった自然法的諸法典は，いずれも，人・物・行為（訴権）というかたちで法典が編纂されている。このような法典編纂方式は，ユスティニアヌス帝の命によって，法学初学者のためにより簡便な法学校の講義用テキストとして編纂され，ガイウスの著作にちなみ名がつけられた『法学提要（Institutiones）』全4巻に由来し，「インスティトゥツィオーネン方式」という。

　そして，自然法的諸法典は，身分制的な社会秩序を前提とするプロイセン一般ラント法に典型的にみられるように，人は行為の前に何をすべきか，という自然法的な「義務」概念を中心に，いまだ権利概念が積極的に基礎づけられていなかったことから（義務なくして権利なし），「義務の体系」として構成されていた。

　さらに，いずれの法体系においても，選択の自由という意味での意思の「自由」は確保されていたものの，2で検討するように，思考原理レベルでも，次のような相違がある。パンデクテン方式による権利の体系のもとでは，当事者双方の意思の合致によって成立した法律行為の内容が，当事者の意思とは別の基準によって修正されることはなく，「契約自由」が強調されている（自律）。これに対し，それ以前に成立したインスティトゥツィオーネン方式による義務の体系のもとでは，両当事者が合意した契約内容が，衡平・契約の本性・自然

法といった客観的・外部的基準たる「契約正義」にもとづき修正されることがあった（他律）。

このように，ヨーロッパ大陸法系においては，法典編纂方式・構成原理・思考原理において異なる，2つの私法体系が存在する。一方は，わが国の民法典やドイツ民法典のように，近代に入り，それ以前の私法体系からパラダイム転換がなされ新たに成立した，「パンデクテン方式による権利・自律の体系」として特徴づけられる「近代私法体系」である。他方は，フランス民法典等の自然法的諸法典のように，近代私法体系以前に成立した「インスティトゥツィオーネン方式による義務・他律の体系」と特徴づけられる「啓蒙期自然法体系」である（なお，両法体系の相違は，私法理論レベルにも及ぶが〔①個人の自由意思を中心とした法律行為論と両当事者の合意を中心とした契約理論，②錯誤論では意思欠缺論と合意欠缺論，③物権変動論では形式主義と意思主義〕，この点をも含め，以上の理解は，筏津2001による〕）。

以下では，このような法体系にみられる相違に着目し，私法体系が有する法構造・特質から，「法とは何か」を考察していくこととする（なお，本講とは視点が異なるものの，法体系論の分析として，カナリス1996，ラズ2011参照）。

2 近代私法体系の成立 ── 基層

（1） カントによる新たな形而上学の体系の展開

ヨーロッパ大陸法系において存在する2つの私法体系は，どのようにしてパラダイム転換がなされたのであろうか。近代私法体系成立に至るまでの途はさまざまな観点から考えられようが，本講では，いわば「プレモダン」と「モダン」とを分かつ私法体系の思想的基盤に着目して，カント（Immanuel Kant, 1724-1804）について検討する。その理由は，啓蒙専制君主制の存続に伴う市民社会形成の遅れなど，ドイツ社会特有の後進性と限界がみられるものの，カントが，それ以前の啓蒙期自然法体系から，まさに民法が指導原理とする「自由・平等」を哲学的に基礎づけたことによって，近代私法体系への転換をもたらしたと考えられるからである（以下の叙述につき，中野2013：187頁以下参照）。

まず，カントは，『純粋理性批判』（1781年）において，ベーコン（Francis Bacon, 1561-1626）に端を発するイギリス経験論と，デカルト（René Descartes,

1596-1650) 以来の大陸合理論を批判的に止揚するようなかたちで，新たな形而上学の体系を展開する。具体的には，カントは，因果律を否定するヒューム (David Hume, 1711-1776) の懐疑論を契機として，ライプニッツ (Gottfried Wilhelm Leibniz, 1646-1716) の思想をもとに理性を絶対視するようなかたちで幾何学的な体系を構築したヴォルフ (Christian Wolff, 1679-1754) を中心とする学派の形而上学を「独断論」として批判する。そして，すべての経験から独立したアプリオリな諸原理にもとづく人間の認識能力に関する「純粋理性」を，理性の法廷において自己批判的に省察し，従来の形而上学からの脱構築を図る。

その結果，われわれの全認識はすべて対象に従って規定されると考えられてきたが，対象がわれわれの認識に従って規定されており（認識のコペルニクス的転回），われわれのアプリオリな理性認識は，経験的に構成された世界（現象界）にのみ関わり（理論理性の限界），超越論的に存在している物自体の世界（叡知界）については及ばないことを明らかにした（カント 2001b：33 頁以下）。

そして，カントは，このような理解を前提に，形而上学を，「理論理性」が応える経験的に構成された世界を支配する「自然の法則」にかかる「自然の形而上学」と，「実践理性」が応える物自体の世界を支配する「自由の法則」にかかる「人倫の形而上学」とに区分する，新たな形而上学の体系を呈示した（カント 2006：118 頁以下）。

このように，第一批判たる『純粋理性批判』では，「純粋理性」を批判的に検討した結果，理論理性の限界を示し，自然必然的な世界から自由な世界を切り離して観念したため，カントの形而上学においては，今後，いかにして体系構築全体の要石となる「自由」の実在性を基礎づけるかが問題となる。そこで，次の『人倫の形而上学の基礎づけ』（1785 年）においては，道徳的実践においては「自由」の存在が前提とされていることから，まず人倫性の最上原理の探求と確定という観点から検討し，「自由＝自律」を基礎にすえた新たな体系を展開する。そして，後の『人倫の形而上学』（1797 年）では，この総論的な内容を前提に各論的な検討が加えられ，体系の全体像が示される。他方，第二批判たる『実践理性批判』（1788 年）では，同一の内容につき，「実践理性」の観点から検討し，純粋実践理性の根本法則として，「自律」がより洗練されたかたちで基礎づけられる。そして，第三批判たる『判断力批判』（1790 年）では，2つの領域を一つの全体として結合する，いわば，「理論」と「実践」を架橋する中間項として「判断力」が位置づけられる。これにより，カントの形而上学

は，全体として一つの体系を構築することになる。そして，以上のように，『純粋理性批判』を基点として検討された諸問題は，根本的にはすべて「人間とは何か」という問いに通じるとして，『実用的見地における人間学』(1798 年)へと結実する。なお，理論と実践を架橋した体系化という視点は，「理論と実践」(1793 年)，『永遠平和のために』(1795 年)や，晩年の『論理学』(1800 年)においてみられ，そこでは，教説と実例による知恵の教師たる「実践的な哲学者こそ」が「本来の哲学者 Philosoph〔知恵の愛好者〕」であるとされている（カント 2001a：34 頁）。

(2) 「自由・自律・法・権利」の体系の哲学的基礎づけ

(a) 「自由＝自律」の体系

まず，カントは，『人倫の形而上学の基礎づけ』において，人倫性の最上原理について検討する。その結果，「意志（Wille）の自律が人倫性の最上原理」であり，「意志の他律が人倫性の偽原理すべての源泉」であると結論づける。ここで，「自律」とは，カントによれば，"自らの意思（Willkür）が普遍化可能かということを自分で判断し，自己決定すること"であるとする。そのため，ヴォルフ等のこれまでの議論は，自由なはずの意志が，自らを超えて外部の実質的な価値倫理（自然法的・客観的義務基準）に従属しているので，「他律」であるとして批判する（カント 2000a：82 頁以下）。

また，「自由」が，理性的存在たる人間のすべての意志の特性として前提とされなければならず，理性的存在はすべて，その各々が自己自身と他の者を決して手段としてのみ扱わず，常に同時に目的それ自体として扱わなければならないとする。そして，「意志の自由」と「意志が自ら法則を立法すること」は，両方とも「自律」を意味し，交換概念であり，「自由の理念と自律の概念とはしっかり結合していて，……自律の概念は人倫性の普遍的原理と同じくしっかり結合している」ので，「自由から自律へ，そして自律から人倫性へ」と導き出せるとする。その結果，カントは，自律が，「人間などあらゆる理性的本性の尊厳の根拠」であり，意志の自律をもつがゆえに，人間は真に自由であるとして，そこから，人格の自律，個人の尊厳を基礎づける（カント 2000a：70 頁以下，96 頁以下）。

このようにして，カントは，「自由＝自律」から，さまざまな原理・原則を演繹的に導出しうる新たな体系を展開した。なお，カントの「自由＝自律」の

体系は，次のように，「社会・法」－「人間・市民」－「意志」という3つのレベルで重層的な構造を有しているものと理解することができる（このような観点につき，近代市民社会の成立過程を検討する成瀬1984：105頁以下，226頁以下参照）。すなわち，まず，「世界市民的見地における普遍史の理念」(1784年)では，普遍的に法を司る市民社会（法のもとにある自由と結びつき，最大の自由があるがゆえに，他人の自由と共存しうるように自由の限界を厳密に規定し，保障する社会）を実現すべく，「社会・法の自由」が強調されている（カント2000b：10頁）。また，その翌月に公表された「啓蒙とは何か？」(1784年)では，世界市民社会の成員として理性の公的使用を自由になしうるよう，理性的な存在者である人間が，他に依存せずに，自分で考え，自由に自律的に活動できるよう，「人間・市民の自由」が強調されている（カント2000b：25頁以下）。そして，翌年の『人倫の形而上学の基礎づけ』では，前述したように，人間の尊厳として「意志の自由」が強調されている（以上のような理解は，カントが，公共体〔市民社会〕を創設するための構成員〔市民〕の法的属性として，「自由」，「平等」，「自立（Selbstständigkeit）」という3つのアプリオリな原理を段階的に呈示していることとも関係する〔カント2002：156頁以下，2000b：187頁以下〕。この点につき，ケアスティング2013：281頁以下も参照）。

　(b)　「法＝自由」・「権利＝自律」の体系
　次に，カントは，『人倫の形而上学』において，それを「法論」と「徳論」とに大きく区分したうえで，前者をさらに，ある意味，パンデクテン方式のように，「序論」と，「私法」・「公法」とに分け，それぞれの領域につき体系的に検討する。
　その際，まず，カントは，"Recht"とは，"意思の自由な行使が，誰の自由とも普遍化可能なかたちで両立しうるもの"をいうとしたうえで（その場合，権利があり，法に適っている），それを，「自然法」と「実定法」に，また「生得の権利」と「取得される権利」とに分ける。そして，「生得の権利」は内容的には自由を意味し，「自由」は誰にでも人間であるがゆえに帰属する権利であり，生得の「平等」もすでにそこに含まれているので，「私法」の対象から除外し，「取得される権利」たる「外的なわたしのもの・あなたのもの」の取得の仕方について検討する（カント2002：47頁以下，58頁以下）。
　そして，カントは，「外的なわたしのもの・あなたのもの」とは，時間と空

第1講　近代私法体系の成立と展開

間における対象との関係に制約されることなく，排他性が与えられていなければならないと考え，実践理性の許容法則によって，「万人による承認（＝普遍化可能性）」という客観的条件を付加する。その結果，「外的なわたしのもの・あなたのもの」とは，「法的占有（possessio noumenon〔rechtlicher Besitz〕）」を意味し，それは，"主体の意思と対象との間に法による結合関係があること"と考える（カント2002：66頁以下，78頁）。そして，「人格」を行為の責任を帰することのできる主体と理解し，それを「物件」の対概念と把握したうえで，「法的占有」の概念をも用いることによって，「物権」（ある人格が物件に対して法的占有を有すること）と，「債権」（ある人格が他の人格に対してある行為をするよう能力の占有〔法的占有〕をすること）とを定義づけた（カント2002：39, 87-88, 101頁〔なお，物権的債権につき108頁参照〕）。

　このように，「法的占有」が「権利」と互換可能なものと解されていることなどからすると（カント2002：72頁等参照），カントは，「法的占有」によって，「権利」概念の本質を規定したと考えられる。他方，「法的占有＝権利」に，「法」の定義にあてはめると，"ある外的対象をわたしのものにしようとする意思が，誰の自由とも普遍化可能なかたちで両立しうる場合"と言い換えることができる。そして，これに「自律」の定義をも加味すると，このような場合には，行為者が自らの意思を普遍化可能かどうか判断し，普遍化可能となったときに純粋実践理性としての意志となり（カント2002：25頁以下，42頁），「自律」が成立すると考えられる。したがって，ここでは，「権利」概念が「自律」によって基礎づけられていると理解することができる（以上の理解は，筏津2001：121頁以下による）。

　以上のように，「自由」が「自律」によって基礎づけられ，「自律」が人間の尊厳の根拠として，人格の自律，個人の尊厳を基礎づけるとともに，そこから「平等」をも導き，自由な意思を有する平等な「人格」（＝人間）を基点とした法体系の展開を可能とする哲学的基礎づけがなされた。また，それとともに，「法」概念は「自由」によって基礎づけられ，「権利」が「自律」によって基礎づけられたことによって，自律的意思概念にもとづく「権利」の体系の哲学的基礎が築かれた。これにより，社会における人間の行為の特性にもとづいて考察されていた啓蒙期自然法論とは全く異なる新たな体系を展開することが可能となり，ここに至って，近代私法体系へと連なる新たな途が開かれていくことになった。

(c) 「自由」と「平等」

なお，「自由」と「平等」について，カントとルソー (Jean-Jacques Rousseau, 1712-1778) との関係から付言しておく。両者は，いずれも近代市民社会への移行にかけて，「自由」と「平等」を強調しているものの，そのニュアンスは異なる。

カントは，自身の体系全体の要石として位置づける「自由」を，"汝の意志の格率（行動方針）が，常に同時に普遍的立法の原理として通用することができるように行為しない"というかたちで，「自律」によって基礎づけている（カント 2000a：165頁）。このように，ここでの「自由」は，あくまでも他人と両立しうるかたちで自らのルールに従い行動することであり，他者の自由を無視して，個人主義的にいかなることも無制限になしうるというような「絶対的自由」ではない。そして，カントは，「自由」から「平等」を導き出すように，「平等」より「自由」が先行するものとして理解していた（「自由主義的平等論」）。

これに対し，ルソーは，『人間不平等起源論』(1755年) において，人間社会の系統発生的な展開から，不平等の起源を私的所有の制度に見出したように，「平等」を確保することこそが第一義的な目的であったと考えられる。そして，『社会契約論』(1762年) では，「自由」は社会契約によって確保できると考え，「自由」を「個人的」な観点から「自律」を基点に基礎づけるカントとは異なり，「集団的」な観点から「法」によって基礎づけようとするものであった。そのため，ルソーもカント同様，「意志の自由」を強調するものの，「自由」は「平等」がなければ存続しえないものとして（ルソー 1979：158頁），「自由」より「平等」が先行するものとして理解していた（「平等主義的自由論」）。

このような両者の力点の置き方による相違は，①「危害原理(Harm Principle)」によって「自由」(量)の領域を確保したミル (John Stuart Mill, 1806-1873) や，「自由」(質) を「消極的自由（～からの自由）」と「積極的自由（～への自由）」とに二分したバーリン (Isaiah Berlin, 1909-1997) 等の自由論の系譜から，②市場において「見えざる手」によって適切な資源配分がなされるという自由放任主義的なスミス (Adam Smith, 1723-1790) 以来の古典的自由主義の再生を試みるハイエク (Friedrich August von Hayek, 1899-1992) 等の経済的自由主義の関係などをも踏まえ，「自由主義」と「民主主義」の異同を理解するのに資するものと考えられる（なお，自由主義と民主主義の関係については，笹倉 2002：239頁以下，2007b：86頁以下参照）。さらには，そこから，ロールズ (John Rawls,

1921-2002）等のリベラリズム（liberalism）とノージック（Robert Nozick, 1938-2002）等のリバタリアニズム（libertarianism），あるいはサンデル（Michael J. Sandel, 1953- ）等のコミュニタリアニズム（communitarianism）などの主張の相違を考えるうえでも有用な視点になるものと思われる。

（3） 近代私法体系と近代私法の三大原則

　このように，カントによって哲学的に基礎づけられた「自由・平等」を前提に，近代私法体系は，どのように成立していったのであろうか。カント以降，「自由」の法体系を受け継ぎ，抽象的な人格を基点としつつ，共同体との関係をも重視するヘーゲル（Georg Wilhelm Friedrich Hegel, 1770-1831）等を経て，近代市民社会が形成されていく。そして，それとともに，法の世界でも実証主義的傾向が強まり，やがてドイツ民法典の成立へと結実していくことになる。このドイツ民法典は近代私法体系と評されるが，そもそも近代私法体系は，いかなる状態をもって成立したと考えられるのであろうか。この点，近代私法体系が，近代私法の三大原則（私的自治・権利能力平等・所有権絶対の原則）の確立をもって成立したと考えることには，その名称からして異論がないと思われる。そこで，ここでは，この三大原則について，次の3つの観点から検討する。

　最初に，この三大原則と，近代私法体系のもと成立した民法の指導原理たる「自由・平等」との関係について検討することとする。

　まず，①「私的自治の原則」とは，私法上の法律関係は個人の自由意思にもとづき自律的に形成することができることをいう（この原則のコロラリーとして，「契約自由の原則」〔当事者の意思にもとづいて自由に契約を締結することができる〕と，「過失責任の原則」〔過失・故意がなければ責任なし〕が導かれる）。ここでは，個人の「自由」な意思によらなければ，権利を取得し，義務を負わないとされていることから，この原則は人格の「自由」を確保するためのものとして理解することができる。また，②「権利能力平等の原則」とは，すべての人はみな平等に権利能力を有することをいう。ここでは，国籍・階級・職業・性別などにかかわらず，誰もが「平等」に権利・義務の帰属主体となれるとされていることから，この原則は人格の「平等」を確保するためのものとして理解することができる。さらに，③「所有権絶対の原則」とは，所有権は何らの人為的拘束を受けない完全・円満な支配権であり，何人に対しても主張しうる神聖不可侵な自然権であることをいう。ここでは，誰もが「自由」かつ「平等」な人格

第1部　法の原理・原則――基層――

を有することが前提とされ，はじめて「自由」かつ「平等」に物の所有権を取得し，使用・収益・処分できることから，この原則は「自由」と「平等」を裏面から実質的に保障するものとして理解することができる。

以上により，「自由・平等」な"人格"を有する人〈主体〉は，他の「自由・平等」な"人格"を有する人〈主体〉との間で，自らが「自由・平等」に「所有」しうる物〈客体〉を，互いに自らの「自由」な意思にもとづき「平等」な関係で形成した「契約」等の法律関係を通じて交換〈変動〉しうることとなる。すなわち，〈主体〉相互と，〈主体〉〈客体〉を結ぶ関係性と〈変動〉の前提に，いずれも「自由・平等」を観念したうえで，「自由・平等」な"人格"を基点とした「所有」・「契約」の関係性が展開されている（このような分析観点につき，笹倉2007b：135頁以下参照）。

次に，この三大原則と，前述したカントにおける3つのレベルの「自由＝自律」の体系との関係から検討すると，次のように理解することができる。

まず，①「私的自治の原則」は，自然法によらず，人が自らの自由意思にもとづいてのみ法律関係を形成することができるようになったことから，「意志」の自由・自律レベルのものと位置づけられる。また，②「権利能力平等の原則」は，自由・自律によって人格の平等が導かれ，身分制的構造が変容・解体し，市民意識の成熟をもたらしたことから，「人間・市民」の自由・自律レベルのものと位置づけられる。さらに，③「所有権絶対の原則」は，権利概念が意思と意思との結合関係によって基礎づけられ，人格概念が物と明確に切り離されたかたちで抽象的に観念され，人格と結びつけられた身分制を前提とした所有権概念から解放されたことによって，これまでの身分制社会から近代市民社会への転換を可能にしたことから，「社会・法」の自由・自律レベルのものと位置づけられる。

このようにみてみると，啓蒙期自然法体系から近代私法体系への私法体系の変遷過程は，3つのレベルの「自由＝自律」を経て，自由と平等が段階的に確立されていく過程と理解することができよう（自然法的諸法典においては，それぞれの成立時点で，三大原則すべてが確立されているものはなく，確立の度合いも異なっている）。

最後に，この三大原則と，近代私法体系の特徴たる「パンデクテン方式による権利・自律の体系」との関係から検討すると，次のように理解することができる。

まず，①「私的自治の原則」は，自律的意思概念にもとづく権利概念を中心に構築されている「権利・自律の体系」によって担保されている。また，②「権利能力平等の原則」は，個別・具体的な事情を捨象した総則において，抽象的・一般的な「人格」として把握することを可能とした「パンデクテン方式」によって担保されている。なお，インスティトゥツィオーネン方式は，プロイセン一般ラント法に端的にみられるように，個別・具体的な人格ごとの身分制を秩序づける所有権の取得の仕方（人〔主体〕・物〔客体〕・行為〔取得方法〕）によって分類されており，身分制の残滓をみてとることができる。以上を前提にすると，③「所有権絶対の原則」は，これまでの政治的支配・保護ないし事実上の所持・利用と結びついた義務的な権利の性格を有する所有権（既得権）から，自由・平等な抽象的人格によって自由にして完全な近代的所有権を基礎づけることを可能にした「パンデクテン方式による権利・自律の体系」によって，より一層担保されているものと理解することができる(以上の理解については, 村上1979：65頁以下, 130頁以下, 1985：2頁以下, 8頁以下参照)。
　このように，「パンデクテン方式による権利・自律の体系」は，近代私法の三大原則の確立を促し，自由と平等を担保するための重要な法体系として理解することができる。
　以上まとめると，「自由」と「平等」は，近代私法の三大原則によって確保されており，3つのレベルの「自由＝自律」を通じて段階的に確立されていったと理解できる。他方，「自由」と「平等」を保障する三大原則は，「パンデクテン方式による権利・自律の体系」によって担保されてもいる。このように法的場面においては，「自由」と「平等」が，両面から確保・担保されることによって，それを前提とする近代社会が構築されていったと考えられる。

3　近代私法体系の展開 ── 変容

(1)　近代社会から現代社会へ

　近代私法体系は，その後，どのように展開していったのであろうか。「社会あるところに法あり (Ubi societas, ibi ius)」といわれるように，法は，社会・経済・政治と密接不可分な関係を有しており，時代とともに，それらが複雑に相関的に作用しあいながら社会全体の構造が変化を遂げ，それに応じて，法の

あり方も変容する。そのため，ここでは，まず，近代社会の展開について素描することからはじめる（以下の叙述につき，笹倉2007b：266頁以下，2014：57頁以下等参照）。

　封建制から資本主義の勃興，展開に伴い，絶対主義体制を前提とした身分制的構造は変容・解体され，自由・平等な経済的社会領域たる近代市民社会が形成されていく。それは，市民革命を通じた「下からの革命」か，君主による「上からの改革」かは国によって異なるものの，各国それぞれの歩みで，近代化が実現されていく。他方，産業革命により工業化が起こり，資本主義が進展していくなか，新興の産業資本家を主体とする市民階級は，絶対主義国家と重商主義政策が経済発展の阻害要因であるとして，「レッセフェール（laissez-faire）」の名のもとに，広範な経済活動の自由を主張していた。そのため，このような背景のもと成立した近代国家においては，自由放任主義がとられ，国家の介入は最小限にとどめられていた（「夜警国家」）。

　やがて，資本主義は，それまでも設備投資との関係から設備の耐久年数の周期ごとに不況に陥っていたが，1857年に欧米を巻き込む初の世界恐慌を経験し，1873年の金融危機から長引く不況に陥ったことなどにより，労働者運動が活発化し，徐々に社会問題を顕在化させていった。また，それにより資本家の階層化も進み，少数の巨大銀行を中心としたコンツェルンが形成され，これまでの産業資本から金融資本へと転化していき，自由競争はやがて独占を生み，資本主義は独占資本主義段階へと移行していった。こうした動きは，帝国主義を招き，1914年の第一次世界大戦へと向かうこととなる。

　1929年の世界大恐慌は，このような一連の過程によってさらなる進展を遂げ，自由放任主義を前提とした資本主義の矛盾を如実に示すものとなった。すなわち，実質的経済的不平等が顕在化するなどして，種々のゆがみ・ひずみが発生し，市場は資源の最適配分に失敗した（「市場の失敗」）。そこで，レッセフェールを否定し，有効需要の原理にもとづき，財政支出政策を重視するケインズ（John Maynard Keynes, 1883-1946）の経済学が新たに台頭することになる。不況に苦しむアメリカでは，ニューディール政策において，このケインズ主義を取り入れ，経済の活性化が図られた。

　他方，近代市民社会の成立によって，すべての人間は自由・平等な人格を有する取引主体として，自らの意思にもとづき経済的秩序形成が可能となった。しかし，現実には，経済的強者（資本家・富者）と弱者（労働者・貧者）が存在

する以上，形式的な自由・平等が実現されても，自由競争を絶対視する資本主義の前では無力でしかなかった。そこで，社会正義の実現や実質的平等を確保するべく，経済的弱者の支援や保護，行きすぎた自由競争の規制，機会均等のための法（アファーマティブ・アクション）等の制定などがなされるとともに，社会権・社会法の整備，社会保障制度の充実などを通じて，国民生活の安定のために，国家の積極的な関与が期待されるようになった（「福祉国家」）。

その後，資本主義が高度化していくなか，国家が市場への介入をより一層強化した結果，社会法や経済政策推進のための法が増え，福祉国家志向が強まり，国家機能は著しく増大し，行政・財政の肥大化を招いた（「大きな政府」）。そして，1973年のオイルショック以降，国家主導の経済政策が功を奏さなくなり，国家財政が悪化し，租税負担が増大したことから，ケインズ経済学への批判が起こり，政府活動の非効率性等に対する国民の反発を招くに至った（「政府の失敗」）。そのため，国家の権限や市場への介入を可能なかぎり小さくするべく，いわゆる規制緩和（民営化・自由化）政策によって，「小さな政府」をめざす動きが強まった（このような思想を「新自由主義〔neoliberalism〕」という）。

また，このような動きとともに，資本主義の成熟化に伴い，グローバル化が引き起こされ，国境を越えた地球規模での経済的活動がなされるとともに，社会的・文化的活動の流動化・世界化・活性化が増した結果，世界の一体化・均一化を生むと同時に，多元的かつ多文化的な現代社会が形成されている。

（2）　近代私法体系の修正

（a）　近代私法の三大原則の修正

以上のような社会の変化によって，近代私法体系は修正を余儀なくされる。

民法は，市民社会の法といわれるように，市民社会が獲得しようとした「自由」と「平等」をその指導原理としている。しかし，市民社会の変容に伴い，「自由」と「平等」について疑念が生じ，資本主義が抱える深刻な矛盾から，両者を確保・保障する近代私法の三大原則，とりわけ「私的自治の原則」が大きく修正を受けることとなる。私的自治の原則は，自由・平等な人格を有する人が自律的な意思にもとづき法律関係を形成することができることをいう。しかし，現実には，権力関係・資本関係・情報量等の点で，経済的・社会的強者と弱者とが存在しており，両当事者は常に対等な関係に立つわけではない。このような場合には，当事者間の法律関係の形成を自由競争に委ねても，弱者は

強者のいいなりとなり，私的自治の原則は画に描いた餅にすぎなくなる。

そこで，水平関係の抽象的・形式的な自由・平等だけでなく具体的・実質的な自由・平等をも確保するために，まず，「契約の自由」が修正された。具体的には，どのような内容の契約でも自由に締結できるとすると，経済的・社会的弱者が窮することになるため，一定の契約内容を規制する各種特別法（労働法，借地借家法，消費者契約法等）が制定された。また，独占企業の出現から，消費者保護の一環として，契約自由の例外として，法律によって契約の締結が強制される「締約強制」が認められた。さらに，「過失責任の原則」も修正された。具体的には，相対的に弱い立場にある被害者救済の観点から，報償責任・危険責任（社会生活上特別な方法・施設・関係あるいは特殊な危険をはらむ企業活動・物の製造によって特別の利益を得る者は，それによって生じた損害について賠償責任を負う）などを根拠として，証明責任の転換や無過失責任を定めた各種不法行為特別法（自動車損害賠償保障法，製造物責任法等）が制定された。

(b) 近代私法理論の修正

また，資本主義の高度化に伴い，取引関係が複雑化・多様化し，国内外で複合的・長期的な契約がなされるようになり，法律行為論の「現在化（presentation）」，「単発性（discreteness）」が問題として顕在化するようになった。すなわち，伝統的な法律行為論によると，法律行為の効果が契約締結時に表示された当事者の「意思」のみに根拠づけられ，かつ，表示行為とそれに対応するかぎりでの内心的効果意思のみしか法律行為論の枠内に取り込まないため，契約締結後の事情の変動や契約締結時に，当事者が当然の前提として表示しなかった事実・意図等については十分に顧慮しえない。そのため，法律行為の当事者の「意思」からでは解決することが困難な「法律行為論の限界」をいかに克服するべきかが問題となる（ここでの叙述は，文献の引用等も含め，中野 2005：217-235 頁参照）。

なお，このように法律行為論に限界が生じた理由としては，次の 2 つの要因を指摘することができる。第 1 に，近代私法体系のもとでは，「権利＝自律」を思考原理とするため，契約正義といった自然法的・客観的義務基準を用いることなく，あくまでも当事者の自律的意思にもとづき解決しなければならなくなったという要因である（「自律的意思論のジレンマ」）。第 2 に，資本主義の発展に伴う予測可能性と法的安定性の要請から，意思主義にかわり表示主義が台

頭した結果，自由意思概念が，「自律的・規範的意思概念」（法律関係・法制度の「有機的本性」や「全体的直観」を通じて導き出される意思）から，「自律的・事実的意思概念」（事実的次元に属する当事者が法的効果を意欲したという意思）へと変質したことにより，意思表示理論の射程が狭まったという要因である（この射程を広げるために，ドイツでは，前提論，行為基礎論，事実的契約関係論が提唱されたと理解できる）。

　このような要因によって生じた法律行為論の限界を克服する試みとして，以下のものがあげられる。まず，①あくまでも自律を再評価・強調する立場として，（ⅰ）私的自治の再生・基礎づけを（意思主義復権論の立場から，基本法たる憲法から，法のプロセス化を通じて）試みる見解，（ⅱ）三層的に法律行為を再構築しようとする見解，（ⅲ）意思概念を柔軟に捉えて（自律的・規範的意思概念を基調に）法律行為論の妥当範囲を拡張しようとする見解，（ⅳ）「契約自由の実質化」（実質的契約正義の要請を自律を支援するものとして従属させる）と把握する見解があげられる（なお，アファーマティブアクションなども，自己実現が困難な者の自己実現を容易にするものと積極的に解しうるが，このような理解は，ハート以降，義務賦課規範〔すべき・するな〕から権限付与規範〔してもよい〕が着目され，外的強制と解しうる「法」の社会的機能において，活動促進規範を強調する理解へと通じるように思われる）。また，②自律を尊重しつつも，他律による支援・補完を認める立場として，（ⅰ）契約自由から契約正義を標榜する見解，（ⅱ）あくまでも意思概念を定型的に捉えて（自律的・事実的意思概念を基調に）新たな義務概念や理論によって外在的に克服しようとする伝統的な通説があげられる。さらに，③意思以外の要素から新たな法体系を展開する立場として，（ⅰ）当事者間で形成した「関係」から契約上の権利・義務を根拠づける見解，（ⅱ）契約目的ないし債権者（契約）利益から導かれる権利・義務を中心とした新たな法体系を展開する見解をあげることができる。

（3）　近代私法体系の限界

(a)　近代の仮象性

　さらに，近代私法体系は，前提とする社会構造や経済情勢の変化に伴い，その限界を徐々に露呈していくこととなる。

　まず，先に述べた民法の指導原理たる「自由」と「平等」に対する疑問とあいまって，近代において前提とされる合理的な「人間像」に揺らぎが生じた。

前述したように，近代私法体系は，「自由」な意思を有する「平等」な人格たる「人間」を基点として展開されている。しかし，このような一般的・抽象的概念による一元的な権利主体モデル（「人」）は，1つの典型例として観念しえても，人の多面性・多様性を看過しており，いわば実在しない「人」をモデルにしていると考えられる。

そのため，「法的人格の平等から不平等な人間へ」，「抽象的な法的人格から具体的人間へ」，「強く賢い人間から弱く愚かな人間へ」といった評語であらわされる現代型リベラリズムが展開された（星野 1986：29 頁）。また，近代「法」が前提とする人間像についてではないものの，同様の観点からの指摘は他の学問分野からもなされている。たとえば，厚生経済学の分野からは，セン（Amartya Sen, 1933- ）によって，厚生経済学における人間（純粋な経済人）は，たしかに，当人の選択行動において矛盾を顕示しないという限定された意味では「合理的」かもしれないが，その人が，「選好，選択，利害，厚生」といった全く異なった諸概念の区別を問題としない点で社会的には愚者に近く，「合理的な愚か者（rational fool）」という貧弱な人間像によって支えられていると指摘する（セン 1989：145-146 頁）。さらに，政治哲学の分野においても，サンデルによって，ロールズらリベラリズムが依拠する自由で独立した自我という人格の構想は，個人の性別，家族，コミュニティ等の属性なしにアイデンティティが形成できるという，「負荷なき自我（unencumbered self）」であるとして批判されている（サンデル 2009：ⅲ頁，257 頁等）。

もっとも，以上の批判は，近代私法体系の「光」の部分が，社会の変化に伴い，「影」として理解されたものであることに留意されたい。2（3）で検討したように，個別・具体的な事情を捨象し，抽象的・一般的な人が「自由」かつ「平等」な人格を有し，自由意思にもとづき法律関係を自律的に形成できると構成したからこそ，それ以前の身分制社会から解放され，自由・平等な社会が形成されていったのである（とりわけ，パンデクテン方式は，このような抽象的・一般的な思考へと導きやすい）。

ただ，これらの概念が理論と実践とを正当化する役割を果たしてきたといえども，前提とする概念それ自体に疑問が呈されている以上，自由・平等な人格を基点として，合理的な体系を構築する方法それ自体も再検討する必要がある。まず，先の批判からわかるように，法律学が前提とする「自由」で「平等」な理性的な存在者たる「人間」はフィクションとして観念されている（「責任」

第 1 講　近代私法体系の成立と展開

の根拠として基礎づけられる「自由意志」も，哲学的にはその存在を肯定するか否か，決定論・非決定論とも関係するが，むしろ，定義との関係で，そのフィクション性が問題になると指摘されている〔来栖 1999：325 頁〕）。そして，法には，そもそもフィクションを伴う概念や技術等があるが，このような自由・平等な人間像を想定し，それを演繹的に展開し構築された法体系そのものが，ある種，フィクションによって構成されていると理解することができる（この点，ケルゼン〔Hans Kelsen, 1881-1973〕においても，根本規範がフィクションとして構成されていたことに通じる）。

　ここで問題とすべきは，このような近代の「仮象性」を曝くことではない。問題なのは，この近代の「仮象性」が現代社会において適合的でなくなったことであり，その「仮象性」と現実との間隙をどのようにして埋めるべきか，ということなのである。この点につき，リオタール（Jean-François Lyotard, 1924-1988）は，「近代」そのものを「大きな物語」と称し，近代がよりどころにしていた理念が崩壊してきていることから，「物語」の終焉を説く（リオタール 1986：7-9 頁）。また，現代において価値の多元化が生じていることからすると，ハイエクのように，人間が社会を自らの思い通りに合理的に設計できるという考え方（「設計主義」）それ自体についても，再考が迫られている（このことから，ハイエクは「自生的秩序」を主張するが，その内容については，嶋津 1985：9 頁以下等参照）。

　(b)　近代「法」の質的変化
　また，以上の動向を受けながら，単一的な世界像から多元的な世界像が描かれる現代社会へ移行するにつれて，法それ自体も多元的な様相を呈し，いわばポストモダンの法状況が生じるに至っている（以下の説明につき，村上 1990：67 頁以下，服部 1993：36 頁以下，笹倉 2007b：335 頁以下等参照）。

　このような法状況を示唆するものとして，「法化（Verrechtlichung）」をあげることができる。この「法化」には，法を積極的に活用することにより，権利が拡充され，法的救済を容易に受けられることになるといったプラス面（光）もあれば，それにより人間関係が表面的・硬直化し，自由を保障する法によってかえって自由が脅かされるといったマイナス面（影）もあるが，一般には，次のように 2 つに分けて理解されている（なお，「法化」論を法の三類型モデル〔自立型法・管理型法・自治型法〕から考察するものとして，田中 2011：105 頁以下

23

参照)。すなわち,「法化」とは,前述したように福祉国家志向が強まった現代社会において,①法が,社会介入の道具・手段と化し,「法律の洪水」と揶揄されるように量的に増大したことから,また,②法の規制があらゆる領域に入る,法による「生活世界の植民地化」が起こり,法生活の枠組それ自体に変容がもたらされたことから,「法」のあり方そのものが質的変化を遂げたことをいう。

この「法化」は,民法の世界にも及んでいると考えられる。たとえば,近時,消費者を保護するとともに,業者を規制し取引などの適正化をはかることによって,消費者利益を確保するために,各種消費者法が制定されている(消費者契約法,割賦販売法,特定商取引法等)。そして,これら一連の特別法の制定により,民法典が社会法的性格を有することになったと解されている(内的にも,抽象的・一般的な「人」概念に,消費者・事業者等の個別・具体的な人概念が混在することになったため,民法典の適用領域の拡大化・社会法化が指摘されている)。また,「特別法は一般法を破る (lex specialis derogat generali)」ため,それにより,一般法たる「民法の空洞化」が叫ばれている。このような法状況から,民法典をそのまま維持し,「消費者法典」を別途制定するか,民法典に消費者法を規定したうえで(業法的規制の位置づけの問題はあるが),新たに「私法総合法典」として制定するか,各人の「民法観」に帰着するような,民法典の性格づけにかかる問題が検討されている。

以上のような「法化」論との関係では,次のような見解があげられる。

まず,ハーバーマス (Jürgen Habermas, 1929-) は,「コミュニケーション的行為 (kommunikatives Handeln)」から「討議 (Diskurs)」を通じて合意に至る,という手続的正当性から法を基礎づけようとする(ここでは,ある規範に関する利害関係者全員が参加する討議の場で合意されたことによって,当該規範の正当性が根拠づけられるとするもので,共同の意思にもとづく「納得」を求める点で,後述するトピカとの類似性がみられる)。なお,このように,法を合意形成手続を制度化するものと理解し,法の「形式化」と「実質化」を止揚するものとして,法の「プロセス化 (Prozessualisierung)」を重視する立場がある。これによると,事業は,1回の決定や設計図の確定のみによってなされるべきではなく,不断の自己修正を組み込んだプロセスを通じて推し進められるべきであるとされる。このような理解は,前述した法律行為論において顕在化している「単発性」,「現在化」の問題にも応えうるものであることから,契約法の分野にお

第1講　近代私法体系の成立と展開

いては，この「プロセス化」の思考を用いることによって契約関係を柔軟に解する傾向がみられる。

　また，生物学の「オートポイエーシス（Autopoiese）」概念に示唆を受けて，それを社会理論へと展開する見解がある。「オートポイエーシス」とは，自己を構成する諸要素の連関・相互作用が自律的になされ，全体として自己が組織化されることをいう。この理解を前提に，ルーマン（Niklas Luhmann, 1927-1998）は，現代社会をシステムとして把握したうえで，社会の構成要素として位置づけられる法・経済・政治・文化等を「部分システム（Subsystem）」と捉え，全体システムを維持するうえで，機能的に分化・自律した部分システムをどのように理解するのが効果的なのかという観点から，法システムを捉え直す。そして，トイプナー（Gunther Teubner, 1944- ）は，社会システムをその部分システムたる「法」という外部装置によって統制・制御しうるのかという問題意識のもと，いわば法の実質化の限界（国家による介入や「法化」は回避すべきとの立場）から，法をオートポイエーシス・システムと理解する。そのうえで，ルーマンのような「自律的法」としてではなく，「自省的法・再帰的法（reflexives Recht）」として定式化し，行為哲学とシステム社会学とを相補的なものとして折衷しようとする（「制御された自律（regulierte Autonomie）」を目標とする）。

　他方，グローバル化の進展に伴い，「中世の再興」とも評される法多元主義的な状況が生じてきている。とりわけ，EU（European Union〔ヨーロッパ連合〕）等の国家結合，NGO（non-governmental organization〔非政府組織〕）等の国内外で活動する非国家的組織や，バーゼル銀行監督委員会等の国家を超えて影響力を行使する超国家・脱民主化組織などが存在し，既存の法の枠組で対処しえない領域群が生じてきている。そのため，公法・私法の再編をも視野にいれた検討が試みられている。この点は，先のサンデルの自我に関する指摘とも関係する。すなわち，近代において観念されている自由で独立した「自我」は，個人に先行し自己を規定しているはずの公共的価値等が抜けていることから，それらを組み込んだかたちで，その背後にある継続的社会関係や共同体との関係を含め考察する必要が指摘されていた（たとえば，環境権や特許権・著作権などは，このような観点からの理解に適するのではないかと議論されている）。以上のことからすると，現代においては，伝統的な個人像・国家像にも揺らぎが生じており，個人対国家，国家対国家の図式があてはまらない領域につき，どのようなかたちで法を規定し，対処するかが問題となっている。

25

第1部　法の原理・原則 ── 基層 ──

4　新たな私法体系の模索 ── 展開

(1)　3つの法体系の形成

(a)　分析の視角

　以上のように，資本主義の成熟とグローバル化の進展により，複雑・多様化した社会が多元的な様相をも呈し，それを前提とする法環境が変化し，近代法が前提としたさまざまなモデルと現代社会との間に乖離が生じてきている。それに伴い，国内外において立法の動きが増し，「立法論の時代」ともいうべき状況が生じている（わが国の民法も，債権法〔民法〕改正が進められている）。では，ポストモダンのグローバル化時代に，われわれは，「法」をどのように捉え，私法上の権利・義務を正義に適ったものとしていかに基礎づけていくべきなのであろうか。

　ここでは，このような問題意識のもと，今後，われわれが模索するべき私法体系モデルについて検討する。そのために，まず，大陸法系における2つの私法体系（近代私法体系〔パンデクテン方式による権利・自律の体系〕と啓蒙期自然法体系〔インスティトゥツィオーネン方式による義務・他律の体系〕）にとどまらず，英米法系を含め，ヨーロッパにおいて存在する3つの法体系がどのような法構造を有しているのか検討することとする。

　もっとも，これら3つの法体系は，制定法を中心とする大陸法系と判例法を中心とする英米法系という大きな相異はもとより，同じ大陸法系のものであっても，法典編纂方式，構成原理，思考原理の点で相違がある。そのため，そのような相異が，どのような法文化的要因（歴史的経緯・思想的背景）によって生じたのか検討する必要がある。

　ここでは，その前提として，まず，大きな時代の転換を基点に，各国の法状況の変化に着目しつつ，ヨーロッパ法史を素描することとする（以下の叙述につき，ヴィーアッカー1961, 碧海・伊藤・村上1976, 勝田・森・山内2004, 笹倉2007a, 2007b, 深田・濱2007 等参照）。その際，次の2つの視点を意識することとする。第1に，1 (2) (a) で検討した"ius"の概念史においてもみられたように，いわゆる「ローマ法の継受」の程度の相違から検討することとする。第2に，人が作る法以前に，高次の法として，時と場所を越えて普遍的に妥当する正しい法が自然に存在するという「自然法思想」の衰退と，これを否定し，法を実

定法に限定する「法実証主義」の隆盛といった大きな法思想的潮流から検討する。このような2つの視点を意識するのは，次の(2)でこれらの法体系の相違をもたらす法文化的要因を抽出するのに有用ということもさることながら，ヨーロッパ法史は，さまざまな川（法思想的潮流）が，地域ごとに異なる地層（ローマ法継受）の上を，種々のさざれ石（思想家）を飲み込みながら，時には巌によって流れを変え，また時には別の支流と交錯して，形成されていると考えられるからである。

(b) ローマ法の継受と法思想史的潮流
(i) 古代から中世

ローマ法の歴史は，宗教的権威から法を解放させ，ローマ古来の慣習法を成文化した「十二表法（Lex Duodecim Tabularum）」（紀元前449年）にはじまる。その後，ユスティニアヌス帝が従来の法学説と勅法を理論的・体系的にまとめた法典を編纂するまでの約1000年間の間，法典化されたのは，全ての公法と私法の源泉と称される「十二表法」とこの「ユスティニアヌス法典」のみであった（なお，ユスティニアヌス帝による『学説彙纂』〔533年〕，『法学提要』〔533年〕，『勅法彙纂（Codex）』〔534年〕と，彼の死後，私的に編纂された『新勅法（Novellae）』〔565年以降〕の4つの法典は，16世紀末になって，『市民法大全（Corpus Iuris Civilis）』という名で一書にまとめられた）。

この間，ゲルマン民族の大移動により，各地でゲルマンの諸王は，ローマを範として，自民族の慣習法をまとめた部族法典をつくり，ローマ法とゲルマン慣習法とを融合化させていった（もっとも，ゲルマン諸国家で通用していたローマ人のための法は，ローマ法のような理論的体系性や精緻さを欠く簡素で限定的なものであったため，「卑属ローマ法」と呼ばれる）。

その後，中世では，「良き古き法」という法観念によって示されるように（この法観念に対しては，村上1978：65-72頁等による指摘参照），慣習にもとづく「法・権利」が重視され，身分的分化をもたらした中世特有の封建制とあいまって，領域や身分によって適用される法が異なるという，多元的かつ多層的な法構造を有していた。

このように，法は不文で多様な慣習をベースとするものであったが，11世紀になって，皇帝と教皇による叙任権闘争の最中に，『市民法大全』の中核をなす『学説彙纂』の写本がイタリアで再発見されると，自らの主張の正当化根

第1部　法の原理・原則——基　層——

拠を法律に求めるべく，法典への関心が加速することとなる。そして，12，13世紀の註釈学派（Glossatoren），14，15世紀の注解学派（Kommentatoren）を経て，ローマ法は，スコラ学的方法によって，「書かれた理性（ratio scripta）」として権威づけられ，法文全体の理性による秩序づけが試みられるとともに，教会に関する法たる「カノン法（ius canonicum）」が形成・発展していった。その結果，ローマ法とカノン法は学識法となり，やがて，地域固有法を補充する一般法の機能を果たす「普通法（Ius commune）」として，中世から近世にかけてヨーロッパ諸国において理論的・実務的に継受されていった。このような背景には，都市国家から広大な帝国支配を可能にした官僚制度を生み出した合理的な法システムたるローマ法が，封建制国家から身分制国家へ移行し，国家が人的な結合体から領域的なものへと変質したことに伴い必要となった組織的統制に適していたためとされる。

　（ⅱ）　近　世
　14世紀から16世紀に起こった「源泉に帰れ（redite ad fontes）」というルネサンスを迎えると，個性の覚醒と自由の意識が広がった。そして，16世紀のルター（Martin Luther, 1483-1546）によるカトリック教会と聖職者への批判をきっかけにひろまった宗教改革を契機として，個人の内面的自由を重視する傾向がより強まっていく。その結果，中世的な「神」から「人間」を中心とした世界像への転換がもたらされ，「人」それ自体に目を向ける人文主義法学が発展していった。
　具体的には，15世紀〜17世紀には，人文主義的な観点から，中世のスコラ的な手法にもとづく法学は批判され，文献学的な方法によってローマ法の歴史的な相対化がなされ，ローマ法を無前提に「書かれた理性」として依拠することができなくなった。また，このような文学的・歴史的研究とともに，法の学問化を通じ，法の体系化が試みられ，実用的な「イタリア風（mos italicus）」から体系的・人文主義的な「フランス風（mos gallicus）」へと接近していくこととなった。
　他方，宗教改革以降，30年戦争（1618-48年）後のウェストファリア条約（1648年）を経て，神聖ローマ帝国は機能不全に陥り，領邦国家（帝国を構成する諸ラント）のゆるやかな連合体へと推移していった。そして，このような帝国の解体とともに，「社会的紀律化（Sozialdisziplinierung）」を通じて，絶対主義国

家が各地で成立していくと，慣習などの地域固有法を重視する動きが高まった。そこで，16〜18世紀には，主権が認められていた領邦国家の普通法を形成する方向で，普通法と土着法とを融合して具体的現実に適合させるために，「パンデクテンの現代的慣用（usus modernus Pandectarum）」が推進され，ローマ法の近代化・現代化がなされていった。なお，その際，抽象的・概念的な普通法と対置されていた固有法の法原理は，タキトゥス（Cornelius Tacitus, c.56-c.117）が『ゲルマーニア』（98年）で示した「ゲルマン的誠実（germana fides）」であった（ゲルマン法の特質等については，村上1980参照）。たとえば，ローマ法にない，「合意は守られるべし（pacta sunt servanda）」と「事情変更の法理（clausula rebus sic stantibus）」の調整などは，この「現代的慣用」の成果と解されている。

以上に対し，紀元前1世紀のキケロ（Marcus Tullius Cicero, 106-43 B.C.）によって典型的なかたちで提示された自然法思想は，その後，自由な意志を問題としたアウグスティヌス（Aurelius Augustinus, 354-430）から，神学と哲学とを結びつけたトマス（Thomas Aquinas, c.1225-1274）までは，神による自然が強調されていた（神学的自然法論）。しかし，ルネサンス，宗教改革を経て，神や教会の権威から解放されると，自然法が世俗化されていくことになる。その結果，グロティウス（Hugo Grotius, 1583-1645）以降，人間の理性を基点とする近世自然法論（理性法論）が展開され，絶対主義国家，啓蒙専制君主の時代へと進んでいった。

このようにして，絶対主義国家体制のもと展開された近世自然法論は，国家以前の自然状態を想定し，そこにおける諸個人が社会契約によってあるべき国家像を描くという点では共通している。もっとも，ホッブス（Thomas Hobbes, 1588-1679）は，この枠組を絶対的主権国家を正当化するものとして用いていた。これに対し，ロック（John Locke, 1632-1704）やルソー（Jean-Jacques Rousseau, 1712-1778）は，あるべき国家像を，ホッブスのように統治者の側からでなく，それを支える個人の側から基礎づけた。それにより，生命・健康・自由・所有権に対する自然権や，自由・平等な人間という点が強調された（なお，このロックの自己所有権論は，自由論的リバタリアニズムに影響を与えている）。

その結果，このような自然法論は，新興の市民会階級の台頭をも背景に，重商主義政策のもと，絶対主義国家を維持するために重税等を課していた絶対主義体制に対抗し，イギリス，フランスでおこった市民革命などに思想的影響を

第1部　法の原理・原則——基　層——

与えた。
　このようにして，イギリスとフランスでは，市民革命を通じて近代化を遂げていくが，ドイツは，これらとは異なる途をたどることとなる。ドイツでは，理性的法体系を追及する啓蒙期自然法論と社会的紀律化とが結びついたかたちで，啓蒙専制君主によって近代化がなされていく。グロティウス以降示された「教会」と「世俗」との二元的構成は，やがて，「世俗」世界の内部において，「自然法」と「実定法」というかたちで新たな分化を遂げるが，それは，プーフェンドルフ (Samuel von Pufendorf, 1632-1694) 以降，トマジウス (Christian Thomasius, 1655-1728)，ヴォルフ等の啓蒙期自然法論を経てなされ，それらの成果は自然法的諸法典へと結実する（なお，これら啓蒙期自然法論と以下に紹介する自然法的諸法典の具体的な内容や相違については，中野 2008：223 頁以下参照）。
　たとえば，啓蒙専制君主フリードリヒ2世 (Friedrich II., 1712-1786) のもと編纂されたプロイセン一般ラント法 (1794年) は，プーフェンドルフに由来する自然法的体系にもとづいて，公法・私法を分離することなく構成されており，ヴォルフの幾何学的体系の影響から，1万9000条にも及ぶ膨大な法典となっている。ここでは，身分制的な社会秩序が，「義務の体系」によって自然法的に正当化されていた（村上 1978：80頁）。
　また，オーストリアでは，マリア・テレージア (Maria Theresia Walburga Amalia Christina von Österreich, 1717-1780) 主導のもと民法典の編纂事業が開始されたが，第一草案 (1754年) は「良き古き法」を破るものとして，第二草案 (1766年) は地域固有法とローマ法の影響が強すぎるとして，いずれも認められず，一度は失敗に終わった。その後，その息子であり，啓蒙専制君主として知られるヨーゼフ2世 (Joseph II., 1741-1790) とレオポルト2世 (Leopold II., 1747-1792) のもとで再び着手され，オーストリア一般民法典 (1811年) として成立した。ここでは，インスティトゥツィオーネン方式の編別にもとづいて構成されているものの，カントの人格概念の影響を受けたツァイラー (Franz von Zeiller, 1751-1828) によって編纂されたことから，人と物の峻別を徹底し，権利能力平等の原則を規定するなど，自由・平等の点において先進性をもっていた。

(c)　大陸法系と英米法系の基礎
(i)　フランス
　フランスでは，神聖ローマ（ドイツ）皇帝とフランス王権が対立していたこ

とから，フランス固有の慣習法の優位とローマ法の補充制が強調されていた。そのため，フランクの慣習法を基礎とする北部の慣習法地方と，ローマ法が浸透していた南部の成文法地方とに分かれていたものの，この南部地方においても，ローマ法は一般法にすぎず，慣習法がない場合に補充的に適用されるものにすぎなかった。このようななか，多くの地方で徐々に法的知識を有する私人によって慣習法の採録がなされていった。そして，1454 年の国王（シャルル 7 世〔Charles VII, 1403-1461〕）の王令により，公的に慣習法の成文化が進められ，16 世紀中には，北部のほとんどの慣習法が編纂を終えた。とりわけ，パリ慣習法（1510 年）は，いくつかの改訂等を経て，北部慣習地方の普通法となった。そして，実証主義的な手法で，慣習法学派のドマ（Jean Domat, 1625-1696）の自然法体系をさらに発展させるとともに，『学説彙纂』をより合理的な体系に再編した，「民法典の父」と称されるポティエ（Robert Joseph Pothier, 1699-1772）によって，「フランス法」へと高められていった。

このような近世自然法論の影響のもと，「自由・平等・友愛」をモットーとするフランス革命（1787-99 年）を経て，ナポレオン（Napoléon Bonaparte, 1769-1821）の強力な指導のもと，慣習法地方と成文法地方出身の実務法曹（各 2 名ずつの計 4 名）により起草され，成立したのがフランス民法典（1804 年）である。その結果，フランス民法典は，上記のような法状況の延長線上にあるため，北部のゲルマン法的慣習法，とくにパリの慣習法が，南部のローマ法とともに骨格を形成しているとされ，ローマ法的要素は契約法のみに相対的にみられるとされる（笹倉 2007b：138 頁）。また，学説を中心に起草されたドイツ民法典とは異なり，日常的にわかりやすい言葉で規定されているだけでなく，慣習（常識）に合致した実用主義的な内容となっており，具体性・現実性をそなえた法典と評されている。

 (ⅱ) ド イ ツ

他方，ドイツでは，各地の慣習法が多様に分裂しており，統一した共通慣習法を判定することが困難であった状況と，神聖ローマ帝国の皇帝がドイツ皇帝であったことから，帝国の普通法たるローマ法を継受する素地を有していた。このようななか，帝室裁判所規則（1495 年）により，ローマ法が一般的に適用されるに至り，実務的継受が完成し，ローマ法の包括的継受がなされた（ただし，「ザクセン・シュピーゲル」〔1225 年〕があったザクセンを除く）。とりわけ，

私法の分野（とくに債権法・相続法）では，市民法大全が全面的に継受され（ドイツにおける全面的継受の理由については，五十嵐144-146頁参照），17世紀になると，ドイツの「普通法（gemeines Recht）」となった。

この普通法は，社会的現実に対応させるべく，「パンデクテンの現代的慣用」を経て修正されつつ，継受されたローマ法と慣習法とを同化させつつ，近世自然法論を通じて，より理論的・体系的なものへと加工されていく。

そして，2で検討したように，カントが，後の近代私法体系へと通じる哲学的な基礎づけを行い，19世紀に，「近代私法学の祖」とされるサヴィニー（Friedrich Carl von Savigny, 1779-1861）によってそれが法学的に応用され，個人の自律的意思を基調とする法律行為論を中核におく「パンデクテン方式による権利・自律の体系」が形成されていく。その際，サヴィニーは，一方で，より忠実に『学説彙纂』に立ち返り，「現代的慣用」に代えて，ローマ法を純化するとともに（歴史法学），他方で，「概念による計算」によって，『学説彙纂』のローマ法文の解釈から社会経済の発展に対応する民法の体系化を試みた（パンデクテン法学）。そして，このような手法は，ローマ法という実定法に考察の対象を限定したことから，法実証主義的傾向を促進させることとなった。

また，ローマ法の法文解釈に重心を置くサヴィニーの歴史法学は，プフタ（Georg Friedrich Puchta, 1798-1846）に受け継がれたものの，自然法論からの反動もあって，価値判断を捨象した結果，概念のピラミッドを構築することとなる（概念法学）。他方，パンデクテン法学は，プフタを含め，ヴィントシャイト（Bernhard Windscheid, 1817-1892）やイェーリング（Rudolf von Jhering, 1818-1892）等に受け継がれる（なお，イェーリングの学問傾向の二元性につき，笹倉2007b：149）。とりわけ，ヴィントシャイトは，ローマ法以来の訴訟形式である，個別の実体的利益と結びつけられていたアクチオ（訴権〔actio〕）を解体し，「請求権」概念を析出することによって，実体法と訴訟法とを分離・独立させるとともに，物権・債権を峻別するなど，後の法学に大きな影響を与える業績を残している。このヴィントシャイトの学風は，社会的実需とあうよう，ローマ法文から抽出した概念を用いて新たな準則を生み出そうとするものであった（構成法学）。

この間，ドイツではいくつかの領邦が統一され，1871年にドイツ帝国が形成されるとともに，法典化の動きが増すこととなる。その背景には，自然法的諸法典の編纂により実定法の体系が形成されてきたことや，資本主義経済が活

発化したことに伴い，法的安定性と予測可能性をいかに確保するかという観点から，壮大な学説による体系化が試みられ，法実証主義的傾向が加速したことなどがあげられる。

　このような背景のもと，ドイツ民法典第一草案(1888年)が起草されるに至った。もっとも，この第一草案は，中世におけるローマ法継受以後，ドイツではローマ法が主流となる状況が続き，それに学説による体系的志向があいまって起草されたものであったため，ロマニストのヴィントシャイトの考えをそのまま法典とした，「小ヴィントシャイト」と称されるようなものであった。そのため，この第一草案に対しては，ゲルマニストのギールケ（Otto von Gierke, 1841-1921）を中心としたゲルマン法学者から批判がなされた。そこで，この批判を受け，1890年に再び委員会が設置され，ドイツ民法典（1900年）が成立した。このようにドイツ民法典は，ローマ法を主軸とするものの，ゲルマン法をも取り入れたようなかたちで，いわば，ローマ法とゲルマン法という2つの流れの上に築き上げられたものである。

　以上のようにして，法律家の支配する時代から法律が支配する時代へと展開していくこととなるが，ドイツで展開された法実証主義は，実定法の自足完結性を前提とする閉ざされた論理的完結体であり，それにより，資本主義社会における経済的自由の要求に対応すべく，予測可能性を重視するものであった。そのため，裁判官の自由な法創造的機能が否定されているなど，固定的なものであった。このようなことから，その後，「悪法もまた法である（Dura lex, sed lex）」という「悪法論」をめぐって，ラートブルフ（Gustav Radbruch, 1878-1949）から，「法律は法律だ（Gesetz ist Gesetz）」（だから従え）といった固定的な法実証主義がナチスへと結びついたと批判がなされた。これにより，下火となっていた自然法論の再生が試みられた（再生自然法論）。

　その結果，これ以降，法と道徳との必然的関連性（法と道徳の融合論）を認め，両者を折衷する「第三の立場」（自然法思想は実定法に内在しているとする現代自然法論と，法実証主義を法倫理的に豊かなものにしようと試みるソフトな法実証主義）が模索されるようになった（この点につき，深田 2004：9 頁以下，166 頁以下，田中 137 頁以下参照）。

　(ⅲ)　イギリス
　以上に対し，イギリスでは，早期に市民革命を経て資本主義社会が成立した

ものの，その近代化に，ローマ法は「継受」というかたちでは大きな影響を与えなかった。この理由は，11世紀のノルマン王朝以来，アングロ・サクソン法（ゲルマン法の一支流）を背景とする慣習法を発達させたコモン・ローが成立し，13世紀から判例の編纂もはじまり，安定した法運用がなされていたためとされる。

　もっとも，中世の教科書等においては，インスティトゥツィオーネン方式によってコモン・ローを体系的に取り扱ったものもみられる。このように，一部には，ローマ法あるいはローマ法学者の影響が見受けられ，コモン・ローの体系自体は，ローマ法に類似したアクチオ体系（あるいはインスティトゥツィオーネン方式の財産法に類似したシステム）といわれることもある。ただ，イギリスの法学教育は，実務家が組織する法曹院（Inns of Court）を中心に行われており，そこではコモン・ローによって法曹が養成されていた。また，法が不完全である場合には，法を補正し，それに具体的妥当性を付与するという，カノン法を基礎とする「衡平法（equity）」によって，コモン・ローが補充されるという，「法」と「衡平」の並列的かつ相補的な関係があった。そのため，これらの事情も，イギリスにローマ法の継受がなかった理由とされる（そのため，コモン・ローの形成には，ローマ法だけでなく，カノン法の影響をも検討する必要があろうが，この点との関係では，英米法特有の「約因論」が注目される〔この約因論とカウサ理論の交錯につき，菊池2013：3頁以下参照〕）。

　このような状況のなか，プーフェンドルフ等の自然法論の影響を受けたブラックストーン（William Blackstone, 1723-1780）が，インスティトゥツィオーネン方式によってイギリス実定法全体を分類し，学問的に体系づけ，これにより，イギリス法学史がはじまることとなる。実際，それ以前は，大学ではローマ法と教会法の講義が行われているのみで，はじめてイギリス法の講義を行ったのが，ブラックストーンであった。もっとも，このブラックストーンに対しては，イギリス法に欠陥があると考えるベンタム（Jeremy Bentham, 1748-1832）によって，「すべて現状のままでよいとするブラックストーン」として批判がなされた。また，ベンタムは，功利主義的な観点から，立法と道徳の原理として，「最大多数の最大幸福」を掲げ，自然法の内容は不明確で，法から恣意性・主観性を排すべきであるとして，自然法の存在を否定した。そして，コモン・ローの雑然たる判例の集積に抗して，その功利主義と法実証主義を結びつけるようなかたちで，「統合法典（Pannomion）」の制定を提案した。この実証主義

的な方向は，オースティン（John Austin, 1790-1859）によって，「分析法学（analytical jurisprudence）」というかたちで推し進められ，法学の対象を実定法に限定する法実証主義へと傾倒していくこととなった。他方，「身分から契約へ」という法命題で有名なメイン（Henry Sumner James Maine, 1822-1888）は，オースティンの分析法学の抽象性を批判し，法体系の歴史的発展過程を一般的に理論化しようとする歴史法学を展開した。

その後，オースティンの「分析的法実証主義」は，ハート（Herbert Lionel Adolphus Hart, 1907-1992）により継承されたが，それは功利主義としてではなく，リベラリズムとして展開される。その結果，イギリスの法実証主義は，ドイツのような固定した法実証主義とは異なり，悪法論についても，ハートが「これは法である。しかしそれはあまりに邪悪であるので適用あるいは服従できない」というように（ハート1976：226頁），法に対する道徳的批判の重要性が説かれ，法は「開かれた構造」を有しているものと理解されていった。

（2）　3つの法体系の法構造と相異

(a)　大陸法系と英米法系の法文化的要因

ここでは，以上の検討を前提に，先の「ローマ法の継受」と「自然法思想の衰退と法実証主義の隆盛」という2つの視点を通じて，それぞれの法体系に相異をもたらす要素として，どのような法文化的要因があるのか考察する（なお，以下では，近代私法体系〔パンデクテン方式による権利・自律の体系〕として「ドイツ」を，啓蒙期自然法体系〔インスティトゥツィオーネン方式による義務・他律の体系〕として「フランス」を，英米法体系として「イギリス」を念頭に，それぞれの国の法体系形成時に影響を与えた法文化的要因について検討する）。そして，そのうえで，それぞれの法体系がどのような法構造を有しているのか特徴づけることとする。

まず，「ローマ法の継受」という視点からみてみると，ドイツ（包括継受）＞フランス（部分継受）＞イギリス（継受なし）の順で，それぞれ継受の程度が異なっている。このことは，都市国家から一大帝国を築きあげる基礎を担った「ローマ法」と，非ローマ法ともいうべき土着の各部族に存在した慣習をまとめた「ゲルマン法」のどちらの影響を受け，法体系が構築されているかを示唆するものである。ただ，先に検討したように，長い歴史のなかで，ローマ法とゲルマン法はさまざまなかたちで交錯しているため，ベースはどちらの法か

第1部　法の原理・原則——基層——

という内部割合の意味でしかない。このことをふまえて比較すると，ドイツは「ローマ＋ゲルマン」法，フランスは「ゲルマン＋ローマ」法，イギリスは「土着法＋ゲルマン」法的な要素がみられると理解できる。

　また，「ローマ法」か「ゲルマン法」かという要因は，「制定法」か「慣習法」かというかたちで整理することもできる。そこで，この点から，それぞれの国を比較してみると，ドイツは「制定法」，フランスは「慣習法＋制定法」，イギリスは「慣習法」をベースに法体系が形成されたと理解することができる。なお，両法の性格をより相対化すると，「ローマ法」は，合理主義的・個人主義的な「制定法」（成文法）として，「ゲルマン法」は，実用的・団体主義的な「慣習法」（不文法）といったかたちで把握しうる（このような把握について，平野1970：はしがき等参照〔ただし，イデオロギー的に過度に強調する危険につき，村上1980：11頁以下の指摘参照〕）。

　さらに，「制定法」か「慣習法」かという要因と関連し，法体系形成に，学説と実務がどのような影響を与えたのかという観点からも，法体系の相異を特徴づけることができると考える。そこで，この点から，それぞれの国を比較してみると，ドイツは「学説」，フランスは「学説＋実務」，イギリスは「実務」を中心に法体系が形成されたと理解することができる。なお，フランスは，民法典の編纂に影響を与えたドマ，ポティエなどの慣習法学派が自然法思想を基調に統一的な慣習法を探求した結果，法典編纂の準備が整えられたことから，学説の影響は強い。ただ，ドマは検事で，ポティエも裁判官出身であり，さらに北部，南部地方からそれぞれ2名ずつ選ばれた4人の起草者も実務法曹であったことには留意する必要がある（フランス民法典制定後は，それを唯一の法源とする法実証主義のもと，立法者意思を探求する註釈学派が大勢を占めたため，学説による影響力が増すこととなる）。

　他方，法体系が形成された際に，「自然法思想」と「法実証主義」のいずれの影響を受けたかという視点からも，法体系の相異を特徴づけることができる。実際，「自然法論は価値理念レベル，法実証主義は規範・制度レベル，リアリズム法学は事実レベル」にそれぞれ重点を置いていると特徴づける見解もある（田中2011：38頁）。そこで，この点から，それぞれの国を比較してみると，ドイツは「法実証主義」，フランスは「自然法思想」，イギリスは「（自然法思想＋法実証主義）」のもと，法体系が形成されたと理解することができる。もっとも，イギリスについては，18世紀に，自然法論の影響を受けたブラックス

トーンのもとコモン・ローが安定期を迎えるが，19世紀には，法実証主義の優位が確立したことから，ここでは，比較のため，ドイツとフランスの法典成立時の法状況を「（　）」付であえて記したにすぎない。実際は，学説の地位は低く，それ以前にどちらの影響も受けずに，「法曹法」として，独自の法体系が形成されたと理解するのが自然であろう。

以上検討した法文化的要因が，それぞれの法体系に相関的に影響した結果，法構造（法典編纂方式・構成原理・思考原理）に相違をもたらしているものと考えられる。

(b)　大陸法系と英米法系の思考方法

もっとも，3つの法体系に法文化的要因が相関的に影響し，相違を生じさせるものとして，思考方法もあげることができる。そこで，それぞれの法体系がどのような思考方法を有しているかの検討することとする。なお，この点につき付言しておくと，①法典編纂方式，②構成原理，③思考原理，④思考原理は，ある法体系を法体系たらしめる，すなわち，法体系の体系的性質を決定づける要因と考えられる。また，これに加え，「主体」と「客体」をどのように把握するか（概念・理解），主体と客体との間の権利・義務の「変動」をどのように理論づけるか，ということが，①～④の点と相関的に影響・作用し，私法体系の体系的性格を特徴づけているものと考える。このような理由からも，ここで思考方法について検討する次第である（なお，法典それ自体は，歴史が示すように，最終的に成立するまでにさまざまな価値が混入されることがあり，ある種，妥協の産物とならざるを得ない側面がある。そのため，本講では，各種法典を基点としつつも，そのような価値が混入されていない，いわば「純粋」な私法体系に着目し，考察している）。

思考方法につき，過去の思想家や考え方から，法律の内容が不明ないし法律に欠缺がある場合の解釈や適用の仕方には，次の3つの「道」があるとする見解がある（笹倉2007b：80-86頁）。①近世自然法論の「デカルト道」（ローマ法・法実務・歴史的事情等をふまえ集めたデータから，思索や直観により根本的な原理を導き，それと論理的に結びつけるかたちで一般命題や個々の指針を獲得し，全体を演繹的な体系として構成する道），②サヴィニーが活用し，コモン・ローの思考そのものであるとされる「ベーコン道」（集めたデータから帰納によって概念・命題，原理を析出したうえで，そこからさらに演繹によってより一般的な概念・命

第1部 法の原理・原則——基 層——

題，法則の仮説をつくり，それらを個別のケースに演繹的に適用し，問題があったときに欠缺補充したり，新たな命題・解釈による根拠づけを行う道〔仮説演繹法との類似性が窺われる〕），③法実務において圧倒的な強みをみせた「トピカ道」（蓄積された適当な処方箋〔法律家の共通了解事項〕を問題ごとに取り扱うが，それら相互の関係にはあまり拘らない道）があるとされる。

また，先のローマ法とゲルマン法という法文化的要因の差異から，「規範出発型」と「事実出発型」という2つのタイプを析出し，それにより，大陸法系民事訴訟（法から導かれる権利の存在を前提に，権利侵害がなされたときに，当該権利の存否を裁判で求める）と英米法系民事訴訟（事実から出発して訴訟をとらえ，事件の中から法を発見する）の相異を特徴づける見解もある（中村2009：3頁以下，251頁以下）。このような相異は，行為規範としての側面と裁判規範としての側面のいずれを強調するかということと関連し，法を権利（原則）中心に考えるか，訴訟（事実）から組み立てるかといった考え方にもとづくものと思われる。

このように種々のまとめ方が考えられるが，ここでは，それらの見解をふまえ，単純に，論理学で一般的に用いられている推論方法によって特徴づけてみることとする。

まず，近代私法体系の思考方法は，総則を前に置く「パンデクテン方式」を採用していることもさることながら，「権利・自律」を基点に体系全体が構築されていることから，「演繹」と特徴づけられる。次に，啓蒙期自然法体系の思考方法は，一見すると，自然法的「義務」のもと（自然法の一般原理から），幾何学的・演繹的方法によって個別・具体的な命題が導き出されているように思われる。ただ，この法体系のもとでは，実体法と手続法との分離がなされた後に編纂された近代私法体系とは異なり，「インスティトゥツィオーネン方式」によるアクチオ体系に服していたことに留意されたい。そこでは，実定法は自然法に包摂されるかたちで，原状回復という清算の観点から思考されていたことから，その思考方法は「帰納」と特徴づけられると考える（このように考える理由につき，中野2008：248-251頁参照〔ミルの「逆演繹法」に近い思考方法と思われる〕）。また，後期自然法論は，帰納的思考であったと指摘する見解もある（〔石部1969：127頁参照〕）。さらに，英米法系の思考方法も，個別・具体的な事件から一般的な法則を見出すことから，「帰納」と考えうる。ただ，判例法主義のもと法典特有の「体系性」がそもそもあるのかという疑問から，

また，過去の先例から類似の「法を発見」するという営為は，むしろ「類推」的発想に近いものと考えられることから，「類推」と特徴づけられると考える。なお，パース（Charles Sanders Peirce, 1839-1914）によれば，「アブダクション」（個別の事象をもっとも適切に説明しうる，仮説を導出する演繹でも帰納でもない推論）で得られた仮説が，「演繹」によって証明され，「帰納」的に検証されるという，サイクルを経て，大前提となるとされているため，演繹にせよ，帰納にせよ，いずれも帰納・演繹の操作を前提とするため，両者の相違は力点の相違でしかないと考えられる。

(c) 大陸法系と英米法系の法構造

最後に，以上の検討をふまえ，3つの法体系の法構造（法典編纂方式，構成原理，思考原理，思考方法）と法文化的要因につき，まとめておくこととする。

まず，ドイツ民法典等にみられる近代私法体系は，「ローマ＋ゲルマン」法的性格を有し，「制定法」を基礎に，「法実証主義」のもと「学説」を中心に形成された法体系である。この法体系は，総則を各論の前に置く「パンデクテン方式」を採用し，「権利・自律」を基点として，「演繹」的な思考方法にもとづき法体系全体が構築されている。このように，近代私法体系は，もっとも体系的・理論的性格が強く，高度に抽象性を有する概念・原理・原則から演繹的に結論を導出しうるような法体系として構成されている。

次に，フランス民法典等にみられる啓蒙期自然法体系は，「ゲルマン＋ローマ」法的性格を有し，「慣習法＋制定法」を基礎に，「自然法思想」のもと「学説＋実務」を中心に形成された法体系である。この法体系は，訴訟法が実体法の中に組み込まれるような「インスティトゥツィオーネン方式」を採用し，自然法的な「義務・他律」のもと，「帰納」的な思考方法にもとづき法体系全体が構築されている。このように，啓蒙期自然法体系は，慣習を基礎に，個別のアクチオと結びつく具体的な訴訟を念頭におく法体系であることから，パンデクテン方式に比して，カズイスティッシュな解決が可能な生活実態にそくした法体系として構成されている。

最後に，イギリス法系たる英米法系は，「土着法＋ゲルマン」法的性格がみられ，「慣習法」を基礎に，「実務」によって形成されていった法体系である。この法体系は，先の2つの制定法主義の大陸法系とは異なり，先例拘束性の原理を採用し，判例法を基本的な法源とする「判例法主義」がとられている。そ

して、この法体系は、慣習法と実務をベースとしているためか、「インスティトゥツィオーネン方式（アクチオ体系）」との類似性が指摘されている。その結果、英米法系は、より個別事例主義的に、個々の具体的な事件を「類推」的手法によって現実的かつ機能的に解決しうる法体系として構成されている。

（3）新たな私法体系モデルの模索

（a）検討の前提

最後に、以上を前提に、今後、われわれはどのような私法体系モデルを模索しうるか検討することとする。

その前提として、大陸法系をベースにした私法体系モデルを検討することとする。この理由は、わが国の私法体系が大陸法系に属することからすると、制定法文化をすて、英米法系の判例法主義に転換するというのはあまり現実的ではなく、合理的でもないからである（法典がもつ体系性の意義については、水津2013：375-378頁参照）。

また、以下で検討する私法体系モデルは、あくまでも、私法体系の骨格ないし外枠のみを呈示したにとどまる。先に述べたように、私法体系はさまざまな要因から成り立っており、その中身をどのような概念（主体・客体）、原理・原則（権利・義務の発生根拠・原因）を用いて構築するかなど検討を要する点が多々存在する。そのため、ここで呈示するものは、あくまでも私法体系の枠組についてのモデル（案）にすぎない。

（b）大陸法系発展型
（ⅰ）近代私法体系の発展型

まず、近代私法体系をベースに、演繹的な思考方法によって私法体系を構築していく可能性について検討する。この点、3で検討したように、社会の変化とともに、近代私法体系が前提とする「自由」と「平等」に動揺が生じ、近代私法の三大原則が修正されていた。そのため、「近代」の枠を超え、新たな私法体系を模索するうえでは、「自由」と「平等」という、ともすれば価値矛盾をおこしうるような二項対立的な概念・考え方を克服する必要があろう。

そこで、ここでは、①「自由」と「平等」の止揚、②「自由」と「平等」の脱構築、という2つの観点から、対立的概念の克服を試みることとする（なお、前者は、近代私法体系における「自由」と「平等」の関係性理解の延長線上に位置

づけられるが，後者は，そのような関係性とは別の観点から基礎づけられるものである）。

まず，①「自由」と「平等」を相対立するものと理解せず，両概念の存在を前提に，両者を支援・補完関係にあるものとして相補的に位置づけ，「自由」と「平等」の止揚を試みることが考えられる。このような把握の仕方は，「契約の実質化」として，「契約自由」と「契約正義」の関係を整理する見解から，「自律」と「他律」の関係の理解（「自律」は「他律」によって補完されることによって，かえって「自律」が実現〔支援〕される）にも通じるものと考える。また，このような二項対立的な概念の止揚を推し進めると，「公法」と「私法」の関係も，目的実現において支援・補完するものとして整理できると考える。なお，自律的な「近代法」と他律的な「自然法」というかたちで理解すると，「法実証主義」と「自然法論」を折喪する「第三の立場」へも通じる（この考えを突き詰めれば，もはや，どちらの立場〔価値〕を基準にするかという態度決定の問題となる）。

以上のように理解することによって，法体系は，人と社会との関係を含め，これらの両立可能な概念を前提に，両者はともに支援・補完する協働関係にあり，それによって，よりいっそう持続的かつ可変的な発展を可能にする法構造を有するものとして把握することができると考える（なお，「法化」論も，自律的な「法」に対する他律的な「国家」による介入として理解でき，システム論も，自律的な「システム」とそれに他律的に影響を与える「（外部）環境」の問題として整理できそうであるが，両者の止揚に限界を見出すのがシステム論者でもある）。

また，②「自由」と「平等」を，より高度な価値基準から両概念を包含関係にあるものとして位置づけ，「自由」と「平等」の脱構築を試みることが考えられる。具体的には，「政治的リベラリズム」のもとで，「公正としての正義」を構想するロールズの正義論を参考にするものである。

ロールズの正義論とは，社会共通のルールを自分の社会的な地位・身分，資産・能力等が「無知のヴェール」に覆われている状態で決めると仮定すると，人々は，正義の2原理（〈第1原理〉各人の自由は，他者の自由と両立しうるかぎりで平等な権利を有し，〈第2原理〉社会的・経済的不平等は，すべての人に対し開かれている地位や職務に付随するものであり〔機会の均等〕，社会でもっとも不遇な人々にとって利益になるようなものでなければ許容されない〔格差原理〕）を受け入れると考えられ，それにより，「公正としての正義」が実現されるとするもの

である（ロールズ 2010：5 頁以下，83 頁以下，204 頁以下等参照）。

　この正義論に対しては，法的価値判断を含む「法的」正義に用いられるか否かという問題もあるが，もっぱら公法的な場面を念頭に，比例的な配分を要求する「配分的正義」にかかわるものであることから，「交換的正義」や算術的な平等を要求する「矯正的正義」が主として問題となる私法の分野には適用できないのではないかとの疑問もある（笹倉 2014：239-240 頁）。ただ，自由と平等を「公正」という観点から把握する発想それ自体は，消費者契約法等により，民法が社会法的な性格を帯び，質的変化を受けている現状からすると，このような観点から私法体系の再編を検討する余地はあるようにも思われる。

(ⅱ)　啓蒙期自然法体系の発展型
　次に，時代的には逆行することになるが，啓蒙期自然法体系に回帰するようなかたちで私法体系を再編することも考えられる。具体的には，自由か，平等か，という関係性で両者を捉えるのでなく，自由と平等という二元的価値を基礎におき，場面によっては積極的に平等を重視するようなかたちで再編することが考えられる（2(2)(c)で述べたように，先の(ⅰ)とこの(ⅱ)では，自由と平等のウェイトの置き方が問題となる）。また，それにより，これまでのような水平関係における形式的平等だけでなく，垂直関係における実質的平等をも考慮し，「自由」と「平等」を実質的に確保していくことが考えられる。とくに，このような観点から，私法の場面において，交換的正義だけでなく，配分的正義によって解決を図っていくことも考えられる（債権者平等の原則などにおいては配分的正義が機能しているとされるが，契約法における配分的正義を検討するものとして，山田 2008：154-178 頁参照）。

　なお，自律と他律の関係は，先の(ⅰ)①のようなかたちで止揚しうるが（前提とする法典編纂方式は当然異なる），(ⅰ)よりも平等を推し進めた結果，個人の自由の領域が狭まり，国家による介入が増すといった弊害は考えられる。また，思考原理が権利ベースから義務ベースへと戻ることが，はたして現代社会と事態適合的かという問題もある。ただ，このような私法体系においては，個別・具体的な事態を念頭に帰納的に法体系が構築されていることから，現実の生活に適したかたちで，より柔軟に法運用していく可能性も考えられる。

(c) 大陸法系折衷型

　以上のように，大陸法系のそれぞれの法典編纂方式をベースに，新たな私法体系を再編するのではなく，法典編纂方式と思考原理を統合することによって，新たな私法体系を模索することも考えられる。具体的には，①パンデクテン方式＋義務・他律の体系，②インスティトゥツィオーネン方式＋権利・自律の体系，という2つのパターンが論理的に考えられる。

　もっとも，①の方向は，自律か他律かという点では，前述したように，いわば力点の問題の相違として解消されるものと思われる。また，権利ベースから義務ベースにすることについては，先に述べたように，それほどメリットがあるように思われない。そのため，②の方向がより重要となると思われる。

　この点につき，ヘーゲルは，「権利＝自律」を前提に，自由意思を有する抽象的人格を基点としつつも，「財産」，「契約」，「不法」というかたちで，インスティトゥツィオーネン的方式を採用している。そのため，このヘーゲルの法体系を参考に，2つの法体系を折衷することによって，ある種の可変性をもったハイブリッド型の私法体系モデルを構築することが考えられる。

(d) 大陸法系・英米法系融合型

　さらに，大陸法系と英米法系を融合することも考えられる。現在，国際的な統一法ないしモデル立法作成の動きが加速しており，たとえば，国際物品売買契約に関する国際連合条約（〔ウィーン売買条約〕United Nations Convention on Contracts for the International Sale of Goods〔CISG〕），ヨーロッパ契約法原則（Principles of European Contract Law〔PECL〕），ユニドロワ国際商事契約原則2010 (UNIDROIT Principles of International Commercial Contracts 2010〔PICC〕），共通参照枠草案（Draft Common Frame of Reference〔DCFR〕），共通欧州売買法（Proposal for a Common European Sales Law〔CESL〕）等が例としてあげられる。このような国際的な法統合の動きに対しては，大陸法系と英米法系との融合と評されることもある。実際，先に検討したように，法構造と法文化的要因においては，両者に類似している点がみられた。このことからすると，両法体系を統合し，新たな「普通法」を模索することによって，ポストモダンのグローバル化時代に対応することも考えられる（その際，大陸法系と英米法系を受容した「混合法系（mixed legal system）」について，法典化・非法典化，私法・公法の再編，法制度・法文化の受容の問題をも含め，ミクロ・マクロの視点から考察

第1部　法の原理・原則──基層──

することも有用と思われる〔この点につき，ツィンマーマン 2008：126 頁以下参照〕）。

　もっとも，こうした国際的な動向と，国内法の歩みを同じくするべきか否かは慎重に判断するべき問題と考えられる。また，この融合型モデルでは，他のモデルに比し，体系的整合性が失われることを，どのように評価するかも問題となる。

　ただ，他方で，前述したように，現代の社会においては，近代が前提とした一般的・抽象的な概念・原理から演繹的に結論を導くことが困難になっているという状況が存在する。「世界」をよりシンプルなものとして把握し，概念・原理の演繹的操作によってプレモダンからモダンへの転換が図られたが，ポストモダンの現代においては，グローバル化に伴い，社会・経済・文化の統合がなされはじめ，多種多様な価値観・文化を背景にもつ人々の交流が促進した結果，境界は曖昧となり，「世界」はかえって小さくなったとも評しうる。そして，この「世界」では，モダンの時代において想定されていた道具がもはや十分に機能しえなくなってきている。そのため，単一の法モデルを前提に議論すること自体が現実的ではないとも考えられる。このような現状をどのように打破するべきか，という観点から考えると，さまざまな状況に応じつつ，より機能的な結論導出型の私法体系を再編していく可能性を検討する必要もあろう。実際，民法の分野においては，複雑で多元的な社会へと変化したことに伴い，それに対応し，衡平かつ妥当な結論を導き出すために，柔軟な私法理論が呈示されており，また信義則の役割も大きくなってきているものと思われる（3 (2) (b) 参照）。

　なお，グローバル化との関係で付言すれば，近時話題の環太平洋戦略的経済連携協定（Trans-Pacific Strategic Economic Partnership Agreement〔TPP〕）において，仮に，相互主義的に TPP 加盟国同士で法曹資格の承認がなされたとすると，それにより，大陸法系と英米法系の融合が実務面からなされるという可能性も考えられる。

　(e)　その他

　以上のような私法体系モデルについては，既存の「私法」（とりわけ，その中心に位置する民法）の体系の枠組を前提とするものであった。

　もっとも，グローバル化時代の課題としては，公法・私法の再編という問題も存在する。この点からすると，公法・私法の枠組を超えて，両者に共通する

原理・原則をもとに，法体系全体を再構成することも考えられる。その際，私法内部においても，民法と，消費者法や商法等の特別法との関係をも含めて，再構成することも考えられよう。

　なお，以上示した私法体系モデルのなかには，ある種，設計主義的に構築されたものと解され，複雑・多様化した社会のもと生じた価値の多元化には柔軟に対応できない，との指摘がなされることも考えられる。まさに，近代私法体系を限界ならしめた問題である。ただ，この指摘は，体系構築ということにつきまとう問題である。そのため，体系構築の途とは別に，まさに，ありのままの社会をさまざまな部分システムとして構成したシステム論からのアプローチも考えられよう（もっとも，この立場からは，現状の法システムを理解・説明できても，どのようなかたちで新たな私法モデルを呈示できるかは不明である）。

5　おわりに —— よりよい社会を作るために

　以上，本講では，「法とは何か」という問いに対し，法体系という，法が有する体系的性格に着目し，それを特徴づける法構造・思考原理・思考方法といった観点から検討した。その際，常に意識していたのは，「われわれの法文化は，どこからきて，どのように形成され，どこへ向かうのか」，また，「現在，われわれは，どのような社会に生きているのか」ということである。このような問題意識のもと，まず，われわれが前提とする近代私法体系の成立過程を検討し，どのような限界が生じ，それに対してどのようなアプローチがなされているのか，その問題構造を分析した。そして，自然法思想の衰退と法実証主義の隆盛といった大きな法思想史的潮流と，その下で脈々と受け継がれていたローマ法継受の程度にみられる，ローマ法的要素とゲルマン法的要素等の法文化的要因によって形成される「基層」から，大陸法系における２つの法体系（近代私法体系〔パンデクテン方式による権利・自律の体系〕と啓蒙期自然法体系〔インスティトゥツィオーネン方式による義務・他律の体系〕）と英米法系の法構造とその相違を検討した。そのうえで，最後に，それらの法体系をベースに，考えうる新たな私法体系モデルのヴァリエーション（大陸法系発展型，大陸法系折衷型，大陸法系・英米法系融合型等）を検討した。

　このようにして，本講では，「法とは何か」という問いにつき検討を試みたが，この問いを考えるためには，法というものが，次のように理解できること

第1部　法の原理・原則 ── 基 層 ──

を忘れてはならない。すなわち,「法」は,重層的に存在する種々の法文化とそこに連綿と存在するさまざまな思潮の流れとが幾重にも複線的に交錯して大きな法の「基層」を織り成しながら,それが地表に存在する「人」とそれを取り巻く「社会」一般とに相関的に影響を与えるようなかたちで,外的事象として発現されるものである,ということである。とりわけ,「社会あるところに法あり」といわれるように,社会・政治・経済の変化と法の基層を成すものとが相互に影響しあった結果,法が変容し,新たな法体系の展開がもたらされる,ということには留意されたい。

　以上のようなことからすると,「人と法」,「法と社会」,「社会と人」とは,それぞれ相補的・共進化的な関係性を有しており,「人―法―社会」が有機的かつ円環的に結びつくことによって,相乗的に,よりよい「世界」を構築していくことができるものと考えられる。とかく,法律学は,詭弁的なものとして,パンのための学問と称されることもあるが,ローマ法以来,連綿と受け継がれているのは,それが,よりよい社会を作るために,どのような法制度・法理論を構築すべきかということを,常に念頭におき考えてきた学問であるからであると思われる。

　以上を前提に,最初の問いに戻るならば,「法」とは,人々がよりよい社会を作るためのものと答えることができ,「法とは何か」を問うことは,よりよい社会を作るための不断の営みともいえよう。

　現在,資本主義経済の成熟に伴い,ある種の社会的閉塞感が存在するとともに,グローバル化の進展により,ますます複雑かつ多元的な社会へと変容してきている。このような時代において,ポストモダンとして,どのようなものを「法」として構築し,どのようにして「法体系」を展開していくべきかが問題となっている。

　以上のような状況のなか,社会,政治,経済といった知見を広く渉猟しつつ,法の世界を縦横無尽に駆けめぐりながら,「法とは何か」を問うことは,新たな法体系を模索し,よりよい社会を構築していくためのものと理解でき,このような思考的営為からすると,「法」を学ぶ意義は大きいものと考える。

第1講　近代私法体系の成立と展開

◇引用文献◇

青井秀夫（2007）:『法理学概説』有斐閣
碧海純一・伊藤正己・村上淳一編（1976）:『法学史』東京大学出版会
碧海純一（2000）:『新版　法哲学概論〔全訂第2版補正版〕』（法律学講座双書）弘文堂
筏津安恕（2001）:『私法理論のパラダイム転換と契約理論の再編 —— ヴォルフ・カント・サヴィニー』昭和堂
五十嵐清（2006）:「ローマ法の継受」原島重義先生傘寿『市民法学の歴史的・思想史的展開』信山社
石部雅亮（1969）:『啓蒙的絶対主義の法構造 —— プロイセン一般ラント法の成立』有斐閣
市原靖久（2010）:「権利 right —— 主観的 ius とは何か？」竹下賢・角田猛之・市原靖久・桜井徹編『はじめて学ぶ法哲学・法思想 —— 古典で読み解く21のトピック』ミネルヴァ書房
ヴィーアッカー，フランツ／鈴木禄弥訳（1961）:『近世私法史 —— 特にドイツにおける発展を顧慮して』創文社（原著1952年）（1967年〔第2版〕）
大村敦志（2008）:『市民社会と〈私〉と法Ⅰ —— 高校生のための民法入門』商事法務
岡松参太郎（1899）:『註釈民法理由　上巻　総則編』（訂正12版）有斐閣書房
勝田有垣・森征一・山内進編（2004）:『概説　西洋法制史』ミネルヴァ書房
加藤新平（1976）:『法哲学概論』（法律学全集）有斐閣
カナリス，クラウス-ウィルヘルム／木村弘之亮代表訳（1996）:『法律学における体系思考と体系概念 —— 価値判断法学とトピク法学の懸け橋』慶應義塾大学出版会（原著1983年）
カント，イマニュエル／坂部恵・平田俊博・伊古田理訳（2000a）:『カント全集7　実践理性批判　人倫の形而上学の基礎づけ』岩波書店（『人倫の形而上学の基礎づけ』原著1785年，『実践理性批判』原著1788年）
カント，イマニュエル／福田喜一郎・望月俊孝・北尾宏之・酒井潔・遠山義孝訳（2000b）:『カント全集14　歴史哲学論集』岩波書店（「世界市民的見地における普遍史の理念」原著1784年,「『啓蒙とは何か？』という問いへの答え」原著1784年,「理論では正しいかもしれないが実践の役には立たない，という通説について」原著1793年）
カント，イマニュエル／湯浅正彦・井上義彦・加藤泰史訳（2001a）:『カント全集17　論理学・教育学』岩波書店（『論理学』原著1800年）
カント，イマニュエル／有福孝岳訳（2001b）:『カント全集4　純粋理性批判　上』岩波書店（原著1781年〔第1版〕，原著1787年〔第2版〕）
カント，イマニュエル／樽井正義・池尾恭一訳（2002）:『カント全集11　人倫の形而上学』岩波書店（原著1797年）
カント，イマニュエル／有福孝岳・久呉高之訳（2006）:『カント全集6　純粋理性

第1部　法の原理・原則 ── 基　層 ──

　　　　批判　下　プロレゴーメナ』岩波書店（原著 1781 年〔第 1 版〕，1787 年〔第 2 版〕）
菊池肇哉（2013）：『英米法「約因論」と大陸法「カウサ理論」の歴史的交錯』国際書院
来栖三郎（1999）：『法とフィクション』東京大学出版会
ケアスティング，W.／舟場保之・寺田俊郎監訳（2013）：『自由の秩序 ── カント
　　の法および国家の哲学』ミネルヴァ書房（原著 2007 年）
笹倉秀夫（2002）：『法哲学講義』東京大学出版会
笹倉秀夫（2007a）：『法思想史講義〈上〉── 古典古代から宗教改革期まで』東京
　　大学出版会
笹倉秀夫（2007b）：『法思想史講義〈下〉── 絶対王政期から現代まで』東京大学
　　出版会
笹倉秀夫（2014）：『法学講義』東京大学出版会
サンデル，M. J.／菊池理夫訳（2009）：『リベラリズムと正義の限界』勁草書房
　　（原著 1998 年）
嶋津格（1985）：『自生的秩序 ── F・A・ハイエクの法理論とその基礎』木鐸社
水津太郎（2013）：「現代における法典の擁護 ── 法典悲観主義に抗して」内池慶四
　　郎先生追悼『私権の創設とその展開』慶應義塾大学出版会
セン，アマルティア／大庭健・川本隆史訳（1989）：『合理的な愚か者 ── 経済学＝
　　倫理学的探求』勁草書房（原著 1977 年）
田中成明（2011）：『現代法理学』有斐閣
ツィンマーマン，ラインハルト／佐々木有司訳（2008）：『ローマ法・現代法・ヨー
　　ロッパ法 ── シヴィル・ロー的伝統の現在』信山社
中野邦保（2005）「行為基礎論前史（二）── 後期普通法における『意思』概念の
　　変質を中心に」名古屋大学法政論集 208 号
中野邦保（2008）「啓蒙期自然法体系の法構造と思考原理 ── 給付と反対給付の
　　等価性確保の問題から」名古屋大学法政論集 227 号
中野邦保（2013）：「カントによる『自由の体系』の基礎づけ ── 啓蒙期自然法論か
　　らの哲学的転回」竹下賢・宇佐見誠編『法思想史の新たな水脈 ── 私法の源流
　　へ』昭和堂
中村英郎（2009）：『民事訴訟における二つの型』（民事訴訟論集　第 6 巻）成文堂
成瀬治（1984）：『近代市民社会の成立 ── 社会思想史的考察』東京大学出版会
服部高宏（1993）：「現代法をどうとらえるか」田中成明編『現代理論法学入門』
　　法律文化社
ハート，H. L. A.／矢崎光圀監訳（1976）：『法の概念』みすず書房（原著 1961 年）
　　（1994 年〔第 2 版〕）
深田三徳（2004）：『現代法理論論争 ── R.ドゥオーキン対法実証主義』ミネルヴァ
　　書房
深田三徳・濱真一郎編著（2007）：『よくわかる法哲学・法思想』ミネルヴァ書房

平野義太郎（1970）：『民法におけるローマ思想とゲルマン思想〔増補新版〕』有斐閣
星野英一（1986）：「私法における人間――民法財産法を中心として」同『民法論集　第6巻』有斐閣
村上淳一（1978）：「ドイツにおける法の近代化の諸類型」磯村哲先生還暦記念『市民法学の形成と展開　上』有斐閣
村上淳一（1979）：『近代法の形成』岩波書店
村上淳一（1980）：『ゲルマン法史における自由と誠実』東京大学出版会
村上淳一（1985）：『ドイツ市民法史』東京大学出版会
村上淳一（1990）：『ドイツ現代法の基層』東京大学出版会
山田八千子（2008）：『自由の契約法理論』弘文堂
ラズ，ジョゼフ／松尾弘訳（2011）：『法体系の概念――法体系論序説〔第2版〕』慶應義塾大学出版会（原著1980年）
リオタール，ジャン＝フランソワ／小林康夫訳（1986）：『ポスト・モダンの条件――知・社会・言語ゲーム』水声社（原著1979年）
ルソー，ジャン＝ジャック／作田啓一訳（1979）：「社会契約論」浜名優美・清水康子・阪上孝・作田啓一・遅塚忠躬・永見文雄訳『ルソー全集　第5巻』白水社（原著1762年）
ロールズ，ジョン／川本隆・福間聡・神島裕子訳（2010）：『正義論〔改訂版〕』紀伊國屋書店（原著1999年）
我妻栄（1965）：『新訂　民法総則』（民法講義Ⅰ）岩波書店

◇参考文献◇

青井秀夫（2000）：『法思考とパタン』創文社
木庭顕（2009）：『法存立の歴史的基盤』東京大学出版会
原島重義（2002）：『法的判断とは何か――民法の基礎理論』創文社
三島淑臣（1998）：『理性法思想の成立――カント法哲学とその周辺』成文堂
Schröder, Jan（2012）：Recht als Wissenschaft: Geschichte der juristischen Methodenlehre in der Neuzeit（1500–1933），2 Aufl.

＊本稿は，平成25年度科学研究費補助金（若手研究（B）：課題番号23730111）の助成を受けた研究成果の一部である。

第2講　契約の拘束力とその限界
── 贈与を中心に ──

小島　奈津子

> 　私たちはよく約束をする。それらの多くは徳義上のものであり，法的拘束力を有しないとされるものである。たとえば友達と買い物に行く約束等である。これに対して，強制履行等につながる債務を生じさせる，つまり法的拘束力を有する，「契約」がある。そして，契約は守られなければならないとされる。しかし，「契約」とされても，無理由解除が認められる契約もあり，また，無償契約は一般に法的拘束力が弱いとされ，実際上十全な拘束力が与えられるとは限らない。本講では，各国の契約の拘束力のあり方について，最もわかりやすいと思われる文献をもとに解説し，とくに贈与契約を中心に，法的拘束力の限界について論じることにしたい。

1　はじめに

　契約は守られなければならないと言われている。しかし，契約した後になって，その契約をしたことを後悔することもあるだろう。たとえば，売った物の値段が上がった，買った物の値段が下がった，というような場合，あの時の値段で売り買いしておかなければよかった，と後悔するだろう。また，物をあげてしまい，後で後悔して，返してほしくなることもあるだろう。とくに問題なのが，契約した時から時間が経って，前提となっていた事情が変わる場合である。それでも，契約が守られなければならないならば，泣く泣く契約を履行することになる。

　契約には拘束される，というのは自明の理ではなく，人がなぜ契約によって拘束されるかについては諸説がある。日本法においてはあまりこの問題は意識されていなかったが（星野 1986：269 頁），欧米では今でも議論されている大問題である。古くは，神の掟，道徳等，人間を越えるものが考えられたが，近代

には「人は自らそれを欲したが故に拘束される」とされるようになった。これは公法における社会契約論とパラレルなものであり、フランスの意思自治の原則である。日本法がこの原則を採るべきかは、社会契約説も絡んで「実践哲学上の難問」であるが、さらに、時代が進むにつれて、契約自由が弱者にとっては自由を意味しないことが明らかになったことなどで、この原則も批判されるようになる。契約の拘束力の根拠についても、むしろ相手方がその表示を信頼した、その信頼を保護するために契約の拘束力を認めるという考え方が現れるが、これは当事者がそれを欲したからではなく、そうすべきだという客観的倫理から契約に拘束されるとするものである（星野1986：211, 246, 270頁）。また、「人が法律上義務付けられるのは、法律、現実には裁判所によってであり、人の意思が尊重されるのも法律または裁判所がそのように決めたからである」ともされる（星野1993：172-173頁）。これに対しては、「現代社会の最大の病弊である『人間疎外』現象をそのまま肯定する嫌いがある」ものであるという批判がある。人間は納得しなければ拘束され難い存在なのであって、「人間の行為を規制する規範が外から所与のものとして天降りさせられる」というのでは納得を得られないというのである（石田1982：229-230頁）。このように、契約の拘束力の根拠如何という問題は難問であるが、実際に世の中でどのようなときにどの程度契約の拘束力が認められるかをみていきたい。

2 アメリカ法

(1) 約因のある契約

アメリカ契約法には約因という概念がある。これは大変難しい概念であり、正確に把握することは困難である。アメリカ法ではバーゲン理論（交換的取引理論）が定着しており、約因とは「契約を構成する約束が為されるについて、それに対する対価となったもの」とされる（樋口1994：82頁）。アメリカ法では、この約因がないかぎり、拘束力ある契約ではない。約因のない贈与等は、単なる約束であるとされ、それには法的拘束力がないのが原則である。その理由については、約因の次のような機能が語られる。約因の存する交換取引、各当事者が利益を得るような取引形態は、財の効率的活用に資するのであり、そのようなビジネスの取引によって、経済社会は維持されている。法的に救済を

与えるというのは、社会的なコストを払うということであるから、そのような契約でなければ、コストに見合う社会的な利益が存在しないというのである(樋口1994：89-90頁)。つまり、約因のある契約によって生活が成り立っているのだから、これを守らせるためになら、社会的コストのかかる裁判所を使わせてよいということである。

　では、約因のある契約は契約通りに守られなければならないのだろうか。つまり、契約通りの履行がなされなければならないのだろうか。たとえば、リンゴの売買契約がなされた場合、買主が望めば強制してでも、実際にリンゴが引き渡されなければならないだろうか。アメリカ法では、契約の履行が強制されること（特定履行の命令）は例外的であり、契約違反があったときの救済は原則的に損害賠償である。つまり、リンゴの売買でも、契約違反をした売主は、リンゴの引き渡しを強制されるのではなく、買主が被った損害を賠償させられることになるのである。

　そこで、アメリカ法では、契約を破る自由があるといわれる。どういうことか具体例で考えてみることにする。『アメリカ契約法』という本には次のようなアメリカの判例が載っている。Y家具製造業者がX家具卸売会社に椅子を1脚10ドルで9万脚を製造し売却するという契約をした。ところが、椅子の製造に取り掛かる前に、Yは他の会社からもちかけられ、テーブルを1個32ドルで5万個製造し売却するという契約を締結してしまった。Yにはどちらか一方の契約を守る生産能力しかなく、テーブルを作ったら椅子は作れないが、製造原価を考えて計算すると、後の契約の方が前の契約よりも儲かるからである。前の契約では18万ドルの利益しか見込めないが、後の契約からは35万ドルの利益が見込めたのである。Yは弁護士に相談し、次のような助言を得ていた。弁護士によれば、Yは、Xが契約違反を知った日の椅子の市場価格と契約価格との差額を支払わなければならないが、それ以上は払わなくてよい。さらに、「もっとよい取引のチャンスがあったらいつでも法律はそれに飛びついてよいといっているのですよ。もちろん、損害賠償だけは支払わなければなりませんが。これは効率的契約違反の法理（doctrine of efficient breach）とよばれています。私はロー・スクールでそう習いました」。Yは椅子の市場価格は11ドルまで上がるだけだろうと計算し、(11−10)×90000＝9万ドルの損害賠償を払っても、後の契約から35万ドルの利益を得られるから、26万ドルを得られると見込んだ。これは、Xとの契約を守って椅子を作った場合の利益よりも、8万

ドル多い。そして，Xに訴えられたが，Yの計算通り，9万ドルの損害賠償だけが認められた。XY間の契約の目的物がXが代替品を調達できないような独特の椅子ではなかったことから，強制履行の命令は出せないとされたのである（樋口1994：43-45頁）。

　このように，履行するか賠償するかの選択権が債務者にあることになる制度の説明として，この本はまずファーンズワース教授の体系書を挙げる。「やや驚かれるかも知れないが，アメリカ契約法上の救済制度の目的は，債務の現実的履行の強制ではない。……問題は，どうやって債務者に約束を守らせるかではなくて，どうしたら人々が契約関係に入るのを促進できるかである。……ともかく，誰もが認める契約締結の自由とならんで，契約を破る相当の自由（a considerable freedom to break them, them=contract）が同様に認められているのである」。そして，いったん契約を締結したら履行が強制されるとはしない方が人々は気楽に契約を締結することができるところ，契約というものが自発的な財の交換取引の実現の手段であり，政府が経済を動かすのでない，自由主義社会の根幹であるから，人々の契約締結が促進されることはよいことであるという考えがある。さらに，もう一つの説明の可能性として，上の事案で先に締結された契約の履行を強制すると，つまり，債権者Xが履行か賠償かを選ぶならば，限られた資源である家具製造工場の利用法として，非経済的，非合理的利用が為される恐れがあるともいわれる（樋口1994：32頁）。

（2）　約因のない約束

　これに対し，約因のない，単なる約束では，原則として，これを破っても損害賠償すら必要ない。そこでは，約束は破り放題である。約因のない約束の典型例は，贈与約束である。タダでものをあげるというような約束である。ここで約束を破る自由があるのは，次のような理由からとされる。まず，無償の取引の当事者を放っておくという政策である。前述のように，正義を与える法的機構にはコストがかかるところ，交換は社会全体の富を増すと考えられるのに対し，贈与は必ずしも生産的でない不毛なものだからである（アイゼンバーグ2000：25頁）。また，贈与約束というものが利他的なものであることを前提に，次のように説かれることもある。非人格的な国家機関による強制になじむのは「契約の世界」だけであって，愛，親愛の情，友情，感謝といった感情的な考えによって動かされる「贈与の世界」がそのような「契約の世界」に組み込ま

れてしまってはその豊かさを失ってしまう。「贈与の世界」では、贈与を法により強制しては感情的価値が侵食されてしまうし、贈与の履行を迫るのは悪いことで、受贈者には後悔している贈与者を解放する道徳的な義務があるというのである（アイゼンバーグ2000：30-35頁）。

　ただし、贈与約束であって約因がない場合でも、例外的に拘束力が認められる場合がある。たとえば命の恩人に対する約束であり、これには拘束力が認められなかった事例もあるが、認められた事例もある。また、約束を信頼して相手方が行動し、自分の地位を不利に変更してしまった場合に、約束の拘束力が認められる場合がある（約束的禁反言の法理）。たとえば、長年ある会社に勤め多大な貢献をした社員に、月いくらといった終身の退職手当を与えると約束し、それを信じてその社員が退社し、もう同じような職を容易に探すことができない状態になったというような場合である。このような退職給付の約束のほか、家族内での約束、寄付の約束、保険を付けるという約束、契約交渉の決裂の領域で、約束的禁反言の法理の適用が認められてきた（樋口1994：91-95頁）。これらの場合には、約因のない約束であっても、これから離脱することが認められないのである。

　このように、アメリカ法においては、約因のある契約でも契約を破る自由が認められ、契約違反があった時の救済は損害賠償のみで、つまりお金で解決しさえすれば、契約は守らなくてよいというのが原則である。約因のない約束であった場合にはそれすらなく、契約から自由に離脱できるのが原則である。

3　ドイツ法

（1）贈与契約の複雑な制度

　以上のアメリカ法に対して、ドイツ法では、約因の有無を問わず、合意があれば拘束力があるのが原則である。また、損害賠償さえ払えば契約は守らなくてよい、とはされていない。つまり、契約が任意に履行されない場合、相手方が望めば履行が強制されるのである。たとえば、リンゴ1キロの売買契約がなされた場合、買主に請求されれば、売主は実際にリンゴ1キロを引き渡さなければならないのである。これは、債権者が履行か賠償かを選ぶ制度といえる。このことは贈与契約についてもいえることである。

第1部　法の原理・原則——基　層——

　しかし，贈与契約については，日本法より厳しい規定がある。厳しいとは，より拘束力が弱いので，契約からの離脱の余地も大きいという意味である。たとえば，贈与契約は要式行為とされている。つまり，公証人による書面を作成しなければ，まずもって契約として成立しないのである（ドイツ民法〔以下，BGBと表記する〕518条）。そこで，公証人による書面作成前であれば，契約が成立していないから，たとえば口頭で約束していたとしても，もちろん履行が強制されることはない。贈与しようとした者が翻意した場合，相手方が訴えても，何かを強制されることはない。当事者はいつでも離脱できるのである。
　これに対して，公証人による書面により贈与契約が成立した場合は，契約があるのだから，履行を強制されることになる。しかし，この場合でも，受贈者の忘恩行為や贈与者の困窮による撤回権や返還請求権がある。これらは，受贈者が重大な過誤（非行）により贈与者やその近親に対し「忘恩」の責任を負うべき時に，または，贈与者が贈与契約後に相応に生計を維持したり扶養義務を果たしたりすることができなくなりそうな時に，贈与者が贈与を撤回したり，もう履行してしまったものの返還を請求できるという制度である（BGB 519，528，530条）。これらは贈与契約締結後の事情の変化を考慮するもので，そのようなときに用いられる「行為基礎の喪失」が個別の規定によって認められた場合であり，特則であるとされている。ただ，かつては，忘恩行為の制度は「事情変更約款」理論が実定法において個別に認められたものとされたりもしたのであり（磯村1997：20-21頁），一般的な理論を探り，その本質を突き詰めて論じるよりも，贈与に関するルール，どのようなときに贈与の解消が認められるか，をここでは見てみたい。この点，ドイツ法の忘恩行為についての研究をみると，たとえばドイツ民法の立法過程に見られる重大な過誤とは，たとえばドイツ民法第一草案で掲げられていた①生命もしくは自由に対する脅迫，②故意による身体的虐待，③重大な侮辱，④故意による重大な財産の毀損のほか，行為能力の剥奪・制限の宣告のための違法な申立等であって，実際裁判例で認められたものとしても，暴行脅迫，不貞行為，根拠のない告発等，客観的にある程度重大なものである（後藤1985：843-852頁）。そこで，これらの事情があれば，公証人による書面が作成され贈与契約が成立した後であっても，贈与者は贈与契約から離脱できることになる。
　ところが，これら贈与契約の撤回，返還請求権の一部は，特殊の贈与では認められない。BGB534条は次のようにいう。「道徳上の義務，又は儀礼への顧

慮に応じた贈与は，返還請求又は撤回をすることができない」。この規定は，その制定過程をみると，忘恩行為の制度に付随する特則としてできてきたものである。その制度趣旨は，道徳上の義務，儀礼を斟酌して為された贈与では，受領者が原則的に感謝を義務付けられないため，忘恩ゆえの撤回権の前提が存しないというものである。どのような贈与がそうかといえば，範囲の不明確な報償的贈与（命の恩人への贈与等，受贈者の先行する役務に対する贈与）というものが典型例としてあるが，そのうち先行する役務との関係でみたときに「好意の施し」という要素が存在しないかわずかにすぎない場合が，儀礼を斟酌して為された贈与にあたるとされている。したがって，逆に役務の報酬のほかに贈与者の「好意の施し」が多く含まれているような場合は，忘恩による撤回になじむことになる。そこで，贈与者の好意による通常の贈与と，好意の色彩が薄い特殊の贈与とで，異なった扱いがされていることがわかる。そこでは，同じだけの贈与がされても，贈与者の動機によって，忘恩行為，困窮に関わる権利の一部が認められるか否かが異なってくるのである。

　ドイツ法はこのような複雑な制度を採っているが，これについてアメリカ法はどのようにみているのだろうか。アイゼンバーグは次のようにいう。贈与約束が道徳的に拘束力を持つからと言って拘束力を認めてしまうと，それから離脱できる場合を認めなければならず，離脱の理由としては，受贈者の無礼や贈与者の困窮があろうが，そのような大陸法で認められた法制度は「本質的にごちゃごちゃしており，我々の司法制度が解決するのに適した種類の争点ではない」，「親愛の情で結ばれた人間関係の平穏は法によって支配するにはあまりにも微妙であるから，正式な法制度がこのような流動的な性質の抗弁にうまく対処できるかどうかは疑問」である（アイゼンバーグ2000：27頁）。先にみたように，アメリカ法では，贈与は約因のない約束として，原則的に破ってもよいものである。だからすっきりしているとはいえるのだが，例外的に拘束力が与えられる場合もあり，そうシンプルではない。前述のように，命の恩人に対する贈与等，報償的な贈与のような場合には贈与者の動機が，禁反言のような場合には受贈者側の事情が問題になる。しかし，人間関係の破たんを法的な問題にすることに慎重な考慮を必要とするのは確かで，明確な基準がなければ贈与において契約の拘束力はないも同然になりかねない。

第1部　法の原理・原則——基層——

4　日 本 法

（1）　契約を破る自由

　それでは，日本法ではどうだろうか。日本法もドイツ法と同じく，契約が成立すると，その履行を強制する制度を採っている。契約が任意に履行されない場合には，一定の要件の下，相手方（債権者）は履行請求権を行使して，履行させることができる。さらに，契約を履行しなかった債務者に帰責事由があれば，債権者は損害賠償請求権，解除権を取得する。つまり，債権者が履行か賠償かを選べる制度である。

　そこには契約を破る自由という考えはないが，日本の民法で契約を破る自由という考え方が全く問題とならないわけではない。これと無関係ではない論点の一つとして，損害賠償請求権の範囲の問題がある。これについては，民法416条2項に関する判例がある（大判大正7・8・27民録24輯1658頁）。通説によると，416条は，損害賠償は債務不履行によって通常生ずべき損害の賠償をさせるものであるという原則を明らかにしており（1項），損害発生の基礎となるのが特別の事情であるときには，当事者がその事情を予見することができたときにのみ，それによって生じた損害も賠償されるとしている（2項）。

　事案は次のとおりである。マッチ製造業者Yと問屋Xは，マッチの売買契約をした。その後，第一次世界大戦が勃発したためマッチの原料が高騰，マッチの価格も騰貴した。Yがマッチを引き渡さなかったので，Xがマッチの価格高騰により被った損害賠償を請求した。契約締結時には当事者双方がそのような未曾有の戦乱を予見できなかったが，履行期にはその戦乱のためにマッチの価格が暴騰し，Yは債務不履行をすればXに大きな損害を被らせることを熟知していた。この事案で，大審院は，債務者が特別事情を予見したときには，それによる損害が生じることは予知できるのだから，それなのに債務を履行しなかったり，履行不能にしたりしたら，賠償させられても過酷ではない，だから，民法では，債務の履行期までに履行期後の事情を予見できるかが問題とされているのだとした。

　416条2項がいう予見可能とは，いつ当事者が損害発生の基礎となる事情を予見できればいいということなのかが，ここでの問題である。これについて，大審院は，債務者が債務不履行時に予見できればいいとしたのである。これに

58

対して，この予見時期を契約時とする見解もある。それは，「契約責任においては，契約によって約束された利益のみが保障されるのであり，その後の事情は考慮すべきでない」という考え方である。この考え方は，契約時に予見可能な損害に賠償を限定するから，賠償を支払って債務不履行をする選択肢を債務者に与えることになるという点で，契約を破る自由につながることになる。そこでは，売主が第2の買主から第1の買主より高い買い取り額を提示された場合，第1の買主に賠償金を支払っても利得を得られると考え，第1の買主との間で故意に不履行をするということが認められる。この考えについて，「我が国の法意識では，契約を守る道徳性からそのような自由を認めるべきではない」とすると，判決のように予見時期は債務者の債務不履行時と解することになる。少なくともいざ不履行をするという時に予見可能である損害は，契約時には予見できなかったものでも，賠償額に含めてしまうのが望ましいと考えるのである（難波2009：14-15頁）。

ここには，2のアメリカ法に出てきた，椅子を作らずテーブルを作ったという事例で，もっとよい取引の機会があったら損害を賠償して前の契約を破る自由があるという考え方が出てきている。履行の強制が認められていることはおくとして，損害賠償に関するかぎり，契約を破るときの損害賠償額をあらかじめ契約時に計算可能にしておくのが正しいかという問題とも捉えられるからである。契約を破る自由を許容できるかが，この問題を考える視点の一つになっているといえる。しかし，この問題でも，判例・通説は契約を破る自由という考えに親和性のある解釈は採っていない。

（2） 贈与契約の拘束力

贈与契約の場合には，アメリカ，ドイツと同様，このような売買契約よりも拘束力が弱いだろうか。贈与については売買のような場合とは違うという次のような指摘がある。「一切の契約は合意のみによって拘束力を生ず」るとされるのは(pacta sunt servanda)，資本制的生産様式の発展がみられるときである。そこで，資本制的生産様式が支配的となった近代に至って「商品交換の法的形態としての契約が原則として一切の社会関係を構成する要素となった時」に，この命題が確立されたが，そのような契約意識は有償契約に結びついたものである（広中1992a：24-27頁）。そこで，贈与契約のような無償契約では，合意により拘束力が生じるとは言えないことになる。それどころか，贈与とは共同

第1部　法の原理・原則——基層——

体内部で行われるもので，ある人が誰かに贈り物をした場合，原初的には，受贈者はその物を預かっているか借りているかしているにすぎないという意識が人々に存在していたのであり，贈与にはお返しをする義務がつきもので，お返しをしても両者の縁が切れるわけではなく，次の新たな贈り物が為されるものである。つまり，贈与を通じて，人々は互いに世話になっているのであり，贈与はそのような「以前から存在しており且つ将来も存続すべきである『恒常的』関係」の無数の相互的諸給付の一つに過ぎない。それにもかかわらず，法律上，そのような背景，相互性とは切り離されて，贈与は無償のものとして扱われているのであるが，それも，紛争が生じ，法的な処理が問題となるときには，この「恒常的」関係が消滅してしまうことからすると，もっともだというのである（広中1992a：32-36頁）。そのため，それを誘導する背景を既に失った贈与に対する法的保護は，未履行の贈与の履行を強制するというような積極的なものではなく，すでに給付がなされているところで問題となるものである。（広中1992a：39頁）。このような贈与の構造論からすると，贈与の法的保護というものはかなり頼りないことになる。

　それでは，日本の民法典はどのように規定しているだろうか。ドイツ法と同様，拘束力が弱く，当事者，とくに贈与者が契約を破れるようになっているのだろうか。この点，まず，要式行為かと言われれば，そうではない。諾成契約であって，売買等と同様，合意があれば贈与契約は成立する。贈与契約が成立すれば，当事者は債務を負い，履行しなければ強制履行を含めた責任が生じる。また，忘恩行為や困窮による撤回や返還請求も認められていない。これらの点で，日本法はドイツ法と大きく異なる。

　しかし，まず，民法550条は，書面によらない未履行の贈与は撤回しうるとしている。書面がある場合には，慎重に考えられた贈与であろうし，贈与の意思も明確になるから，書面による贈与だけが履行を強制されうるというのである。そこで，書面がない場合には，履行がないかぎり，口約束で合意がなされ，贈与契約が成立しても，当事者が撤回すればそれまでということになる。契約成立後であるにもかかわらず，翻意したからと言って自由に離脱できるのである。そこで，結果的には，贈与契約は，要式契約，要物契約と同じようなものになっている（大村2005：162頁）。また，忘恩行為や困窮による撤回，返還請求を認める制度はないが，養子が養親から全財産もらっておいて，ひどい仕打ちをして仕送りもせず，養親が困窮し生活保護に頼ったという事案で，贈与の

解除を認める判例がある。そして，学説では，そのような事例は忘恩行為に関するものであるとされているのである。

（3） 民法改正の動き

さらに，近時の民法改正の議論の中で，忘恩行為・困窮に関する規定を設けるべきではないかという提案がなされ，最近出された中間試案にも反映されている。中間試案は次のようになっている。

 贈与者の困窮による贈与契約の解除
  贈与者が贈与契約の時に予見することのできなかった事情の変更が生じ，これにより贈与者の生活が著しく困窮したときは，贈与者は，贈与契約の解除をすることができるものとする。ただし，履行の終わった部分については，この限りでないものとする。

 受贈者に著しい非行があった場合の贈与契約の解除
  贈与契約の後に，受贈者が贈与者に対して虐待をし，若しくは重大な侮辱を加えたとき，又は受贈者にその他の著しい非行があったときは，贈与者は，贈与契約の解除をすることができるものとする（商事法務2013：151頁）。

ここに至るまでの議論では，さまざまな意見が出されている。法制審議会第53回会議の議事録をみると，背信行為等を理由とする撤回・解除を認めると，紛争誘発という副作用を生じるのではないかといった消極的な意見もみられる。これに対しては，より広い撤回・解除事由を認め，忘恩行為の場合だけでなく困窮の場合も，撤回・解除を認めるべきであるとする積極的な意見もみられる（第53会議については，http://www.moj.go.jp/shingi1/shingi04900148.html 参照）。

これを受けた第2分科会第5回会議では，①法科大学院で勉強するからと言って援助を受けたのに勉強しない場合や，贈与者ではなくその配偶者に対して受贈者の虐待，侮辱があった場合など，広く背信行為による撤回を認めるべきか，②贈与者の困窮による撤回権を認めるべきか等が，主に議論されている。

①の点については，受贈者が勉強しないと解除するということが契約内容に

入っている場合はあるだろうが，そうでない場合，一般的に贈与者の気に入らないことをすると解除できると受け取られると広すぎるという懸念が示され，日本はこの種の解除に最も制約的であったのが忘恩一般まで一気に広げるのはコンセンサスが形成できるか不安であり，そのために議論の前提となった提案では事由が限定列挙されているといわれている。しかし，限定列挙する提案の立場も，条文から漏れる部分について負担付贈与，錯誤，信義則を用いた解決を否定するわけではないという。

②については，困窮してしまったから返してほしいというような事案の判例がないことが問題とされているが，韓国・中国・ヨーロッパで比較的広く困窮に関するルールがあり，人間社会で同じようなことを考えているのだったらルールとしてあってもおかしくないという意見がある（第2分科会第5回会議については，http://www.moj.go.jp/shingi1/shingi04900152.html 参照）。

（4） 忘恩行為の問題点

これらの議論では，何らかの事情の変更があって贈与が解除できる場面を法制度としてどれくらい認めるかということが問題となっている。事情の変更とは，ここでは，受贈者に忘恩行為があって人間関係が破たんしたとか，受贈者に何ら悪性がない場合であっても，贈与者が困窮してしまったとかいうことを指す。このうち，忘恩行為についてみると，現行法には忘恩行為に関する規定はない。その理由は次のようなものである。いったんある理由をもって贈与したのに，後になって恩に背いたら取り消すことができるという制度を設けることは，贈与が社会上徳義上の原因からなされるのに，いかにも人の恩を買うためにしたようにみえて，高尚でないように考えるから，背恩によって取り消すという原因を法律の表に認めるということをしないというのである。ただし，忘恩行為による撤回という制度は認めないというだけで，贈与者の期待が負担や条件となることについては許容していた。この期待というものが，学問の費用を出すとか，公益上の事業を保護するというようなものである場合の方が，前述のような立場を採る起草者にも認めやすかったようであり，わざわざこのような例を挙げるが，贈与をするからのちのち面倒をみろというような利己的な内容のものであっても，条件や負担を認めない理由はないであろう（法典調査会1984：847-848頁）。

裁判例には，そのような期待が裏切られた場合（そのような贈与者の期待は受

贈者も当然に承知していたと思われるが），必ずしも積極的な虐待や侮辱等の行為がなかったとしても，負担や条件を認めて，あるいは信義則を用いて，贈与契約の効力を否定したものがある。そのような事例も学説上忘恩行為に関するものとされており，そこでいう忘恩行為とは，前出の中間試案にあるよりも広いものである。忘恩行為を広く認めることについては，一方でこれに賛成して法的な根拠づけを提供しようという学説が多いが，すでになされた贈与目的物の返還請求については，反対する学説もある。これには，「忘恩」という語を避けて，生前贈与と遺贈がともに法定相続を侵食することから，類推適用という手法で，贈与の解消を受遺者の欠格事由（965，891条）にとどめようとする見解がある（広中1992b：88頁）。これによれば，贈与の解消は贈与者に悪性がある限定された場合にのみ認められることになり，「忘恩行為」が際限なく広がってしまうことにはならない。このように，「忘恩行為」という語を用いて広く贈与の効果が否定される事態は好ましくないという考えは，以前から主張されているのである。

　しかし，問題はそれだけではない。贈与者の期待とは，負担や条件なのかという理論的な問題がある。負担付贈与とは，受贈者が対価でない義務を負担するという贈与であって，負担は贈与契約の一部である。条件は，法律行為（この場合は贈与契約）の効力を将来の不確定な事実にかからしめる付款であり，同じく贈与契約の一部である。いずれにせよ，当事者が合意して契約の中で設定しておかなければならないものであるが，贈与契約を締結するとき，そのような合意はあるであろうか。たとえば，養親が養子に現に居住している自宅を贈与し，それが全財産といってよいというような場合，両者は大変円満な関係にあると思われる。そんなとき，贈与契約中に「受贈者は贈与者の老後の面倒をみる債務を負う」とか「受贈者が贈与者の老後の面倒を見なければ贈与は効力を失う」といった合意をするだろうか，というと，通常はないだろうと思われる。つまり，老後の扶養をするといったことは当然の前提，暗黙の了解があるだけであって，取り立てて合意はないと考えられるのである。

　そこで，この問題に対処するために，さまざまな理論を立てる学説がある。外国法にある概念を用いるものもある。たとえば，性質上反対給付に相当するものが法的に強制できず，契約内容の操作では解決できないという問題であるから，贈与者の目的不到達による不当利得返還請求やこれを理由とする撤回を認める見解（平井・岸上1978：81頁），契約の際当事者に明らかな，契約成立

の重要な動機ないし基礎的事情のそごないし消滅が問題であるとして前提（行為基礎）消滅の理論を用いる見解（三宅 1983：36 頁），贈与の背後にあり有償契約における対価交換に相当するほどの事情である原因が解消した場合に贈与の撤回を認める見解（岡本 1990：33-36 頁），恵与のコーズ概念の検討を基礎として，恵与における「目的」を考え，その不到達の場合に恵与の撤回を認める見解（森山 1992：35-36 頁），贈与の背後の人間関係は具体的な対価として捉えられるものではなく，法の外にあるが，その一部は法の考慮の対象となるべきであるとし，そのために贈与の「目的」（重要な動機）を措定して，それが失われた場合には，有償契約において反対給付が失われたのと対比して考え，贈与は基礎を失うとすべきである，その際には「原因」（cause）という概念を用いるべきとする見解（大村 2005：168-169 頁），日常的な贈答を越える贈与についてはその具体的誘因をとらえ，そのような決定的な動機が法的評価の対象とされ，その崩壊により契約の効力が喪失するとする見解（武尾 1989：99-108 頁）である。

（5） 義務的な贈与

すでにみたように，近時の民法改正で忘恩行為の規定が導入される可能性が大きくなっているが，忘恩行為には他にも問題がある。法制審議会第 53 回会議で，義務的な贈与に忘恩行為の制度は合わないのではないか，撤回権については慎重であるべきだ，という意見がある。忘恩行為の規定を設けるとしても，そこで撤回される贈与の性質を考えなければならないというのである。この意見は，日本の贈与は，外国，というかヨーロッパの贈与が好意によるものとされているのと違い，義務的なものと捉えられており，そのような贈与観から民法の規定が作られているという学説を基礎としているという。この学説が日本の贈与のうち主要なものとして挙げるのは，次三男への財産わけ，国民相互間の贈答，寺社・警察・消防・学校への寄付である。これらの贈与は義理，恩から生じる義務とされており，日本においては贈与は義務と考えられているから，贈与するとしないとは自由ではない。そこで，好意を基礎にし取引を超えた心情によりなされる贈与が，経済的取引によりなされる有償行為と，その社会的作用において異なる，ということが十分考慮されてはいない。そうすると，贈与契約であっても売買のような契約と同様に扱われてもよいことになり，実際，ヨーロッパの民法と比べた場合の日本民法の規定はそのようになっているとい

うのである（来栖2004：111頁以下）。重要なのは，このように，贈与の動機をどうみるかによって，贈与の種類が違ってきて，贈与のためにどのような規定を設けるべきかが異なってくることである。

　法制審議会で議論されている義務的な贈与とは，兄だけが相続したことの埋め合わせとして兄が弟にする贈与という例であらわされるもので，前述の論文からすると，日本の義務的な贈与の典型例である。しかし，同時に，「日本の贈与には，純粋に財産を与えたいという気持ちからなされる贈与だけではなく，いろいろな身分関係とか，いろいろな社会関係から，ある種，義務的な贈与というのがある」（能見善久）という認識が示されており，現実に日本の贈与には好意による贈与もあり，また義務的な贈与もあるというのである。そこで，参考になるのは，3で説明したドイツの贈与法の構造である。そこでは，好意の色彩が薄く，BGB534条の特殊の贈与とされるような実態を持つ贈与を義務的な贈与と考え，通常の贈与は忘恩行為により撤回されるが，この義務的な贈与は忘恩行為により撤回されることがない，という二段構えの制度が採られている。中間試案ではそのような規定は設けられていないが，忘恩行為を導入する際には，適用範囲の問題も考えなければならない（第53回会議については，http : //www.moj.go.jp/shingi1/shingi04900148.html）。

5　おわりに

　以上のように，各国をみてみると，契約，とくに贈与契約の拘束力のあり方は単純ではない。まず，①不毛な契約について法的に救済するのは社会的に無駄だから，あるいは贈与には独特の価値があり法的強制になじまないから，贈与は原則として守らなくてもよいという立場，②契約である以上，贈与も原則として拘束力を持つが，広範に忘恩行為が認められ，贈与の効力が否定される余地が多い立場，③同じく原則として贈与も拘束力を持つが，撤回事由を限定列挙しないまでも，受贈者に重大な過誤，非行がある場合にのみ撤回しうるとする立場，④忘恩行為，困窮による撤回の規定がなく，これらを理由に贈与の効力を否定することができないとする立場，が考えられる。

　これらを参照して，日本法についてみれば，民法に忘恩等の条文がないことを重視すると，④になる。しかし，日本法の実態は②に近く（ただし，判例は正面から忘恩行為を認めてはいない），これによると，受贈者が期待に添わなかっ

たら，贈与者は贈与契約を守らなくてよいともいえるが，③はそのような事態を警戒するものである。中間試案の立場は，現在の実務を否定するものではないと思われ，著しい非行ある場合しか贈与の効力が否定される余地がないという厳格なものではないが，前述の規定には，贈与者の期待に反しただけというケースは含まないであろう。

　そうすると，中間試案通りに民法が改正された場合，条文だけをみれば，あるいは契約を厳格に解釈すれば，②の実態と③の民法にかい離が生ずることになる。中間試案における「受贈者に著しい非行があった場合の贈与契約の解除」では，日本の判例・裁判例で問題となっており，学説上忘恩行為の問題とされているものは網羅できないからである。先に述べたように，著しい非行といえるものが受贈者に何らない場合であっても，贈与の効力が否定された事案があるのである。現在の判例，裁判例，学説が②の立場で，各事例の結論の妥当性という見地からいってそれが正しいならば，この先③の立場では漏れてしまう事例をどのように処理したらよいであろうか。これについて，裁判所では負担，条件，信義則などを用いて処理されているが，前述した学説によれば，目的，行為基礎，原因，決定的な動機といった概念を用いるべきことになる。これらは要するに，合意の中には入っていないが当事者が了解しており，それが崩壊したときにはそのままではすまない何かであるといえる。それは，合意されていないから債務にはならない。そこで，双務契約にはならない。しかし，そのようなものであっても，対価にはなりうるのではないだろうか。たとえば，老後面倒をみるという暗黙の了解が対価となって，家なり全財産なりが渡されると考えることができる。ドイツには，母が娘に終身面倒をみてもらおうと新居の建築費を出したが，病状悪化により老人ホームに入らなければならなくなり，娘の介護が3年間だけだった，という事例で，終身の介護がそのようなもの（行為基礎）とも考えられるとした判決がある。このとき，双務契約ではないとしても，終身の介護が反対給付であるから，無償ではなく，贈与でもないとされたのである。そして，行為基礎喪失の場合であるとして適合がなされ，3年間の在宅介護の客観的価値を算定し，一部を返還すべきとされた（NJW-RR 1993, 1412.)。これは困窮の撤回権が主張された事案であるが，このような考え方によれば，受贈者に悪性ある行為があるわけではないが，贈与者の期待に反する事態となったという場合を，忘恩行為にあたるか否かというのでなく，より客観的に契約の対価がどこにあるかという観点から考えることができるであろ

う。

　「忘恩」という言葉を使うかどうかは措くとして，②の立場が正しいか，③の立場が正しいか，とくに履行後の返還請求がどの程度認められるべきかは問題である。つまり，「本質的にごちゃごちゃ」した贈与の解消の問題（アイゼンバーグ 2000：27 頁）を少しでも安定性あるものにするために，受贈者に悪性のある積極的行為が存する場合に限定すべきだろうか，それとも，結論の妥当性から，受贈者に悪性がない場合にも返還請求を認めるべきなのだろうか。また認めるとしても，受贈者が贈与者の期待に沿っていた期間を考慮せず，全額の返還請求を認めるか否かしか選択肢はないのだろうか。それは契約の拘束力の限界が問われる一つの場面といえるであろう。

◇引用文献◇
アイゼンバーグ，メルヴィン・A／西川理恵子訳（2000）：「契約の世界と贈与の世界」ヒルマン，ロバート・A・笠井修編『現代アメリカ契約法』弘文堂
石田喜久夫（1982）：『現代の契約法』日本評論社
磯村哲（1997）：『錯誤論考――歴史と論理』有斐閣
大村敦志（2005）：『基本民法Ⅱ　債権各論〔第 2 版〕』有斐閣
岡本詔治（1990）：「無償契約という観念を今日論ずることには，どういう意義があるか」椿寿夫編『講座　現代契約と現代債権の展望〈5〉契約の一般的課題』日本評論社
来栖三郎（2004）：『来栖三郎著作集Ⅱ　契約法』信山社
後藤泰一（1985）：「忘恩行為にもとづく贈与の撤回――ドイツ法を通して」民商法雑誌 91 巻 6 号
商事法務（2013）：『民法（債権関係）の改正に関する中間試案（概要付き）』別冊 NBL143 号
武尾和彦（1989）：「無償契約論序説」法律論叢（明治大学）61 巻 6 号 99 頁以下
難波譲治（2009）：「判批（大判大正 7・8・27）」『民法判例百選Ⅱ（債権）〔第 6 版〕』（別冊ジュリスト 196 号）有斐閣
樋口範雄（1994）：『アメリカ契約法』弘文堂
平井一雄・岸上晴志（1978）：「判批（最判昭和 53・2・17）」判例タイムズ 363 号
広中俊雄（1992a）：「有償契約と無償契約」『広中俊雄著作集 2　契約法の理論と解釈』創文社
広中俊雄（1992b）：「贈与――設例研究」『広中俊雄著作集 2　契約法の理論と解釈』創文社
法典調査会（1984）：『民法議事速記録三（日本近代立法資料叢書 3）』商事法務研

第1部 法の原理・原則 ── 基 層 ──

　　究会
星野英一（1986）：『民法論集　第6巻』有斐閣
星野英一（1993）：『民法概論Ⅰ　序論・総則〔改訂版〕』良書普及会
三宅正男（1983）：『契約法（各論）上巻』青林書院新社
森山浩江（1992）：「恵与における『目的』概念 ── コーズ理論を手掛かりに」九大法学64号

◇参考文献◇
大村敦志（1997）：『典型契約と性質決定　契約法研究Ⅱ』有斐閣
加藤一郎（1982）：「忘恩行為と贈与の効力」法学教室16号69頁
木下毅（1985）：『英米契約法の理論〔第2版〕』東京大学出版会
来栖三郎（1974）：『契約法』有斐閣
小島奈津子（2004）：『贈与契約の類型化 ── 道徳上の義務の履行を手がかりにして』信山社

第3講　契約からの離脱の自由と規制
── 解雇規制の正当化根拠 ──

勝亦　啓文

　労働法は，当事者の契約の自由に対して多くの制約を課している。労働法の諸規制は，労働者を保護するために構築されてきたが，労働者の契約の自由を制約し，かえって望ましくない結果を招いているのではないかという批判もある。本講では，労働法のさまざまな規制のうち，解雇（使用者による労働契約の解除）について，なぜ法的に規制されているのかを，契約の自由との関係を踏まえて説明し，その検討を通じて，これからの労働契約に対する規制のあり方，とくに解雇の規制のあり方について考えてみることとする。

1　労働法と契約内容の規制

　近代市民法は，意思自治（契約自由）を重要な原則の1つとしている。私たちは，誰かと契約すること，あるいはしないことを強制されないし，契約の内容を自らの意思によって決定できるということの重要性は，それが奪われたときの状況を考えれば，明らかである。買いたくないものを買わせる，あるいは無理やり相手に義務のないことを強要するのは犯罪である。働くことを内容とする契約も同様である。働くこと／働かないことは，自らの意思で決めることができる。

　しかし，多くの人々は，働くことによってその生活の糧を得ている。完全に独立した事業主として自分の収益のために働く人であれ，他者のために働くことの対価によってその生活を維持している人であれ，働かなくとも生きるための糧を得ることができるならば，働かないという選択もできる。ところが，多くの人々にとって，このような選択は，夢のまた夢である。

　働くことができ，かつ生活の糧を得るために働くことを望んでいるのに，それができないならば，「基本的には」，その者が，市場における買い手のニーズ

に即した商品を提供できていないということであるから，ニーズに即した商品を備えることが必要になる。

　資本主義経済においては，労働力も1つの商品として，契約によって売買される。

　しかし，身体や精神の故障のため働くことができない人もいるし，商品として売れるだけの労働力は，やればできるという強い信念「だけ」で獲得できるものではない。商品価値のある労働力を形成する必要があるし，すぐに買い手がみつかるともかぎらない。そうであるからこそ，社会保障によって，働くことができない人，すぐには就職先がみつからない人に対して最低限の生活を保障することや，働きたいのにそれを実現できない人に対して，需要と供給をマッチングさせるための情報提供や労働市場の整備，教育・職業訓練といった市場に参加できる能力を備えるためのサポートシステムを設けて，働くことを望む人々が円滑に労働市場に参入できるようにすることも必要になる。

　労働法は，これらのすべてを担っているわけではないが，労働市場の整備と契約を締結する場面において不当な障壁をなくすことをその目的の1つとしている。雇用対策法，職業安定法，雇用保険法などによって，適切な労働市場を整備すると同時に，雇用機会均等法や高年齢者雇用対策法などによって，労働市場に参入しようとする者に対して不当な障壁が作られることを防止している。

　しかし，このようなシステムを設けても，労働の場における契約の自由は，通常は理念としてしか存在しない。市場において，取引の相手方に自分の希望する条件を提示して対等に話し合える者は，競争力の高い商品を売る事業主か，相当程度ハイグレードな労働者であろう。

　買い手の側が，嫌だったら帰ってくれ，否だったら辞めろというのはまさに意思自治の実現である。しかし，労働関係においては，就職できなかったとき，あるいは辞めた後の生活の安定が期待できないときに，生活の糧を左右する立場の雇用主からなされた提案は，内心は受け入れたくないにせよ，従うしかない。企業と労働者の間にあるこのような交渉力の格差を前提に，形式的な契約の自由を否定し，「最低限の基準」を当事者間に強制することで，「労働者が人たるに値する生活を営むための必要を充たすべき」労働条件基準を実現する（労基法2条）と同時に，労働条件の過当なダンピング競争を防止して，適切な競争関係を確保することもまた労働法の役割であろう。

先ほど，労働力を商品と述べたが，労働力は，通常私たちが買い求める商品と異なり，自分自身の体や精神と切り離して売買することはできない。労働市場で売り買いされる「労働力」は人の活動そのものである。一般的な財貨に関する取引ルールを労働にそのまま適用すると，人としての権利，尊厳をはく奪する合意が形成されかねない。国際的な労働条件基準の向上を図るための国連の機関である国際労働機関（ILO）は，1944年のフィラデルフィア宣言1条a項で「労働は，商品ではない」との基本原則を示している。市場の取引関係の中で，人が通常の「商品」と同様に扱われることがあってはならないという理念を表している。

　あるいは，労働法は，当事者の契約内容を法規範によって規制するという手段だけでなく，当事者が適切な合意形成ができるようにするための手段を提供することで，適正な労働環境を実現しようとしている。憲法28条の労働基本権保障とその要請を受けて制定された労働組合法は，個人としては交渉力が弱くなりがちな労働者が，集団を形成して交渉することを保障し，これによる労使の交渉力の均衡を図っている。

　しかしながら，このような労働法の規制の内容は，常に再検討を迫られている。あるべき労使関係と人々が望む働き方が変わったとするなら，既存の規制は新たな方向を目指さざるを得ない。

　とくに近時，注目を集めているのが解雇規制である。日本の解雇規制は現状にそぐわないとの批判は，経営側から強く主張されてきたが，政府の経済政策の1つとして，労働市場の流動化が唱えられる状況にある[注1]。

2　労働法による解雇の規制

（1）雇用契約と労働契約

　働くことによって報酬を得る契約の類型にはさまざまな形式が考えられるが，もっとも典型的といえるのが「雇用契約」であろう。1898（明治31）年に施行された民法でも，制定当初から「雇用は，当事者の一方が相手方に対して労働に従事することを約し，相手方がこれに対してその報酬を与えることを約することによって，その効力を生ずる」と規定し（同623条），これを典型契約の1つとして規定している（規定は2004年に現代語化されているが，その内容

に変化はない)。

　相手方の指揮命令に服することが雇用契約における労働力の提供者の義務内容であるということは，その意思にかかわらず，相手方の指揮命令に服することが契約上義務づけられることを意味する。労働力の提供者には，労働の遂行方法に関する決定の自由は法的には認められないし，相手方の指揮命令に従った労働を提供した結果，なんらかの利得が生じても (逆に損失も)，労働力の提供者に帰属することはない。このような合意が雇用契約であり，民法は，契約の当事者を対等に扱い，同一の行為準則を設けている。

　これに対して労働法は，民法の「雇用契約」だけでなく，実質的に他者に使用され，賃金を得る契約を「労働契約」と呼んで，民法の雇用契約よりも広い対象を規制している。

　労働契約概念の独自性は，講学上は早くから認められており，その意義のとらえ方に差はあるにせよ，民法の雇用契約を含んだ労働法独自の概念であるとされてきた (雇用契約と労働契約概念の違いについて，横井 1990：6 頁)。

　実定法では，1945 年に制定された旧労働組合法，1947 年に制定された労基法が「労働契約」との語を用いているが，労働契約に関する定義規定は設けておらず，その意味や範囲は，解釈にゆだねられていた。しかし，2007 年に制定された労働契約法が，はじめて明文上の根拠規定を設けた

　労働契約法 6 条は，「労働契約は，労働者が使用者に使用されて労働し，使用者がこれに対して賃金を支払うことについて，労働者及び使用者が合意することによって成立する。」と，民法の規定と大きな差がない書き方をしているが，民法の雇用契約とまったく同一の適用範囲を想定しているわけではない。

　そのうえで，一般法である民法が定める原則を，特別法の労働法が，さまざまな場面で修正している。労働法は，誰かに使用されて，賃金を得ている労働契約においては，使用者と労働者に交渉力の格差があり，両当事者は「事実として」対等な契約当事者にないとの前提で，契約関係における弱者として労働者を保護する。労働契約法 3 条 1 項は，「労働契約は，労働者及び使用者が対等の立場における合意に基づいて締結し，又は変更すべきものとする。」との原則を示しているが，「対等な立場」が実現しにくいからこそ，対等であるべきとの理念を示しているのである。

　このため，労働法は，契約の締結，変更，解除などさまざまな場面で，民法規定を大きく修正している。その 1 つが解雇規制である。

（2） 解雇の規制

　民法は，雇用契約の解除に関して，期間の定めのない契約の場合は，2週間前に予告（解約の申入れ）すること（民法627条1項）を求めている（期間によって報酬を定めたときは，当期の前半〔同2項〕，6カ月以上の期間の場合は3カ月前に，予告しなければならない〔同3項〕）。

　また，期間を定めて雇用されたときの期間途中の解除については，やむを得ない事由があればいつでも解除できるとしつつ，その事情が一方の責めに帰すべき事由である場合は，相手方に対する損害賠償義務が発生すると定めるにとどまる（民法628条）。

　これらの民法の規定は，使用者，労働者とも適用されることが想定されている。労働者が一方的に契約を解除する場合（辞職）について，労働法はとくに別段の定めをしていないから，辞職は民法の規定に従って処理されることになる。

　これに対して，使用者がおこなう契約の一方的解除＝解雇は，労働法が修正を加える結果，民法の規定は意味を持たないものになっている。

　まず，解雇の手続きに関しては，労基法20条が，労働者の責めに帰すべき事由や天災地変による場合，試用期間中などを一定の者を除いて（同条1項ただし書きと同21条），原則として，解雇日の30日以上前に予告をするか，その日数に満たない分の平均賃金を支払うことを義務づけている。これは，突然失職することによって生じる労働者の生活上の困難を緩和するためであるとされる（もっとも，この解雇予告に違反しておこなわれた解雇が直ちに無効となるものではない〔細谷服装事件・最判昭和35・3・11民集14巻3号403頁〕）。

　また，解雇が，その理由によって制限される場合については，多くの明文規定がある。たとえば，国籍・信条・社会的身分を理由とした解雇（労基法4条）のほか，監督署への申告を理由とする解雇（労基法104条2項，賃確法14条2項，労安衛法97条2項），職安への申告を理由とする解雇（労働者派遣法49条3項），労働局長への援助申請などを理由とする解雇（雇用機会均等法17条2項，18条2項，パートタイム労働法21条2項，22条2項，育児・介護休業法52条の4第2項，52条の5第2項），労働組合の正当な活動をしたことや労働委員会に申立てなどしたことによる解雇（労組法7条1号および4号），公益通報をしたことを理由とする解雇（公益通報者保護法3条），女性の結婚，妊娠，出産を理由とする解雇（雇用機会均等法8条），育児・介護休業の取得申出等を理由とする解雇

第1部　法の原理・原則——基 層——

（育児・介護休業法10条，16条，16条の4，16条の7等）など，一定の差別的理由による場合や，報復的な目的による場合について，解雇が禁止されている。

　加えて，法令ではない自治的な規範であるが，一定規模以上の事業場で作成が義務づけられている就業規則において，解雇を含む退職に関する事項が絶対的必要記載事項とされていることに加えて（労基法89条），使用者と労働組合が締結する労働協約によって，解雇事由や手続きが定められていることが多い。解雇事由を限定することの意味は大きいものの，一般的には，解雇事由が限定的に列挙されることはなく，「その他前号に準ずる理由がある場合」といった包括的規定であることが多く（それにさえ合致しないため解雇無効になることはあるが），解雇にあたって就業規則や労働協約に定められた手続違反があったとしても，軽微な違反だけで解雇無効とされることはまずない。

　これらの一定の手続規制や，一定の理由による解雇禁止規定を包括する，より一般的な解雇制限規定は，労働契約法16条の「解雇は，客観的に合理的な理由を欠き，社会通念上相当であると認められない場合は，その権利を濫用したものとして，無効とする」との規定と，同17条1項の「使用者は，期間の定めのある労働契約（以下この章において「有期労働契約」という。）について，やむを得ない事由がある場合でなければ，その契約期間が満了するまでの間において，労働者を解雇することができない」との規定である。

　現行法制下では，この規定を根拠として，使用者の解雇を制限する「解雇権濫用法理」が説明される。しかし解雇権濫用の禁止は，立法政策によって制定されたものではない。

　もともと労働契約法は，2007年に制定（翌年施行）された，労働契約に関するはじめての統一的な法律であり，その時点の労働法令で定められていた監督規制を予定しない純粋に私法的な規定と，学説・判例において争いがない労働契約に関わる法理を集約して法文化したものである。しかも労働契約法は，制定過程における労使間の意見対立が激しかったことから，それまで法令や判例のうち，争いのない基幹的なもののみを確認的に明文化した法律である（契約によって労働条件を規律する制度を確立するためのスタートとして意義はあった。これに関する論稿は多いが，制定過程に関与した研究者による解説として，荒木・菅野・山川2008：38頁以下参照）。

　解雇規制に関する現行の労働契約法16条は，もともとは労基法18条の2（労働契約法施行にあたって削除）に規定されており，労働契約法制定にあたって，

監督規制が予定されていない規定として，文言に一切の変更なく，労働契約法に移行されたものである。

この労働基準法18条の2も，もともとは労基法の2003年改正（翌年施行）の際に，多様な働き方を実現するとの目的で，労働契約期間の上限延長や裁量労働制の要件緩和とともに，解雇関係のトラブルが増加していることへの対応として，導入された規定である。

そして，この規定内容は，それまでの判例法理の集積（というより，その骨子の明文化）であった。現行の解雇権濫用法理が，これまでの判例法理そのものであることは，労基法改正と労働契約法の立法段階における議論からも明らかである[注2]。

現在の解雇権濫用法理は，それまで蓄積されてきた判例法理をそのまま明文化したものであり，何も足さず，何もひかない規定であるといえる。解雇権濫用法理が明文化された後に，解雇がしやすくなったことも，解雇しにくくなったこともない。

3 解雇権濫用法理形成とその展開

（1） 解雇権濫用法理の形成

解雇権濫用法理がどのように形成されてきたかをみると，判例に対する学説の影響は皆無ではなかったものと思われる。戦後直後の裁判例は，学説の議論を受けて，解雇の自由について説示するものがみられる。しかし当初の裁判例において，解雇が自由か否かは判断が分かれており，どちらが主流であったかということはできない。

これに対して学説では，戦後直後の1950年代から60年代にかけて，いわゆる解雇権論争が展開されていた。

当時は戦後労働法の形成期でもあり，市民法における契約の原則と，労働法理の独自性の関係をどのように考えるかという立場の違いから，大別して，次のような学説が主張された（詳細について米津1996：657頁以下）。

まず，解雇自由説は，契約における当事者意思は最大限尊重されるべきであり，労働契約もその例外ではないとする立場である。使用者が解雇を望む以上，その制約はきわめて例外的な場合にかぎられるべきであるとして，原則的な解

雇の自由を認める。

　これに対して権利濫用説は，契約の原則からみて使用者に解雇権があることは否定できないが，民法1条3項の権利濫用によって，解雇の理由や効果によって制限されるとの立場である。解雇が原則自由であることを修正しようとする考え方である。

　そして，正当事由説は，日本国憲法25条の生存権保障および27条の労働権の保障により，労働契約においては使用者の解雇権は否定されており，例外的に「正当事由」がある場合にかぎって解雇が許容されるという立場であり，解約の自由を真っ向から否定する。

　しかしこれらの学説の対立は，どの説が通説であるといえる形で収束することはなかった。

　一方判例は，これらの学説の対立にかかわらず，実質的に解雇の自由をかなり厳しく制限してきた。1970年代ごろまでの下級審判決に若干の揺れはあるもの，多くの裁判例は，解雇権濫用という語を用いて，解雇を制限するようになった。しかしその判断の内容は，アブノーマルな解雇権の行使を例外的に濫用として無効とする限定的なものではなく，解雇されてもやむを得ないといえるほどの「客観的かつ合理的な理由」と「社会的相当性」がないかぎり，濫用とするものとなっていった（解雇権濫用法理の形成の概観について，野川2000：154頁以下，その引用文献を参照）。

　このような下級審の流れを承認した先例としては，ユニオンショップ協定にもとづく解雇を無効とするにあたって，客観的に合理的な理由を欠き，社会通念上相当といえない場合は権利濫用にあたり無効になると説示する日本食塩事件（最判昭和50・4・25民集29巻4号456頁）があるが，より一般的には，寝過ごしによる放送事故を起こしたラジオ放送アナウンサーの解雇を無効とした高知放送事件最高裁判決（最判昭和52・1・31労判268号17頁）があげられることが多い。

（2）　解雇の規制の根拠

　判例が，なぜ解雇を比較的厳格に規制したかについてはさまざまな分析がなされているが，有力な指摘として，解雇の際に労働者が被る不利益性の大きさが影響していることが指摘される（島田2012：53頁以下参照）。

　ここでいう不利益には，日本的経営における社員処遇の実情が影響している。

少なくとも1990年代までは，実際にそれをすべての企業が実現したわけではないにせよ，正社員に長くその企業で働いてもらうことを理想とする，いわゆる「終身雇用」を目標に掲げる企業が多かったし，今でも多くの日本企業は，少なくとも正社員についてそのような処遇を維持している（このような処遇の歴史と変化について，小越 2006：105頁以下）。

　企業は，長く勤務すれば賃金が上昇する年功賃金をベースに，勤続年数と勤務評価に応じたボーナスや退職金を付加した賃金制度と，賃金以外の福利厚生によって社員を処遇し，企業が存続するかぎりにおいて，本人に非行などがなければ定年まで雇用する終身雇用とセットで処遇することによって，企業組織に忠実な人員を確保した。

　労働者にとっては，一度就職した企業が相当程度長期にわたって就労の場となると同時に，企業への就職が，単なる労働力の取引という意味を超えて，その組織の一員となることを意味する。労働者は，企業の業績が上がれば，賃金，組織内のステータス，その社会的なステータスも上がる（という幻想が共有される）処遇を受けることで，一面で安定した雇用と，単純な労働力提供を超えた「やりがい」が提供されるが，他面で企業の論理に従って生きることが求められ（たとえば，残業や配置転換に応じることが当然視されるし，勤務時間外の非行であっても懲戒処分を受ける），その企業から排除されることは，労働者の人生を左右する大問題になりかねないという圧力も生む。

　企業はこのような人事処遇によって，効率的な企業運営を確保しつつ生産性の向上を図ってきた。しかし，1990年代以降，日本企業は，新興アジア諸国との国際競争の激化と日本の経済成長の鈍化のため，次第に年功賃金と終身雇用を維持できなくなり，従来の年功賃金＋終身雇用をセットとした処遇を一部の正社員に限定するようになった。そのうえで，周辺的な労働力については，終身雇用ではなく，有期契約を繰り返すことで，期間満了による雇止め（解雇ではない）によって雇用を調整する「非正規雇用」の活用や，業務そのものを外注化したり，派遣労働に置き換えたりするアウトソーシングを進めるようになった。これによって，非正規労働者の不安定な雇用状況と処遇の問題が生じることになるが，「解雇規制」そのものの問題ではないため，ここではこれ以上論じない。

　新卒採用者の終身雇用と年功賃金による処遇を前提とした労働市場においては，いったん解雇された労働者が新たな雇用の場を探すことは困難であり，仮

に再就職できたとしても，離職したときと同額程度の賃金を期待することが難しくなる。

　このような正社員処遇を前提とした雇用環境の下でおこなわれる解雇は，労働者にとって相当程度大きな不利益を与えるという認識の下で，裁判所は，形式的には，民法1条3項の権利濫用の一類型として，解雇権濫用を用いることで，相当程度慎重な判断を積み重ね，それが，解雇されてもやむを得ないといえるほどの「客観的かつ合理的理由」と，解雇もやむを得ないと認められるほどの「社会的相当性」の要求となった。このため，結果的には，使用者は労働者を解雇する場合，相当程度慎重におこなわないかぎり無効とされることになり，解雇権濫用法理の根拠について，解雇権濫用説をとるにせよ，正当事由説をとるにせよ，結論は変わらないという状況が生み出された。

　さらに判例法理は，1970年代のオイルショックに伴う合理化過程において頻発した整理解雇（経営側の事情による解雇）において，いわゆる整理解雇の4要素（整理解雇にあたっては，解雇もやむを得ないとするだけの事情があるか，解雇を回避する努力をしたか，解雇対象者の選定基準は合理的か，労働組合などと事前に協議したかを総合的に考慮するという基準で，整理解雇の4要件とも呼ばれる）を確立するに至り，解雇権濫用の禁止という制限内容自体は，判例法理として揺るぎなく定着したのである。

（3）　解雇権濫用法理の機能と規範的根拠

　判例が解雇に関する企業の一般な取り扱いを法理として普遍化したことは，弱い立場にある労働者の保護という点で，実態的に優れた機能を果たしてきたとはいえる。

　一方で，判例による解雇権濫用法理が定着した結果，学説では，「解雇はなぜ規制されるのか」という問題が，かつてほど議論の対象とならなくなった。解雇はなぜ規制されるのかについての議論が，多くの人々に共有される形で議論することができなかったことは，労働法学に問題があったといわざるを得ない（解雇制限の規範的根拠の再検討について，本久2002：12頁以下）。

　今なおこの問題は，これといった決定的な見解が出ておらず未解決であるが，ここではひとまず，日本の解雇権濫用法理が，あらかじめなんらかの理念や一定の政策決定を前提に構築されてきたわけではなかったことを確認しておきたい。解雇権濫用法理は，裁判官が，日本では労働者処遇においてめったな理由

で解雇されないのが通常であるし，通常はそれなりの手続きを経て解雇されているという企業の一般的取扱いの実態を，権利濫用法理という，曖昧であるが法形式としては使いやすい法的処理を用いて汲み上げてきたものであった。

　しかし，企業に対して必要がない雇用の維持を強制することは，経営の自由を妨げ，契約から離脱する自由を制限していることは明らかである。経営が終身雇用を労働者に喧伝しながら労働者を採用し，そのように処遇しておきながら，あるとき突然解雇するというならば背信的であり，信義則の問題として規制されるべき余地はあろうが，企業が長期雇用を志向しなくなった以上，解雇権濫用法理の撤廃ないし緩和を求めるのは，経営の観点からいえば，きわめて合理的な主張である。もともと，解雇権濫用法理に対して，経済学の立場からは，市場における財の需要と供給の均衡点で生産活動が達成されることがもっとも効率的な資源配分を達成し，資源の効用を高める（パレート効率性）との前提に反するとの批判はあった。

　伝統的には，解雇権濫用法理は労働者保護のための規制であるとして正当化する労働法の立場と，経済学の立場は相いれないものだったが，現在では，労働者保護という「だけ」では，規制が労働市場を硬直化させ，結果的に労働者の雇用の場を失わせるものであるという批判に，耐えられなくなっている。

　このような変化に対し，なお労働法は近代市民法秩序の中で労働者の生存と自由を確保するための規定であって，経済的効用とは別次元の規範であると反論するのが伝統的な立場ではあるが，経済学における法の経済的効用を分析する「法と経済学」の進展と，その成果を重視する立場からは，程度の差こそあれ，解雇規制を含む労働法の規制の再検討を要するとの主張も有力になってきている。

　経済政策としての正当性と，法規制の正当性の関係性をどのようにとらえるかは，労働法のあり方をどうとらえるかによって異なる。しかしながら，経済的効用を重視し，あるいは重視といわないまでも，両者を調整することも労働法の役割であると考えるのであれば，やはり解雇規制のもたらす全体的な経済効率には配慮しなければならないであろう。

　ただし，逆に市場全体での効率性「だけ」で，解雇規制を語ることもできない。なにより，労働者は完全な合理的な個人として常にふるまうわけではない。合理的な意思決定ができない中でなされた合意の効力をそのまま認めることはできない。解雇規制の緩和を主張する論者も，このような問題の存在を否

第1部 法の原理・原則——基 層——

定するわけではない（法学と経済学の対立点と調整について，常木2006：59頁）。また，職を得られない状況に陥った者の生存と就労への現実的な困難性を考慮しないまま解雇規制をなくすことは，現実の個人に多大な負担を強いることになり，生存権保障と労働権保障の憲法の要請からみて問題があるし，社会政策として危険である。

　ここではひとまず，解雇規制の法的な正当性を否定するだけでは，現実的に自律的な契約関係を形成することは難しいし，社会的な影響も大きいことを確認しておきたい。

4 解雇規制の内容と実効性

（1） 日本の解雇規制と他国の解雇規制

　日本の解雇規制は厳しいといわれることがあるが，このような指摘は一面的である。他国の解雇規制と比較をしてみると（各国の解雇規制の内容については，荒木・山川2006），ドイツの場合は，個別立法による解雇規制（事業所委員会委員，障害者，妊産婦などに対する解雇）のほか，一般的規制として解雇制限法により，「社会的相当性を有しない解雇は無効」とされており，日本の解雇権濫用による規制に近い内容である。

　しかし，隣国のフランスでは，解雇の規制は基本的に金銭で補償される。人的理由（能力不足，傷病による就労不能，労働者の非行）による解雇の場合は「真実かつ重大な理由」が必要であり，これを欠く解雇には，原則6カ月分の賃金以上の賠償金の支払いが命じられるほか，解雇前の面談手続が義務付けられている。手続違反には，1カ月分の賃金以内の賠償金支払いが命じられる。経済的理由による解雇（いわゆる整理解雇）の場合は，賠償金に加え，各事業場の従業員から選挙で選ばれた従業員代表委員（有力組合の組合員であることが多い）を解雇手続に関与させることが義務づけられており，これに反しておこなわれた解雇についても別途賠償金の支払いが命じられる。

　この規制のほか，一定理由による差別的解雇が禁止されるほか，人的理由による解雇の場合は月額賃金の1/10×勤続年数，経済的理由による解雇の場合は月額賃金の1/5×勤続年数（勤続2年以上の場合）の解雇手当の支払い，経済的理由により解雇された者については，離職後1年間の優先雇用権が与えられて

いる。このようにフランス法の下では,賠償金が実質的な解雇制限となっている。

　大陸法圏の国では,解雇理由の制限と,手続きについて一般的規制を設けることが多い。

　これに対して,イギリスでは,制定法ではなく,コモンローの上で,期間途中の解雇は正当な理由がないと違法とされているものの,期間の定めがない場合の解雇は,予告をおこなうことが求められるのみであり,その違反があれば損害賠償が命じられる。

　ただし,立法による規制として,剰員整理解雇（整理解雇）の場合に,一定の手当を請求できるほか,1996年の雇用権法によって,「いかなる良識ある使用者も解雇しなかったであろう」解雇は不公正とされ,復職か金銭補償が命じられる。また解雇が,性,人種,障害を理由とする差別的解雇と認められるときには,裁判所が補償金＋復職等を含む被害回復のための勧告をおこなうものとされている。しかし基本的には経営判断による解雇の自由が認められている。

　もっとも規制が緩やかであるといわれるのがアメリカである。アメリカも,コモンローによる規制（公共政策に関する明文規定違反か,契約条項違反にかぎられる）はあるものの,モンタナ州を除いて,解雇は原則自由である。アメリカでは解雇における経営判断の自由が尊重されているが,解雇にかぎらず採用,処遇も含めた広範な場面で,差別は厳しく禁止されており,公民権法第7編による人種,皮膚の色,宗教,性（妊娠・出産を含む）,出身国を理由とする差別の禁止,年齢差別禁止法による年齢を理由とする差別の禁止（40歳以上の者の年齢差別禁止),障害をもつアメリカ人法による障害（重要な生活活動を制約する障害）差別の禁止に違反した企業に対しては,政府の雇用機会均等委員会（EEOC）が原状回復のための諸措置のほか,賠償を命令することができ,「差別的解雇」については厳しい制限が付されている。

　ごく一部の先進国の例をあげただけであるが,人権にかかわる差別的理由による解雇に関しては,いずれの国も規制していることから,この点は,最低限共通する解雇規制とはいえるだろう。しかし,通常の解雇一般に「グローバルスタンダード」といえる基準があるわけではなく,その国々の労働市場と歴史性を踏まえた解雇規制が設定されている。

（2）解雇規制の規範性と実効性

　また,より広く世界をみれば,労働法制そのものが整備されていない国もあ

るし，明文の法規制があっても，その実効性には程度差がある。一般的には，労働組合の影響力が強い職場では，使用者の恣意的な決定が抑制されやすくなるし，個人がどの程度裁判所や行政機関に援助を求めることが容易であるかということも，法の規制内容の実効性に大きく影響する。

　ひるがえって日本の状況を考えたとき，解雇権濫用法理が完全に守られているわけではないという指摘があるように（濱口 2012：22 頁），企業規模などによる程度の差はあるものの，全般的にいえば，労働の現場レベルでは労働法規があまり守られていないことは，いわば周知の事実である。

　労働法の定めるルール（規範）は裁判所を中心とした，法の実効性を確保するための機関の内で作用するかぎりにおいて絶対的であるが，当事者がそれらの機関に頼らない場面では，当事者の遵法意識に頼るしかない。統計的調査はないが，行政機関への相談事例，実態研究，活動的な労働組合の取り組み状況，あるいはメディアやインターネットでの情報（すべてが実態を正確に示すものではないにしても）からは，裁判紛争としては表面化しない「違法解雇」がおこなわれているケースは少なくないといえるだろう。そのような脆弱な規範を，「厳しすぎる」と評価するのは一面的である。

　解雇規制は，その国の労働市場のあり方と雇用慣行に応じ，あるいは一定の政策目的からおこなわれており，またあたりまえではあるが，法は現場の実態をそのまま規律しているわけではない。とくに，使用者が労働の場を組織する決定権を持っている環境の中で，法令の内容と個別の現場の実情に相当程度の差異が生じるのは当然であろう。

　この意味で現在の解雇権濫用法理は，従来の「一般的な企業の現場における処遇」の上澄みを法規範に反映したものでしかない。この上澄み，あるいは理念といってもよい解雇権濫用法理が実効性のある法規範として作用するためには，その実効性を確保する前提を必要とする。法規範である以上，実効性があることが望ましいのだが，それが不可能であるからといって，規範そのものが不要になるわけではない（もっと端的にいえば，ないよりましという意味である）。

5　おわりに

　法規としての解雇権制限の正当性を考えたとき，まず，契約の自由に対する労働法の介入の当否が問題となる。次いで市場との調整を図るべきとしても，

第3講　契約からの離脱の自由と規制

パレート効率性を維持する場合であっても規制せざるを得ない必要最低限な規制はどこまでなのかが問題になる。

　契約自由の一類型である使用者の解雇を規制することの意義を，その思想的な背景から考えたとき，伝統的には，労働契約関係において労働者は従属的地位にあるという認識（あるいは，交渉力格差があるといってもよい）がその契機となっていることに意見の対立はない。法の目的は，実質的な公正と平等を労使に実現しようとすることにあるということもまた，争いがないといってよいだろう。

　近時では，消費者契約法などにおいても，契約当事者の非対等性を念頭に，当事者が合理的理性をもって合意するという理念と異なる実態の中で契約がおこなわれることを前提に，契約の社会的規制のあり方が議論されているが，法の介入の仕方と程度というレベルを問題にすると，合理的な個人が合意形成するとことによって公正かつ公平な労使関係を実現するためにはさまざまな手法があり，解雇規制のように，法による後見的な規制だけが，労働者の自律的な決定を担保する唯一絶対の手段であるわけでもない。

　この点について労働法は，個別の労働契約に対する直接的な規制以外にも，労働組合による集団的な交渉システムを確保することでこれを実現しようとしている。もし，労働組合を通じた交渉システムが完全に機能するとすれば，原則的には，解雇も「当事者の自由」としてよいだろう。

　しかし，労働組合がすべての労働者の契約交渉を統制できるわけではなく，労働組合の組織率はここのところますます低下している。加えて，労働者組合が，労働契約をめぐる交渉において公正かつ平等に個人の意見を集約する場として機能するかも，「必ずしも」担保されるものではない。そうであるからこそ労働法は，弱い立場にある労働者への後見的な規制として，解雇そのものを規制するのである。

　解雇規制の根拠が，そこで働く労働者の人格の保護（職場から恣意に排除されることが人権の侵害にあたる）と理解すると，解雇によって具体的な不利益があろうがなかろうが，規制されるべきことになる。しかし労働関係が当然にそのような人格的結合を内包するものであるかは，他国の解雇規制と比較して疑問があるし，そのような本質を雇用契約の内容として認めることは，逆に労働契約による人格的結合を認めることになりかねないという点で，疑問がある（まったく認められないという趣旨ではない）。

83

第1部　法の原理・原則 —— 基　層 ——

　これに対して，その実質的な規制の契機が，解雇によって労働者が被る不利益であったとするなら，逆に解雇によっても不利益が「ないなら」，現在の解雇規制は必要なくなるといえるだろう。
　しかし，現在の雇用システム，社会保障システムは，雇用から排除された者の不利益を吸収するには，なお不十分である。そのような場合に生じる不利益を自己責任と考えれば，解雇規制は不要であろう。しかし就労は，多くの者にとって生活そのものであり，生きていく手段である。多くの労働者が，形式的な契約自由の中，労働市場で競争した結果，その生存そのものが脅かされたことに対する批判として，20世紀以降，社会法，なかでも労働法が，市民法を修正する原理として発生した歴史的経緯を考えたとき，単純な契約自由の状況に戻すことを法的にも正義と考えることは，あまりにも形式的かつ理念的であるように思われる。労働法規は，経済効率ではなく，職場における労働者の人および市民としての自由を確保するために契約法理を修正する法であって，経済的効用だけから規制の正当性を説明できるものではない。
　そうだからといって法理としての解雇規制の根拠について，憲法による生存権保障や労働権保障によって使用者の契約の自由が否定されたという説明だけでは，解釈論としてはやや説得力を欠いている。
　より具体的な法令上の根拠にもとづいて構成するならば，やはり，解雇によって労働者が受ける不利益と使用者の受ける不利益の比較衡量に求めるしかないだろう。現在の解雇権濫用法理は，労働権保障の趣旨を尊重するという憲法規範的な要請を受けた司法が，労働者の外部労働市場への流動性が低く，不十分な社会保障システムの中で，解雇された労働者が被る実質的不利益が大きいために，使用者の有する解雇権に対する合理的な範囲の制約として許容され定着したために，労使関係においても規範的な意味を持つ慣行となったものと位置づけるしかないのではないか。
　このような前提に立つ以上，労働を取り巻く環境が変容する「ならば」，解雇を自由化することはできる（もっとも，一定の差別的理由による解雇は，労働契約関係であることとは関係なく，人としての権利を侵害する行為として当然に規制されるべきであろう）。
　しかし，解雇権濫用法理が唯一絶対のルールではないと考えたとしても社会の安定を保持する，「一手段として」正当性が認められてきたことを軽視すべきではない。

84

既存の解雇権濫用法理が，社会保障制度，日本の労働市場，従業員処遇，勤労に関する国民の価値観の中で生み出されたことと一体的な関係があることを前提に，解雇規制の正当性を評価することが必要である。
　現在の解雇権濫用法理は，一面からみて，労使の実質的自由を制限しかねないいびつな規制であることは事実である。企業にとっては，本来国が負うべき雇用の保障責任を負わされているのであるし，労働者にとっても，単なる労働力の提供を超えた組織の一員であることが求められ，幅広く企業の論理に従うことが要求される「メンバーシップ型雇用」（濱口2011：16頁）を選択せざるを得ない弊害がある。この状況を変革するならば，解雇権濫用法理も変化すべきであろう。
　ただし，解雇の自由を再度認めるのなら，当該企業で就労の場を失う者の生活と他企業への再就労を支援する実効的なシステム（労働者の意思決定の自由が確保できるだけの実効性が必要である）を具体化することが前提であるし，企業にとっては従来のような人の使い方は維持できなくなることを前提とした人事管理が，労働者にとっては当該企業へ帰属する就労を維持できなくことを前提とした生活設計が必要になる。労働法の法理も，単に解雇規制をなくすにとどまらない，全般的な見直しをもたらすことになる。
　このように現在の法規範である解雇権濫用は限定的に正当性を有するが，もしその正当性を否定するなら，解雇によって生じる現実の個人が被る弊害について，利益衡量をしなくてもよい環境を設定しなければならない。労働者が自由な合意形成によって公正で公平な労働市場を作ることができるための条件整備とは，たとえば企業内で実際に対等に交渉できるようにするための仕組み，その情報を提供するサポートシステムの完全化や，他の職に移るための教育訓練，情報提供と，就業実現までの生活サポートなどの法的なルール設定あるいは政策を，「具体的に」実現することである。
　以上，解雇規制の当否をテーマに，解雇規制の場面では「契約の自由は維持されるべきか否か」というシンプルな理念対立をめぐって争われているわけではないことについて述べてきた。労働法は，もともと法規としてはきわめて流動的な領域である。この中では，さまざまな価値の対立の中で，唯一普遍な法規範を見出すだけでなく，調整的な法規範を設定することも求められている。

第 1 部　法の原理・原則 —— 基　層 ——

〈注〉
(1) 2012 年 12 月に成立した第 2 次安倍内閣は，その掲げる成長戦略の柱として雇用の流動化をあげた．
(2) 2003 年の労働基準法改正にあたっての衆議院参議院の厚生労働委員会における附帯決議においても，「本法における解雇ルールは，解雇権濫用の評価の前提となる事実のうち圧倒的に多くのものについて使用者側に主張立証責任を負わせている現在の裁判上の実務を何ら変更することなく最高裁判所判決で確立した解雇権濫用法理を法律上明定したもの」であり，「最高裁判所判決で確立した解雇権濫用法理とこれにもとづく民事裁判実務の通例に則して作成されたものであることを踏まえ，解雇権濫用の評価の前提となる事実のうち圧倒的に多くのものについて使用者側に主張立証責任を負わせている現在の裁判上の実務を変更するものではない」とされている．

◇引用文献◇
荒木尚志・山川隆一編（2006）:『諸外国の労働契約法制』労働政策研究・研修機構
荒木尚志・菅野和夫・山川隆一（2008）:『詳説　労働契約法』弘文堂
小越洋之助（2006）:『終身雇用と年功賃金の転換』ミネルヴァ書房
島田陽一（2012）:「企業内の雇用ミスマッチと解雇権濫用法理」日本労働研究雑誌 626 号
常木淳（2006）:「不完備契約理論と解雇規制法理」福井秀夫・大竹文雄『脱格差社会と雇用法制 —— 法と経済学で考える』日本評論社
野川忍（2000）:「解雇の自由とその制限」日本労働法学会編『講座 21 世紀の労働法　第 4 巻』有斐閣
濱口桂一郎（2011）:『日本の雇用と労働法』日本経済新聞出版社
濱口桂一郎（2012）:「日本の雇用終了の実態」労働法学研究会報 2538 号
本久洋一（2002）:「解雇制限の規範的根拠」日本労働法学会誌 99 号
横井芳弘（1990）:「労働法における従属労働の概念」ジュリスト増刊『労働法の争点〔新版〕』有斐閣
米津孝司（1996）:「解雇権論」籾井常喜編『戦後労働法学説史』労働旬報社

◇参考文献◇
浅倉むつ子・島田陽一・盛誠吾（2011）:『労働法〔第 4 版〕』有斐閣
大竹文雄・大内伸哉・山川隆一編（2004）:『解雇法制を考える —— 法学と経済学の視点〔増補版〕』勁草書房
菅野和夫（2012）:『労働法〔第 10 版〕』弘文堂
角田邦重・脇田滋・毛塚勝利編（2009）:『新現代労働法入門〔第 4 版〕』法律文化社
西谷敏（2004）:『規制が支える自己決定 —— 労働法的規制システムの再構築』法律文化社

第4講　正当防衛にみる「正」と「不正」
── 量的過剰の観点から ──

原口　伸夫

> 「正当防衛」は、刑法で勉強することの中では一般によく知られている言葉の一つであろう。また、自ら身を守ることにかかわるから、よく勉強しておいて決して無駄になるものではあるまい。裁判員裁判の対象事件である殺人・傷害致死事件において正当防衛が争われることも少なくない。しかし、そのような正当防衛も、具体的にどのような行為まで許されるのかということになると、なかなか難しい問題を含んでいる。実際のケースでは、「やむを得ずにした行為」といえるかどうかが重要な問題になることが多いと思われる（これに関しては、本講3（1）参照）が、本講では、近時議論が活発な量的過剰防衛の問題を扱い、この正当防衛の問題を考えてみたい。

1　はじめに ── 正当防衛と社会の人々の意識

　正当防衛は、「書かれた法ではなく、生まれた法である」（キケロ）とか、「正当防衛は歴史をもたない」（ガイプ）といった言葉で示されてきたように、時代・地域を超えて、いわば普遍的に認められてきたともいえよう。しかし、「正当防衛」それ自体の承認が「普遍的」であるとしても、その「正当防衛」として許容される具体的な行為の範囲は、その国の（法）文化、社会状況、人々の意識にも大きく依存し、国により、時代により異なっていることも事実である。たとえば、アメリカにおける自衛の意識の（一般的な）強さや、銃の適法な所持の（広い）許容からもうかがえるように、アメリカにおいて「正当防衛」として許容される行為の範囲は、わが国のそれよりも広いことがこれまでも指摘されてきた[注1]。

　法領域により正当防衛の認められる範囲が違うことを意識させた事件の一つとして、1992年のアメリカのルイジアナ州で起こった服部君射殺事件がある。

これは 16 歳の日本人留学生が，ハロウィン・パーティーに際して訪問する家を間違え，住人Xの「止まれ（Freeze！）」との警告に従わず近づいたため射殺されたという事件である。Xは故殺罪で起訴されたが，陪審の評議の末，無罪との評決が下された。この事件は当時日本でも大きく報道され，いろいろな意見があったようであるが，たとえば，山室惠元裁判官は，対談において，「日本の社会状況や文化の枠組みの中で，ピストルを持ち出して発砲した事態を想定してみると，正当防衛で無罪という結論は出てこないでしょう。しかし，……アメリカの社会状況や文化の枠組の中では，ものが違って見えるのです」。「アメリカの文化を前提にすると，X氏がやったことは当然のことであって犯罪ではないという考えが比較的素直に導き出されるからです。その意味で，今回の無罪評決は，……予想どおりの結果であったようにも思われます」（井上ほか 1993：77 頁〔山室惠発言〕）と述べている。

　ドイツにおいて，正は不正に譲歩する必要はない（Das Recht braucht dem Unrecht nicht zu weichen.）という言葉に代表される，19 世紀の自由主義的な個人主義的思想を基礎にした徹底した正当防衛権は，社会的な観点から徐々に修正されてきており，ドイツにおける正当防衛権の現代の展開は，社会倫理的な観点からの制限の歴史であるといわれている（齊藤 1991：3 頁以下，143 頁以下，山中 1985：1 頁以下，17，293 頁など。西田 2010：154 頁以下も参照）。ドイツにおいては，「個人主義的に理解されてきた正当防衛権の行き過ぎを社会倫理という超個人主義的観点からチェックしていこうとする立場が強く主張され，圧倒的な支持をえた」のに対して，わが国では「ようやく判例が正当防衛権を拡大するようになってきたところであ」り，「ドイツにおける『制限論』をストレートに導入することには，きわめて慎重でなければならない」（川端 1998：14 頁）との指摘も注目される。

　わが国において，フランス刑法を模範とした旧刑法（1880 年制定，1882 年施行）は，正当防衛を，各側において，生命・身体・財産等を防衛するため侵害者（暴行人）を殺傷した場合についてだけ規定していた（旧刑法 314 条，315 条）。それに対して，現行刑法（1907 年制定，1908 年施行）は，正当防衛の総則規定を設け，広く「権利」一般について正当防衛を可能にした。しかし，現行刑法の解釈においても，たとえば，債務不履行という（民事上）違法な行為に対して正当防衛は認められていない。賃貸借契約終了後その物が返還されない場合，「物の不返還により，物の占有（それによる利用可能性の保持）という利益は絶

えず侵害され続けている……が，それは『急迫不正の侵害』とはいえない。なぜなら，このような物の回復は，そのために用意された紛争解決制度を通じてなされるべきであり，私的な実力行使を認めることは適当でないと解されているからである（紛争解決制度は，まさに個人の実力による権利実現を禁止する趣旨で設けられているのである）。このことは，債務不履行全般について妥当する」（山口 2007：117 頁以下）と説明されている。つまり，正当防衛（自力救済）の範囲は当該社会の救済制度の整備の程度とも関連するのである。

このように，「正当防衛」として許容される具体的な行為の範囲は，決して時代を超え，地域を超え，「普遍的」に決まっているというものではない。本講では，このような正当防衛にかかわる諸問題のなかで，近時議論の盛んな量的過剰防衛の問題を検討する。

2 量的過剰防衛

（1）質的過剰と量的過剰

事例1：Yから殴りかかられたXは，①攻撃をやめさせようとYに向けて携行していた果物ナイフを示し威嚇した。しかし，②それにひるまないYが，鉄パイプで何度も激しくXに殴りかかったので，Xは，Yに対してナイフを振り回して反撃し，Yの手など数か所を切りつけたところ，Yは痛みで鉄パイプを手放し，その場にしゃがみこんだ。③それでも，Yの攻撃に驚愕し，動揺していたXは攻撃を続け，もはや抵抗する意思のなかったYにさらに切りつけ，Yに傷害を負わせた。

刑法36条1項（以下，条文のみの表記は刑法の条文である）は，「急迫不正の侵害に対して，自己又は他人の権利を防衛するため，やむを得ずにした行為は，罰しない」と規定し，その2項は，「防衛の程度を超えた行為は，情状により，その刑を減軽し，又は免除することができる」と規定している。事例1を局面ごとに分けて36条の適用を考えるとすれば，①ナイフでの威嚇は，それが防御的な行動にとどまる限り，脅迫罪（222条）の構成要件に該当するとしても，正当防衛として違法性が阻却されよう。②の行為も傷害罪（204条）の構成要件に該当するが，防衛行為として「やむを得ずにした行為」と考えられ，正当防衛として違法性が阻却されよう。それに対して，③の行為をその局面で切り

第1部　法の原理・原則——基　層——

取って考えたとすると，Ｙにはもはや攻撃の意思がなく，正当防衛の要件である「急迫不正の侵害に対して」の防衛とはいえず，傷害罪が成立する（侵害の継続を誤想していれば誤想防衛にはなりうる）ということになりそうである。しかし，③の行為を，それ以前の行為（ないし事象）と切り離して，単なる犯罪行為と考えるべきなのかどうか，これがまず第1の問題である。

　36条2項の「防衛の程度超えた」場合（過剰防衛）として，たとえば，素手で防衛可能であるのに凶器を用いて激しく反撃した場合のように，防衛手段が強度の点で過剰であった場合（質的過剰）と，反撃による侵害の終了後さらに追撃した場合（量的過剰）を区別するのが一般である。そして，量的過剰が「侵害終了後」に追撃する場合だとすると，侵害の終了時期が問題となる。防衛者の反撃行為の奏功等により侵害者の侵害的態勢が崩れ去り，攻撃がやんだような場合，たとえば，侵害者からの凶器奪取後その凶器で反撃した場合，侵害者の転倒・防衛者による押さえ込みなど，反撃による攻撃の著しい減少・制圧後も反撃を継続した場合，反撃にひるんで逃げ出すなどした侵害者を追いかけて追撃した場合などにおいて，侵害がすでに「終了した」ものと評価すべき場合（量的過剰）なのか，侵害のさしあたりの消失にすぎず，なお当初の侵害が継続していると評価すべき場合（質的過剰）なのか，その区別が問題となる。判例は，侵害の終了の有無を，①侵害者の加害の意欲と，②攻撃再開の蓋然性を問題として判断しており（最判平成9・6・16刑集51巻5号435頁参照），事例1を考えると，Ｙにはもはや抵抗する意思がない以上，加害の意欲の点でも，攻撃再開の蓋然性の点でも，侵害は終了しており，量的過剰の場合であるといえよう。

（2）　量的過剰の場合の36条2項の適用の可否

　侵害終了後の追撃行為（以下，侵害現在時の反撃行為を単に「反撃行為」，侵害終了後の追撃行為を単に「追撃行為」という），つまり，事例1の③の行為に36条2項の適用を認めない見解がある。「防衛行為が，時間的に早すぎたり，急迫不正の侵害が終了した後に行われたりした場合」（防衛行為の時間的逸脱），「正当防衛たりえないが故に，過剰防衛ともなりえない」（内田1999：112頁）と主張する。しかし，このことは量的過剰の場合に36条2項の適用を否定する根拠になるまい。というのは，問題の時点での「侵害の現在（継続）」までをも必要だと解する条文上の必然性はなく，むしろ，余勢に駆られた行為，反撃行

為と一体的に評価される追撃行為に36条2項を適用する場合，この適用は（先行する）急迫不正の侵害の存在を前提とするものだからである。反撃行為と追撃行為が一体的なものと評価される場合には，なお直前まで存在していた急迫不正の侵害に対する反撃行為という構造を保持しているというべきである。

また，量的過剰の場合に36条2項の適用を認めないのは，現行規定の沿革とも整合的ではなく，立法者の配慮を切り詰めてしまうことになろう。旧刑法316条は「身體財産ヲ防衛スルニ出ルト雖モ已ムコトヲ得サルニ非スシテ害ヲ暴行人ニ加ヘ又ハ危害已ニ去リタル後ニ於テ勢ニ乗シ仍ホ害ヲ暴行人ニ加ヘタル者ハ不論罪ノ限ニ在ラス但情狀ニ因リ第三百十三條ノ例ニ照シ其罪ヲ宥恕スルコトヲ得」と規定していたところ，刑法改正政府提出案理由書は，現行36条2項に関して旧刑法「第三百十六條ト同一ノ趣旨ニ出タル規定」であると説明しており（松尾1990：2142頁），かかる立法の経緯を考えれば，現行刑法も旧刑法と同様に量的過剰の類型を認めていると考えるべきであろう。

侵害の「終了」時点についての判断は微妙（ときに困難）であり，侵害の継続性の緩やかな判断により「量的過剰」にあたるべき場合を「質的過剰」の中に取り込むことも不可能ではなかろう。しかし，そのことは，侵害の「継続」か「終了」かにより36条2項の適用を截然と分け，両者をまったく別異に扱おうとする解釈が，実際の事態を直視した場合，その法効果の相違に見合うだけの区別ではないことを示しているように思われる。

以上のことから，量的過剰の場合に36条2項の適用を認めないのは説得的な解釈だとは思われない（参照，斎藤2014：347頁以下違法減少説の問題点については，長井2010：222頁以下も参照）。

（3）　反撃行為と追撃行為の一体的評価の基準

したがって，侵害終了後になお余勢に駆られた行為，反撃行為と追撃行為とで一体的に評価される行為に36条2項の適用を認める見解（一体的評価説。判例・通説）が妥当であると考える。その場合，次に，36条2項が適用されるべき行為の範囲が問題になる。一体的評価説も，追撃行為に無制限に36条2項の適用を認めるものではない。量的過剰の場合，その追撃行為が侵害終了後になお余勢に駆られたものと考えられ，反撃行為と一体的なものと評価されるからこそ，36条2項の適用が認められるべきだと考えるのであれば，その基準は，過剰防衛の刑の減免根拠に関連づけ，主として責任減少（精神的動揺の一

体性・継続性），従的には違法減少（事象経過の一体性〔時間的・場所的近接性，行為態様の同質性〕）の観点から総合的に考えるべきであろう。「対抗行為が『勢い余って』追撃行為に及んだと評価できるような両行為の主観的・客観的な連続性」を問題とし，防衛行為としての連続性の有無，行為態様の連続性の有無，「勢い余って」といえるか，単一の意思決定かどうかを総合的に考えようする見解（橋爪：2012：101, 116 頁。また，安廣 2012：21 頁，成瀬 2010-12：(2)69 頁，80 頁注 87 など）も同趣旨の主張と考えられ，判例の立場も同様に理解することができよう（原口 2010：276 頁以下）。

　なお，「防衛の意思」の継続性を重視する見解も有力であるが，そこでいう「防衛の意思」を防衛的な心理状態（の継続。もっぱら攻撃の意思でないこと）というように理解するのであれば，前述の主観面の評価と（大きく）異なるものではなかろうが，侵害が終了している局面で問題になる量的過剰の場合，36 条の成立要件としての「防衛の意思」（もちろん，その理解にもよるが）とは必ずしも同じではない内容の心理状態が考えられているという点，「余勢に駆られた」という事情（事象のつながり）も捨象すべきではない点で留意を要しよう。

③ 「正当防衛」的な部分を分離すべきとする見解

（1） 一体的評価説に対する批判

　事例 2：Y に殴りかかられた X は，身を守ろうと殴り返した。すると，Y は後方に倒れ，後頭部を強く打ちつけ，仰向けに倒れたまま動かなくなった（第 1 暴行）。しかし，X は，いきなり殴りかかられたことに驚愕，動揺し，Y に対して，ひき続き，ひざを曲げてひざ頭を落とすという態様での暴行を何度も加えた（第 2 暴行）。その後，病院に運ばれた Y は，数時間後に第 1 暴行に起因する，頭蓋骨骨折に伴うくも膜下出血により死亡したが，第 2 暴行により肋骨骨折，脾臓挫滅の傷害も負っていた（事案を簡略化かつ変更してあるが，最決平成 20・6・25 刑集 62 巻 6 号 1859 頁参照。また，最決平成 21・2・24 刑集 63 巻 2 号 1 頁）。

　一体的評価説を原則的に支持しつつも，侵害現在時の反撃行為をそれ自体切り離して評価するとすれば正当防衛の要件を充たすような場合に，反撃行為と

追撃行為を一体的に把握し，全体として過剰防衛とするならば，「本来正当化されるべき反撃行為」が違法な行為とされてしまうということを問題視し，かかる批判が問題とする「正当防衛」とされる部分を追撃行為から分離して評価しようする見解（「正当防衛」的な部分分離説）が，前述の最高裁平成20年決定などを契機として有力に主張されてきている。事例2において，もし分離して評価したならば第1暴行は相当な反撃行為として正当防衛，第2暴行は「傷害罪」ということになるが，第1暴行と第2暴行の一体的な評価により「傷害致死罪の過剰防衛」となってしまうのは妥当でない，と批判するのである。

なお，このような批判の前提には，次のような防衛行為の相当性の理解が置かれていよう。すなわち，「三六条一項にいう『已ムコトヲ得サルニ出テタル行為』とは，急迫不正の侵害に対する反撃行為が，自己または他人の権利を防衛する手段として必要最小限度のものであること，すなわち反撃行為が侵害に対する防衛手段として相当性を有するものであることを意味するのであつて，反撃行為が右の限度を超えず，したがつて侵害に対する防衛手段として相当性を有する以上，その反撃行為により生じた結果がたまたま侵害されようとした法益より大であつても，その反撃行為が正当防衛行為でなくなるものではない」（最判昭和44・12・4刑集23巻12号1573頁。団藤1990：238頁は「この意味で，正当防衛は結果無価値でなく行為無価値の問題であるといえる」とする）という理解である。これに対して，相当性は，侵害法益と保全法益の比較衡量によって判断されるべきであり，基本的には結果としての相当性を考えるべきであるとするならば，第1暴行が「本来正当化されるべき反撃行為」かどうか，防衛行為の相当性の点においてまず問題となろう。しかし，行為の相当性を問題とする判例の立場が妥当であり，それによれば，事例2における第1暴行はY死亡という重大な結果をひき起こしているが，Yの殴打に対して素手で殴り返したものであり，（厳密にはその他の事情の検討も必要であろうが）それだけを分離して単独でみれば相当な行為とみてよかろう。前述の最高裁平成20年決定が，第1暴行と第2暴行とは一体的に評価できないとしたうえで，被告人の第1暴行を正当防衛（第2暴行は傷害罪）であると判示したのも，防衛行為の相当性についてこのような理解に立つものといえよう。

（2） 責任減少説

過剰防衛の減免根拠を「責任減少」（緩やかな期待可能性判断に基づく責任減少）

第1部　法の原理・原則——基層——

にのみ求めることにより，その批判する一体的評価の「問題点」を回避できるとする見解が主張されている（安田 2010：253 頁，安田 2011：175 頁，176 頁）。しかし，この責任減少説には次の点で疑問が残る。

　第1に，過剰防衛の刑の減免根拠の重点が責任減少にあることは確かであるが，そうだとしても，その減免根拠を責任減少「のみ」に求めるのは難しいように思われる。すなわち，「三六条二項は心理的動揺がある状況一般について刑の減免を認めた規定ではなく，あくまでも防衛行為として行われた場合に限られた規定であるから，『責任減少があれば同項を適用できる』と解することはできない」（橋爪 2012：98 頁）はずである。この責任減少説の論者自身も，「事後的過剰につき防衛事象的性格が維持されていなければ，恐怖・驚愕といった精神状態の存在だけをもって過剰防衛を認めることは不可能であろう」（安田 2010：255，263 頁以下）と述べており，このことは，36 条 2 項の刑の減免根拠が責任減少「だけ」で説明できないことを示しているといえよう。

　第2に，より重要な問題は，反撃行為と追撃行為を分断して単独で評価するならば，追撃行為を単純な犯罪とすべきはずで，過剰防衛の減免根拠を責任減少に求めることによっても，反撃行為と追撃行為を分断したうえで，追撃行為を「過剰防衛」と評価することはできないのではないかということである。

　責任減少説の論者も，量的（事後的）過剰防衛の場合の 36 条 2 項の適用可能性に関して，次のように論じている。事後的過剰の場合，「既に急迫不正の侵害は行われており，その過剰性を論じるべき防衛行為は少なくとも直前には存在している。……事象としてそれとの連続性・一体性が認められる限りにおいて，なお防衛的事象は継続しているのであり，その限りで，過剰防衛の観念を入れる余地は十分に残されている」（安田 2010：246 頁）。重要なのは「先行する急迫性の認められる侵害行為との関係における事後的過剰部分の評価であり，その行為が先行する急迫不正の侵害に対応する意思に基づき起動されたものとしての性格をなお失っておらず，行為動機としての同一性・連続性が認められる限りで，防衛事象的性格が肯定される」（安田 2010：258 頁）。追撃行為が「不正の侵害に対して正当な利益を守る過程で生じた行きすぎである限りで……防衛事象的性格が認められる」（安田 2011：176 頁）などである。そのような正当な認識から出発するにもかかわらず，反撃行為と追撃行為を分離し，後者のみを単独で評価する場合にどうして「過剰防衛」とすることができるのであろうか。「量的過剰の類型とは，侵害継続中の対抗行為と終了後の追撃行為

を（分断することなく）一体的に評価できるからこそ，全体の行為に防衛行為としての性質を認めることができるのである。論者の重視する『防衛事象的性格』も，両者の一体的・連続的把握を前提にはじめて肯定できる」（橋爪 2012：108 頁注 11。また，佐藤 2011：197 頁）という理解の方が説得的であると考える。

（3） 被告人に有利な処断刑追求説

「対抗行為・追撃行為を一体的に評価して，量的過剰を認めることができる事例についても，量的過剰を認めることが（その処断刑において）被告人の不利益になる場合には，例外的に対抗行為，追撃行為を分断的に考察することが可能である。その場合には，追撃行為について完全な犯罪が成立することになる」（橋爪 2012：116 頁）とする見解も主張されている（被告人に有利な処断刑追求説）。この見解は，分離した追撃行為を過剰防衛とせず，単なる犯罪行為と評価する点では前述 3 (2) の責任減少説の問題点を回避している。しかし，「対抗行為・追撃行為を一体的に評価して，量的過剰を認めることができる」にもかかわらず，「例外的に対抗行為，追撃行為を分断的に考察する」ことの根拠が問われよう。さらに，追撃行為を「完全な犯罪」と評価することの是非も問題となろう。

被告人に有利な処断刑追求説の立論の出発点は，量的過剰という概念が被告人の有利になるようにとの趣旨で認められてきており，その趣旨を一貫すべきだということにあろう。しかし，量的過剰の場合の 36 条 2 項の適用に関して，被告人に有利な解決の追求は決定的な理由ではなかったように思われる。むしろ，一体的評価説の最も根底にあるのは，追撃行為が不正の侵害に対して正当な利益を守ろうとする「過程」での行きすぎであり，反撃行為と追撃行為とを「一体的な防衛事象」として評価すべき実体がある，という考え方であると思われる。一体的評価説は次のように論じてきた。すなわち，「正当防衛の要件を満たす第一の段階（前段）は，犯行に至る経緯を構成する事実ではあっても，犯行そのものではないから，起訴の対象にはならない。起訴の対象になるのは，第二及び第三の段階（後段）のみという」ような「分析的な手法にも一理あるものと思われる」が，「人の行動についてその刑事責任を過不足なくとらえるという観点からすると，前段の行為については犯行に至る経緯にすぎないとし，後段の行為についてのみ刑事責任を問うというのは，短時間のうちに連続的に推移し，社会的には一つのエピソードとして存在する事態の取扱い方としては，

違和感を感ずる向きもあろう。分析的な手法には，刑事責任の問い方という実体法的な側面で検討を要する問題があるとも考えられる」。「分析的評価は，社会事象を人為的に分断しすぎる傾向があり，同一の機会に連続して行われた行為を評価するための手法としては必ずしも合理的ではなく，一連の行為は，これを全体として評価すべきであるとの見方もある。……刑事責任の問い方という実体法的な問題及び立証の実際という手続法的な問題を考慮すれば，短時間のうちに連続的に推移し，社会的には一つのエピソードとして存在する事態については，全体的評価をする手法が相当である」（永井 1999：134 頁以下）[注2]。「正当防衛が問題となる状況では，攻撃者と防衛者の相互の行為が，それぞれ原因となりあるいは結果となって相互に強く関連しながら，予測の範囲を超えつつ事態が展開していくのであって，その全体の事態の流れのある部分のみを他の部分と切り離して考える判断枠組，木を見て森を見ない判断枠組となるおそれがある」（遠藤 2006：70 頁）。「因果関係の特定ができない場合に判例実務が一体的評価をすることが多いのは，……そのような一体的評価をすべき行為の実質があるからであるようにも思われる」（遠藤 2011：200 頁）などである。このような理解からは，被告人に不利益だという一事は，この種の事態の評価として行われるべき一体的評価を「例外的に」行わない理由として十分ではないように思われる。

　さらに，処断刑の不均衡の是正という点であるが，他の解釈上の問題においても，ときに，法定刑・処断刑に不均衡の生ずる場合が指摘されてきた。たとえば，同意傷害の場合に判例・通説は少なくとも重大な傷害の場合に傷害罪（204 条）の成立を認めているところ，同意殺人（202 条）の法定刑の上限が懲役 7 年であるのに，204 条の法定刑の上限が懲役 15 年（平成 16 年の刑法の一部改正までは懲役 10 年）であり，同意傷害の場合に傷害罪が成立するならば 202 条成立の場合よりも重くなってしまい問題ではないか，などと指摘されてきた。しかし，この問題に関しては，「だから同意傷害は無罪とすべきだ。」と考える見解は少数にとどまり，刑の権衡の点から同意傷害の場合の（宣告）刑が 7 年を超えるべきでないことも有力に主張されてきた。立法に際して，あらゆるケースを想定して法定刑・処断刑の不均衡と思われる事態が生じないようにできるとすれば，それは望ましいことであるが，事前に行き届いた検討をし尽くすのは難しいように思われる。これまで指摘されてきた刑の不均衡の問題は，その問題状況においてさまざまであるが，事例 2 においても，同意傷害の議論と同

じように考えれば，量刑（宣告刑）において追撃行為である傷害の刑の上限を超えるべきではなく，下限においても，刑の免除も含めて十分に配慮することで均衡を保つことができよう（小野2011：114頁，松田2013：14頁。なお，松田2012：517頁も参照）。処断刑の不均衡の是正は，解釈論で解決すべき重要な課題であることを否定しないが，過剰防衛の適用範囲の「例外」処理を基礎づける十分な論拠ではないように思われる。

（4） 違法減少分罪名割引き説

被告人に有利な処断刑追求説は，追撃行為を「完全な犯罪」と評価する点でも問題であろう。事例2において，反撃行為と追撃行為を一体的にとらえたうえで，傷害致死罪に対応する違法性の減少を理由に「傷害罪の過剰防衛」を認める見解（山口2009：57頁）（違法減少分罪名割引き説）に対して，被告人に有利な処断刑追求説から，「致死結果を帰責範囲から排除するためには，この場合にはむしろ全体的評価を断念し，第二行為のみを個別に評価対象とすべきである」（橋爪2012：109頁注26）との批判が向けられているが，反撃行為と追撃行為とを一体的に評価すべきである（と論者が考える事象である）ならば，同種事案には同一基準を適用し，一連の行為を対象として「過剰防衛」とするかぎりで，違法減少分罪名割引き説の方が適切であろう。ただ，この見解の場合，今度は，「過剰防衛」と認めるために反撃行為と追撃行為を一体評価しつつ，そのうえで「違法減少を考慮し」，成立罪名を「傷害罪」の過剰防衛に引き下げることの是非が問われるべきであろう。この見解については別の論文で検討している（原口2010：290頁以下）ので，ここでは，重要な2つの疑問点を確認しておきたい。

1つは，過剰防衛と評価された「一体的な防衛行為」のうちの一部について，「正当防衛が成立する」といえるのか否かがまさに問題である。先行する反撃行為を「正当防衛」と評価すべきと考えるのか否かが，おそらく，「正当防衛」的な部分分離説（ないし分析的考察説）と，一体的評価説の対立をもたらす認識の決定的な相違点であるように思われるところ，一体的評価説は，反撃行為のみを取り出して「正当防衛が成立する」と考えるものではない（小田2012：112, 114頁，永井1999：135, 146頁，成瀬2010-12：(2)65頁以下，松田2012：501頁以下）。そもそも過剰防衛は，時間を追って細分化していけば，（理論的には少なからぬ場合）急迫不正の侵害に対する防衛行為に相応する「正当防衛」的

な部分と，相当性を逸脱する「過剰な」部分に分けて考えることができるともいえ，1個の過剰防衛行為（ないし事象）の中にいわば「正当防衛」的な部分が存在（先行）するのは，過剰防衛という法形態にとってはある意味必然的・不可避的であると考えるべきであろう。つまり，過剰防衛とは，いわば「正当防衛」的な部分＋過剰な部分から構成される法形態なのである。このことは，質的過剰の場合であれ，量的過剰の場合であれ，認識上の一罪の場合であれ，一体的な評価によって構成要件の1回的な評価がなされる場合であれ，一体性を認めるべき基準（前述2（3）参照）によりいったん1回の構成要件的評価がなされたのであれば，（事象の経過時間の長短の違いはあったとしても）等しく考えるべきであろう。

　過剰防衛は「過剰部分のみが違法なのではなく，行為全体が違法となる。たとえば，防衛には軽微な傷害で足りるのに殺人をしてしまったような場合には，その殺人が違法とされるのであって，殺人から正当防衛部分の軽微な傷害を引いた残りの部分のみが違法になるわけではない」（林1998：3頁。また，10頁）。36条2項の「『『防衛の程度を超えた行為』とは『防衛の程度を超えた部分の行為』ではな」く，量的過剰の事案を「二つの部分に分断して，それ自体に正当防衛の成立しうる部分のみは犯罪不成立としたうえで，残された部分に独立して犯罪の成立を認める」ような「便宜的な分断による部分行為の独立評価は，権衡を失する。かかる分断的評価をすべきならば，『およそ一行為の質的過剰』においても，質的に正当防衛となる部分と爾余の過剰行為とを独立評価すべきことになるからである」（長井2010：232頁以下）。

　もう1つは，罪名のもつ意義である。被告人に有利な処断刑追求説は「処断刑」の不均衡を問題としていたのであるが，違法減少分罪名割引き説は，事例2において「傷害致死罪」の過剰防衛とすることに反対する。たしかに成立罪名のもつ意義は十分に理解できるが，行為の評価に関しては罪名だけでなく違法性（責任）阻却（減少）事由の有無も含めて考える必要があるように思われ，単なる（一方的な）犯罪行為，たとえば，理由もなく人を傷つけた「傷害罪」ではなく，急迫不正の侵害に対する防衛行為として行われたが，精神的動揺のためやりすぎてしまった（先に不正な侵害があり，行き過ぎはあったものの，斟酌されえ，刑に減免に値しうる）「過剰防衛」だとの評価も併せ考えるべきである。過剰防衛の行為者は，もともとは不正の侵害を受けた被害者であり，過剰防衛という概念は，急迫不正の侵害に直面した状況において自己（または他人）の

第4講　正当防衛にみる「正」と「不正」

正当な利益を守った（少なくとも守ろうとした）過程での行為であるということも含意するものであり，不正な侵害者に対しての反撃という意味・構造を有する概念なのである。だからこそ，反撃行為と一体的に評価されるべき追撃行為を「完全な犯罪」と評価すべきではなく，他方で，行為を評価するにあたり成立罪名だけでなく「過剰防衛」という評価も十分に考慮に入れるべきなのである。

（5）　分析的評価と一体的評価の判断枠組みの結合

　追撃行為が侵害終了前の侵害に対する一連の防衛事象と評価できるか否かという過剰防衛の成否・限界にかかわる問題と，過剰防衛の対象となる行為の範囲の問題を区別することによって，「違法評価の事後的変更」を回避しようとする見解（判断枠組み結合説）も主張されている（髙橋 2013：45 頁以下）。この見解は，前者の問題は全体的評価をすべきであるのに対して，後者の問題については，「分析的評価が基本であり，それを貫くことが不合理であるような場合に……全体的評価を補充的に用いる」（髙橋 2013：56 頁）ことを主張する。このような判断枠組みの結合により，事例2の場合に「傷害罪の過剰防衛」という結論を導くとともに，事例1のような場合に，どの行為を構成要件該当行為とし，過剰防衛の対象行為と考えるべきかという問題点を指摘している点で注目すべきものがある。すなわち，事例1の場合，「全体的評価を徹底する立場でも，脅迫以後の一連の行為を1個の行為とは考えないであろう。なぜならば，複数の行為の間に同一の構成要件該当性を認めることができないからである。従って，……脅迫罪の構成要件該当性と傷害罪の構成要件該当性を肯定した上で，過剰防衛による傷害罪の成立を認めることになろう。その場合でも，先行する脅迫については正当防衛が成立すると解さざるを得ない」。なぜなら，「脅迫罪の構成要件該当性を認める以上，その違法性判断は脅迫の点に限定されるからである」。そうだとすれば，反撃行為が相当な暴行行為，追撃行為が過剰な暴行・傷害行為の場合でも刑法上の評価の点で本質的な違いはない。「違いがあるとすれば，一連の行為の全体について1個の構成要件該当性を認めることが可能かどうかという点だけであろう。しかし，この違いだけで，後者の場合には全体的評価をして一連の行為の全体について過剰防衛による傷害罪を認めるとすれば，それは……構成要件該当性判断がもつ違法性判断の対象を限定する機能を不当に弛緩させる危険性がある」（髙橋 2013：55 頁以下）と指摘

第1部　法の原理・原則——基　層——

する。

　たしかに，構成要件該当行為の範囲（評価の対象）について，一体的評価説から検討が必ずしも十分でなかったように思われる。事例1のケースでは，一体的評価説から，①の行為は脅迫罪の構成要件に該当し，正当防衛として違法性が阻却され，②③の行為を一体的に評価して，傷害罪の過剰防衛とするという構成も採りうると思われるが，①②③の行為が「1つの防衛事象」として傷害罪の1回の構成要件評価に量的に含まれる場合と考えた方が，「短時間のうちに連続的に推移する，社会的に一つのエピソードとして存在する事態」（前述3（3）参照）の一体的評価というその基本的な考え方にいっそう忠実なように思われる。

　もっとも，この点はもう少し説明が必要であろう。同種の行為が時間的に連続して同一の客体に対して行われる場合（たとえば，被害者を続けて何回も殴る場合）など，行為者の一連の行動が1個の行為（ないし1回の構成要件的評価）であるか，数個の行為（ないし数回の構成要件的評価）であるかという問題は，どの範囲の事実まで，その構成要件が量的に含みうるのか，または，当該構成要件によって包括的に評価し尽くすことができるのかという「構成要件の評価」の問題であると考える（団藤1990：435頁以下，中野1997：172頁以下，中山1999：175頁以下など）。そして，このような構成要件の「量的な包括的評価」を問題にする場合，それは，原則的に，同一の構成要件にかかわる連続的な行為の場合，さらには，加重・減軽類型のような関係にある一連の行為の場合に限るとみるのがよかろう（なお，虫明1992：235頁参照）。そうすると，最初は①ナイフで威嚇して防御的行動をとり，その後，②暴行を加え反撃し，③侵害終了後も暴行を加えて，傷害を負わせた場合，①の行為は脅迫罪の構成要件に該当し，②③の行為は傷害罪の構成要件に該当し，したがって，①②③を包括して一罪と考えたとしても，それは一種の科刑上一罪と考えるべき混合的包括一罪の場合ということにもなりそうである[注3]。しかし，そう考えなければならないであろうか。暴行罪の成立に物理力が相手の身体に接触することを要しないとするのが判例・多数説であり，他方で，脅迫罪における害悪の告知の方法には制限がなく，態度・動作によって相手方が加害の告知を認識できればよいから，事例1の場合，（具体的な態様の認定が必要であるが）①の行為は暴行罪の構成要件に該当すると考えられる場合もあり，そうでない場合にも，害悪を告知し，それにひき続いて，その内容である害悪を実現するような場合の暴行と脅迫と

はきわめて近似する態様のものと評価してよいように思われる（只木 1997：75頁。また，西田 2012：40頁，187頁も参照）。そうすると，事例1を「脅迫→暴行→傷害」とみた場合でも，その一連の事象は，実質的にみれば，混合的包括一罪型の包括一罪というよりもむしろ，包括一罪の接続犯の場合よりも，または接続犯に分類される事例の中でも各行為の時間的・場所的密接度の高い連続暴行・傷害型の包括一罪とみることが十分に可能であると思われる（なお，東京高判平成7・9・26東高刑時報46巻74頁）。そして，このように考えることにより，事例1において「脅迫行為を分離せざるをえず」，その処理を根拠に「事例2においても第1暴行と第2暴行の分割は可能だ」との批判を回避し，一体的評価説の基本的考え方により忠実に，「1つの防衛事象」と評価された事象を（例外的に）分断することなく処理することができると思われる。

　むしろ，判断枠組み結合説が，「正当防衛」的な部分を分離し，追撃行為のみを構成要件該当行為とし，その後，その追撃行為を「過剰防衛」とするのであれば，違法性（責任）の判断対象となる行為には，追撃行為だけでなく，それと一体的に評価される反撃行為（構成要件該当行為以外の行為）も（少なくとも実質的に）含まれると考えざるをえず[注4]，このことは，その批判する「構成要件該当性判断がもつ違法性判断の対象を限定する機能を不当に弛緩」させることにならないであろうか。また，責任減少説に対して指摘したのと同様の疑問（前述3（2））も残らざるをえない。

4　一体的評価説に対するその他の批判

　一体的評価説に対して，さらに，構成要件段階で「1個の行為」とした場合にその「1個の行為」を違法性段階で分割を認めない「そのロジックは，刑罰権の存否及び範囲を，犯罪要素とは無関係な『1個の行為』によってあらかじめ決定することを意味する」が，「そのような強い実体を，論者の想定する『1個の行為』が有しているかは明らかとはいえない」（仲道 2013：230頁）との批判もなされている。しかし，一体的評価説からも，その指摘する「視線の往復（法適用を見据えた事実認定）」，すなわち，「構成要件のみを見据えて事実認定を行った場合に1個の行為と見えたものが，違法性阻却事由をも見通すことにより，複数の行為として認定され，翻って，複数の構成要件該当性・違法性が認められる」（仲道 2013：226頁）（またはその逆の場合）といった思考方法を否定

するものではなく[注5]，このような批判もあたらないものを考える。なぜなら，このような「法適用を見据えた事実認定」を踏まえてなされる構成要件の（1回的）評価は，決して「犯罪要素とは無関係な『1個の行為』」ではなく，犯罪論的な関心を踏まえて，「視線を往復」させながら評価されるところ「1つの防衛事象」の有無が問題にされているからである（前述2（3）参照。小野2011：106頁，滝谷2013：207頁，成瀬2010-12：(1)5頁，林2011：75頁以下，松尾2006：137頁も参照。なお，髙橋2013：55頁）。

5 おわりに

　本講で検討してきた一体的評価説に対する批判的見解は，その理論構成，そして，結論（追撃行為を単なる犯罪とするか，なお過剰防衛と評価できるか）において一致がみられないとともに，それぞれ検討したような疑問が残るといわざるをえない。反撃行為と追撃行為が（一体的に評価すべき行為の範囲については議論がありうるとしても，そこで妥当と考えられた一定の基準により）一体的に評価される（べき）ならば，全体を「1個の防衛行為（事象）」ととらえ，その中に，分離して単独で評価したとするならば「正当防衛」的な反撃行為があったとしても，全体として1個の過剰防衛が成立すると考えるのが妥当である（一体的評価説）。批判的見解の指摘する一体的な行為の中の「正当防衛」的な行為の存在は，「正当防衛」的な部分と過剰な部分からなる過剰防衛の構造上必然的なものを考えるべきである。もちろん，一体的評価説も，批判を受け理論的に詰めなければならないところもあり，それは，正当防衛・過剰防衛の問題にとどまらず，犯罪論における体系的思考（のあり方）にも及ぶ問題も含んでおり，ひき続き検討していきたい。

〈注〉
(1)「コモン・ローを継受した後のアメリカでは，正当防衛の範囲が拡張され，特に開拓時代の西部では，著しく広かったといわれる」（佐伯1993：57頁）。「誤想防衛の場合を，アメリカの正当防衛法は，一定の範囲で正当防衛として扱っている。これがアメリカの正当防衛法の大きな特色である。コモン・ロー及び大多数の州制定法は，誤想防衛の場合にも，行為者が正当防衛状況の存在を『合理的に信じて』いた場合には正当防衛の成立を認める」（佐伯1993：54頁以下）。なお，西田2010：154頁参照。

(2) また，安廣 2012：21 頁，成瀬 2010-12：(2) 62 頁以下，松田 2012：503 頁。罪数の問題を構成要件の量的限界として理解し，犯罪の単複に関して，「社会的に一つのできごと（一つの社会的事象）」かどうかを重視するのは，中野 1997：172 頁以下。

(3) 罪質を異にする構成要件間の混合的包括一罪は，一種の科刑上一罪と考えた方がよいと思われる。これまで「包括一罪」として議論されてきたものも，単純一罪・法条競合に近い類型から科刑上一罪的性格の強い類型まで多様な類型が混在しており，構成要件的（量的包括）評価における行為の1個性・1罪性が問題となるところの，「犯罪論」に位置づけられる「包括一罪」と，犯罪の成立を前提とし，またはそれに準ずるかたちで，ただしそれが適条には現れないだけの，体系的には「刑罰論」（ないしは責任判断に続く段階）に位置づけられるべき「包括一罪」との区別・整理が必要であろう。なお，中山 1999：181 頁以下，185 頁以下，197 頁以下も参照。

(4) 髙橋 2013：47 頁は，「過剰防衛は，急迫不正の侵害に対してなされた行為についてしか認めることはできない」から，侵害終了後の行為が「終了以前の急迫不正の侵害に対してなされた行為といえるような関係」がなければならず，侵害存在時からその終了後の追撃行為時までの「一連の事態を一つの防衛事象として捉えることが可能でなければならない。……侵害終了の前後で形式的に分断せず，全体を一連の事態として捉えるという意味で，ここでは全体的考察が不可欠である」とする。

(5) そして，「このような『視線の往復』は，事実認定の実際において行われるところであろうし，法適用の前提事実を，適用すべき条文とは無関係に認定することはできないという意味では不可欠な思考方法」（仲道 2013：226 頁）であるとの指摘にも賛同できる。

◇引用文献◇

井上正仁ほか（1993）：「〔鼎談〕アメリカの刑事司法（Ⅱ）── キング事件・服部君事件をめぐって」ジュリスト 1035 号

内田文昭（1999）：『刑法概要中巻（犯罪論(2)）』青林書院

遠藤邦彦（2006）：「正当防衛に関する二，三の考察 ── 最二小判平成九年六月一六日を題材に」『小林充先生・佐藤文哉先生古稀祝賀刑事裁判論集上巻』判例タイムズ社

遠藤邦彦（2011）：「正当防衛判断の実際 ── 判断の安定化を目指して ──」刑法雑誌 50 巻 2 号

小田直樹（2012）：「過剰防衛 ── 一連の行為の違法評価について ──」刑法雑誌 53 巻 3 号

小野晃正（2011）：「防衛行為の個数について ──『正当防衛に引き続いた過剰防衛

行為』をめぐる考察 ──」阪大法学 60 巻 6 号
川端博（1998）：『正当防衛権の再生』成文堂
斎藤信治（2014）：『刑法各論〔第 4 版〕』有斐閣
齊藤誠二（1991）：『正当防衛権の根拠と展開』多賀出版
佐伯仁志（1993）：「アメリカの正当防衛法」ジュリスト 1033 号
佐藤拓磨（2011）：「量的過剰について」法学研究（慶應義塾大学）84 巻 9 号
髙橋直哉（2013）：「複数の反撃行為と過剰防衛の成否」駿河台法学 26 巻 2 号
滝谷英幸（2013）：「量的過剰とその周辺問題」早稲田大学大学院法研論集 145 号
只木誠（1997）：「判例批評」判例評論 457 号
団藤重光（1990）：『刑法綱要総論〔第 3 版〕』創文社
永井敏雄（1999）：「量的過剰防衛」龍岡資晃編『現代裁判法大系 30〔刑法・刑事訴訟法〕』新日本法規出版
長井圓（2010）：「過剰防衛の一体的評価と分断的評価」『立石二六先生古稀祝賀論文集』成文堂
中野次雄（1997）：『刑法総論概要〔第 3 版補訂版〕』成文堂
仲道祐樹（2013）：『行為概念の再定位 ── 犯罪論における行為特定の理論 ──』成文堂
中山善房（1999）：大塚仁ほか編『大コンメンタール刑法〔第 2 版〕第 4 巻』青林書院
成瀬幸典（2010-2012）：「量的過剰に関する一考察（1）～（2・完）」法学（東北大学）74 巻 1 号，法学 75 巻 6 号
西田典之（2012）：『刑法各論〔第 6 版〕』弘文堂
橋爪隆（2012）：「防衛行為の一体性について」『三井誠先生古稀祝賀論文集』有斐閣
林幹人（2011）：『判例刑法』東京大学出版会
林美月子（1998）：「過剰防衛と違法減少」神奈川法学 32 巻 1 号
原口伸夫（2010）：「量的過剰防衛について」『立石二六先生古稀祝賀論文集』成文堂
松尾浩也増補解題・倉富勇三郎ほか監修（1990）：『増補刑法沿革綜覽』（日本立法資料全集）信山社
松尾昭一（2006）：「防衛行為における量的過剰についての覚書」『小林充先生・佐藤文哉先生古稀祝賀刑事裁判論集上巻』判例タイムズ社
松田俊哉（2012）：「判解」『最高裁判所判例解説刑事篇（平成 20 年度）』法曹会
松田俊哉（2013）：「判解」『最高裁判所判例解説刑事篇（平成 21 年度）』法曹会
虫明満（1992）：『包括一罪の研究』成文堂
安田拓人（2010）：「事後的過剰防衛について」『立石二六先生古稀祝賀論文集』成文堂
安田拓人（2011）：「過剰防衛の判断と侵害終了後の事情」刑法雑誌 50 巻 2 号
山口厚（2007）：『刑法総論〔第 2 版〕』有斐閣

山口厚(2009):「正当防衛と過剰防衛」刑事法ジャーナル15号
山中敬一(1985):『正当防衛の限界』成文堂

◇参考文献◇
安廣文夫(2012):「正当防衛・過剰防衛」法学教室387号
斎藤信治(2008):『刑法総論〔第6版〕』有斐閣
佐伯仁志(2013):『刑法総論の考え方・楽しみ方』有斐閣
西田典之(2010):『刑法総論〔第2版〕』弘文堂
橋爪隆(2007):『正当防衛論の基礎』有斐閣

第5講 「故意」の概念とその抽象化
—— 方法の錯誤を素材に ——

谷脇　真渡

> 　故意と錯誤をめぐる問題は，刑法上重要な論点であると同時に，学生の関心度が高い論点でもある。それは，取りも直さず，拠って立つ見解により結論，すなわち故意犯の成立範囲が大きく異なるため，行為者の刑事責任に与える影響が大きいからであり，また，理論的に鋭い対立があるため，この論点を絡めた試験問題が多く出題されているからであり，さらに，理論的な問題とは別に，それぞれの見解から導き出される結論を，常識的・感覚的に受け入れることができるかといった問題も存在するからである。そこで，このような観点から，方法の錯誤を素材として故意と錯誤をめぐる問題について考えてみたい。

1 はじめに

　刑法38条1項本文は，「罪を犯す意思がない行為は，罰しない。」と規定している。つまり，客観的には構成要件に該当する違法な行為を行ったとしても，行為者が，このことに対して「罪を犯す意思」，すなわち「故意」をもっていなければ，少なくとも故意犯としては処罰できない旨を明らかにしているのである。古代社会においては，客観的に違法な結果を発生させた以上は処罰するという「結果責任」の観念が支配していたが（大谷2012：305頁），近代刑法においては，「責任主義」の要請から，責任能力および故意または過失といった行為者に結果を発生させたことについて非難を向けることができるだけの一定の主観的要素が存在する場合にかぎって，処罰を認めるべきだと考えられている（高山2010：509頁）。したがって，しばしばニュースでも取り上げられるように，客観的には人を射殺したのであるが，猟師である行為者は，「猿」に向けて猟銃を発射したつもりであったような場合には，少なくとも殺人罪の成立

を認めることはできないのである。

　そうすると，いかなる場合に「故意」があるといえるかが問題になってくる。これについては学説上争いがあるものの，少なくとも「犯罪事実」，すなわち「構成要件に該当する客観的事実」の認識が必要であるという点については見解の一致をみている。したがって，「何か悪いことをする」というような漠然としたものでは足りず，たとえば殺人罪であれば，少なくとも「人を殺す」ことを認識している必要がある。ところが，認識していた犯罪事実と現実に発生した犯罪事実との間には，食い違いが生じることがある。このような食い違いを「事実の錯誤」というのであるが，この錯誤が生じた場合に，どの範囲まで故意犯の成立を認めることができるかが問題になる（大谷 2012：167 頁）。

　事実の錯誤は，構成要件を基準として，その錯誤が，同一構成要件内で生じている「具体的事実の錯誤」と，異なる構成要件にまたがって生じている「抽象的事実の錯誤」とに区別され，さらに構成要件要素を基準として，「客体の錯誤」，「方法の錯誤」および「因果関係の錯誤」に区別されるのであるが，このうち具体的事実の錯誤における方法の錯誤は，後述するように，拠って立つ見解により故意犯の成立範囲が大きく異なるため，被告人の刑事責任に重大な影響を及ぼす。

　そこで，本講では，このような故意と方法の錯誤をめぐる問題を中心に検討を加えることにする。

2　学説の検討

（1）前　提

　具体的事実の錯誤における方法の錯誤を解決する基準としては，周知のとおり，具体的符合説と法定的符合説が対立しているが，さらに法定的符合説内部で故意の個数[注1]をめぐり，一故意犯説と数故意犯説が対立している。この錯誤にはさまざまなシチュエーションがあるが，これら３つの見解の違いが最もあらわれる，たとえば，Xは，Aに対する殺意をもってAに向けて拳銃を発射したところ，弾丸がAの右腕を掠め負傷させた上，たまたまその背後を通りかかった予想外の（すなわち，未必の故意がない）Bにも命中してBを死亡させた，という事例（以下，「設例」という）を設定してみると，具体的符合説によ

れば，Aに対する殺人未遂罪とBに対する過失致死罪が，法定的符合説における一故意犯説（以下，単に「一故意犯説」という）によれば，Aに対する過失致傷罪とBに対する殺人既遂罪が(注2)，そして，法定的符合説における数故意犯説（以下，単に「数故意犯説」という）によれば，Aに対する殺人未遂罪とBに対する殺人既遂罪がそれぞれ成立することになる（なお，いずれの見解によっても成立する両罪は観念的競合の関係にある）。しかし，たとえば，AをBと誤認してBを殺害した，というような具体的事実の錯誤における客体の錯誤の場合は，いずれの見解によっても故意は阻却されず，Bに対する殺人罪の成立が認められる。ちなみに，学説上は3説が拮抗しており，通説と呼べるだけの見解はないと思われるが，判例はほぼ一貫して数故意犯説を採用している（大判大正6・12・14刑録23輯1362頁，大判昭和8・8・30刑集12巻1445頁，最判昭和53・7・28刑集32巻5号1068頁など。なお，具体的符合説に立脚したものとして，大判大正5・8・11刑録22輯1313頁）(注3)。

（2） 具体的符合説と法定的符合説

　前述したとおり，事実の錯誤の問題は，認識した事実と現実に発生した事実とが一致しない場合に，どの程度の一致（符合）がみられれば，発生した結果について故意の成立を認めてよいかということを前提とする。上記設例との関係でいえば，狙った客体A以外の客体Bにも結果が発生した場合に，その予想外の客体Bに対して（も）故意犯の成立を認めることができるかという形で問題になる。

　具体的符合説は，認識した事実と発生した事実とが，個々の具体的で重要な事実のレベルで符合しないかぎり，発生した事実について故意犯の成立を認めないとする見解（平野1972：174頁以下，西田2010：224頁，山口2007：204頁以下，佐伯2001：104頁以下など。なお，井田2005：92頁以下は，「修正具体的符合説」を主張する）であり，法定的符合説は，認識した事実と発生した事実とが，構成要件のレベルで符合するかぎり，発生した事実について故意犯の成立を認めるとする見解である。

　具体的符合説は，その論拠として，法定的符合説と同様に，「構成要件該当事実を構成要件要素のレベルで抽象的に捉えることを認めるのであるが，法益主体（被害者）の個別性・具体性だけは捨象することができない…。それは，法益主体（被害者）間の錯誤の事案（……）においては，構成要件該当性は法

益主体（被害者）ごとに判断される（……）ことから明らかなように，構成要件該当事実の認識・予見である故意の判断に際しては，法益主体（被害者）の相違は無視しえない重要性を備えていると解されるからである」（山口 2007：204 頁以下）という点を挙げている。このようなことから，方法の錯誤においては，犯罪事実は法益主体（被害者）ごとに異なるとして，認識事実に対する未遂犯と発生事実に対する過失犯とが成立するに過ぎないというのである（高山 2010：523 頁。また，高山 1999：229 頁）。

　しかし，故意の認識対象は「構成要件に該当する客観的事実」であるから，具体的符合説が要求するように，具体的な事実において符合していなくても，構成要件的に同一の評価を受ける事実の範囲内で符合するのであれば故意犯の成立を認めてよいと思われる。したがって，たとえば「人」と「猿」との間に符合を認めるような，構成要件の枠を超える無制約な抽象化は罪刑法定主義に違反し許されないことは当然であるとしても，Aという「人」とBという「人」を，「人」の限度で抽象化することは構成要件の枠を何ら超えるものではないから許されると解する。

　また，故意責任の本質から，故意があるというためには，直接規範の問題が与えられる程度の認識が必要であるが，規範は，構成要件という形で一般国民に与えられているのであるから，構成要件で類型化された事実の認識があれば，故意に必要な認識はあったと解してよいと思われる（松原 2007：119 頁）。したがって，「同じ構成要件の範囲内で具体的な事実について錯誤があっても，同じ構成要件的評価を受ける事実を表象していたのであるから，行為者が発生した事実についての規範の問題（たとえば「人を殺してよいか」など）を与えられていた点に変わりはなく」（団藤 1990：298 頁），客観的に発生させた事実に対して非難できるだけの意思を有していたと認めることができると解する。

　以上のことを総合すると，たとえば殺人罪の構成要件は「人を殺した者」であるから，客体が「人」でありさえすれば，その人がAであろうとBであろうと同じ構成要件に属する「人」であることには変わりなく，XはAという「人」を殺そうとして実際にBという「人」を殺している以上，認識事実と発生事実とは構成要件の枠内で符合しており，また，XはAを殺すという事実を認識したことにより「およそ人を殺してはいけない」という規範の問題に直面していたことに変わりはなく，故意責任を認めることができるから，少なくともBに対する殺人既遂罪が成立するのである。

第5講 「故意」の概念とその抽象化

　このようにみてくると，両説の対立は，故意の認識対象をどの程度まで抽象化して考えるか，構成要件はどの程度までの抽象化を許容していると考えるのか，すなわち，前提とする故意概念や構成要件の捉え方[注4]についての見解の相違を反映したものであるから（井田2005：87頁，松原2007：119頁），どちらの見解が正しいかという判断にはなじまない。もっとも，法定的符合説については，この段階では併発結果（Bの死亡）に対して故意犯の成立を認めることができることを明らかにしたに過ぎないので，次に，その内部で対立する一故意犯説と数故意犯説について検討を加えることにする。

（3） 一故意犯説と数故意犯説

　数故意犯説（団藤1990：304頁，大谷2012：168頁以下，前田2011：268頁以下など。なお，抽象的符合説から数故意犯説を主張するものとして，中野1997：122頁以下）は，本来，法定的符合説とは，構成要件的に同一の評価を受ける事実の範囲内で符合するかぎり故意犯の成立を認めるという見解であるから，複数の客体に結果が発生した場合は，すべての客体に対して故意犯の成立を認めることになると主張する。このような主張に対して，具体的符合説から，1個の故意しかもっていないにもかかわらず，結果が発生したすべての客体に対して故意犯の成立を認めることは責任主義に違反すると批判されたのであるが（平野1972：176頁），これを受けて，法定的符合説を基礎としつつも1個の故意については1個の故意犯の成立のみを認めるべきであるとして主張されたのが，一故意犯説（大塚2008：208頁，福田2011：117頁以下，川端2013：247頁以下など）である。この見解は，さらにその内部でさまざまな主張がなされているが，結局のところは，発生した結果に軽重がある場合は重い結果が発生した客体に対して故意犯の成立を認め，結果が同じか狙った客体に重い結果が発生した場合は狙った客体に対して故意犯の成立を認める見解であるということができる。

　しかし，一故意犯説が法定的符合説を基礎とするものである以上，本来的に故意犯の成立を，ある客体のみに限定するための基準はないのであり，法定的符合説に立ちながら1個の故意犯のみを認めようとすることには無理がある（井田1994：236頁，佐伯2005：69頁）。また，結論的にも，上記設例の場合に，本来狙った客体Aに対して過失致傷罪，予想外の客体Bに対して殺人既遂罪の成立を認めておきながら，後日Aが死亡した場合には，Aに対する殺人既

111

遂罪，Bに対する過失致死罪が成立するというのはあまりにも技巧的で，かつ常識に反し妥当でない（町野1978：124頁）。さらに，BだけでなくCにも弾丸が命中し2人とも死亡したというように，複数の客体に発生した同一の併発結果が狙った客体Aに発生した結果よりも重かった場合，B・Cのどちらの客体に故意犯の成立を認めるべきか定かではないのである。やはり，法定的符合説の本来の考え方を一貫するのであれば，結果が発生したすべての客体に対して故意犯の成立を認める「数故意犯説」に行き着かざるを得ないのであり，したがって，法定的符合説を基礎としつつも犯罪の成否の段階で故意の個数を問題とする一故意犯説は，理論的にも結論的にも問題があるといわなければならない。

以上の検討から，法定的符合説として妥当性があるのは数故意犯説ということになる（以降は，具体的符合説のみを検討対象とする）。そうすると，具体的符合説との比較においてどちらの見解に妥当性があるかが問題になる。

（4） 検　　討

それでは，具体的符合説と数故意犯説のどちらの見解が支持されるべきであろうか。具体的符合説の論者は自らを，構成要件を基準として重要な事実に関する錯誤とそうでない錯誤を区別する見解であるから，その意味では法定的符合説であり，だからこそ客体の錯誤においては故意犯の成立が認められるというのであるが（佐伯2005：66頁），そもそも「構成要件的に重要」な事実か否かを区別する基準が明らかでない（松原2007：120頁）。また，「具体的な」事実のレベルでの符合を要求するかぎり，認識事実に対する故意犯しか成立しないため故意犯の成立範囲が不当に狭まり，さらに，（具体的符合説自体の問題ではないが）認識事実に対して未遂犯が成立するに過ぎない場合，発生事実に対して成立する過失犯も含めて，それぞれに未遂犯および過失犯処罰規定がなければ（たとえば，器物損壊罪），犯罪不成立とせざるを得ないため処罰範囲が一層狭まり，結論的にも妥当性を欠いている。

むしろ，具体的符合説に理論的な整合性や一貫性を持たせようとするのであれば，より厳格に具体的な事実の符合を要求し，客体の錯誤の場合にも故意の阻却を認めなければならないであろうが，そうすると，結論の妥当性を著しく欠くことは避けられない。やはり，故意および錯誤の問題は，構成要件的評価，すなわち法的評価の問題であるから，構成要件的に同一の評価を受ける事実の

範囲内で符合するかぎり，結果が発生したすべての客体に対して故意犯の成立を認めてよいのである。

判例も「犯罪の故意があるとするには，罪となるべき事実の認識を必要とするものであるが，犯人が認識した罪となるべき事実と現実に発生した事実とが必ずしも具体的に一致することを要するものではなく，両者が法定の範囲内において一致することをもつて足りるものと解すべきである」から，「人を殺す意思のもとに殺害行為に出た以上，犯人の認識しなかつた人に対してその結果が発生した場合にも，右の結果について殺人の故意があるものというべきである」(最判昭和53・7・28刑集32巻5号1068頁)として，数故意犯説に立つことを明言している。

以上の検討から，数故意犯説が妥当であると解する。

3 結果の発生を望まない者に併発結果が発生した場合

(1) 前 提

ところで，数故意犯説の論者から，「同じ状況において結果が発生した場合でも，異なる扱いが必要な場合も有り得るのではなかろうか。客体の錯誤ではなく方法の錯誤の場合には，故意論の問題として考えるとき，結果発生があってはならないと明らかに考えられる者について結果が発生した場合には，故意犯の成立が否定されるということはできないだろうか。たとえば，共犯者に結果を発生させた場合のように，味方の側に結果を発生させたような場合が考えられよう。人質を救うために，人質をとって立てこもっている者をねらったが，人質に当たってしまった場合や犯人を逮捕しに赴いた同僚の警察官に当たってしまった場合も，違法性阻却をまつまでもなく構成要件的故意の問題として同様に解してよいのではあるまいか。結果の発生を望まないことが当然に予想される者（たとえば，妻子や肉親など）に結果が発生した場合もこの考え方を拡張すべきにかどうかについてもなお検討する余地はあろうか」(小出2001：158頁)という問題が提起されていたのであるが，実際に，これに対する裁判所の判断が示された（大阪高判平成14・9・4判タ1114号293頁）。

事案は，若者グループ同士の乱闘騒ぎの中で，被告人が，実兄（「太郎」）と木刀を取り合っている相手方グループのAに暴行を加えるべく自動車を急後

退させたところ，車をAの手に当てたほか，自分の実兄を轢き死亡させたことから，Aに対する暴行罪，実兄に対する傷害致死罪の成否が問題になったというものである。この事案に対して第2審である大阪高裁は，Aに対する暴行については正当防衛が成立すると認め，さらに「防衛行為の結果，全く意図していなかった実兄を轢過してしまった行為については，誤想防衛の一種として故意責任を認めることはできない」と判示して，被告人を無罪としたのであるが，その際，「原判決は，前記のように特段の理由を示していないが，被告人にAに対する暴行の故意があったことを認め，いわゆる方法の錯誤により誤って太郎を轢過したととらえ，法定的符合説にしたがって太郎に対する傷害致死の刑責を問うもののようである。本件においては，上記のように被告人のAに対する行為は正当防衛行為であり太郎に対する行為は誤想防衛の一種として刑事責任を考えるべきであるが，錯誤論の観点から考察しても，太郎に対する傷害致死の刑責を問うことはできないと解するのが相当である。すなわち，一般に，人（A）に対して暴行行為を行ったが，予期せぬ別人（B）に傷害ないし死亡の結果が発生した場合は，いわゆる方法の錯誤の場面であるとして法定的符合説を適用し，Aに対する暴行の（構成要件的）故意が，同じ『人』であるBにも及ぶとされている。これは，犯人にとって，AとBは同じ『人』であり，構成要件的評価の観点からみて法的に同価値であることを根拠にしていると解される。しかしこれを本件についてみると，被告人にとって太郎は兄であり，共に相手方の襲撃から逃げようとしていた味方同士であって，暴行の故意を向けた相手方グループ員とでは構成要件的評価の観点からみて法的に人として同価値であるとはいえず，暴行の故意を向ける相手方グループ員とは正反対の，むしろ相手方グループから救助すべき『人』であるから，自分がこの場合の『人』に含まれないのと同様に，およそ故意の符合を認める根拠に欠けると解するのが相当である。この観点からみても，本件の場合は，たとえAに対する暴行の故意が認められても，太郎に対する故意犯の成立を認めることはできないというべきである」として，仮に数故意犯説により解決するとしても，実兄に対する傷害致死罪の成立は否定されるべきであるとしたのである。

しかし，構成要件的に同一の評価を受ける事実の範囲内で符合するかぎり故意犯の成立を認める数故意犯説に立ちながら，この場合，「人」よりも具体的に「実兄」，「味方」，「救助すべき者」のような「結果の発生を望まない者」という「属性・個性」を考慮して故意犯の成立を否定することに矛盾はないので

あろうか。
　そこで、この問題について批判的に検討を加えることにする。

（2）　批判的検討

　わが国の刑法は、生命・身体に対する罪の客体として、「人」と「胎児」を規定している。このうち、「人」との関係では、自殺者や被殺者のような「自由な意思決定に基づいて生命を放棄した者」を客体とする 202 条の自殺関与・同意殺人罪を、基本類型である殺人罪に対する減軽類型として規定している。しかし、尊属、卑属、配偶者、兄弟姉妹、味方や救助すべき者などが殺害行為の客体になった場合を、構成要件該当性阻却事由としてはもちろんのこと、減軽構成要件としても「人」とは区別して規定していない以上、これらの者は構成要件要素のレベルにおいても、構成要件評価においても「人」である。したがって、大阪高裁が、味方である実兄と敵である相手方グループ員 A とでは「構成要件的評価の観点からみて法的に人として同価値であるとはいえ」ないとしたことについて、道義的観点や人倫的観点から展開したのであればともかく、構成要件的評価の観点から展開した点には問題がある。
　数故意犯説に立つ以上、結果の発生を望まない者だからという理由だけで、故意犯の成立を否定することはできないと思われる。たしかに、A と B の関係が、たとえば、A 山さんと B 川さん、男性と女性、あるいは日本人と外国人の関係である場合とは異なり、結果の発生を望む者（狙った客体）と望まない者（狙った客体以外の客体）の関係であれば、この違いは法的評価において重要であるとして異なる取り扱いを認めて故意犯の成立を否定することには合理性があるといえなくもない。しかし、行為者とは無関係の第三者も、行為者にとっては結果の発生を望まない者に違いないはずであるにもかかわらず、この場合は故意犯の成立を認めるのであるから、結果の発生を望まない者として肉親など行為者との結び付きが強い者だけを特別扱いすることに理由は見出せない。また、結果の発生を望まない者の認定基準や範囲は極めて不明確で恣意に流れる可能性があり、さらに、たとえば、甲から B 殺害を依頼された X が、後日 B を射殺したのであるが、実は B は幼い頃に生き別れ X が行方を追っていた実兄だったという動機の錯誤が存在するに過ぎないような場合についても、故意犯の成立を否定しなければならないことになる。
　したがって、犯罪の成否の段階では、「人」よりも具体的に「属性・個性」

第1部　法の原理・原則——基　層——

や「行為者とその人との関係」を考慮することはできないのである。これらは，量刑判断において考慮されるべき事情なのである。

4 量刑における考慮

（1）　前　　提

　平成14年大阪高裁判決の事案を数故意犯説で解決した，原審の大阪地裁の判断についてみてみると，被告人に対して下された宣告刑は懲役3年であり，しかも期間は最長の5年ではあるものの執行猶予が付されている。その際の「法令の適用」をみてみると，暴行罪と傷害致死罪の成立を認めた上で，観念的競合により傷害致死罪を基準として処断されたのであるが，法定刑の下限である懲役3年，しかも執行猶予が付されていることからすると，必ずしも不合理な量刑ではないと思われる。併発結果が結果の発生を望まない者である実兄に発生した点が最大限考慮されたとの前提に立ったとしても，暴行罪と傷害致死罪の2つの故意犯に対する責任を問うているわけでなさそうである。
　そうすると，数故意犯説においては，犯罪の成否とは別に，量刑における考慮も必要になってくる。

（2）　問われる故意責任の個数

　そもそも1個の故意犯の成立しか認めない具体的符合説（および一故意犯説）は，量刑において故意責任を限定するという意味での考慮をする必要がない。1個の故意について1個の故意犯の成立しか認めないので，故意責任は自ずと1個の故意に対応するものに限定されるからである。しかし，数故意犯説においては，1個の故意について結果が発生したすべての客体に対して故意犯の成立を認めるので，故意責任は1個なのかそれとも複数なのかという故意責任の個数ないし量の問題も生じることになる。したがって，故意責任の個数ないし量に関する問題は，数故意犯説固有の問題であるといってもよい（ただし，注（1）参照）。
　たとえば，客観的には同じ内容の1個の行為から2人を死亡させた場合，2個の客体に対する故意をもっている概括的故意の場合はもちろんのこと，1個の客体に対する故意しかもっていない数故意犯説の場合も，2個の故意犯が成

立することになる。このかぎりで両者の間に差は生じていないが，当然のことながら，2個の故意をもっていた概括的故意の場合のほうが，1個の故意しかもっていなかった数故意犯説よりも重い刑が量定されなければならないことになる。そうであるならば，数故意犯説においては，たとえば殺人罪の場合，「一人を殺す故意しかなかったのであるから，たとえ二人を死に致したとしても，故意責任の面では，その責任の量に対応して，一人を殺したものとしての刑以上の刑を量定することは許されない」(中野1984：216頁) ことになる。

判例も，殺意をもってAに向けて拳銃を発射したところ，AのほかB・Cにも命中させた結果，方法の錯誤として，Aに対する殺人既遂罪のほか，Bに対する殺人既遂罪およびCに対する殺人未遂罪の成立が認められた事案において，量刑判断にあたっては「乙を乙として認識し，それぞれの殺害を図った事案と同一に評価することができる」との検察官の主張に対して，「打撃の錯誤 (方法の錯誤) の構成による殺人罪及び殺人未遂罪の成立を主張した以上，これらの罪についてその罪名どおりの各故意責任を追及することは許されないのではないかと考えられる。したがって，前述のとおり，周囲の参列者に弾丸が命中する可能性が相当にあったのに，これを意に介することなく，Aに対する殺害行為に出たとの点で量刑上考慮するのならともかく，B及びCに対する各殺意に基づく殺人，同未遂事実が認められることを前提とし，これを量刑上考慮すべきことをいう所論は，失当といわなければならない」(東京高判平成14・12・25判夕1168号306頁) と，数故意犯説により，本来狙った客体 (A) 以外の客体 (B・C) に対して故意犯の成立を認めた場合であっても，量刑にあたっては，その存在が立証された故意 (Aに対する故意) しか考慮してはならないとしている。このように，数故意犯説に立つ学説も判例も，1個の故意しか存在しないのであれば，たとえ複数の故意犯の成立を認めたとしても，1個の故意に対応する故意責任しか問わないのである。仮に複数の故意責任を問うのであれば，それは明らかに責任主義に違反することになってしまうであろう。

しかし，1個の故意に対しては1個の故意責任しか問わないことで責任の量を限定することはできるとしても，それ以外についてはいかなる責任を問うのかが問題になる。この点，数故意犯説の論者は，「単に一人を殺す故意があっただけでなく，そのほかに過失があった場合」，すなわち「数個の客体になんらかの結果が生じ，その一つについては故意があり，他の一つについては結果を予見しなかったことにつき過失が認められる場合」には，「行為者の責任の

第1部 法の原理・原則 ── 基　層 ──

量は故意責任と過失責任とを合算したものになるから，それに見合った刑が量定されるべき」であり，「その過失責任の部分だけについていえば，それは『故意犯に対する過失責任』の一形態だということができよう」（中野1984：216頁以下）と述べている。なるほど，錯誤論により故意が認められた場合というのは，故意の認定という側面からみれば，そもそも故意が存在しなかった，あるいは故意の存在を立証することができなかった場合であるが，その多くは，結果発生の予見可能性，すなわち過失が存在しているのであるから，これを前提に過失責任を問うことは許されると思われる（佐伯2005：72頁）。東京高裁平成14年判決の事案において，B・Cに対する結果発生の予見可能性の有無については触れられていないが，犯行時の状況からすると，当然に予見可能性はあったとみてよかろう。

　以上の検討から，たとえ数故意犯説に立って複数の故意犯の成立を認めたとしても，1個の故意責任しか問うておらず，また，それ以外については過失責任を問うものであるから，責任主義に違反するものではないと解する。もっとも，本判決が，量刑上考慮できる故意とは，その存在が立証された「1個」の，しかも「Aに対する殺意」というように，個数だけでなく客体の個性も問題としていることからすると，方法の錯誤においてその存在が立証される故意とは，原則的に狙った客体に対する故意ということになるであろうから，常に狙った客体に対してしか故意責任が問えないことになる。これを前提とするならば，具体的符合説において問われる故意責任（および過失責任）と同じということになる。

　これに対して，数故意犯説の論者は，上記設例と同様の場合，「構成要件的には殺人未遂と既遂との観念的競合であるが，その責任は一人を死に致したことに対応する故意責任と一人を傷つけたことに対応する過失責任ということになる」（中野1984：217頁）と述べている。つまり，本来狙った客体Aよりも予想外の客体Bに対して重い結果が発生した場合には，予想外の客体Bに対して故意責任を問うというのである。もっとも，すべての客体に同じ結果が発生した場合には，狙った客体Aに対して故意責任を問うとしている。しかし，この問題は，量刑の基礎となる外枠の問題ではなく，具体的な量刑判断に関する問題であり，本講の射程から外れるものであるから，この点についての検討は別稿に譲りたい。

(3) 具体的符合説と数故意犯説の間における結論の差

(a) 観念的競合における「最も重い刑」の基礎となる罪

方法の錯誤においては、複数の犯罪が成立しているが、「1個の行為」に基づくものであることから、観念的競合により科刑上は1罪として「その最も重い刑により処断」されることになる。

数故意犯説においても、狙った客体に対して重い結果が発生した場合（たとえば、前掲東京高判平成14・12・25の事案）は当然のこと、すべての客体に同じ結果が発生した場合（たとえば、前掲最判昭和53・7・28の事案）も、狙った客体に対して成立する犯罪が「最も重い刑」の基礎となるため、狙った客体に対して故意責任を問うことに異論はないと思われる。

しかし、これら以外の、本来狙った客体よりも予想外の客体に対して重い結果が発生した場合、すなわち、①上記設例のように、狙った客体に対して未遂犯、予想外の客体に対して既遂犯が成立する場合、および、②平成14年大阪高裁判決の事案のように、狙った客体に対して故意犯、その故意犯を基本犯として予想外の客体に対して結果的加重犯が成立する場合、数故意犯説においては、①であれば既遂犯、②であれば結果的加重犯が「最も重い刑」の基礎となるため、具体的符合説における量刑の基礎となる外枠との間に著しい差が生じることになる。

(b) 上記①の場合

「最も重い刑」を決定するための基準となる刑の軽重は、10条の規定に従って判断される。上記設例の場合、具体的符合説においては、殺人未遂罪と過失致死罪の2罪が成立しているので、10条1項により殺人未遂罪を基準とすることになる。他方、数故意犯説においては、殺人未遂罪と既遂罪の2罪が成立しているが、既遂・未遂の違いはあるにせよ同じ殺人罪であるため[注5]、10条3項により犯情によって刑の軽重を判断することになる。一般的には、結果発生の有無・程度に着目して、既遂（死亡結果）のほうが未遂（傷害結果）よりも犯情が重いと考えられるから、殺人既遂罪を基準とすることになろう。

しかし、「最も重い刑」の基礎となる犯罪が未遂犯の場合、法律上の減軽が施される余地があり、実際に施された場合には既遂犯の場合と比べ処断刑は半分になり、施されなかったとしても、少なくとも学説においては、法定刑の範

囲内で既遂よりも軽い刑を量定すべきであるとの要請があるのであるから（大谷 2012：371 頁），実際にこれが考慮された場合には，既遂犯の場合よりも量刑の基礎となる外枠が狭くなる。

　　(c)　上記②の場合
　平成 14 年大阪高裁判決の事案を方法の錯誤で解決する場合，具体的符合説においては，Aに対する暴行罪，実兄に対しては，判決当時であれば業務上過失致死罪，現在であれば自動車運転過失致死罪が成立し，観念的競合により，判決当時であれば業務上過失致死罪，現在であれば自動車運転過失致死罪を基準として処断されることになろう。この場合，刑の上限は業務上過失致死罪が懲役 5 年，自動車運転過失致死罪が懲役 7 年ということになり，数故意犯説からの帰結である傷害致死罪の懲役 20 年とは大きな差が生じる。これが，単なる過失致死罪しか成立しないような事案であった場合には，具体的符合説においては，観念的競合により暴行罪を基準として処断されることになるが，その上限は懲役 2 年と，数故意犯説との差は一層大きいものとなる。

5　妥当性がある結論を導き出すための観点

　それでは，数故意犯説から導き出された結論に妥当性があるのであろうか。しかし，ここから先は価値判断の問題であり，解決はおよそ不可能である。ただ，その解明に向けて一定の方向を示すことは可能であると思われる。すなわち，この問題は，視点を変えれば，拠って立つ見解を主張するにあたって，理論的な展開を，行為者保護や人権保障の観点から行うのか，それとも被害感情や処罰感情という観点から行うのかということにあると思われる。つまり，具体的符合説は，行為者保護の観点から，処罰範囲を限定するための制約原理である罪刑法定主義や責任主義，さらには謙抑主義からの要請として，故意概念を厳格に解することで，故意犯の成立を極力限定しようとするものであるのに対して，数故意犯説は，被害感情や処罰感情という観点から，何の落ち度もない被害者が，行為者の故意行為により巻き添えで被害に遭った点を重く受け止め，また，このような事態に対する社会の常識に照らして，罪刑法定主義や責任主義に違反しないかぎりにおいて故意を抽象化し，故意犯の成立を広く認めようとするものである。

第5講 「故意」の概念とその抽象化

　たしかに，刑法解釈学の任務は，法を適用することによって社会生活をコントロールしようとする裁判官を説得してその行動をさらにコントロールすることにある（平野1966：246頁），と解すれば，裁判官の恣意を排除するために理論的な整合性や一貫性が重視されなければならないであろう。しかし，だからといって，実態と乖離するような理論を構築することは慎まなければならない。この点に関し，数故意犯説の論者から，「故意の成立範囲は一般人から見て納得のいくものでなければならないと考えます。その意味で，具体的符合説の方法の錯誤の結論が一般人の納得を得られないというところが最も問題だと考えるのです。……Aを狙って隣のBを流れ弾で殺したのは過失犯に過ぎないという発想が，日本の実務とか国民一般の社会通念で受け入れられないのではないかと考えるのです。……故意論も錯誤論等も，理論としては，何とでも組み立てられる面を持っていると思うのですが，国民に支持されないような結論を導く理論は採用し得ないと考えるようになったのです」（大谷・前田1999：143頁以下）といった指摘や，「（数故意犯説の妥当性を）社会通念を基礎とする構成要件の枠から導き出したのですけれども，昔から言われているように『法は常識』でなければならないのですから，一般常識つまりコモンセンスに反するような結論は困るわけ（なのです）」（大谷・前田1999：143頁以下）といった指摘がある。

　これらの指摘は極めて重要であり，かつ説得力がある。前述したとおり，具体的符合説よりも厳格に具体的な事実の符合を要求し，客体の錯誤の場合も故意を阻却するという見解に立てば，理論的な整合性や一貫性はあるものの，そこから導き出された結論は故意犯の成立範囲を不当に狭めるばかりか，結論が常識に反するという批判は免れないであろう。やはり，整合性や一貫性のある理論も重要ではあるが，実態に即した理論というものが構築されなければならず，少なくとも，これを満足させることができるのは数故意犯説であり，そこから導き出される結論のほうに妥当性，すなわち「常識」があると思われる。

　もっとも，被害感情や処罰感情の観点については，価値判断の問題でありその実態を把握できない以上，その正当性の証明や検証は不可能といわざるを得ない（小出2001：154頁）。この点については，真摯に受け止め，行き過ぎた処罰の拡大に至らぬよう，行為者保護の観点から，罪刑法定主義や責任主義により制限する必要がある。結局のところ，この2つの観点に優劣はつけられないのであるから，この2つをいかに調和させるかが，最も重要ということになる。

第1部　法の原理・原則——基　層——

6　おわりに

　以上の検討により，私見としては数故意犯説が妥当であるとの結論に至ったのであるが，数故意犯説はもちろんのこと他2説にも理論的な問題があり，いずれの見解も通説的地位を獲得できていないのであるから，さらなる検討の余地はある。

　そこで，最後に，数故意犯説および自説に対して次のような問題提起を行なってむすびにかえたい。まず，数故意犯説に対して，犯罪の成否の段階では，結果が発生したすべての客体に対して故意犯の成立を認めるものの，量刑の段階では，1個の故意について故意責任を問いそれ以外については過失責任を問うのであるが，その際，故意責任は，常に狙った客体に対して問うのか，それとも狙った客体よりも予想外の客体に対して重い結果が発生した場合には，予想外の客体に対して問うのかについての検討が残されている。仮に後者に対して問うのであれば，たとえば平成14年大阪高裁判決の事案においては，傷害致死罪に対して故意責任（正確には，結果的加重としての責任）を問うことになるが，そうすると，過失犯処罰規定のない暴行罪についての過失責任をどのように問うのであろうか。量刑事情として考慮されるとしても，「刑罰は責任の量に比例すべし」という「量刑における責任主義」との関係で問題にならないのであろうか。

　また，実兄などの結果の発生を望まない者に対して死亡結果を発生させた場合に故意犯（正確には，結果的加重犯）の成立を否定した平成14年大阪高裁判決やそれに関連して取り上げた見解（小出2001：158頁）を批判して，客体の錯誤，方法の錯誤を問わず故意犯の成立を認めるべきであると主張したのであるが，これが相続問題にも影響を及ぼすのであれば，行為者である実弟が殺人罪で有罪判決を受けた場合，相続人の欠格事由を定めた民法891条1号に該当することになってしまう。この場合，殺害の相手方が実兄であると認識した上で，また相続を自己に有利に運ぶために殺害に及んだわけではないにもかかわらず，行為者にこの点に関する民事責任を負わせることになってしまうが，はたしてこれでいいのだろうか。

　このように，伝統的な問題に加え新しい問題も数多く存在するのであるから，これらの点について引き続き検討していきたい。

122

〈注〉
(1) 具体的符合説においても，故意の個数は問題になるとの指摘がある（井田 1984：72 頁以下，鈴木 1995：104 頁以下）。
(2) ここでは，大塚説（大塚 2008：205 頁）を念頭に置く。
(3) ドイツにおいては，具体的符合説（具体化説：Konkretisierungstheorie）が判例・通説である（Roxin 2005：§12 Rn.160f.）。
(4) たとえば殺人罪の構成要件を，具体的符合説は「その人を殺す」という形で具体的に捉え，故意を，この認識を内容とする「具体的故意」として捉えており，法定的符合説は「およそ人を殺す」という形で抽象的に捉え，この認識を内容とする「抽象的故意」として捉えている（大谷 1984：5 頁以下，佐伯 2005：66 頁）。
(5) 比較の対象とされているのはあくまでも「刑」であり「罪」ではないのであるから，この段階で法律上の減軽を施さないかぎり，既遂・未遂を考慮することはできないように思われる。なお，「刑の軽重」を比較する際に基準となるのは，法定刑かそれとも処断刑かという対立がある（この点についての詳細は，鎮目 2010：769 頁以下参照）。

◇引用文献◇

井田良（1984）：「故意における客体の特定および『個数』の特定に関する一考察(2)」法学研究（慶應義塾大学）58 巻 10 号

井田良（1994）：「構成要件該当事実の錯誤」阿部純二ほか編『刑法基本講座（第 2 巻）構成要件論』法学書院

井田良（2005）：『刑法総論の理論構造』成文堂

伊東研祐（2010）：『刑法講義　総論』日本評論社

川端博（2013）：『刑法総論講義〔第 3 版〕』成文堂

小出錞一（2001）：「打撃の錯誤」大塚仁ほか編『新実例刑法〔総論〕』青林書院

大塚仁（2008）：『刑法概説（総論）〔第 4 版〕』有斐閣

大谷實（1984）：「構成要件的符合説について」同志社法学 36 巻 4 号

大谷實（2012）：『刑法講義総論〔新版第 4 版〕』成文堂

大谷實・前田雅英（1999）：『エキサイティング刑法　総論』有斐閣

佐伯仁志（2001）：「故意・錯誤論」山口厚ほか編『理論刑法学の最前線』岩波書店

佐伯仁志（2005）：「故意論(2)」法学教室 299 号

鎮目征樹（2010）：「54 条」西田典之ほか編『注釈刑法第 1 巻』有斐閣

鈴木左斗志（1995）：「方法の錯誤について──故意犯における主観的結果帰責の構造」金沢法学 37 巻 1 号

高山佳奈子（1999）：『故意と違法性の意識』有斐閣

高山佳奈子（2010）：「38 条」西田典之ほか編『注釈刑法第 1 巻』有斐閣

第1部　法の原理・原則 —— 基　層 ——

団藤重光（1990）：『刑法綱要総論〔第3版〕』創文社
林幹人（2008）：『刑法総論〔第2版〕』東京大学出版会
平野龍一（1966）：『刑法の基礎』東京大学出版会
平野龍一（1972）：『刑法総論Ｉ』有斐閣
平野龍一（1980）：「具体的法定符合説について」法学教室1号
福田平（2011）：『全訂刑法総論〔第5版〕』有斐閣
中野次雄（1984）：「方法の錯誤といわゆる故意の個数」平場安治ほか編『団藤重光博士古稀祝賀論文集〔第2巻〕』有斐閣
中野次雄（1997）：『刑法総論概要〔第3版補訂版〕』成文堂
西田典之（2010）：『刑法総論〔第2版〕』弘文堂
前田雅英（2011）：『刑法総論講義〔第5版〕』東京大学出版会
町野朔（1978）：「判批（大判昭和8・8・30）」『刑法判例百選Ｉ（総論）』（別冊ジュリスト57号）有斐閣
松原久利（2007）：「構成要件該当性」大谷實編『法学講義　刑法1総論』悠々社
山口厚（2007）：『刑法総論〔第2版〕』有斐閣
Roxin, Claus（2005）：Strafrecht, Allgemeiner Teil, Band Ｉ, 4.Aufl.

◇参考文献◇
大塚仁（1982）：『犯罪論の基本問題』有斐閣
内藤謙（1991）：『刑法講義総論（下）Ｉ』有斐閣
山口厚（1998）：『問題探求　刑法総論』有斐閣
吉田宣之（1992）：『違法性の本質と行為無価値』成文堂

第6講　人格と所有
——「性の商品化」をめぐって——

原　千砂子

　性をお金で売ること，買うことはいけないことだと大抵の人は思っているだろう。しかし，改めて考えるとなぜ，いけないのだろう。「誰にも迷惑かけてるわけじゃないし，自由でしょ」と君の大切な人が言い出したとしたら，どんなふうに説得したら，止めさせることができるだろうか。あるいはもしかしたら，止めさせる必要はないかもしれない。
　本講では，性の商品化の是非をできるだけ多様な角度から，論理的に検討する。筆者にとっても結論はあらかじめ決まっているわけではない。論理と経験とを武器に，この問題と格闘してみることにしよう。

1　はじめに

　アメリカの法哲学者ドゥルシラ・コーネル（Drucilla Cornell, 1950-　）は，「あらゆる正義論の始まりにおいて，性化された生物としての私たちは"誰か",という問いが発せられねばならない」と述べた（ドゥルシラ・コーネル 2001：22頁）。少し考えれば分かることだが，私たちは無性的な「人」としてこの社会に生きているのではない。たとえば私たちが初対面の人物と出会った時，その相手を単に「人」と認識して満足することはない。男なのか，女なのかを確認せずにはいられない。外見から性別の判定が難しい人物と相対した時に私たちが感じる落ち着かなさは，この社会において性が人の属性としてどれほど重要なものかを示している。男として，女として，ゲイとして，その他さまざまに性化された存在として私たちが生きているというこの事実は，社会的正義や公正が論じられる際に，決して忘れられてはならない。
　1960年代から興隆した第2波フェミニズムは，女性に対する人権侵害，すなわちさまざまな「社会的不公正や悪」を告発し，社会に変革をもたらしてき

た。それらの変革は，男女雇用機会均等法やストーカー規制法の制定といった法的な手段で行われた場合もあるし，意志決定過程や政策実行過程への女性の参画や人々の意識の改革といった政治的な手段による場合もあった。いずれにしろこれらの場合，「悪」は誰の目にもわかりやすく，「悪」であるという認識がいったん形成されるならば，それは同時に「根絶」すべきものとされ，そのための社会的プロセスは少なくとも論理的には半自動的であることが多かった。その中で決着が付かずに取り残された大きなテーマの1つが，本講で扱う「性の商品化」である。

「性の商品化」は一般的には忌避すべきこととされており，売春（を幇助する）行為は犯罪である。しかし実際には「個室付き特殊浴場」の営業は警察により黙認されているのをはじめとして，次々と新種の風俗が考案され，盛り場やスポーツ新聞の広告欄を賑わせている。インターネットやDVDなどの新しい媒体の出現は，ポルノグラフィーの生産と流通を爆発的に増加させている。

私たちは，性風俗やポルノグラフィーを利用したり，それを提供する側にならなければ，「性の商品化」と無縁に生きることができるわけではない。女性の，そして男性の性的魅力を利用した商品広告に購買意欲をそそられ，アイドル・タレントのファンになり，他方で自分自身の「商品価値」を高めるために服を選び，エステやジムに通うという現代人としてごく一般的な消費行動はすべて，「商品化された性」と結びついている。

道徳的建前としては悪であるとされながら，本音では「必要悪」であるとされ，また実態としては誰も無縁でいられないほど私たちの社会に蔓延し，浸透しているこの「性の商品化」という現象は，一体何なのか。「形式的平等」の達成から相当のタイム・ラグがあろうとも，「実質的平等」が実現して女性の社会的・経済的地位が向上するならば，「性の商品化」はこの社会から自然消滅するであろうと予測する人は，ほとんどいないであろう。おそらく，「性化された存在」としての私たちの生にとって，「性の商品化」はもっと骨がらみの，複雑な様相を持つ現象である。

「性の商品化」に関しては，古くは明治期の廃娼問題に始まり，戦後の売春防止法の制定，1970年代以降，女性学の成立を挟んで，東南アジアへの「売春ツアー」問題，女子高生の「援助交際」等の問題を時々のテーマとして，議論が行われてきた。ただし，「性の商品化」という概念の成立は1980年代以降であり，日本の女性学の論壇およびその周辺では，遅まきながら1990年代に

「性の商品化」をテーマとする論争が開始され、肯定派と否定派の論戦は断続的ながら現在も継続されている。フェミニスト陣営内部での意見の対立や、同じ論者が途中で意見を変えるなどといった状況自体が、この問題が一筋縄ではいかないことを示している。

　本講は、最近の展開を含めて「性の商品化」をめぐるこれまでの議論を整理・検討し、思考を先に進めるための地ならしをすることを目的としている。ただし、限られた紙幅の中で整理する都合上、議論をかなりの程度図式化・単純化せざるをえないことを、予め断っておきたい。

　なお、本講で「性の商品化」という場合、「性」は「セックス（生物学的性）」や「ジェンダー（社会的・文化的性）」ではなく「セクシュアリティ」を指す。「性の商品化」は狭義には売買春を端的な例として「金銭を媒介として身体の接触を伴う性的行為を行うこと」を指すが、広義にはポルノグラフィーやその他も含む現象を指す。

2　「性＝愛」説

　保守派の言説に多く見られるのが、性は一対の男女の愛にもとづく行為であり、愛のないセックス、ましてや金銭を媒介とするセックスは唾棄すべきものであるという主張だ。明治のキリスト教系廃娼運動を代表例とするこの主張は、現在では、学校で行われる性教育などを例外として、耳にする機会が急速に減っている。その大きな原因は、1960年代の性革命を境に、人々の性に関する意識が大きく変化したことにあると思われる。

　性行為は愛の表現かもしれないが、快楽のための行為、好意や友情の表現、憎しみや支配欲の表現であったり、生活の手段、あるいは気晴らしや単なる習慣の場合もあると、多くの現代人は考えているであろう。2人（ないしそれ以上）で共有する快楽である場合もあり、本意か不本意かを別として、相手を道具として用いて自分の満足のみを追求する場合さえあると。

　では、若者に「愛のないセックス」をしないように教える性教育・性道徳が達成したかったものは何なのか。それは女子中学生・高校生が「道を踏み外すことなく」、「愛によって結ばれる」婚姻制度の中に円滑に参入していくことを促し、他方、男子中学生・高校生に対しては、将来、婚姻制度の中に入る予定の女の子たちを「大切にし」、性欲は別の手段や別種の女たちによって解消す

第１部　法の原理・原則 ── 基　層 ──

べきであると教えることであった。

　すなわち「愛のあるセックス」という標語は，婚姻制度の枠内に女性の性を封印するためのスローガンである。もしかしたら，「愛のないセックス」が一番多く存在するのは，家庭内かもしれないのにもかかわらず，である。他方，男性の性は，婚姻制度の外で「愛のないセックス」を実行することを言外に認められる（性道徳の二重基準）。いわば，婚姻外の性風俗等が引き受ける「愛のないセックス」が補完することにより，婚姻制度は成立・存続しているといえる。

　そもそも売買春は，エンゲルスが『家族・所有財産・国家の起源』において指摘したように，一夫一婦制（単婚制）の成立と時を同じくして発生した。売春を「世界最古の職業」とする俗説に反して，売春を専業とする女性が登場したのは日本では単婚制が成立する９世紀半ばであり，売買春が庶民層まで広がるためには単婚制が太閤検地を経て農民層まで普及し，貨幣経済が広範に浸透する江戸時代を待たねばならなかった（関口1995）。対偶婚とは一対一ではあるが永続性を持たない関係であって，容易に解消して新たな関係を結べるところから，売買春が成立する余地はない。他方，家父長制的一夫一婦制は父系の血を通じて家名と財産の継承を図るゆえ，そこに他の男の血が入ることがないよう女性の性を管理する必要が生じた。ゆえに女性にのみ婚姻外の性を禁じ，男性は実質的一夫多妻制（妾）や買春により婚姻外の性を充足する仕組みが生まれた。

　ところが，家父長制的一夫一婦制に対する批判者であったフェミニストも，「性＝愛」説に立つ場合がある。たとえば平塚らいてう（1886-1971）は，廃娼運動の欺瞞性を批判し，家庭の主婦の大部分は「愛のない」男子に生活の保証と引き替えにその性を売っていることにおいて，廃娼運動家が道徳的に劣等な者として卑しむ芸娼妓と大差ないと述べる。（平塚らいてう1983）家制度の維持を目的とする性道徳からの女性の解放を主張する際に，「愛こそがすべてである」とするらいてう流の恋愛至上主義は当時の社会においてかなりの破壊力を持っていたとしても，「性＝愛」の前提に立つ以上，性の商品化に関しては，すべての人間が社会的な拘束なしに自由に恋愛を謳歌する理想郷の実現を待つほかに，現実的な展望は生まれようがなかった。

　「性＝愛」の呪縛からフェミニストたちが解放されたのは，「愛＝性＝結婚」三位一体のいわゆる「恋愛結婚イデオロギー」の暴露による。資本制に対して

効率的な労働力を提供するのに必要な「近代家族」を支えたのが，このイデオロギーである。すなわち，資本制における中心的労働力を形成する中産階級においては，1組の男女は愛によって結ばれて家庭を作り，男は仕事場に出かけ，「愛する妻子を養うために」クタクタになるまで働く。女は家庭にとどまり，「愛する夫と家族のために」無償で家事・育児・介護の労働に従事する。「愛ゆえに」女は家庭という「居心地のいい強制収容所」（B・フリーダン）に閉じ込められ，社会的に劣位に留め置かれる仕組みになっている。三位一体がこのような陰謀であるとすれば，「性」にロマンティックな輝きを与えていた「愛」との結びつきもまた，疑わしいことになる。

前述した性革命も相まって，フェミニストたちは「性＝愛」とはもはや言わなくなった。その代わりに登場したのが「性＝人格」説であり，現在でもフェミニストの多数派が「性の商品化」を批判する根拠となっている。

3 「性＝人格」説

性は人格から切り離すことができず，それを商品とすることは人間の尊厳を侵す行為であると考えるのが，「性＝人格」説である。「性＝人格」説によれば，性を商品化する行為は，『ベニスの商人』でユダヤ人の金貸しシャイロックが金の代わりに借り主の腹の肉1ポンドを要求した行為や，現代でいうなら臓器売買と同様の行為であり，「商品化しえないもの」を商品化する点で，不可能かつ犯罪的な行為であるとされる。

売買春をめぐる言説史を研究する赤川学は，この性＝人格説がとくに女性に支持される理由を，男性が受容してきた性欲＝本能説モデルに対するアンチテーゼであることに求めているが，筆者の考えによれば，女性が「性＝人格」説に親和性をもつ理由は他のところにあると思われる（赤川 1995：176-177 頁）。

カントによれば，人格はそれ自体，目的として絶対的な価値を持つものであり，道具化してはならないものである。実は，「道具化 instrumentalization」あるいは「モノ化 objectification」は，フェミニズムにとって重要な出発点を画する哲学的問題である。シモーヌ・ド・ボーヴォワール（Simone de Beauvoir, 1908-1986）は「男たちは女をモノ（オブジェ）として固定し，内在にとどめておこうとする」と述べたが（ボーヴォワール 2001：38 頁），ボーヴォワールでなくとも，女性ならば「性的対象（モノ）sexual object」として自分を視る「男の視線 male gaze」の中で日常を生きるという，女性固有の経験を共有している。一方的に「視られる者（モノ）」にされることの不快感や理不尽さを経験している女性にとって，その延長上にある「性の商品化」が女性に深いダメージを与える可能性は容易に想像ができる。それが，「性＝人格」説が女性に親和性を持つ真の理由であると思われる。

さらにいえば，強姦等の性暴力の被害者となった女性たちが，他の犯罪被害の場合とは比べものにならないほどの心理的傷を負い，長期に渡って苦しみ続ける現実は，性が人格と結びついたものであることを示唆しやすい。ただし，その苦しみの原因が，性が本来的に持っている特殊性ゆえなのか，あるいは社会的に構成されるものなのかは，別に検討を要する問題である。

つぎに，「性＝人格」説から派生する系として，「性行為は対等な人格同士のコミュニケーションでなければならない」という主張がある。当然この系からも，「性の商品化」は不可能であるという結論が導かれる。小倉千加子は男性にとって売春がなぜ都合がよいのか，妻や恋人などのパートナーとのセックスと売買春でのセックスの違いは何なのかということを，「セックス＝コミュニケーション」の観点から次のように説明する（小倉1988：67-73頁）。

男性はセックスに際して，相手を満足させる自分の能力に不安を持つとともに，相手の女性の方が自分より深い快感を得ているのではないかという疑念を持つ。それは他者が他者であるかぎり避けようのない不安であり疑念であるが，男性がそういった不安と疑念をまったく抱くことない性的世界があり，それがマスタベーションである。そこには空想上の他者はいるが，その他者は決して自分を裏切らず，評価せず，完全に満足している。純粋に性的なだけの存在，人間なら持っている他のさまざまな側面，生活や個人史や思想，感情を持たないこの空想上の他者の現身が娼婦（売春婦）である。したがって「ほんらい全体的な他者性，全的な存在であるべき1人の女性が，性的存在でしかなくなっている存在を娼婦と呼ぶ」のであり，買春とは「自分の手を娼婦の身体に持ちかえたマスタベーション」であると。

すなわち，それが「愛」であるかどうかは問わないが，そこには少なくともコミュニケーションが存在しなければならない。単に性的ではない全体的な存在として相手を認めていなければならない。売春は「女性が全体的存在から切り離されて，性的存在だけになりかわることを要求される職業である」ゆえ，女性の人間としての尊厳を傷つける行為であると。

小倉の説明に少し付け加えるならば、「セックス＝コミュニケーション」であるとすれば、セックスの前には相手も自分を気に入り、自ら進んでセックスを求めるように促すための「求愛行動 courtship」が置かれるのが自然である。求愛行動において失敗したならば、当然ながら求愛者はセックスを諦めなければならない。売買春はこの「求愛行動」を省略し、金銭によって購う点においても、コミュニケーションたりえないわけだ。上野千鶴子がかつて宮台真司との対談において、「コミュニケーション・スキルを持たない男はどうしたらいいのか」という問いかけに対して、「マスタベーションしながら死んでいただければいい」と発言して物議を醸したが、その発言はこの文脈で理解すべきである（上野 1998）。

4　売春は「労働」か

　3で取り上げた「性＝人格」説は、フェミニズム論壇における「性の商品化」批判の根拠として、ある時期まで広範な支持を得てきたと言える。ところがこの一致にヒビが入る事態が生ずる。それは、1980年代の半ば以降、世界の各地でいわゆる「セックス・ワーク」に従事する女性たちが、労働者としての権利の保障を求めて自ら声を上げ始めたことだ。そもそもそれまで、売春等に従事することが「労働」であり、売春婦が「労働者」であると認知されることがなかった社会において、売春婦たちが自助組織を作り、街頭でデモを行い、国際会議を開催するという事態は相当に衝撃的であり、耳目を集めたが、フェミニズムにとってもこれは大きな理論的挑戦であった。
　すなわち、「性＝人格」説などに基づいて「性の商品化」を犯罪行為であるとする立場に立つフェミニストにとって、本来、売春はあってはならない、将来的には廃絶すべき現象であり、現に売春に従事する女性たちはもっぱら保護の対象であった。強制や搾取に苦しみ、性暴力の危険に怯え、世間から差別の視線を浴びせられる彼女たちを救済し、売春を止めさせて「正業」に就かせることが、売春に従事する女性たちに対する唯一の指針であった。「誰も好んで売春をする女はいない」し、選択肢さえあれば他の職業を選ぶはずだと、これらのフェミニストは考えていた。ところが、権利要求を始めた売春婦たちの多くは、売春を止めたがってはいなかった。それどころか売春を全面的に非処罰化し、売春を続けることを望んでいたのだ（デラコステほか 1993）。

第1部　法の原理・原則——基層——

　自分たちの生存のために売春という労働を認めよと要求することからさらに進んで，近年ではセックス・ワーカーたちは，自らの仕事が人々に「癒やし」を与える社会的に価値ある仕事であるという認知を求める。また，障害者や高齢者に「性的権利」を保障するためのケアの担い手として，ボランティアとともにセックス・ワーカーが注目される現象も見られる。
　セックス・ワーカーたちがフェミニストに突きつけた主要な問題は2つある。1つは，性的サービスを提供する労働と他の労働との間に，決定的な差異は存在するのかという問題であり，もう1つは，自由意思に基づいて自分の身体を道具として用いることが，なぜ犯罪であるのかという問題である。第2の問題は後節に譲るとして，ここでは，第1の問題を考えてみよう。
　まず，「性＝人格」説に立つと，セックス・ワークは性的サービスだけを商品にすることはできず，同時に「人格を商品化」するゆえに，他の労働と根本的に異なるという主張がある。ただ，セックス・ワーク以外の労働は，果たして「人格を商品化」していないのかどうかは，再考の余地がある。
　資本制社会において私たちの大部分は，自らの労働力を商品化することで対価を得て，暮らしを営んでいる。1951年にすでにC・ライト・ミルズは『ホワイトカラー』において，新しい中間層はモノやサービスを売る過程で「人格を売りに出す」ようになり，その傾向は資本主義の発達に伴い，ますます一般的になるだろうと預言していた（ミルズ1957：12頁）。それから半世紀以上が経過し，ついには第3次産業従事者が全労働者の過半数を越えてさらに増加しつつある中で，最近理論化された新しい概念に「感情労働 emotional labour」がある。
　アメリカの社会学者A・R・ホッシールドによれば，「感情労働」とは「顧客に特定の精神状態を創り出すために，自分の感情を誘発したり，逆に抑圧したりすることを職務にする，精神と感情の協調作業を基調とする労働」を言い，具体的には航空機の女性客室乗務員や医療・介護従事者，企業のクレイム処理担当者，ファスト・フードの販売員などを例に挙げる（ホッシールド2000：7頁）。顧客と直に接し，労働の重要な一部として自分の感情の制御や演技を強いられ，その結果労働者自身の自我に過大な負荷がかかる仕事と理解するならば，「感情労働」と見なすことができる労働は，現代社会においては無限に広がっていくだろう。文系大卒者が従事する職種としてもっとも一般的な営業職も，その1つといえるだろう。

第6講　人格と所有

　しかし，「セックス・ワーク」であれ「感情労働」であれ，それに従事する者にどれほどのダメージを与えるのかは，数値で測定することはできない。また，どの種の行為が自我を傷つけるかには，当然ながら大きな個人差がある。
　次に，性にかかわる事柄は私たちの社会では通常「非公然性」と「私秘性」を帯びているのに対して，「公然化」を要件とする「商品化」とは両立不可能であるという意見がある（永田 1995：15-17 頁）[注1]。このうち，「非公然性」の方は，本来，人目に触れずに行われる行為を公然化することが社会に与える影響を問題視するものであるゆえ，売春等の性的サービスの提供が労働たりうるかという視点から問題となるのは「私秘性」の方である。
　通常はごく親密な関係の2人（ないしそれ以上）が密室で行う行為を，初対面の客を相手に行うことにより，当然ながらそこから「私秘性」は剥奪されるであろう。そのことから羞恥心が強く刺激されることも予想できる。ただ，セックスはあらゆる場合において私秘的であり，その侵害は常に人にダメージを与えるかというと，そう言い切ることはできない。乱交やスワッピングを好む人々がいるのはなぜか。それらの行為が，通常は私秘的であるものを，他人の目に触れる場で行うことで，通常では得られない興奮を得ることを目的としているとするならば，「私秘性」の積極的侵犯からダメージどころか快楽を得ていることになる。
　さらに，売春と一般の労働との決定的な差として，セックスという行為が持つ「侵襲性 invasiveness」が指摘される場合がある（上野 2013）。「侵襲」とは医学用語で，「穿刺や外科手術，投薬などにより，体を切り開いたり，侵入したりすることで人体の構造や機能に大きな影響を与える行為」を言う。医療行為とは「侵襲」であり，ゆえに医師免許を持った者のみが許される行為とされる。セックスの「侵襲性」についての代表的な指摘として，以下に挙げるドウォーキンによるものがある。
　キャサリン・マッキノン（Catharine MacKinnon, 1946- ）とともに現代アメリカの最もラディカルなフェミニストの1人であったアンドレア・ドウォーキン（Andrea Dworkin, 1946-2005）は，性行為を女性の社会的・経済的劣位を確認し，強化する儀式であると見なす。彼女によれば，これは，売春に限らず，あらゆる性行為に対して私たちの社会が行っている意味づけである。
　「性交は通常，所有の一形態，もしくは所有の行為として書かれ，理解されている。性交において，また性交が行われている間，さらには性交であるとい

う理由のために，男は女の中に存在し，身体的に女を覆い，押し潰し，同時に女を貫いている。男が女の上位および内側に位置するという，女に対するこの身体的関係が，男の側の女所有である。（中略）彼の貫きは，女が征服者としての彼に降伏すること，女が彼に自己を譲り渡すこととして理解されている」（ドウォーキン 1998：114 頁）。

　誤解されやすいが，ドウォーキンは私たちの社会が，この意味づけを変更し，性行為が真に平等な男女の親密な営みとなる可能性を全否定してはいない。しかし現在までのところ，女性の社会的地位の相対的上昇にもかかわらず，変化の兆しは露ほども見られない。現状においては，女性にとって「セックスは必然的に境界の侵略，支配，占領，プライバシーの破壊を伴うことになっており」，「己の自己所有の減少経験，自我の侵食になる」のであり，それを免れうる女は誰一人いない（ドウォーキン 1998：213，120 頁）。

　ドウォーキンは，合法的性交（婚姻制度内のセックス）と非合法な性交（売買春）の区別を単に（男の）法律が作り出した区別であるとし，合法であれ違法であれ，性交を政治支配の一形態であるとする。しかし，だからといって売買春における性交の「侵襲性」が減じることはないし，女性に対して性的な＝政治的な屈従を強いる権利を金銭によって買い取ることは当然ながら許されない。

5　資本制社会と「性の商品化」

　1992 年に出版されて「性の商品化」をめぐる論争の発火点となったのは，橋爪大三郎の「売春のどこがわるい」と瀬地山角の「よりより性の商品化へ向けて」という挑発的なタイトルの 2 論文である。本節では，理論的により重要な橋爪論文を取り上げてみたい。

　橋爪によれば，資本制的な商品社会は，あらゆるものを物化する暴力性を備えている。しかし「関係が物化することは近代にとって，そして商品関係にとって，もっとも基本的なことだ。だから，女性（の身体）を物的に見るぐらいのことで，すこしも人権のシステムが侵害されたことにはならない。」とする。そして，売春が悪だとされる理由は，前近代の親族的な社会秩序において「緊密な性空間のなかで開かれることのなかった性的な身体」が，商品世界のなかで開かれることにあるとする。イエスを例に，橋爪は「資本制を生きるわれわ

れもまた，〈性〉空間の全体を包む倫理を希求している」とは言うが，基本的に物化は不可避であり，その根源的な暴力性をできるだけ緩やかにする程度のことしかできないとする（橋爪1992：18-33頁）。

「性の商品化」は資本制社会において不可避であるとするシニカルな橋爪の議論に触発され，金塚貞文の議論を採り入れつつ，「性が商品であるとはどういうことなのか」「性が商品であるような社会とは何なのか」を追究するのが，加藤秀一である。出発点はまず，近代資本制／家父長制社会においては，「〈性〉は初めから『商品』として誕生した」のであり，「商品化されていない，本来の性」という観念は「それに対する否定の意識として反照的に生み出された」ということの確認である（金塚1997：52-54頁）。さらに詳しく見ていこう。本講でも先に確認したように，資本制は，労働力を商品化するとともに「主婦」と「娼婦」への女性の分断を行い，「主婦」に再生産労働を，「娼婦」に生殖と結びつかない性を割り振るが，それはすなわち，近代の「性」が「労働力＝商品」とともに誕生したことを意味する。したがって無償か有償かの別はあっても，「性」は最初から紛れもない「労働」なのである（加藤1995：234-240頁）。

資本制は狭義の「性の商品化」＝売買春等の「性労働」だけでなく，「生身の女から〈性〉」を切り離し，次々に生み出される新しい媒体を利用して性幻想を「性商品」，すなわちポルノグラフィーのかたちで爆発的に拡散させていく。加藤によれば，これこそが「性が商品であることのわれわれにとっての意味」である（同上）。金塚はそれを「快楽の追求と市場経済とが，人間的本質の顕現であるような社会」と呼び，資本制は恋愛やセックスが金と時間を費やすに値する重大事であるという宣伝をし続け，それによって「性商品」の消費者（＝オナニスト）を生み出し，性商品の経済を支え続けるメカニズムを有していると言う（金塚1997：55-57頁）。

加藤および金塚にしたがえば，「性の商品化」は，資本制的商品社会そのものに内在するメカニズムに根ざして発現する現象であり，倫理的な是非を差し挟む余地はない。そのかぎりにおいては，橋爪と同様の結論になりそうであるが，加藤は最後に，十分に展開はされていないものの，「性の商品化」批判に「道徳談義とは別の根拠がある可能性」を探る。本講の関心事にとっても重要な論点を以下に箇条書きし，必要に応じて論評してみよう。

① 売買春におけるジェンダー間の非対称

第1部　法の原理・原則 —— 基層 ——

「性の商品化」を労働力の商品化と同様の単なる商品化のメカニズムと捉えた場合，残るのは，圧倒的に多くの場合，なぜ女が売る側で，男が買う側かという問題だと加藤は言う。それを解くのは，リュス・イリガライの「女の市場」である。すなわち，女の性を商品にするのは，資本制の内部から出てくる必然ではなく，資本制に合体した家父長制（女の交換システム）ゆえであると。そして，「性の商品化」はこのような二重の様相を持っていることを出発点として，「性の商品化」に関する分析は始められねばならないと（加藤 1995：260-263頁）。

②　性が持つ秩序転覆性
男＝主体／女＝客体という階層化された家父長制秩序が，性的交歓の中で「反転され，相互に浸透され，いつのまにかゆるやかに瓦解してしまう」可能性を加藤は指摘する。先に見たドウォーキンの見解，すなわち社会における男女の階層秩序が，性行為において再現・強化されているという見解とは正反対に，その階層秩序が性行為の中で反転・崩壊するかもしれないというのである。しかし，社会の階層秩序が変化しない中で，個人的関係において（一時的な）反転・崩壊が起こるとしても，そこに何の意味があるだろうか。「反転」は堅固な階層秩序の存続を前提とした「倒錯」でしかありえないのではないか（加藤 1995：264-265頁）。

③　生身の女性が不要となる世界
家父長制はホモソーシャルな空間の中で男同士が結びつき，女を交換するシステムであるが，新しい現象として，「生身の女ではないポルノグラフィー」を「自己の閉ざされた性幻想の糧としてあくまで自家消費する男たち」の大量出現がある。「2次元の女」で満足する男たちの大量発生は，家父長制の市場の崩壊を意味するのか（加藤 1995：266-267頁）。

加藤の提起した以上の3点に加えて，筆者としては4つ目の論点を挙げておきたい。

④　女性の性が稀少財であり続けるのはなぜか
売春や性風俗の価格が，指圧マッサージの料金ほどに下落しないのはなぜだ

136

ろうか。金塚が言うように，宣伝が有効に作用して消費者の欲望をサービスの供給量以上に煽り，性労働の価値の暴落を成功裏に防止しているのだというのは，一応の説明になりうる。しかし資本制の市場メカニズムはそれほど巧妙であろうか。他に何らかの理由があるのではないか。「商品化された性」においても，「商品化されない性」においても，女性は男性からの「侵襲」を「許す」立場に立つことが，稀少財であり続けることと関連があるのではないか[注2]。

6　自己身体の所有権と「性の商品化」

　本講が最後に検討したいのは，「自分の身体をどう使おうと自由でしょ。」という発言の含意である。セックス・ワークに携わる女性や男性が，あるいは援助交際をする女子中高生がこのように主張するとき，私たちはそれにどう答えることができるのか。

　私たちの社会の哲学的な基盤をなす自由主義においては，個人の身体はその個人が所有していることになっている。したがって，原則として，その身体を処分する権利も，個人に帰属する。その処分権が制限されるのは，他人の自由や権利を侵害する場合と，もう１つはその当人に不利益を与え，その尊厳を侵害する場合のみであるとされる。管理や強制によらないいわゆる「自由売春」に関連して問題となるのは，主として後者の，売春行為は売春を行う本人の尊厳を侵す行為であるか否かである。売買春が「犠牲者なき犯罪 victimless crime」と呼ばれるのは，売春を，売春を行う者による自己身体の自由な利用と見なすことが可能だからである。

　身体の自己所有が制限される条件について見てみよう。自己の身体を処分・処理する行為としては，売春以外に自殺，臓器売買，美容整形，性転換手術，不妊治療，代理母，依存性薬物の摂取などがある。これらのうち，問題なく認められているのは美容整形と不妊治療であり，性転換手術も現状では種々の制限があるが，今後はおそらく普及していくことであろう。その他の行為については，現状では禁止されている。許容と禁止を分ける分岐点は何であろう。

　先ほど見たように，自由主義においては，他人の権利を侵害することがなく，当人に害や不利益やもたらす行為以外は，自分の身体にどう手を加えてもよい。当人に害や不利益をもたらすかどうか，それを認定する客観的基準は存在するのか。身体処分を行う選択をする時，当人にとっては，少なくとも主観的に利

益があるからその行為を行うのだと推定できる。それに対し「客観的に見てそれは貴方にとって不利益になる」と判断し，パターナリスティックにオーバールールする権利を社会は持っているとされる。その「客観的基準」は存在することになっているが，本当であろうか。

たとえば，家族に対して臓器提供をする行為は美談であるが，市場で臓器を売買する行為は犯罪である。この2つの行為は，生きている身体にメスを入れて臓器を取り出し，それを他の個人の体内に移植するという点では，全く同一の行為である。したがってこの場合，社会的な許容と禁止を分けているのは，行為が当人に与える害・不利益の有無ではないことは明白である。臓器を商品化することを，社会が許容しないのだ。

すなわち，身体の自己所有を原理的に認めるかぎり，臓器売買であれ，売春であれ，身体処分を論理的に制限・禁止する根拠は実は存在しないのである。最初に挙げた「自分の身体をどう使おうと，自由でしょ」という主張に対して反駁することは，論理的には不可能である。

では，そもそもなぜ，人は自己の身体の所有権（＝処分権）を持つとされるのか。ロックによると，神を除けば，自己の身体は，ただ自分のみが所有者である。そしてここから，身体を用いることで人は自然に手を加え，その成果物は彼の所有となるという，彼の有名な労働論が導かれる。ただし，ロックの場合，自己の身体の所有者が神および自分のみであることは所与であり，個人が権利主体として共同体から独立して存在することと同様のアプリオリな前提条件であって，論証の結果ではないことに注意したい。そしてまた，ロック以外に身体の自己所有を論理的に証明した別の例も，私たちは知らない。

市民革命を思想的に支えた自由主義の原理論において，身体の自己所有が前提とされた理由は，意外に単純なところにあるのではないか。すなわち，身体の所有権・処分権を個人に帰属させない場合，論理的に言って，家族や共同体，国家にそれを帰属させる以外に選択肢はない。すなわち，個人に自己身体の所有権を認めないならば，封建的な身分関係やファシズム的国家への人々の隷属を認めることになってしまう。また，さらに重要なのは，身体の自己所有を前提にしない限り，通常の意味での「労働」であれ，「性労働」であれ，自己の労働力を商品化する労働者を，資本制は手に入れることができなかったという事実である。

自由主義が政治的な解放の理論であるとともに，資本制社会の成立と発展を

可能にしたイデオロギーであったことは周知の歴史的事実であるが，自己身体の所有権は，論理的には消去法で導かれた結論であり，かつ歴史的な要請に基づく暫定的な結論である可能性を，私たちは考えてみるべきではないか。

「性の商品化」の問題に即して，この身体の自己所有の原理に疑問を呈する議論を，いくつか取り上げてみよう。

「自己決定」などのテーマをめぐって，独自の思考を粘り強く継続していることで知られる生命倫理学者の立岩真也は，自由主義の前提としての身体の自己所有を否定する。「自分の作ったものは自分のものだ」という所有権の正当化の論理は，自分が作ったものではない身体には適用できないからだ。また現実に，自由主義と市場の原理を徹底するなら許容するしかない人種や性，障害の有無等による差別的契約や臓器売買が禁止されているのは，私たちの社会が自由主義以外の価値を導入してしまっているからだと。その価値とは何なのか。そして多くの人が共有している価値，差別や臓器売買や売買春に対する違和感が，どこから生じているのかについて，次のように論じる。

立岩が基本的な原理として立てるのは，「他者は他者であらねばならない」という「感覚」である。「他者性（他者であること）」は物理的な自他の境界によって決定されるものではなく，自分の中にも「制御や操作をしきれない部分」としての「他者性」が存在する。「他者性」が存在するからこそ，人は他者を支配しようと欲するし，他者とコミュニケーションし，愛し合うことに「不可能が可能になった」喜びと達成感を感じるのだ。そして，ある人Aの中には，その人が「他者として在る」ための欠くことのできない条件aと，そうでないものとがある。a以外のものは自由に処分することができ，交換の対象とすることができるが，aをAから奪うことはしてはいけない。性は，このような「他者性」に当たる。「性aは女Aを離れることができない」のである。そして，性aを所有しているのは，厳密には女Aではない（立岩1995：210-224頁）。

だが，これは「性＝人格」論と同様の袋小路に入ってしまわないか。人の中の自由に処分できる部分と，そうでない部分の線引きは，本当に可能なのか。同じものが人によって，自由に処分して構わないものだったり，それを奪われれば生きていけないほど大事なものだったりする可能性を立岩自身も認めているが，そうであれば社会的な合意を作り上げることは不可能になる。

他方，内田樹は，私たちの時代に支配的な身体観は「身体は脳の欲望を実現するための道具である」というものだと指摘する。そして，売買春を肯定する

上野千鶴子[注3]や宮台真司などが,「身体を政治的な権力の相克の場とみなし」,その「闘技場」で従来の弱者としての女性たちが,自分の身体を武器に家父長制権力を背負う男たちと闘い,利益を引き出すことを是とすることに疑問を呈す。なぜなら,売春を自己決定にもとづく自己実現や自己救済の機会として肯定する「功利主義的身体観」を支持する知識人たちは,「そこで売り買いされている当の身体には発言権を認めていない」からだ(内田 2004：89-95頁)。

内田は,「身体には固有の尊厳がある」と主張する。そして,「身体の発信する微弱なメッセージを聴き取ることは私たちの生存戦略上,死活的に重要であるとも信じている」と述べる。その意味で売春は,身体の発するメッセージを聴き取る回路を遮断することで成り立っている仕事であり,そのような仕事を続けることは私たちが生き延びるために有利な選択ではないとする(内田 2004：96-97頁)。

それが帰属する個人と別に身体自体に固有の尊厳があり,その身体は人に対してメッセージを発しているという内田の考え方は,立岩の言う,人は自分の中に「制御や操作しきれない部分」を持ち,それを尊重せねばならないという主張と重なり合う。これは自由主義が前提とする身体の自己所有の否定であり,合理的でアトミックな身体観の否定である。内田自身は独特の韜晦癖でもって,売春は悪ではないができれば「やめておきなさい」と「市井の大人たち」が忠告するのはこのためであるとしているが,「私たちは自分の身体の処分権を持っているか」という問題はそれ自体,検討するに値する重要な哲学的テーマである。

7 おわりに

「性の商品化」は悪であるかという問題を,本講では歴史的・理論的に検討してきた。紙幅の都合上,それぞれの論点を十分に展開することは叶わなかったが,「性の商品化」についてのこれまでの議論の大まかな見取り図を描くことはできたのではないかと思っている。最後に,この見取り図を元に,筆者としてそれぞれの議論を簡単に評価し,今後の展望を示すことにしたい。

「性=愛」説も,「性=人格」説も,筆者の見る限り,十分な説得力を持っているとはいえない。また,あらゆる物や人間の活動を商品化する暴力的な力を備えた資本制的商品社会のメカニズムを考える時,性サービスや性商品だけが

他の商品化された労働や物と根本的に質を異にする理由も，ほとんど見当たらない。ただし，性行為が「侵襲性」を持つこと，性労働がジェンダー的に非対称であること，そして女性の性が財として稀少性を持ち続けていることが，「商品としての性」に特異性を与えているのは事実であり，これらが今後，資本制社会のメカニズムに対して外的な規制を行う根拠となりうる可能性も否定できない。

最後に取り上げた「自己身体の処分権」の問題は，自由主義の大前提や近代的な身体観を問い直すという，「性の商品化」だけに留まらない，広い射程を持つ議論である。ロックは身体の自己所有を認めつつも「神に与えられた身体を破壊することは，自分と雖も許されない」と述べ，私たち日本人も「親から貰った身体に傷をつけるな」と言い慣わしてきた。つまり，「自分の身体をどう使ってもよい」という考え方は，近代に限定された身体観・倫理観なのである。

また，当人のみが排他的・不可侵的に自らの身体の処分権を持つとすることは，田村公江が指摘するように，「弱者の強化と引き換えに自己責任を押しつけて，社会的問題を見えなくすることにつながってしまう」危険性もある（田村 2002：38頁）。本講では理論的な検討を行うために，売春を職業として選ぶ女性たちの自己決定が実際に「自由な自己決定」になり得ているかどうかという問題はあえて捨象したが，若者の相対的貧困が性労働を選ばせている事例を見聞きするにつけ，「強い個人」を作ろうとしてきた近代個人主義の限界を感じないわけにはいかない。

資本制社会と家父長制社会を生きる私たちにとって，「性」とはいったい何なのか。そして，私たちは自分の身体を「自由に」使用することで幸福になることができるのか。「性の商品化」の問題は，そのような問題を私たちに提起している。

〈注〉
(1) もっとも，明治にキリスト教道徳が入ってくる以前の日本の農村社会が性についておおらかであったように，いつの時代のどの社会においても性が「非公然」のものであったとまでは言えない。
(2) 立岩真也もこれに類似した指摘を行っている（立岩 1995：229頁）。
(3) 3で触れたように，上野は2013年現在，売春否定派に立場を変えているように

第1部 法の原理・原則 ── 基 層 ──

見える。

◇引用文献◇
赤川学(1995):「売買春をめぐる言説のレトリック分析 ── 公娼・廃娼論争から〈性の商品化〉問題」江原由美子編『フェミニズムの主張』勁草書房
上野千鶴子（1998）:「対談 メディア・セックス・家族」論座 1998 年 8 月号
上野千鶴子（2013）:「臓器売買と同じように売買春は認められない」週刊ポスト 2013 年 6 月 7 日号
内田樹（2004）:「セックスワーク ── 『セックスというお仕事』と自己決定権」越智貢ほか編『岩波応用倫理学講義 5 性／愛』岩波書店
小倉千加子（1988）:『セックス神話解体新書』学陽書房・筑摩書房
加藤秀一（1995）:「〈性の商品化〉をめぐるノート」江原由美子編『フェミニズムの主張』勁草書房
金塚貞文（1997）:「買春する身体の生産」田崎英明編著『売る身体／買う身体 セックスワーク論の射程』青弓社
コーネル，ドゥルシラ／仲正昌樹ほか訳（2001）:『自由のハートで』情況出版（原著 1998 年）
関口裕子（1995）:「対偶婚の終焉と売買春の発生」歴史評論 540 号
立岩真也（1995）:「何が〈性の商品化〉に抵抗するのか」江原由美子編『フェミニズムの主張』勁草書房
立岩真也（1997）:『私的所有論』勁草書房
田村公江（2002）:「『自己決定する自己』と身体」金井淑子・細谷実編『身体のエシックス／ポリティクス 倫理学とフェミニズムの交叉』ナカニシヤ出版
ドウォーキン，アンドレア／寺沢みづほ訳（1998）:『インターコース 性的行為の政治学』青土社（原著 1987 年）
永田えり子（1995）:「〈性の商品化〉は道徳的か」江原由美子編『フェミニズムの主張 2 性の商品化』勁草書房
橋爪大三郎（1992）:「売春のどこがわるい」江原由美子編『フェミニズムの主張』勁草書房
平塚らいてう（1983）:「矢島楫子氏と婦人矯風会の事業を論ず」『平塚らいてう著作集 第 2 巻』大月書店（執筆年：1917 年）
デラコステ，フレデリックほか／角田由紀子・山形浩生ほか訳(1993):『セックス・ワーク 性産業に携わる女たちの声』パンドラ（原著 1987 年）
ボーヴォワール，シモーヌ／『第二の性』を原文で読み直す会訳（2001）:『決定版 第二の性 Ⅰ・Ⅱ』新潮社（原著 1949 年）
ホックシールド，アーリー・ラッセル／石川准・室伏亜希訳（2000）:『管理される

心：感情が商品になる時』世界思想社（原著 1983 年）
ミルズ，チャールズ・ライト／杉政孝訳（1957）：『ホワイトカラー —— 中流階級の生活探求』東京創元社（原著 1951 年）

◇参考文献◇

松沢呉一ほか編（2000）：『売春肯定宣言　売る売らないはワタシが決める』ポット出版
井上理津子（2011）：『さいごの色町　飛田』筑摩書房
荻上チキ（2012）：『彼女たちの売春（ワリキリ）社会からの斥力，出会い系の引力』扶桑社
鈴木大介（2012）：『援デリの少女たち』宝島社
上岡陽江（2012）：『生きのびるための犯罪(みち)』イースト・プレス

コラム① 西洋法史研究への誘い
―― サヴィニーミュージアムとメモリアルライブラリー

西洋法史研究所

1 はじめに

　桐蔭横浜大学（メモリアルアカデミウム）には，西洋法制史研究において非常に価値のある種々の資料・文庫が所蔵されている。そこで，ここでは，サヴィニー文庫を含めた「サヴィニーミュージアム」と，マックス・カーザー記念文庫，ライヒ最高裁判所旧蔵フランス民法文庫，ヘルマン・アイヒラー文庫といった「メモリアルライブラリー」について紹介することとする（なお，メモリアルアカデミウム地下一階には，これらの文庫の他に，桐蔭横浜大学法学部に縁のある国内外の研究者〔村上淳一，石井紫郎，K・W・ネル，小島武司など〕からの寄贈書も所蔵している）。

2 サヴィニーミュージアム

　サヴィニー（Friedrich Carl von Savigny, 1779-1861）は，19世紀のドイツにおいて，身分制社会から自由・平等な社会への転換をはかり，後の私法の礎を築いたことから，「近代私法学の祖」として知られており，内外でその業績は高く評価されている。「サヴィニーミュージアム」は，このサヴィニーの業績とその法思考を，当時の時代背景等を含め，サヴィニーが時代の変化と要請をどう捉え，それをどのように法学に活かそうとしたのか，音声や画像などを利用しながら，わかりやすく理解できるために造られた施設である。

　そして，ここでは，サヴィニーの個人蔵書を「サヴィニー文庫」として保存している。サヴィニーの死後，その蔵書の大部分はサ

第1部　法の原理・原則──基　層──

ヴィニー家の手を離れたが，フランクフルト郊外にあったトラーゲス農場の領主館にあった個人蔵書だけは処分を免れ，サヴィニー生前の状態のままでサヴィニー家に秘蔵されていた。「サヴィニー文庫」は，そのうちの法学関係の主要部分（262点，約480冊）で構成されており，サヴィニー自身の著作を始めとして法学史上の多くの重要な文献を所蔵している（サヴィニーの『占有権論』第3版と第5版には，次の版のための著者自筆の補訂がある）。また，グリム童話で有名なグリム兄弟はサヴィニーの弟子であり生涯を通じた交流があったが，彼らの著作もこの中に収められている。

さらに，サヴィニーの主著である『現代ローマ法体系』と『現代ローマ法の一部としての債権法』に，第2版の刊行のためになされたと思われる，サヴィニー自筆の補訂が加えられた手沢本（なお，前者は全8巻からなるが，第1巻と第3巻には書込みがない）と，1796年に，財務代理官ゲルトナーからマールブルク大学で法学を学び始めて間もないザヴィニーへと贈られたユスティニアーヌス法典の『法学提要』の袖珍本（扉にはその経緯についてのサヴィニー自筆の書き込みがある）をも，「サヴィニー文庫」とあわせて保管している。

3　メモリアルライブラリー

「メモリアルライブラリー」は，図書を閲覧するだけでなく，研究・議論・交流を目的とする学究が一堂に会することができるように設計された図書館である。ライブラリーに入ってすぐに入館者の目を奪うような，貴重書として手にすることができないような古い書籍が整然と並べられている書架がある。場所によっては貴重書扱いとされ，簡単に手に取ることができないような書籍が，普通に配架されていることに驚く人もいるだろう（ただし，一部は閉架書庫に収蔵）。このライブラリーは，法学分野を中心にして歴史や文化などさまざまな分野の書籍を収集しているが，ここでは，法学分野の書籍として，「マックス・カーザー記念文庫」と「ライヒ最高裁判所旧蔵フランス民法文庫」について紹介することとする。

「マックス・カーザー記念文庫」は，ローマ法・私法学者マックス・カーザー（Max Kaser, 1906-1997）の業績を記念して編成されたものである。カーザーは，ローマ法がヨーロッパ大陸およびその影響を受けた諸国の法制度の基礎になっているという認識の下，ローマ法がもつ基本的思想の現代ヨーロッパ法への影

響の研究に従事し，また「サヴィニー財団法制史雑誌」の編集を務めた学者である。この記念文庫は，ローマ法が，ヨーロッパ大陸においてどのように継受され，現代ヨーロッパ法にどのように影響を及ぼしているかを研究できるよう，カーザー本人の著作をも含め，16世紀から20世紀のさまざまな文献によって構成されており，サヴィニー研究とサヴィニー以後のドイツ法学の発展を研究するために役立つ文献が多数収集されている。

また，「フランス民法文庫」は，ライヒ最高裁判所（1879年から1945年までライプツィヒに存在したドイツ帝国の最高裁判所）に旧蔵されていたフランス民法関連の書籍によって構成されている。1804年に成立したフランス民法典制定に至るまでの審議や，草案作成などに関する文献とともに，フランス民法典のオリジナル版と異版も有している。またヨーロッパ諸国で翻訳され注釈を付記された文献など，成立前から第一次世界大戦にかけて出版された研究文献などを含む成立後の民法典の発展や研究に関わる文献が多数収集されている。

メモリアルライブラリーには，これらの文庫以外にも，私法・法制史学者のヘルマン・アイヒラー（Hermann Eichler, 1906-1997）の蔵書なども所蔵しており，ローマ法を基層に置く，ドイツ法とフランス法の研究のためだけでなく，ひろく，ヨーロッパという共同体の法制度・法理論の歴史的発展と相互作用の過程を研究するに優れた環境といえる。そして，明治初期の近代法の形成時期に，両国の法制度が日本に与えた影響を考慮すれば，わが国の法制度成立の基礎や背景を理解するためにも，このライブラリーの書籍群は大きな役割を果たすと考えられる。

なお，ここで紹介した「サヴィニーミュージアム」は一般公開されているほか，「メモリアルライブラリー」は，研究者などを対象に直接閲覧できる環境が整えられている（事前予約制：Tel：045-975-0972）。そして，所蔵される数々の稀覯書のなかでも，法学史の研究・教育分野において重要な書籍については，その目録等を含め，「Savigny Bibliothek」(http://savigny.toin.ac.jp/savigny/)にて公開しているので，是非，ご活用いただければ幸いである。

（浅岡　慶太）

第2部
多様化する社会と正義の重層性 ── 変 容 ──

第7講　法の下の平等と
アファーマティヴ・アクション

茂木　洋平

> 憲法における平等は，第1に形式的平等を意味する。形式的平等とは，国家は人を区別して，ある者を特別に有利あるいは不利に取り扱ってはならないというものである。社会に存在する事実上の差別は，法的に形式的平等が保障されただけではなくならない。そのような差別を是正または防止するため，あるカテゴリーにある者を特別有利に取り扱うのがアファーマティヴ・アクション（以下「AA」と略記する）である。AAはあるカテゴリーにある者を有利に取り扱うことから，平等に反するか否かが問題となる。本講の目的は，AAの正当性をめぐる議論を見ることで，憲法における平等とは何かを考えていくことにある。

1　はじめに

（1）　考察の対象

　近年，日本でもAAが実施され，その正当性を明らかにすることが求められているが，裁判においてAAの正当性が問題とされてこなかったことから，学説において議論の蓄積が乏しい。他方，アメリカではAAが政治と裁判の場で大きな問題となってきたことから，裁判所と学説はAAの正当性に関する理論的問題を検討してきた。本講では，ごく簡単な例を挙げ（2 (1)），AAの正当性をめぐるアメリカの議論をみていく。

（2）　アファーマティヴ・アクションとは何か

　アメリカでは人種差別が厳しく，その影響の是正のためにAAが実施されてきた。AAは広範囲にわたる施策であり，一義的に定義できない。ここでは，

人種や性別を理由に，その対象者に積極的に機会を与える施策と定義する。

　AAの実施分野はさまざまである。アメリカでは，公共事業契約，公的機関および民間企業の雇用分野（採用，昇進，解雇），高等教育機関の入試，政治分野（選挙区割り）などでAAが実施されてきた。

　実施方法も様々であり，その例として，ある特定の人種や性別に一定の枠を割り当てるクォータ制，入試などで人種や性別を理由に点数を付与する加点制，評価が同等の候補者がいる場合に，タイ・ブレーカーとして人種や性別を用いる方法などがある。

　AAは，積極的に機会を付与する際に，優先をするかしないのかによって分類できる。優先をしないAAは，それにより地位を獲得できない者はおらず，憲法との抵触はそれほど問題にならない。例えば，女子の理工系学部への進学を促進するために女子学生を対象とした進学説明会を開くこと等が挙げられる。これに対し，優先をするAAは，それにより地位の獲得できない者が出てくるため，憲法との抵触が問題となる。本講では，後者を考察対象とする。

　優先をするAAは，実施手段の強弱により，「弱い」AAと「強い」AAに分類できる（安西2005：5頁）。論者により様々な分け方があるが，本講では次のように分類する。「弱い」AAは，客観的な基準において評価の劣る者に地位を付与しない。そのため，AAの対象者は既存の評価基準において評価の劣る者ではなく，能力主義に抵触しない。評価が同等の候補者がいる場合に，人種や性別をタイ・ブレーカーとして用いる方法などがこれに該当する。「強い」AAは，客観的な基準で評価の劣る者に地位を付与するため，能力主義と抵触が問題となる。典型的には，加点制等がこれに該当する。

（3）アファーマティヴ・アクションと平等の関係

　憲法における平等は，第1に，形式的平等を意味する。形式的平等とは，国家は人を区別してある者を特別に有利あるいは不利に取り扱ってはならないというものである。人は生まれ持った性質によって差別されないことを保障されており，そのためには国家は人々を形式的に画一に取り扱い，それに伴って人々には形式的に「機会の平等」が保障される。

　しかし，人々が置かれた状況は同じではなく，異なる。社会・経済的に差のある者同士が競争しても，優位な状況にある者と不利な状況にある者との差は拡がり，結果の不平等が生じる。結果の不平等が生じたとしても，人々が与え

られた機会を十分に活用できる状況において競争がなされたのであれば、その結果は不当ではない。しかし、不利な状況にある者は社会的な状況や資力などから、与えられた機会を十分に活用できず、機会の平等は形ばかりのものとなってしまう。そのため、機会の平等を形ばかりでなく実質的に保障していくために、人々を異なって取り扱う必要がある。

　AAは人種や性別を理由に対象者を有利にそれ以外の者を不利に取り扱うのであり、形式的平等に反する。しかし、AAの対象者がその人種や性別から与えられた機会を十分に活用できない状況にあるならば、AAによって機会の平等を実質的に保障していくことは必ずしも不当ではない。個々のAAが憲法に反するかどうかについては、その目的、実施方法、優先の程度などを個別に検討していく必要がある。

（4）　日本におけるアファーマティヴ・アクションの議論状況

　日本では、指導的な地位に占める女性の割合が少なく、その割合を増やすために、優先を伴わないAAとともに優先を伴うAAも実施されている。例えば、大学教員の採用において、いくつかの大学は、評価が同等の男女の候補者がいる場合には女性を優先して採用する、との方針を示して、タイ・ブレーカーという方法によりAAを実施している。

　憲法14条1項は性別による差別を禁止するが、性別による区別を一切許さないわけではない。だが、性別による差別の禁止が憲法に明記されている以上、AAの正当化にはそれ相当の理由が必要であり、それを明らかにすることは緊要の課題である。

　AAの正当性に関する議論の蓄積が日本では乏しく、アメリカではその蓄積があることから、本講はアメリカの議論をみていく。だが、人種にもとづくAAと性別にもとづくAAは性質は異なるが共通する点もあり、アメリカの人種にもとづくAAの正当性をめぐる議論は日本の議論と無関係でない。

　なお、日本の男女共同参画の分野では、ポジティヴ・アクション（PA）という用語が使われているが、双方の語は基本的には同じ意味であることが指摘されている（辻村2003：7頁）。

第2部　多様化する社会と正義の重層性 ── 変　容 ──

2　アファーマティヴ・アクションをめぐる議論

（1）　検　討　事　例

AAの正当化理由を考えるにあたり，単純な例を仮定し，その例に関連する各論点を見ていく。

> アメリカでは，名門のロー・スクールの卒業生の多くが社会的に高い地位に就いており，名門ロー・スクールへの進学は将来的に指導的な地位に就くための登竜門である。ある州立の名門ロー・スクールでは白人の学生が圧倒的多数であり，黒人の学生が非常に少ない。ロー・スクールは学生の選抜に際して，試験の点数に加えて，黒人であることを理由に10点を加点した。なお，試験で65点以上を獲得すれば，法曹として活躍する資質があるとされる。
> 　このロー・スクールに白人の志願者Aと黒人の志願者Bが志願した。志願者Aは試験で70点を獲得し，志願者Bは65点を獲得した。選抜の結果，志願者Bは人種を理由に10点を加算され75点となり合格したが，志願者Aは不合格となった。

（2）　入試におけるアファーマティヴ・アクションを検討する意義

アメリカにおいてAAが実施される分野は様々である。高等教育機関における入試はその1つであり，名門大学の入試におけるAAは法的及び政治的に大きな問題を生じさせている。

社会には，才能があり努力した者が成功を収めるべきとの考えが広く浸透している。名門校への進学は成功を収めるための大きな一歩であり，指導者となる道は人種に関係なくすべての者に開かれていなければならない。高等教育機関の入試には試験の点数，高校や大学での成績といった客観的な基準が存在し，それは才能や努力を測る1つの指標である。人種は努力によっては変えられず，合否の判断に人種を用いることは，人々の努力を否定するとも考えられる。そのため，入試におけるAAは平等に反すると批判される。

だが，人種によって生じる不利な状況からAAの対象者に対する機会の平等が形ばかりのものになってしまっているとしたら，AAの対象者はそもそも努力できる状況にないことになる。AAが対象者に機会の平等を実質的に保障するためのものであれば憲法における平等に適合し，そうでなければ反すること

第 7 講　法の下の平等とアファーマティヴ・アクション

になる。

（3）　入試の判断基準

　AA による不合格者は，ロー・スクールは試験の点数だけにもとづいて合否を判断すべきと主張すると考えられるが，ロー・スクールには，どのような教育を実践するのかを決定する自由がある。合衆国憲法は学問の自由を明記しないが，アメリカの連邦最高裁判所は大学には教育に関する判断をする自由があることを修正 1 条から読み取ることが出来ると示している。ロー・スクールは目標とする教育を実践するために，誰を合格させるのかについて裁量を持つ。どのような人材が教育目的の実現に必要かを判断するのはロー・スクールであり，入試の基準は試験の点数や成績にかぎられず，様々な基準が使用される。白人の志願者には試験の点数だけで合否を判断される権利はなく，それだけで合否を判断するようにロー・スクールに要求できない（茂木 2009b：138 頁）。

　上記の白人の志願者の主張は，合否の判断は才能と努力によってなされるべきとの考えにもとづく。試験の点数だけで才能と努力が測れるのかとの問題はあるが，試験の点数は努力により向上する余地が大きい。平等の概念は，人は生まれによって判断されるべきではないとの考えにもとづいており，人種は生まれにより決定し，努力では変えられない。ゆえに，白人の志願者は，ロー・スクールは生まれにより決定し，努力では変えられない要素にもとづいて合否を判断すべきでないと主張する（Brest1976：p. 10）。

　しかし，不変的な要素が合否の判断に用いられる場合もある。例えば，アメリカのいくつかの大学では，同窓生の子弟であることが合否の判断に用いられる。これは，同窓生の子弟はその大学の教育理念をよく理解し，教育目的の達成に貢献する，との考えにもとづく。これに対しては社会・経済階層の格差を温存させることになるとの批判もあるが，人種の使用ほど問題とされていない。

　人種と同窓生の子弟はともに不変的な特性だが，両者の違いはどこにあるのか。それは，アメリカにおいて人種による区分がマイノリティを差別するために用いられてきたという歴史にある。ゆえに，白人の志願者は，人種による合否の判断は差別へとつながる危険があるため判断基準とすべきではないと主張する。

（4） 対象となる地位

　AAの支持者は，白人の志願者はAAによりロー・スクールに不合格とされても，理論上，数ある受験機会のうちの1つを否定されたに過ぎず，他のロー・スクールを受験できる，と主張する。しかし，名門ロー・スクールの卒業生が社会的に高い地位に就いている割合は近隣の他のロー・スクールよりも圧倒的に高く，志願者は名門ロー・スクールに合格するために大変な努力を重ねる。上記の主張によって，AAによる不合格者はAAが正当であるとは納得しない。

　実際に，アメリカにおいて，高等教育機関の入試におけるAAの正当性が裁判で争われたのは，いずれも名門大学の入試である。逆に，容易に手に入る地位がAAの対象となった場合，その地位の獲得のために人々はさほど努力を必要せず，この種の地位の選抜でAAが実施されても，さほど批判はされない。AAへの批判の程度は，人々がその地位をどの程度欲しているのか，地位の獲得のためにどの程度の努力が必要なのかによって左右される。それらの程度が高ければAAへの批判は厳しくなり，低ければ緩やかになる。

（5） 劣等性の烙印（スティグマ）に関する議論

　AAは不合格者だけでなく，AAによる合格者を含めて，対象となったグループ全体を害するとの指摘がある。即ち，黒人はAAにより特別に取り扱われることで，AAがなければ合格できず，能力が劣るグループであるとのレッテルが貼られる，との指摘である。

　黒人の合格者には2種類ある。即ち，AAがなくとも合格した者とAAにより合格した者である。前者は自身の能力が劣ると考えないが，後者は自身の能力が劣っていると考える可能性があり，AAは後者の自尊心を害する恐れがある。前者は自尊心を害されないが，他者から見ると両者を区別できない。ゆえに，すべての黒人はAAがなければ合格できず，能力が劣っていると他者からみなされる危険がある。

　これに対し，AAの支持者は黒人の置かれた状況が他者に十分に理解されれば，劣等性の烙印が黒人に押されることはないとする。その状況とは，不利な学習環境にあるということである。この主張によれば，この状況が黒人以外に理解されれば，黒人は不利な学習環境になければAAがなくとも合格しており，AAはその状況を是正したにすぎず，劣等性の烙印は押されない（安西1999：

98-99頁)。

しかし，後述のように，AAによる合格者の多くは社会・経済的に不利な状況になく，不利な学習環境にないと批判される（3 (1)）。黒人であれば社会・経済的な地位に関係なく，不利な学習環境にあるとの主張が学説で展開されているが，この主張も十分に浸透していない（3 (2)）。AAは黒人に劣等性の烙印を押す危険が高いと考えられる。

3 差別の救済による正当化

(1) 救済の対象となる差別

AAは，従来，差別の救済を理由に正当化されてきたのであり，差別が存在する以前の平等な状態を回復することには誰も異論がない。アメリカの連邦最高裁判所はAAを正当化する1つの理由として過去および現在の差別の救済を認めてきた。差別の救済を理由にAAを正当化するにあたっては，どのような差別が救済の対象となるのかが問題となる。

地位を獲得するための競争は公正に行われなければならないが，差別は競争の公正さを害する。つまりは，100メートル競走をしたとき，本来，黒人と白人は同じスタートラインに立っているはずだが，差別の影響により，黒人は白人よりも10メートル後ろからスタートせねばならない。これでは公正な競争が行われているとは言えず，差別の影響の是正は，競争が公正に行われる状態の回復を目的としている。AAが差別の影響をなくし，黒人と白人を同じスタートラインに立たせるものであれば，AAに否定的な見解を採る者もAAを正当だと認める。

入試は客観的な基準にもとづき，各人の努力により点数を上げる余地が大きいことから，これにより合否を決定するのは一見すると公正である。しかし，差別の影響から，黒人が不利な学習環境に置かれていれば，白人と黒人は同じスタートラインに立っていない。差別の影響の是正し，両者を同じスタートラインに立たせるために10点の加点が必要であれば，AAは正当化される。

しかし，AAによる合格者の多くは，不利な学習環境になかった者である。AAの直接の受益者は法曹となる資質があると判断された者であり，試験で65点以上を獲得している。子どもの教育水準は親の社会・経済的な地位によって，

すべてではないが，ある程度決定される。試験で65点以上を獲得するには，相当の教育的投資が必要となり，この水準に達している黒人の多くが社会・経済的に不利な状況にない。AAの反対者は，AAによる合格者は，差別がなければ，AAがなくとも通常の入試で合格していたわけではないことを問題視する。

　これに対し，AAの支持者は，黒人であれば社会・経済的な地位に関係なく，誰もが被る差別が存在する，と主張する。例えば，大学教授や医師の黒人であってもタクシーに乗車拒否されることがある。こうした差別の1つの原因は，マイノリティの多くが社会・経済的に低い地位にあることにある。AAの支持者は，これをなくすには，指導的な地位にあるマイノリティの数を増やし，マイノリティのグループとしての底上げが必要であり，そのためにAAを実施すると主張する。この主張は黒人全体に及ぼされる差別の救済に関心があり，AAによる合格者が差別によって不利な学習環境になく，AAがなければ合格できなかったとしても問題ではない。

（2）　能力主義との関係

　人は才能や努力に応じてそれ相応の地位を獲得すべき，との考えが人々に浸透している。名門のロー・スクールに合格するには努力と才能が必要であり，試験の点数は努力により評価が上がる余地が大きい。AAは，不合格者よりも試験の点数の低い者を合格させるため，AAは能力主義に反すると批判される。

　これに対し，AAの支持者は，AAによる合格者は試験で一定水準に達しており，将来的に法曹として活躍すると判断できる者だとする（Rosenfeld1991：p.323）。つまり，AAによる合格者はロー・スクールでカリキュラムを十分に習得できる者ということになるが，実際にそうなっているのかについては様々な議論がある。反対者が能力主義の観点からAAを批判するとき，AAによる入学者がロー・スクールで成績下位にあることを指摘する。これに対し，実際にロー・スクールの入試におけるAAの正当性が問題となった事例において，AAが正当だと判断した裁判官も，AAによる入学者の成績が下位にあることを認めながらも，社会に出てから有能な弁護士になると示している。また，AAの支持者は，例えば，AAによる入学者と通常の入試で入学した者の標準修業年限での卒業率が変わらないことを指摘して，AAは能力主義に反しないと主張する。

AAによる合格者がロー・スクールのカリキュラムを十分に習得できるとの主張ついては、ロー・スクールが法曹として活躍する才能があると判断する点数の水準が高ければ、AAの反対者もこれを認める。しかし、有資格者よりも入学枠が少ない場合、すべての有資格者が入学できるわけではない。AAの反対者は、AAによる合格者がカリキュラムを首尾よくこなす学力があるのかを超えて、不利な学習環境になければAAがなくとも通常の入試で合格したのかについて問題とする。

　AAの反対者に対して能力主義の観点からAAが正当だと説得するには、AAによる合格者は不合格者よりも才能を有し努力し、差別によって不利な学習環境になければAAがなくとも通常の入学試験で合格していたことを示す必要がある。しかし、前述のようにAAによる合格者のほとんどは社会・経済的に不利な状況にない。不利な学習環境にあり、差別がなければAAがなくとも合格していたということにはならない。

　ある学説は、AAによる合格者が社会・経済的に不利な状況にないことを認識しながらも、黒人は社会・経済的な地位に関係なく、差別の影響から全体として資質形成に不利な状況にあると主張する（Laperson2009：p.50-52）。しかし、この主張は説得力のある議論として浸透していない。

4　多様性による正当化

（1）　社会効用論による正当化

　従来、AAは差別の救済を理由に正当化されてきたが、直接の受益者が差別の犠牲者であることを相当程度明確にするのが困難であることから、近年では正当化理由は多様性の価値へと移行している（茂木 2012-2013a）。

　ロー・スクールは、人種的に多様である学生構成が教室での議論を活発にし、教育的利益を生じさせ、社会に有用な人材を送り込むことになると主張する。この主張は、一見すると、社会効用論に依拠している。社会効用論とは、AAにより生じる利益がそれにより生じる不利益を上回れば、AAを正当化するという理論である。この場合、利益が負担を上回ることを証明すればよく、AAによる合格者が差別の影響から不利な学習環境にあることを証明しなくともよい。ゆえに、AAを容易に正当化できる。

第 2 部　多様化する社会と正義の重層性 —— 変 容 ——

しかし，これが社会効用論による正当化の欠点でもある。例えば，黒人の入学者を著しく少なくすることが教育的利益を生じさせると証明された場合，白人に加点する入試は正当化される。かつて，アメリカでは人種ごとに学生を別々に学ばせる人種別学制が実施されていたが，この制度は，黒人は黒人の学校で，白人は白人の学校で学ぶことが教育的利益を生じさせることを理由に正当化されてきた。

社会効用論に依拠する場合には，黒人に不利な影響を及ぼす施策が正当化される可能性を受け入れなければならない（茂木2009a：（2）252-266頁）。

（2）　差別を意識した正当化

多様性により AA を正当化しながらも，黒人の排除の可能性を避けるには，固定観念や偏見を意識する必要がある。

例えば，人工妊娠中絶について教室で議論したとする。黒人の学生が少ない教室で，その黒人が反対の発言をしたとすると，白人の学生はすべての黒人は人工妊娠中絶に反対であると考える。しかし，実際には，黒人の中にも人工妊娠中絶について賛否両論がある。黒人の意見の多様性を白人の学生に分からせることは重要であり，教室での討議を意義のあるものにする。そのためには，一定数の黒人学生の在籍が必要である。

ロー・スクールは，AA のもたらす教育的利益が黒人の学生の少なさから生じる偏見や固定観念をなくすと主張することで，黒人が排除される可能性を回避できる。というのも，白人の学生数は多いため，AA によりその人数が減少しても，白人の学生への偏見や固定観念は生じない。実際に，最高裁はロー・スクールの入試における AA の合憲性が問題となった判決で AA を合憲と判断し，その際，AA を正当化できる教育的利益とは黒人に対する偏見や固定観念をなくすことに主眼がある。

固定観念や偏見は黒人学生が少なさから，それらをかされたグループは不利益を被る。黒人は過去に差別を受けており，そのことがロー・スクール在籍者の少なさの原因の1つとなったのであり，多様性にもとづく AA は過去の差別を救済する側面もある（植木 2000：67 頁）。

しかし，多様性により AA を正当化する際に，必ずしも，固定観念や偏見が差別から生じたと証明する必要はない。多様性にもとづく AA は固定観念や偏見の存在自体を問題とし，それが如何なる原因で生じたのかを問わない。多様

性にもとづくAAの基礎には，固定観念や偏見の発生原因が差別でなくとも，それ自体が不利益をもたらし，差別を生じさせる危険があるとの考えがある。この考えによれば，過去に差別を受けてきたか否かを問わず，過小代表のグループがあれば，それらのグループを対象とするAAは正当化される。多様性にもとづくAAは，差別の救済を理由とするAAよりも容易に正当化できる。

(3) 人種と観点の多様性

上記の議論は，多様性とは，黒人に特有の観点がないことを白人に分からせることに価値があるというものであった。ロー・スクールは教室に黒人がいることで議論が活発になると主張するが，黒人が特有の観点を持つと想定した場合，多様性によりAAを正当化できるのか。

ロー・スクールに在籍する黒人学生の数が少ないとき，白人学生は黒人学生の考えを知ることが出来ない。白人学生に黒人学生の考えを分からせることは重要であり，教室での討議を活発にする。

しかし，人種ごとに特有の考えがあると想定することには問題がある。AAにより合格した黒人は，黒人が有していると考えられている観点を示して，ロー・スクールが望ましいと考える役割を演じなくてはならなくなる。人種によって自らの生き方が縛られることになる（茂木 2012-2013a：(2) 124-128頁）。

また，人種ごとに特有の考えがあるとの想定にもとづいてAAを正当化することは，黒人特有の観点を示すことがロー・スクールにとって有用であるとの考えが基礎にある。逆を言えば，黒人特有の観点を示すことがロー・スクールの教育にとって有用ではないと判断された場合には，黒人を排除する施策の正当化へとつながる。

(4) 多様性による正当化の欠点

(a) カラー・ブラインドの原則を侵害する危険

多様性によりAAを正当化する際，固定観念や偏見の打破を意識することで，黒人を排除する可能性を回避できる。しかし，それでもなお欠点がある。その1つがカラー・ブラインドの原則を侵害する危険である。

カラー・ブラインドの原則とは，人種が意識されることがない社会を達成することである。アメリカでは，奴隷制や人種別学制など，人種による区分が差別的に用いられてきた歴史があり，人種を意識しない社会の達成が平等の基礎

第2部　多様化する社会と正義の重層性 ―― 変 容 ――

とされてきた。AAが合憲あるいは合法であるのかについての争いは，AAがカラー・ブラインドな社会を達成するのに適切な手段であるのかどうかにあり，AAを否定的に捉える論者も肯定的に捉える論者も，カラー・ブラインドな社会の達成という目的には，一部の論者を除いて同意している。人種の考慮はカラー・ブラインドな社会に移行するまででなければならず，終りがなければならない。

　多様性にもとづくAAは，固定観念や偏見をなくすことに関心がある。固定観念や偏見がなくなった場合，そのときをもってAAは終了し，多様性にもとづくAAは理論的には終りがある。しかし，固定観念や偏見はあるグループが過小代表であるときに生じるのであり，それらの発生を防ぐにはマイノリティが常に一定数を占める必要があり，AAが永久に続くことにもなる。

　(b)　社会・経済的に不利な状況にある黒人の排除
　もう1つの欠点は，社会・経済的に不利な状況にある黒人を排除する危険である。

　多様性によりAAを正当化する際，AAによる合格者の多くが社会・経済的に不利な状況にないことに変わりない。しかし，多様性にもとづくAAは，固定観念や偏見の打破，あるいはそれらの発生の防止に関心がある。固定観念や偏見はあるグループが過小代表であるときに生じるのであり，ロー・スクールにとっては，人種間での格差が問題であり，AAによる合格者が不当な理由から不利な学習環境にあったのかどうかは重要でない。

　多様性にもとづくAAは，固定観念や偏見をなくす，あるいはそれらの発生を防止することで，黒人のグループ全体の底上げを図るものであり，グループに焦点を当てた議論である。AAによる合格者の多くは，不利な学習環境になければ，AAがなくとも合格していたわけではない。ゆえに，AAを個人に対する救済だと捉える観点からは，不当な理由から資質形成に不利な状況に置かれている，真に救済の必要な者が救済されていないと批判される（茂木2012-13a：(3) 53-59頁）。

第7講　法の下の平等とアファーマティヴ・アクション

5　階層にもとづくアファーマティヴ・アクション

（1）差別の救済と多様性による正当化への批判

　AAを支持する議論は，グループに焦点を当てることでAAの正当化に努める。社会的差別の救済は黒人のグループ全体の地位の向上を目指し，多様性による正当化は固定観念や偏見をなくすことで黒人のグループ全体の地位の向上を図る。

　これに対し，AAの反対者は個人に焦点を当てる。AAによる合格者が誰であるのかに着目すると，社会・経済的に不利な状況にない者である。つまり，AAによる合格者は不利な学習環境になければ，AAがなくとも合格していたわけではない。AAの反対者はAAが個人の救済になっていないことを問題にし，差別の救済による正当化に対しては資質形成に関して差別の影響をほとんど受けていない者が合格していること，多様性による正当化に対しては真に救済の必要な者が対象となっていないことを批判した。AAによる合格者の多くが社会・経済的に不利な状況に変わりがなければ，個人の救済を重視する者に対してAAが正当であると説得できない。

　アメリカにおいてAAの正当性をめぐる議論が終結しない1つの理由は，グループの地位の向上を目指すとする議論と個人の救済に焦点を当てる議論が平行線をたどっていることにある。

（2）階層の考慮

　個人の救済に焦点を当てる者を説得するには，AAによる合格者が真に救済の必要な者であると示す必要がある。その1つの方法は，AAの対象者を判断する際に，人種ではなく社会・経済的な階層を考慮することである（Kahlenberg 1997）。

　社会・経済的に不利な階層にある者は，不利な学習環境にある。階層の捉え方は様々であるが，例えば親の収入や学歴を階層と捉えると，それらは子どもの学力に影響を及ぼす。収入や学歴の低い親を持ちながらも，試験で一定水準の点数を獲得した者は，資質形成に不利な状況になければAAがなくとも通常の試験で合格する水準に達していた，という主張を説得的に展開できる。才能のある者が社会・経済的に不利な状況によってその才能を伸ばす機会を害され

163

ている場合に，その状況になければ得ていたであろう才能を伸ばす機会を与えることは不当ではない。

　階層の考慮に関しては，人種は不変的でありそれにより不利な状況に置かれるのは不当だが，階層は流動的であり，不利な階層にあるのは本人の責任であるから，階層は考慮すべきでないとも考えられる。確かに，どの階層に属するのかは本人の努力によるところも大きい。しかし，ロー・スクールを受験する段階で置かれている社会・経済的な階層は，本人の努力ではなく親の社会・経済的な階層しだいである。人はどの家庭に生まれるのかを選べず，その家庭の社会・経済的な階層は子どもの責任ではないため，ロー・スクールの入試で階層を考慮するのは不当でない（茂木 2012-2013b：(2) 26-30 頁）。

（3）　人種と階層の関係

　AA の対象者を階層により判断すると，個人の救済を重視する観点からの AA への批判を回避できる。黒人の中でも各々の社会・経済的な状況はさまざまだが，全体として社会・経済的に低い階層にある者の比率が高く，階層にもとづく AA による合格者の多くは黒人となるとの指摘もなされている。しかし，黒人はグループとして低い階層の者が占める割合は高いが，白人の低い階層にある者よりも数としては少ない。さらに，同じ社会・経済階層の黒人と白人を比較した場合，白人の学力が高いとの研究が多く示されている。故に，AA の対象者を判断する際に階層だけを考慮すると，AA による合格者のほとんどは白人となる。

　不利な学習環境になければ AA がなくとも合格した者を救済するものとして AA を捉えるのであれば，AA による合格者のほとんどが白人となり，黒人の合格者がほとんどいなくなったとしても問題はない。しかし黒人のグループとしての地位の向上を考えた場合，黒人の入学者が著しく少なくなると，黒人に対して固定観念や偏見が生じ，グループ全体に不利な影響が及ぼされる。

　黒人の入学者を一定数確保し固定観念や偏見をなくす，あるいはそれらが生じないようにするには，人種を考慮して AA の対象者から不利な階層にある白人を外す必要がある。そのためには，社会・経済的に不利な状況にある黒人と白人を区別し，人種が学力に悪影響を及ぼしていることを証明せねばならない。

　黒人であることが学力に悪影響を及ぼしていることは以下のように説明される。社会・経済的に不利な状況にある黒人の多くは，都市中心部に居住する。

都市中心部の学校教育の質は低く,白人の居住する郊外の学校と比べて学力が低い。また,学力は隣人の影響を強く受けるため,都市中心部では才能のある子どもは学力を伸ばすことができない。また,黒人は自身が受けた教育よりも低い学歴しか要求しない仕事に就くことが多く,学力向上にメリットを見出すことができない。

(4) 階層に基づくアファーマティヴ・アクションの問題点

人種に加えて階層を考慮することで,不利な状況にある個人を救済できていないという批判を回避でき,一定数の黒人の合格者を出すことができる。しかし,社会・経済的に不利な状況にありながらも,一定水準の点数を獲得する黒人は少ない。固定観念や偏見をなくす,あるいはそれらの発生を防止するにはロー・スクールに相当数の黒人が在籍することが必要になる。相当数がどの程度の人数であるのかは定かでないが,AAの対象者を社会・経済的に不利な状況にある黒人に限定することで,その人数を入学させることができるのかは疑わしい(茂木 2012-2013b:(2) 3-11 頁)。

仮に,人種だけを考慮していたときのAAによる合格者数が相当数であると仮定する。この場合,階層だけを考慮する場合はもちろん,人種に加えて階層を考慮する場合にも相当数の黒人をロー・スクールに入学させることはできない。AAによる合格者を社会・経済的に不利な状況にある黒人に限定しながらも,相当数を確保しようとすると,法曹として活躍できると判断される点数を下げなくてはならない。社会・経済的に不利な状況にない黒人がAAにより合格している場合でも,それらの者が法曹として活躍できるのかについて批判がなされている。仮に法曹として活躍できると判断される点数を下げると,AAによる合格者はロー・スクールのカリキュラムを十分にこなす学力がないという批判が厳しくなる。

6 おわりに

(1) アメリカにおけるアファーマティヴ・アクションの正当性をめぐる議論

本講では,簡単な例を挙げて,AAの正当性をめぐるアメリカの議論につい

てみてきた。
　AAの支持者は差別の救済や多様性による正当化を試み，そのいずれもがグループ全体の地位の向上に努めるものであった。グループに焦点を当ててAAを正当化する場合，AAによる合格者が社会・経済的に不利な状況にないことは問題とされない。グループ全体の地位の向上が重要であり，AAによる合格者が不利な学習環境になければ，AAがなくとも合格していたのかどうかには関心がない。
　これに対し，個人に焦点を当てる場合には，AAは個人に対する救済でなければならず，AAによる合格者が社会・経済的に不利な状況にないことが問題となる。AAが個人に対する救済であるのかを問題とすると，AAによる合格者は不利な学習環境になければAAがなくとも合格していた者でなければならない。個人に焦点を当てる観点からのAAへの批判を回避するには，AAの対象者を判断する際に，人種に加えて階層を考慮する必要がある。この場合，AAによる合格者は社会・経済的に不利な状況にありながらも一定水準の点数を獲得しており，不利な学習環境になければAAがなくとも合格していた者であるとの主張を説得的に展開できる。
　しかし，社会・経済的に不利な状況にありながらも一定水準の点数を獲得する黒人はごく少数である。固定観念や偏見はロー・スクールで黒人が過小代表であることで生じるため，AAの対象者を判断する際に人種に加えて階層を考慮すると，固定観念や偏見をなくすことができず，またそれらの発生を防止できない。階層の考慮は個人に対する救済にはなるが，グループ全体の地位の向上には結びつかない。
　個人に対する救済，あるいはグループの地位の向上，どちらを重視するのかによりどのようなAAが正当化されるのかが異なってくる。

（2）　日本への示唆

　以上，アメリカにおけるAAの正当性に関する議論をみてきた。アメリカのAAと日本のAAとでは大きく性質が異なる。しかし，日本におけるAAの正当性を考えるにあたって，アメリカの議論から参考になる点もあるだろう。
　日本の男女共同参画分野におけるAAは，指導的な地位を対象としている。AAの対象となる女性は，資質形成に不利な状況にあったわけではない。また，この職業は女性が就くべきではないといった偏見が社会に存在していたとして

も，AAの対象となる女性はそうした偏見を克服している。AAを個人の救済として捉えるならば，真に救済の必要な者が直接の受益者になっていないとの批判が提起され，AAが正当化される場合はかなり限られたものとなる。

他方で，AAはグループ全体の地位の向上を図るものだと捉えると，AAが正当化される可能性は高くなる。この観点においては，AAにより指導的な地位に就く女性を増やすことで，その地位に女性が就くべきではないといった偏見をなくし，その地位に就こうとする動機づけを女性に与えて，男女の格差をなくすことが重要である。

個人の救済，あるいはグループの地位の向上，どちらを重視するのかという点は，日本におけるAAの正当性を考えるにあたっても考慮する必要があるだろう。

◇引用文献◇

植木淳（2000）：「平等保護原理とAffirmative Action」六甲台論集（神戸大学）46巻2号

辻村みよ子（2003）：「男女共同参画社会基本法後の動向と課題——男女共同参画とポジティヴ・アクションの理念をめぐって」ジュリスト1237号

茂木洋平（2009a）：「Affirmative Actionの正当化理由（1）（2・完）——過去向きのAffirmative Actionと将来志向のAffirmative Action」東北法学33・34号

茂木洋平（2009b）：「Affirmative Actionと能力主義」GEMC jornal（東北大学）1号

茂木洋平（2012-2013a）：「多様性に基づくAffirmative Actionの正当性（1）〜（3・完）——多様性の価値の意味」法学（東北大学）76巻1号，4号，77巻1号

茂木洋平（2012-2013b）：「アメリカにおける階層に基づく（class-based）Affirmative Actionの正当性（1）（2・完）」桐蔭法学19巻1号，2号

安西文雄（1999）：「法の下の平等について（4・完）」国家学会雑誌（東京大学）112巻3・4号

安西文雄（2005）：「アメリカ合衆国の高等教育分野におけるアファーマティヴ・アクション」立教法学67号

Brest, Paul(1976): The Supreme Court 1975 Term, Foreword: in Defense of the Antidiscrimination Principle, Harvard Law Review, vol.90

Kahlenberg, Richard D. (1997): The Remedy: Class, Race, and Affirmative Action, Basic Books

Laperson, Bruce P. (2009): *Affirmative Action and The Meanings of Merit*, University Press of America

Rosenfeld, Michel (1991): *Affirmative Action and Justice: A Philosophical and*

第 2 部　多様化する社会と正義の重層性 ── 変　容 ──

Constitutional Inquiry, Yale University Press

◇**参考文献**◇

辻村みよ子（2011）:『ポジティヴ・アクション ── 「法による平等」の技法』岩波書店

中林暁生（2004）:「アファーマティヴ・アクションとメリット」辻村みよ子編『世界のポジティヴ・アクションと男女共同参画』東北大学出版会

西村裕三（1987）:「アメリカにおけるアファーマティヴ・アクションをめぐる法的諸問題」大阪府立大学経済研究叢書 66 冊

横田耕一（1983）:「平等原理の現代的展開 ── Affirmative Action の場合」小林直樹先生還暦記念『現代国家と憲法の原理』有斐閣

第8講　国民の裁判への参加と公平・公正な裁判

麻妻　和人

> わが国に裁判員制度が導入され，重大な刑事事件の裁判に国民が「裁判員」として参加し，裁判官と協働して審理を行うようになった。2009（平成21）年5月21日に施行されたこの制度は，おおむね順調に運用されていると評価され，定着しつつあるということができる。その一方で，これまでの裁判員裁判における問題点，課題も指摘されているところ，本講では，いま一度，基本的な視点から，裁判員制度の下で公平・公正な裁判を実現するために留意すべき点を考えてみたい。

1　はじめに

　裁判員制度は，国民の中から選ばれた裁判員が，職業裁判官と協働して，刑事裁判における，事実認定・法の適用・量刑を行う制度である。この制度は陪審制度とも参審制度とも異なる（その役割において，法令の適用，量刑まで素人が参加し事実認定に職業裁判官が参加する点で英米法諸国の陪審制とは異なり，法令の解釈，訴訟手続に関わる判断に裁判員が参加できない点で参審制と異なる）。国民の司法参加の制度として2009（平成21）年5月21日に施行され，本年5月で丸5年を迎える。「裁判員の参加する刑事裁判に関する法律」（以下「裁判員法」という）の附則9条は，裁判員法の施行後3年を経過した時点で，同法の施行の状況について検討を加え，必要に応じて所要の措置を講ずるものとするとしており，現在その検証時期にあって，最高裁判所において裁判員制度の運用等に関する有識者懇談会等を設け，検証作業が行われている最中である。

　裁判員裁判に関しては，導入以前から，裁判員の心理的・経済的・時間的な負担や守秘義務の負担が過重に過ぎるのではないかといった裁判員の負担についての懸念や，裁判員選任手続，公判前整理手続の運用方法，公判における審

理のあり方等に関する，さまざまな問題点が指摘されていた。

こうした問題点が指摘されていたものの，裁判官，検察官，弁護人が，裁判員にわかりやすい裁判を目指して慎重に手続きを工夫して進めたこともあって，これまでのところ本制度が概ね順調に運用されていると評価されている。このことから，3年目の検証においては，制度そのものの大掛かりな見直しというよりは，個別の問題の指摘と修正を中心としたものになると思われる。

とはいえ，平成24年12月に最高裁判所事務総局が作成した『裁判員裁判実施状況の検証報告書』では，裁判員候補者の辞退率の上昇や，準備期間と審理期間の長期化，評議の進行方法・判決書のあり方，上訴審のあり方，裁判員の負担といった多くの課題が挙げられた。

このように，裁判員制度について検証が行われている最中であるが，一方で，実際の裁判において，裁判員制度のあり方が問われる事案も出てきている（たとえば，裁判員制度の合憲性が争われた事案についての，最大判平成23・11・16・刑集第65巻8号1285頁，裁判員裁判における控訴審のあり方についての，最判平成24・2・13・刑集66巻4号482頁等）。

かかる状況下で，わが国の刑事裁判手続における裁判員裁判のあり方について今一度基本的な検討を加えることは有意義であると思われる。前述の報告書が指摘するように裁判員制度には多くの課題があり，それぞれに検討すべき点は多く議論がされてきているところであるが，裁判員裁判といえども刑事裁判にほかならないのであるから，わが国の憲法の下での刑事裁判の構想に従ったものでなくてはならないことはいうまでもない。そこで，このような機会を得て，裁判員制度が，わが国の憲法下での刑事裁判の諸原理や訴訟構造との関連でどのように理解され，どのような問題点があるのかについて検討をするのが本講の目的である。

2　刑事裁判の基本原理と裁判員裁判

（1）　弾劾主義，当事者・論争主義

憲法38条1項は「何人も，自己に不利益な供述を強要されない」として被告人に自己負罪拒否特権を保障している。被疑者・被告人は自らの犯罪行為について，自己を科刑に導いたり，自己の無実を証明したりする義務はないし，

国家が被告人に協力をするよう強要することは禁じられる。これは弾劾主義の考え方を示すものである。すなわち，公判は訴追者たる検察官の起訴により開始され，裁判は検察官が告発した範囲でのみ進められなければならない。そして，公判における公訴事実の主張・立証の責任は検察官が負い，被疑者・被告人にはこれに協力する義務は課されてない。検察官は被告人が有罪であることを「合理的な疑いを容れない程度（beyond a reasonable doubt）」に立証する責任を負い，この責任が果たされなければ，被告人は有罪と認定されることはない（無罪推定の原則）。このように，わが国の憲法は基本的に弾劾主義の原理を採用している。

　次に，憲法37条は，被告人に公平な裁判所による迅速な公開裁判を受ける権利を保障し（1項），証人審問権・喚問権（2項），資格ある弁護人の助力を受ける権利（3項）を保障している。同条は，被告人の権利という形で，当事者・論争主義の刑事裁判に不可欠な要素を示している。すなわち，刑罰を科す手続きにおいて，法律の専門家による助力の下で，検察官の主張に対して挑戦的防禦を行い，公平な判断者の認定をコントロールする主体的な立場を与え，被告人の言い分を十分に反映させ，そうした言い分を聞いてもなお，検察官の主張が合理的な疑いを容れない程度に証明されていると判断された場合にはじめて有罪を認定することができるという訴訟構造を予定しているのである。このように，憲法は当事者・論争主義の内容を明示しているといえる（渥美2009：264頁）。

　裁判員による裁判も刑事裁判にほかならない。裁判員制度の導入にあたって，公判審理手続や証拠法，上訴審のあり方についての規定は改正されることはなく，そこでの法整備は裁判員法という特別法を刑事訴訟法と併せて運用する形を採っており，このことは裁判員制度の導入にあたって，刑事裁判の原理・原則に何の変化も予定されていないことを示すものだということができる（宮城2012：44頁）。したがって，裁判員制度のもとでの刑事裁判も，弾劾主義，当事者・論争主義に従った公平・公正な裁判でなければならない。

（2）　弾劾主義，当事者・論争主義と裁判員裁判

　戦後のわが国の刑事裁判は，職業裁判官のみによって構成される裁判体が，当事者である検察官と弁護人の主張，立証を通じて判断するという形で行われ，法律のプロフェッショナルのみによって刑事司法が運営されてきた。そこでの，

綿密な捜査にもとづく，絞り込んだ起訴，精緻な立証，調書を多用した証拠調べ，時には起訴状を超えるほどまでに及ぶ審理，上訴審に耐えうるだけの詳細で周到な判決書等の特色は，いわゆる「精密司法」と呼ばれることもあり，それが裁判を長期化，複雑化させる要因であるとされたり，調書裁判と批判されたりすることも多かった(松尾1999：15-16頁，平野1999：4頁，なお，田宮1994：355-381，374頁参照)。こうした精密司法と呼ばれる司法の運営は，弾劾主義，当事者・論争主義という観点からは必ずしも好ましくない面があったことは否定できないであろう。

　裁判員制度は，このような従来の刑事裁判からの転換を図り，弾劾主義，当事者・論争主義に従った充実した適正な刑事裁判手続を保障しようとするものであるということができる。

　裁判員裁判においては，公判の冒頭から迅速かつ充実した公判審理を行うことを目的として，公判期日に先立ち争点・証拠の整理が行われ明確な審理計画の策定が行われる（刑訴法316条の2)。また，充実した審理を行うためには当事者手持証拠の開示が行われる必要があるところ，従来裁量で行われていた証拠開示について具体的な規定が設けられ，大幅に拡充された（同316条の13以下)。これらの手続きにおいて，検察官の罪となるべき具体的な事実の主張が被告人側に明らかにされる。このように公判において争点を絞り込んで，十分に準備の機会を与えられた当事者による充実した攻撃・防禦が可能となるよう，弾劾主義，当事者・論争主義に従った審理手続を実現しようとしている(渥美2009：225-236頁)。

　また，裁判員裁判では，素人が参加する裁判であるがゆえに，膨大な証拠について時間をかけて読み込み精査するということを想定することはできず，その負担の軽減も考慮すれば，公判期日の連日的開催により集中的な審理を前提に，絞り込んだ争点につき，厳選した証拠によって立証が行われなければならないことになる。そして，その証拠は素人である裁判員が，調書によるのではなく，見て聞いてわかることができるよう，人証を中心として，裁判員の面前での検察側と被告人側による口頭での攻防を通じて心証形成が行われる。このことから裁判員裁判では，口頭主義・直接主義を内容とする公判中心主義にもとづく裁判が行われ，当事者・論争主義による刑事裁判が徹底されることになるといえよう。このように，裁判員裁判は，わが国の憲法の下での弾劾主義，当事者・論争主義に沿ったものであるといえるし，それを実質化する可能性を

有しているといえる（椎橋 2013：200 頁）。

3 公平・公正な裁判と裁判員制度

　憲法が弾劾主義，当事者・論争主義を採用したねらいは，個人の価値を前提とした，公平・公正な裁判を実現するためである。被告人個人に価値を認めることを前提に裁判が行われ，被告人の見解が裁判で十分に主張されるよう公正な手続きが行われることがもっとも重視されなければならない。そして，弾劾主義が採用されたのは，個々人の多様な価値観の存在を認める以上，「正しさ」というものを国家が押し付けることはできないため，価値観の違いに端を発する当事者間の紛争は，まず第一次的には社会に問題解決が委ねられ，そこで解決できないような重大な紛争に限って，社会の構成員やその代表者による告発により国家・裁判所がその解決に乗り出すべきであって，さらにそうである以上，その告発の範囲内で裁判が進められなければならないということにもとづく。そして，その告発された事実について有罪とされた場合に自ら不利益を被る被告人は，自己に不利益を科そうとする政府の主張に対して，その内容を知ったうえで吟味し，それに対して自己の価値観や見解にもとづいて主体的に主張を行うことができる権利が認められなければならず，そのような手続きの結果として，被告人の言い分を排除して有罪と認定される理由が示されるような手続き構造でなければならないということから，当事者・論争主義が採用されたのである。

　したがって，そこでは，告発された範囲で，公平な裁判所が，法に則り，当事者の主張する証拠のみにもとづいて合理的な判断をすることが要求されているといえる。しかし，裁判員裁判は，法律に関して素人である国民が参加する裁判であるため，その判断において，素人の道徳基準や政治的・文化的要求が入り込む危険が高まることは否めず，この点をいかに克服するかが裁判員裁判の最大の課題であるということができよう。国民の参加する裁判員裁判では，こうした証拠や憲法および法以外の要素を排除して，憲法のねらいである公平・公正な裁判を達成するための方策を講ずることが重要であると思われる。

　この点に関連して，わが国の裁判員裁判に関連する諸手続きでは，法律解釈を裁判員の権限から除外したこと（裁判員法 6 条），裁判員の選任の方法についての工夫（同 13 条以下），公判前整理手続による争点および証拠の絞り込み（同

第2部　多様化する社会と正義の重層性——変　容——

49条，刑訴法316条の2以下），証拠法則の効果的活用等への配慮，あるいは裁判員と職業裁判官の協働による事実認定と量刑および公判廷や評議にける裁判官の裁判員に対する適切な説示（裁判員法66条）等，「証拠と憲法および法に基づかない要素」を取り除くために複数の方策が準備されている。

　こうした現行法の方策は，憲法のもとでの公平・公正な裁判を実現するために十分なものといえるであろうか。以下，公平・公正な裁判を保障するために，重要と思われる点について検討を加える。

4　公平な裁判所と裁判員選任手続

　憲法は37条で公平な裁判所による公正な裁判を受ける権利を保障している。「公平」とは，一方の当事者に与することなく，党派的に偏っていないことをいう（判例は公平な裁判所につき，「偏頗や不公平のおそれのない組織と構成を持った裁判所による裁判」をいうとしている。最大判昭和23・5・26・刑集2巻5号511頁参照）。裁判への国民参加を考えるとき，まず，その選任については，工夫と配慮が必要となるであろう。

　それでは，裁判への国民参加において，「公平な裁判所」という憲法の要件を保障するということは，裁判に参加する国民を選任するに当たって，どのようなことを要求するのであろうか。

　もとより，三権分立の下，裁判は，証拠およびそれにもとづく論理的な論拠によって判断されなければならないものであって，司法過程は政治的・党派的に偏りのあるものであってはならないし，民主主義や国民主権の原理が妥当する政治過程とは異なって，利害関係を排した中立な判断が要求される（Wellington1982：pp. 486-493）作用である。そこでは，国民の多元的な価値観を裁判結果にそのまま反映するように裁判体を構成することが要求されるのではなく，むしろ，証拠と憲法および法にもとづかない要素により判断を行う蓋然性がある者を排除する手続きの下で選定された裁判体を構成することが求められる。

　さらに，英米においては，とりわけ刑事裁判における陪審裁判は，刑事手続が政府による圧政の手段として利用されてきたという歴史的な事実を背景として，政府の圧政から市民の自由や権利を市民の手で守るという理念のもとで発展してきた。そこで，刑事裁判が行き過ぎの圧政であるかどうかを，コミュニティの同胞が判断するという点が重視される。ここから，陪審の判断は，コミュ

第 8 講　国民の裁判への参加と公平・公正な裁判

ニティの「同胞」による判断であることが重要となり，陪審はそのコミュニティの構成のあり方をそのままに，たとえばコミュニティの男女比や階層を反映して構成されなければならない。このような陪審制度の下では，陪審は「偏頗や不公平のおそれ」がないことはもちろんのこと，陪審はコミュニティを代表するものとして，その公正においてコミュニティの構成のあり方を反映するものでなければならず（いわゆるコミュニティの公正なクロス・セクション［fair cross section of community］），この要請はアメリカ合衆国では，公平な陪審による裁判を受ける権利を保障した合衆国憲法第 6 修正の内容であると理解されている（Taylor v. Louisiana, 419 U.S. 522 (1975), 安村 1994：415 頁-417 頁）。

　では，わが国においてはどのように理解すべきだろうか。わが国の裁判員制度の下で，裁判員は，裁判官ではないが，裁判官とともに，裁判体を構成し，刑事裁判において事実認定と法令の適用および刑の量定の判断を行うことになっている（裁判員法 6 条 1 項）。したがって，わが国において裁判体を構成する裁判員は，「偏頗や不公平のおそれ」がないように選任されなければならないが，これは，どのような内容を含むものであろうか。裁判体が公平に組織構成されることのほか，合衆国同様に憲法はコミュニティの構成のあり方を反映することを要求しているのであろうか。

　この点，まず，裁判員制度は国民の感覚を司法に反映させようとするものではあるが，国民を代表する者が裁判に参加することによって国民の多元的価値を反映することを求めるものではない。あくまでも，国民の健全な感覚を事実認定等に持ち込むという観点から，裁判員制度の下で裁判員に求められるのは一般国民による一般の感覚にもとづいた合理的な判断であって，裁判員が国民を代表することまでは求められるものではない。したがって，裁判員の選任においては，合理的な判断を期待できない者を排除する仕組みが準備されていることが必要であり，それで足りることとなる。また，アメリカ合衆国とは異なって，わが国では深刻な人種問題を抱えているというような状況にはないため，差別的意図を排除する要請は今のところ低く，そのために司法手続上のバランスを欠く結果を招く危険性も少ないことから，わが国において裁判体には，コミュニティの各層の意見を反映する裁判構成を求める，「コミュニティの公正なクロス・セクション」の要請までは必ずしも必要とされないということになると思われる（椎橋 2004：110-115, 112 頁参照）。

　わが国の裁判員法のもとで裁判員は，アメリカの陪審制度と同様に，複数回

175

の無作為抽出で選出される。裁判長は，裁判員候補者に対して，不公平な裁判をするおそれがないかを判断するため必要な質問をすることができ，両当事者もこの判断をするために必要とする質問を裁判長に求めることができる（裁判員法第34条1項，2項）。この手続きにより，証拠と法にもとづいて判断をしない蓋然性のある者の排除を可能とするための制度的な保障策が採用されている。また，裁判員を選任する手続きにも4名を限度として理由を示さない不選任（忌避）の請求が両当事者に認められている（同36条）。これは，英米の専断的忌避（Peremptory Challenge）にあたるものであり，質問等で偏見がないということを確認したところで，なお個人の好みや偏見にもとづいて判断をするおそれが残るので，そのような可能性のある者をできるだけ排除しようとするものである（渥美2009：288頁，同1987：205頁）。現状どの程度の手続が要求されるかについては議論の余地があろうが，わが国の裁判員制度のもとでの選任手続により，最低限の合理的な判断を期待できない，公正な審理ができない者を排除することは可能であろう。したがって，裁判体を構成する裁判員を選出する選任手続については，ひとまず，憲法の求める公平・公正な裁判を保障するための一定の方策が用意されているといってよい。

5　裁判員制度の下での合理的な判断の確保と裁判官による説示のあり方

（1）　裁判員制度における説示

　裁判は，証拠およびそれにもとづく論理的な論拠によって判断されなければならないものであって，中立で公平な裁判所による公正な判断が要求される。憲法が裁判官の独立や司法権の独立を保障した中心的な意味は，まさに裁判とそれに関わる法令の解釈に，「証拠と憲法および法に基づかない要素」が入らないことの保障にある（legal autonomyの原理，渥美2009：287頁）。しかし，裁判員裁判において，裁判員が司法に参加する場合には，素人である以上，そのような要素が入り込む危険は存在する。このような危険を除去し，事実について証拠にもとづき合理的な心証形成，法律の適用，量刑を行うことができるようにするための重要な方策として裁判官による説示がある。

　説示とは，わが国において必ずしも統一した用法で使用されていないが，本講では裁判員が適切に判断できるようにするための，裁判官による裁判員に対

する手続きや証拠法則等についての説明を指すものとする。

　陪審制度を採用する英米諸国の例をみると，説示は，大きく分けて審理開始に先立って行われる説示（Preliminary Instructions）と，審理中に必要に応じて行う説示（Mid-Trial Instructions），および，審理の最後に行う説示（Final Instructions）とに分類される。審理開始に先立って行われる説示では，陪審員としての任務や，公判手続の概要や重要な法的ルールを説明し，審理中に行う説示においては，必要に応じて証拠法則等について説明が行われる。そして，審理の最後，評議が行われる直前に法律の適用に関する説明のほか，証言・証拠物・証拠書類について証拠の要約を行うことになっている（辻川2006：40-43頁参照）。

　裁判員法39条1項は，「裁判長は，裁判員および補充裁判員に対し，最高裁判所規則で定めるところにより，裁判員および補充裁判員の権限，義務その他必要な事項を説明するものとする。」と規定する。これは，陪審制度における，審理開始に先立って行われる説示に該当するものであるといえる。さらに，同51条は「裁判官，検察官および弁護人は，裁判員の負担が加重なものとならないようにしつつ，裁判員がその職責を十分に果たすことができるよう，審理を迅速でわかりやすいものとすることに努めなければならない」としているが，この規定は，裁判官はもとより，当事者である検察官や弁護人に対しても公判手続が裁判員にとって分かり易いものとするために説明責任を負わせたものと解してよいであろう。とすれば，公判中に裁判員が混乱するような事態が生じれば，必要に応じて裁判官が説示することが求められることになろう。ここでの裁判官による説明は，審理中に必要に応じて行う説示に対応するものといえる。さらに，同66条5項では，評議において，裁判長が「裁判員に対して必要な法令に関する説明を丁寧に行うとともに，評議を裁判員に分かり易いものとなるように整理し，裁判員が発言する機会を十分に設けるなど，裁判員がその職責を十分に果たすことができるように配慮しなければならない」と規定されている。この規定は，評議に裁判官が参加することを前提に，裁判官（裁判長）が，評議においても必要に応じて説示を行わなければならないことを定めたものであり，英米の陪審制度にはないわが国の裁判員制度の大きな特色であるといえよう。

（2） 説示の重要性

　裁判員は，当事者・論争主義の下で，法に則って，検察官と被告人の具体的な証拠についての立証と反証の結果にもとづいて心証を形成する。その際，裁判員は独立して職権を行使するものとされ（裁判員法8条），証拠の証明力の判断は裁判員の自由心証に委ねられている（同62条）。これは一般国民の感覚を刑事裁判に反映させるという裁判員制度の目的に照らして重要な点である。しかし，公判手続に関する法原則に従い証拠のみにもとづいて事実認定をすることは，法についてまったくの素人である一般の国民にとって困難である。裁判員に証拠を分析，検討することを求めるのは容易なことではなく，多くの場合，感覚や印象といった個人の感性にもとづいて判断がなされるであろうし，分析的な判断ではなく包括的・総合的な判断となろう。また，一般国民が法の適用において何の知識もなく合理的な判断を行い，さまざまな事情を斟酌して適正な量刑を行うことも難しい。

　素人である裁判員が，刑事裁判に主体的・実質的に関与するには，職業裁判官が評議の前提として当該事件の争点およびその判断に必要な法律解釈に関する説明を行い，裁判員の個人的な感覚にもとづく証拠評価を排除するために，証拠調べの進行状況に応じて全体の証拠構造，その中での各証拠の位置付け，個々の証拠の立証趣旨や，信用性を検討するうえで考慮すべき事項等を，客観的に裁判員に分かり易く説明する必要がある（中谷・合田2004：42頁）。このようにしてはじめて裁判員は，実体法上の犯罪成立要件や阻却事由等について，具体的事実に沿って，証拠にもとづいて合理的な事実認定をし，合理的な法の適用および，適切な量刑をなすことが可能になる。裁判官が裁判員を適切に方向づける方策として説示は重要であり，裁判員の参加する裁判の合理性を確保する前提として，重大な意義を持つ。

　それゆえ，裁判官には，証拠と憲法および法のみにもとづいて裁判員が合理的な判断に到達できるように，十分な知識と素養を持って説示を行うことが要請されるとともに，この説示は裁判員の判断に時に決定的な影響を及ぼすがゆえに，裁判員による合理的な判断を担保するための説示が適切に行われるための保障策が検討されなければならない。

（3） 裁判員制度の下での裁判所による説示のあり方

　裁判官による説示についての現在までの運用について，最高裁判所が毎年行っている「裁判員等経験者へのアンケート調査報告書」における，審理と評議についてのアンケート結果をみると，裁判官の説明についてわかり易かったと回答した裁判員等経験者は毎年約90％を越え，また評議で話し易かったとした者，十分な評議ができたという者も7割を超えている，評議における話し易さや議論の充実に配慮が計られられているとともに，裁判官による説示が評議の中で機能していることをうかがい知ることができる。

　先述のように，わが国の裁判員制度の下では，説示は審理開始時および審理中に行われるほか，裁判官が評議に参加しない英米の陪審制度とは異なり，裁判官と裁判員の評議の場でも行われることが予定されている。この点で，事実上裁判官による説示は評議と同時並行的に，評議の中の裁判員と裁判官によるやりとりの中で行われる場合も想定され，説示が裁判員の判断に与える影響もより大きなものとなりうる。にもかかわらず，評議は非公開で，具体的にどのような説示がどのような事項とどの判断について行われたかを記録し精査する制度もなく，したがって開示されていない。もし説示に誤りがあったとき，その説示に従って行われた裁判体の判断は，合理的であるとの前提を欠くこととなる。個々の裁判官の個人的な見解ではない裁判員が十分に理解できる適切な説示を確保する制度がなく，説示の誤りを精査できる方策が存在しない状況で，裁判員制度の下での判断の合理性を担保することが果たしてできるであろうか。

　素人が判断するにあたって，説示が適切になされなかった場合，当事者・論争主義の公判構造の下で，法に則って，検察官と被告人の具体的な証拠についての立証と反証の結果に基づいて公平・公正な判断がなされたとの前提を欠くことになる。そのような事態に至れば，裁判員制度の目的である，国民の司法への信頼は揺らぐことになる。また，どのような説示に基づいて素人による判断がなされたかわからない場合には，被告人としてはその判断に対して公正な手続きの結果であるとして，少なくとも「やむをえない」ものとして受け止めることはできないであろうし，被告人を不必要に疑心暗鬼に陥れることにもなろう。

（4） 適切な説示を担保するための方策

そのため，適切な説示を担保するための方策を講ずることが必要である。

まず，説示のうち，標準化が可能なものについては，不足や誤りを防ぐ見地から，標準的な説示を工夫し，明示することが望ましい。

裁判員に対する事前説示において「無罪の推定」や「合理的な疑いを容れない程度の証明」を裁判員が理解できるように正確にわかりやすく表現することは容易ではないであろうし，審理中に行う説示における証拠法則についても同様である。こうしたものについて，その内容を的確かつ具体的に定義することは難しいが，標準化が可能なものであるから，どの段階で，どのような事項について，どのような内容の説示を行うかを標準化することは適切な説示を確保するために有用である。

英米においては説示の重要性は古くから認識されてきており，説示が個々の裁判官の個人的見解によって行われることなく，適切に行われるように周到なモデル説示集が作成され（アメリカ合衆国では連邦・州の公判裁判所ごとに，"Model Jury Instructions", "Standard Jury instructions", "Pattern Jury Instructions" 等と呼び名は多岐にわたるものの，説示モデルが用意されている），実際にそれが運用されながら改訂を重ねている。わが国においても裁判所や裁判官による適切な説示モデルの策定の努力が行われているところではあるが，統一された標準的な説示モデルを策定し発展させることが検討されてよい。説示モデルは裁判員の判断を導くルールの探求と確定に他ならないから，これにより，合理的な事実推論を導くルールの創設や，量刑の枠組みが構築されることも期待できよう。

さらに，必ずしも標準化することができない，あるいは標準化に馴染まない個別的な事項についての説示，とりわけ，わが国の裁判員制度の下で，評議の際に裁判官により行われる説示については，不十分な説示や適切ではない説示がなされていないかをチェックする方策が必要であるように思われる。裁判員は素人であるがゆえに，裁判官による説示の有無や内容に判断が左右され易いことから，適切とはいえない説示がなされなかったか（あるいは，極端な場合には裁判官による不当な誘導がなかったか）どうかを精査することが可能となる方策が考えられてもよい。陪審制を採る合衆国では，裁判官による説示に手続き上の誤りがあるときには，その評決は上訴の対象となる。上訴審が説示を法

的に不適切であると判断すると，陪審の評決は破棄されることになり，実際に不適切な説示を理由に評決が破棄された事例は少なくない。わが国においても，不適切な説示がなされた場合には，その説示にもとづく裁判員の評決は，適正さの前提を欠くものとなるから，上訴の対象となるといわなければならない（刑訴法379条）。この場合，裁判官の説示を不適切なものとして上訴をする場合には，特定の不適切な説示事項を提出する必要がある。ここから，自由な評議の確保等の観点から求められる評議の秘密（裁判員法70条参照）との関係でクリアすべき点は多いと思われるが，評議において具体的にどのような説示がどのような事項とどの判断について行われたかを記録し開示することも考えられてよいのではないだろうか（渥美2009：287頁参照）。

6　裁判員裁判と量刑判断

（1）　裁判員制度における量刑にかかわる問題

　最後に，公正な裁判に関わる事柄として，量刑に関わる問題について検討を加える。
　多様な価値観を認める社会においては，何が正しいかは必ずしも明らかではないので，同様のことは同様に扱われなければならないという原則が導かれる（渥美1993：283頁）。当事者・論争主義を支える公平な裁判所による公正な裁判を受ける権利の保障の根底にある公正とは，ルールに則っているとともに，個別の事情ごとに「同じものは同一に，異なったものは異なって」しかも，可視性の高い状態で，公判での双方当事者の訴訟での行為を規律することを意味する（渥美2009：266頁）。刑の量定も公正さが求められる刑事裁判の内容をなすものであり，このことは当然にあてはまる。また，量刑が恣意的に行われたり，罪刑との均衡を欠く場合や，同種・同性質・同程度の行為を内容とする事件について量刑に著しい不均衡があったりする場合には，被告人はもちろん，社会一般も裁判の公正さに疑問を抱くことになろう。その結果，最終的には刑事司法に対する社会の信頼も失う結果となる。その意味で，量刑は特に一貫性が重視され，その公正さが重要となる領域であるから，素人の参加する裁判員裁判において，公正さを担保する方策が問われなければならない。
　もともと，裁判員制度は，国民の感覚を刑事裁判に反映させるというねらい

第2部　多様化する社会と正義の重層性 ―― 変　容 ――

の下に導入された。そこには，量刑判断に国民の感覚を反映させるという目的も含まれる。実際に，性犯罪や傷害致死については裁判員裁判における厳罰化傾向が読み取れるし，犯罪によっては裁判員制度施行前よりも量刑分布が広くなっており（最高裁判所事務総局 2012：83-89 頁参照），裁判員制度の導入が量刑判断に一定の影響を及ぼしているということができる。

　このような，裁判員制度の導入の量刑判断への影響は，裁判員制度のねらいに沿ったものということもできるが，一方で，従来の量刑との一貫性が失われるおそれや，同種の事件について，裁判体ごとに大きく異なった量刑が行われるおそれが生ずる。これを裁判員制度の導入に伴う不可避的な結果であるとして致し方ないとすることはたやすいが，一貫性のない量刑は，憲法の定める公平・公正な裁判の実現を不可能にすることになるし，また，量刑の著しい不均衡は，裁判員制度導入の最終的な目標である「刑事司法への国民の信頼」を損なうことにもなる。さらに，実際に裁判員裁判において量刑が問題となるケースは顕在化してきているように思われる。第一審の裁判員裁判においては，犯行態様と，結果の重大性から，被害者が1人であっても極刑を回避する決定的な理由にならないとして死刑を選択したのに対して，控訴審が，第一審における前科の評価を問題視して，無期懲役を言い渡した平成25年6月20日の東京高裁判決や，同様に第一審の裁判員裁判で死刑が言い渡された事案で，計画性が無く1人殺害の強盗殺人事件で死刑となった例がないとして無期懲役を言い渡した平成25年10月8日の東京高裁判決がある。いずれも，先例および量刑の一貫性を理由に裁判員による第一審の量刑判断を破棄した事例であると評価できる。（なお，前者は前述した評議における裁判官の説示の問題とも関連しても問題となりうるであろう。）

　したがって，裁判員制度において公正な裁判との関係で，量刑のあり方が問われることになろう。そこで裁判員制度の下での量刑について，公平・公正な裁判を確保する見地からどのような方策が採られるべきか，以下に若干の検討を行う。

（2）　裁判員制度における量刑のあり方

　前述のように，量刑判断は，恣意的であってはならないし，罪責との均衡を欠いたり，一貫性を欠くようなばらつきがあったりしてはならないが，それぞれの事件にはさまざまな事情が存在するのであって，その事情に応じた量刑が

求められる以上,「正しい」量刑を発見することは不可能である。「正しい」結論を発見することができない以上,公正の原理に従って,個別の事情ごとに「同じものは同一に,違うものは異なって」,具体的には,犯罪事実を中心とした量刑資料の評価を基本として,事件ごとの具体的な事情を考慮しつつ,罪刑の均衡を基礎として先例との一貫性を重視した量刑判断をすることが必要となる。

とはいえ,裁判員制度の趣旨は,司法に国民の健全な一般常識を反映させ,それにより司法に対する国民の理解の増進とその信頼の向上にあるとされている（裁判員法1条参照）から,刑の量定に当たって,裁判員の裁量的な判断を否定することは,裁判員制度の趣旨に反する結果となろう。しかし,公正な裁判を保障する憲法のもとで,裁判員ごとの印象や直感のみにより量刑判断が行われないような方策は講じられなければならず,裁判員制度のねらいを達成しつつ,公正な量刑判断が行われるような方策が考えられなければならない。一般的には,裁判員の裁量判断を前提としたうえで,その裁量判断が罪刑との均衡や先例との一貫性等から導かれる枠組みを大きく外れることなく,合理的な判断ができる方策が求められる。

そのために,まず,先に述べたような,裁判官による裁判員に対する適切な説示は不可欠であろう。また,当事者・論争主義の下で,公判前整理手続から争点を絞り込んだうえで,量刑において必要な証拠を対象に,わかりやすい審理を行うことが,必要な資料のみに基づいた合理的な判断を行うために不可欠である。この点,いかに裁判官による説示があろうとも,素人である裁判員が事実認定の資料と,量刑資料とを区別して判断を行うのには限界がある。そこで,犯罪事実の認定手続と量刑手続を,手続き上二分する運用方法（いわゆる訴訟手続二分論）の導入が検討されてもよいであろう（田口1991：162頁）。さらに,公正な量刑判断とは,それが判断者の直感的・恣意的判断によるのではなく,慎重に検討された合理的な結論であることについて合理的な説明ができるものでなければならないから,判決書に量刑理由を記載し,説明の付く判断であることを示すようにすることは重要な意味を持つ。加えて,罪刑との均衡と一貫性を重視する立場から,裁判員が適切な枠組みの中で的確に裁量権を行使できるようにするため,参考となる量刑の基準を目に見える形で提示する（量刑データベースの活用）ことも有用であると思われる。

7 おわりに

　以上，裁判員制度において公平・公正な裁判との関係にかかわると思われる若干の事柄について検討してきた。

　このようにしてみると，裁判員制度も，憲法の保障する公平・公正な裁判を実現するように構想されていることが分かる。裁判員の選任手続では公平な裁判所を担保するのに十分な配慮がされているといえるし，裁判員が参加する手続きの全過程で裁判官による適切な説示が行われるものとされ，裁判員の心証形成の過程において証拠や憲法および法以外の要素を排除するための方策が採られている。また量刑においては公正さが重視される領域であり，裁判員制度の趣旨を実現しつつ，公正な判断を確保することが求められている。

　裁判員制度は施行後数年を経て，徐々にわが国の裁判制度の中に浸透してきている。この裁判員制度を契機として，被疑者の国選弁護の導入や証拠開示の拡充等，重要な改正が行われ，また，裁判員裁判において必ず履践しなければならない公判前整理手続は，必須とはされていない通常の事件においても積極的に活用されてきているところであり，裁判員制度はわが国の刑事裁判にも大きな影響を与え，さらに，刑事司法制度のあり方について考える機会を与えているということができよう。今後，よりよい制度になるよう，裁判員制度の検証作業にもとづく改良が待たれるとともに，憲法の要求する原理と原則に従った制度の構築と運用が重要である。

◇引用文献◇

渥美東洋（1985-1987）:『レッスン刑事訴訟法　上・中・下』中央大学出版部
渥美東洋（1993）:『罪と罰を考える』有斐閣
渥美東洋（2009）:『全訂 刑事訴訟法〔第2版〕』有斐閣
最高裁判所事務総局（2012）:『裁判員裁判実施状況の検証報告書』
椎橋隆幸（2004）:「裁判員制度と報道の在り方」ジュリスト1268号
椎橋隆幸（2013）:「裁判員制度の課題と展望」『刑事訴訟法の争点』有斐閣
田口守一（1991）:「公判二分論の今日的意義」高田卓爾博士古稀祝賀論集『刑事訴訟の現代的動向』三省堂
田宮裕（1994）:「刑事訴訟におけるモデル論」内藤謙先生古稀祝賀論集『刑事法学の現代的状況』有斐閣
辻川靖夫（2006）:「カナダの刑事陪審——陪審員選任手続を中心として（4）・完」

判例タイムズ1221号
中谷雄二郎・合田悦三（2004）：「裁判員制度における事実認定」現代刑事法6巻5号
平野龍一（1999）：「参審制の採用による『核心司法』を——刑事司法改革の動きと方向」ジュリスト1148号
松尾浩也（1999）：『刑事訴訟法上巻（新版）』弘文堂
宮城啓子（2012）：「控訴審の役割」刑事法ジャーナル33号
安村勉（1994）：「連邦裁判所判例にみるアメリカ刑事陪審の一断面——陪審の法判断とコミュニティーの公正なクロス・セクション」刑法雑誌第33巻3号
Wellington, Harry H. (1982) : The Nature of Judicial Review, *Yale Law Journal*, 91

◇参考文献◇

佐藤幸治（2011）：『日本国憲法論』成文堂
椎橋隆幸編（2012）：『プライマリー刑事訴訟法〔第4版〕』不磨書房
杉田宗久（2010）：「裁判員裁判における手続二分論運用について」原田國男判事退官記念論文集『新しい時代の刑事裁判』
鈴木茂嗣（1972）：「訴訟手続二分論」高田卓爾・田宮裕編『演習刑事訴訟法』青林書院
中野目善則（1993）：「法の機能と法解釈」八千代出版
原田國男（2008）：『量刑判断の実際（第3版）』立花書房
松岡正章（2000）：『量刑法の生成と展開』成文堂
松本時夫（2002）：「刑の量定」『刑事訴訟法の争点（第3版）』有斐閣
Damaska, Mirjan R. (1986) : *The Faces of Justice And State Authority : A Comparative Approach to The Legal Process*, Yale University Press

第9講　弁護士の役割の変化と拡大

秋田　知子

　弁護士は，依頼者の利益を擁護し，勝訴を目指して活動をする。依頼者の利益を擁護するためには，相手方と対決することが必要で，それが弁護士の役割であると考えられてきた。依頼者の利益を確保するために対決姿勢から協調的な妥協を探ることも行われるが，これは依頼者の代理人という枠の中で問題解決を図ろうとするものである。ところが，弁護士の中には，双方の当事者の利害を調整するという活動をするものがいる。この活動を額面通り受け取ると，依頼者の利益や秘密を守り，利益相反を禁ずるという弁護士の倫理に明らかに抵触するように思える。この活動について，弁護士の倫理に焦点を当て，比較法的な点も踏まえて問題点を検討する。

1　はじめに

　弁護士は，当事者等の依頼又は官公署の委嘱にもとづき，訴訟事件，非訟事件，行政不服申し立て事件その他一般の法律事務を行うことを職務とする（弁護士法3条）。また，民事訴訟においては原則として弁護士でなければ訴訟代理人となることができないとされており（民訴54条），この訴訟代理が弁護士の職務の中心的な領域を占めている。

　訴訟代理を中心とする役割を引き受ける弁護士は，民事訴訟において請求に対する攻撃と防御をベースにした枠組みの中で論争主義的な態度で相手方と対立し，自分の依頼者の利益を擁護し判決を勝ち取る。これが弁護士の役割であると考えられてきた。

　また，弁護士は，「基本的人権を擁護し，社会正義を実現することを使命」（弁護士法1条1項）とし，その使命を尽くすために「誠実にその職務を行い，社会秩序の維持及び法律制度の改善に努力しなければならない」（同法同条2項）。

つまり，弁護士が依頼者に対し誠実かつ勤勉に役務を提供することは当然の義務であり，弁護士が熱心に依頼者の利益を擁護することによって同時に正義が実現されたとみなすことができるのである。熱心に依頼者の利益を擁護するというのが，弁護士の基本的な役割であることに違いないが，たとえば，紛争が顕在化していない場合，または依頼者である当事者が温和的で協力的な態度を好むような場面では，弁護士がこの役割に固執することは必ずしも得策ではないと考えられる。当事者のそれぞれの弁護士が熱心に依頼者の利益を擁護することによって，かえって紛争になってしまい，将来の当事者間の関係を損なうからである。

そこで，紛争が顕在化していないような場面では，一人の弁護士が双方の当事者から依頼を受け，利害を調整することがより適切な解決に導かれると考え，新しい弁護士モデルを提案するものがある（日弁連2012：71-72頁，小島1986：6頁以下，遠藤1993：267頁以下）。これは，1人の弁護士が当事者双方にとって利益になるものを目指すので，時間と費用を節約することができ，さらに当事者間の将来のよりよい関係を育むことができるという利点があるといわれている。このように弁護士が複数人間の利害を調整するというサービスは「調整型の職務」と呼ばれ，伝統的な「依頼者の代理人」としての役割とは異なるものである。

しかしこのモデルは，弁護士倫理に関する規範からみて倫理違反としての疑義が生じかねず，現状では微妙な解釈問題になっている。ここでは，弁護士が「調整型の職務」を行う場合の弁護士倫理上の問題点を考察していきたい。なお，比較法的な視点からアメリカにおける「調整型の職務」の問題状況を参照する。後述するように，アメリカのケースでは，当事者間の関係性の維持を課題とする家族紛争においてまさに「調整型の職務」が議論の焦点となっている。

2 「調整型の職務」を行う上での弁護士倫理の問題点

(1) 弁護士倫理

「調整型の職務」を行うためには，1人の弁護士が複数当事者の依頼を引き受けることになるが，その際に利益相反および秘密保持の規定に違反しないかが問われる。前者は複数当事者の依頼を引き受けることにより調整を通じて当

事者の一方の利益が不当に害されるおそれがあるという問題，後者は調整を通じて当事者の一方の秘密を他方当事者に提供するおそれがあるという問題である。いずれも弁護士倫理の重大な事項である。そこで，以下，利益相反の射程，および秘密保持義務の射程について論点を明確にし，「調整型の職務」の問題の所在を考えることにする。

なお，弁護士倫理についての規範は，弁護士法に定める倫理規定，および日本弁護士連合会が定めた「弁護士職務基本規程」があり，弁護士はこれらの倫理に違反した場合には，懲戒権を持つ弁護士会によって懲戒を受ける（弁護士法56条1項）。

（2）利益相反

弁護士は，一方当事者から信頼関係にもとづいて協議を受けたり又は賛助した事件について，他方当事者の依頼にもとづき職務を行ってはならない（弁護士法25条1号・2号，弁護士職務基本規程27条1号・2号）。

このような職務行為を禁止する趣旨は，「弁護士が同号所定の事件について職務を行うことが，先に当該弁護士を信頼して協議または依頼した相手方の信頼を裏切ることになり，このような行為は弁護士の品位を失墜させるのでこれを未然に防止することにある（最大判昭和38・10・30民集17巻9号1266頁）」とされる（日弁連2012：71頁）。

この規定にもとづくと，1人の弁護士が複数の依頼者の事件を引き受けることはできないようにみえる。しかし，日弁連の解説では，「調整型の職務との関係」という項目の中で，複数当事者間の利害の調整役は，当事者の代理人として行うものではないので，利益相反に違反しないと述べている（日弁連2012：72頁）。すなわち，「弁護士は裁判外において，いまだ紛争が顕在化していない複数人間の利害を調整するために職務を行う場合がある。たとえば，二当事者間の契約締結にあたって，いずれの代理人にもならないが，双方から依頼を受けて契約が締結されるよう，当事者の利害を調整するような場合である。そのほかに，離婚を含めた夫婦関係の調整，遺産分割協定の調整，共同事業その他の法律関係の清算に伴う金銭の分配調整等がある。このような複数当事者間の利害の調整役は，当事者の代理人として行うものではないから，双方代理となるものではないし，本条1号や本条2号の利益相反となるものではない」というものである（日弁連2012：71-72頁）。

この解説では,「いまだ紛争が顕在化していない複数人間の利害を調整するために職務を行う場合」としているので,紛争が顕在化している複数人間の利害調整は,認められていないようにみえる。

(3) 秘密保持

弁護士は,職務上知り得た秘密を他に漏らしてはならない(弁護士法23条,弁護士職務基本規程23条)。

日弁連の解説では,「弁護士は,依頼者から自己に不利益な秘密も含めてさまざまな秘密を打ち明けてもらうことにより,依頼者にとって最も適切な法律事務を行うことができるものであるから,弁護士が職務上知り得た秘密を他に漏らしてはならないことは,弁護士の義務として最も基本的かつ重要なものである」とし(日弁連2012:49頁),秘密保持は弁護士倫理の中でもとくに重要なものであるとしている。

ただし,弁護士法23条ただし書は,法律に別段の定めがある場合(民訴197条2項,刑訴105条ただし書)に秘密保持の権利義務を解除すると規定している。また,弁護士職務基本規程23条は,「弁護士は,正当な理由なく,依頼者について職務上知り得た秘密を他に漏らし,又は利用してはならない」と規定し,正当な理由がある場合は,秘密保持が解除されると解されている。正当な理由がある場合というのは,「(1) 依頼者の承諾がある場合,(2) 弁護士の自己防衛の必要がある場合,(3) 公共の利益のために必要がある場合」を挙げている(日弁連2012:55-56頁)。

「調整型の職務」を検討する上で問題となるのが,複数当事者のそれぞれの秘密を漏らさないままで調整を行うことができるのかということである。それぞれの当事者が自分の情報を弁護士に開示し,その情報を利用して弁護士が利益調整をすることが最も実質的な成果につながるだろう。そこで,弁護士が「調整型の職務」を行う場合には,秘密保持違反にならないように,「依頼者の承諾」を得て,秘密保持を解除することが必須条件となる。

3 「調整型の職務」の限界

(1) 利益相反のおそれがある場合の説明義務

日弁連の解説では,「調整型の職務」は当事者の代理人として行うものでは

ないので，原則として利益相反に違反しないと言明する。これに対し，それでもなお弁護士は各当事者に対して利害関係や利害得失について説明する義務があると指摘する学説がある。たとえば，「中立型調整弁護士のモデル」（遠藤1993：267頁以下）を提唱する学説は，調整案の法的合理性及び各依頼者の利害得失の内容について説明義務があるとする。このような説明義務を課すことによって調整型の職務領域が拡大するのではないだろうか。これに反して，日弁連はより厳格な立場をとり，利害対立のおそれがあるときや一方に不利益を及ぼすおそれがあるとき，説明義務に加えて，辞任を示唆する（日弁連2012：72頁）。

（2） 秘密保持に違反するおそれがある場合の開示義務

「中立型調整弁護士のモデル」（遠藤1993：267頁以下）を提唱する学説は，依頼者との関係及び事案の内容について重要な情報を開示し，依頼者間では秘密保持をしないことを要件とする（遠藤1993：295-297頁参照）。この要件は，国民の弁護士への信頼を維持するために重要な要件であるとする。しかしながら，秘密が開示されることによって不利益が生じた場合，依頼者は弁護士への信頼を失ってしまうのではないだろうか。秘密保持をしないことを要件とすることで，弁護士倫理違反を招くことはないだろうが，このことにより，国民の弁護士への信頼を維持することができるかどうかは疑問である。

（3） 限　　界

弁護士が利害調整に成功すれば，当事者にとってメリットは大きいが，調整役の弁護士が結果として調整に失敗したときは，弁護士が当事者から不信感を抱かれる危険性があることに注意しなければならない。

そのために，弁護士が全当事者に対して「調整型の職務」を行っていることを理解させる必要がある。複数の当事者のうち，ある者は，1人の弁護士が全当事者のために利益を調整していると思い，またある者は，自分のための代理人として交渉していると期待を抱いてしまわないように，曖昧なまま調整業務を行うことは避けるべきである。

第2部 多様化する社会と正義の重層性——変 容——

4 アメリカの議論

(1) 弁護士倫理問題

　アメリカの場合はどうであろうか。たとえば，アメリカ連邦最高裁判所のブランダイス判事が任命される際，遺産分割問題において利益の対立する複数依頼者を代理し，弁護士倫理に違反したと攻撃されたとき，彼は調整的な役割を果たした妥当なものであると主張した。結果として，このような活動が弁護士の間で広範囲にみられることが明らかになると，攻撃は撤回された(小島1988：52頁)。このようにアメリカにおいても「調整型の職務」について，さまざまな議論がされてきた。ここでは，とくに家族紛争における家族間の利益調整について検討する。

　アメリカの弁護士倫理においても利益相反を禁止する規定がある。アメリカにおいて弁護士が利益相反のある代理をしてはいけないという理由は，「弁護士倫理を高めようとする趣旨であることは勿論，アメリカ裁判制度の基本構造である対立当事者主義の下で当事者が安んじて弁護士に事件を依頼し，十分な活動ができるように信頼関係を保障するために定められたものである。すなわち，一方の当事者からその生命財産の処理を信託されるという重大任務を帯びている弁護士が，利益相反する他方の当事者からも同一の事件を依頼されて，その忠実さと信頼とを分散することは，まさに二君に仕えるようなもので禁止されるべきだ」というものである (櫻田1970：38頁)。

　アメリカの弁護士倫理である弁護士行動準則模範規程 (ABA Model Rules of Professional Conduct) (以下「モデルルール」という) は，弁護士が当事者の調整役として行動する場合の指針として，モデルルール2.2を規定していた。ところが，このモデルルール2.2は，2002年に削除された。その理由は，そもそも弁護士は一般に，異なる依頼者を共通の代理を通じて調整することに抵抗があったので，モデルルール2.2は，きわめて微妙な形でかつ限定的に共通の代理を認めるというものであり，その上，モデルルール2.2はモデルルール1.7と異なり，弁護士が調整に失敗した場合には依頼者のいずれかが拒絶しなくても，引き続き依頼者の一方を代理してはならないという拘束があり，この制約を受けたくない弁護士が多いという事情もあったためである[注1]。そのため，利益相反については，一般的なルールを定めた下記のモデルルール1.7 (b)

第9講　弁護士の役割の変化と拡大

に委ねられることになった。

モデルルール2.2（朝日 1986：67-68 頁参照）
(a) 弁護士は，以下の各号の要件をすべてみたす場合には，依頼者間の調整役として活動することができる。
　(1) 弁護士がこれにかかわる利益と危険を含め，共通の代理（common representation）の意味内容及び弁護士と依頼者間の特権に対する影響について，それぞれの依頼者ごとに協議し，共通代理に対する依頼者ごとの同意を得たこと。
　(2) 弁護士が，その事件が双方依頼者の最善の利益と両立する条件で解決できるものであって，各依頼者がその事件について十分理解したうえで決断したものであり，かつ，検討されている解決案が成功しないとしてもいずれかの依頼者の利益に対して実質的損失の危険が少ないものと信じ，そのことが合理的であること。
　(3) 弁護士が，その共通代理が公平になされ，かつ，弁護士が依頼者のいずれかに対して有する他の責任に不当な影響を与えることなくなされうるものと信じ，そのことが合理的であること。
(b) 調整役として行動するときは，弁護士は，依頼者のするべき決定及びその決定をするにつき考慮される諸般の事情について各依頼者と協議し，各依頼者が十分に理解したうえでその決定をなしうるようにしなければならない。
(c) 弁護士は，依頼者のいずれかが申し出た場合，又は（a）項のすべての条件が充たされない場合には，調整役を辞任しなければならない。辞任したときは，弁護士は，調整の対象とされた事件についてひきつづき依頼者の一方を代理してはならない。

モデルルール1.7（藤倉 2006：76 頁参照）
(a) 法律家は，(b) 項に規定される場合を除き，ある依頼者を代理することが利益相反の競合を含む場合には，当該依頼者を代理してはならない。利益相反の競合がある場合とは，以下のいずれかの場合である。
　(1) ある依頼者を代理することが，直接的に他の依頼者の利益に反するとき。

193

第2部　多様化する社会と正義の重層性 ── 変　容 ──

　　(2) ひとりまたは複数の依頼者を代理することが，自己の他の依頼者，かつての依頼者もしくは第三者に対する義務，または自己の個人的な利害関係により，重大な制約を受ける相当な危険があるとき。
 (b) (a)項に規定する利益相反の競合がある場合であっても，法律家は，以下のすべての要件を満たす場合には，依頼者を代理することができる。
　　(1) 法律家が，影響を受ける各依頼者に対し，十分かつ熱心な代理行為を提供できると考え，かつそれが合理的であること。
　　(2) 当該代理行為が，法律により禁じられていないこと。
　　(3) 当該代理行為が，同一の訴訟または他の審判手続において，法律家が代理する他の依頼者に対する請求の主張を含まないこと。かつ，
　　(4) 関係する個々の依頼者が，インフォームド・コンセントを与え，かつ，それが書面により確認されていること。

　モデルルール2.2を削除したことに対して，「弁護士の調整役としての活動は，細心の注意を払ったとしても，こじれた事件だと結果責任として弁護士の責任が問われる危険性もあり，どこまで推奨されるべきかについては難しい問題がある……独立の条項（モデルルール2.2）を削除したことが，この問題についての消極的態度への転向を象徴していると思われる」と評価する考えもある（小島2006：95-96頁）。
　モデルルール1.7（b）の要件を満たすことができないならば，1人の弁護士が複数の依頼者の代理をすることは禁止されることになる。たとえば家族法領域における利益相反違反の事例として次のようなものが挙げられる。弁護士は，離婚事件における夫婦の代理と飲酒運転の罪での妻の代理を同時に行った。その際，弁護士は夫の利益のために妻のアルコール問題に関する情報を利用し，さらに「双方の代理を行う上で考えられる影響について十分な開示」を行わず，妻からの書面上の同意を獲得することも怠った。裁判所は，法的助言や合意を起草する際に夫の利益を優先したことを認め，当該弁護士の6カ月間の資格停止を命令した（Board of Overseers of the Bar v. Dineen, 500 A. 2d 262 (Me. 1985))。
　このような事例は典型的な利益相反に該当するが，少なくともモデルルール1.7（b）の要件を満たしさえすれば，1人の弁護士が複数の依頼者の法律問題

の調整を行うことは全面的に禁止されるわけではない。

そこで，アメリカにおいても利益の対立する複数依頼者を調整する行為について模索するべく，さまざまな議論がなされてきた。ここでは，家族法分野の「調整型の職務」を素材にし，利益相反をめぐる学説を要約して紹介する。

（2）学　　説

(a)　家族を1つの単位として扱い，家族を構成する各人を依頼者とするべきではないとする考え

バット（Patricia M. Batt）は，高齢の依頼者とその家族の問題を扱う弁護士について次のように言う。この「弁護士は……とりわけ，年配の弁護士は，利益相反ルールについて注意を払う。弁護士は，もしそのルールが文字通りに適用されれば，弁護士が継続的に関係を持っていた家族の多重的な代理を倫理違反であると指摘されることを恐れる」。

バットは，論点は依頼者の特定であると考え，モデルルールを「依頼者が特定した後にのみ方向性を提供するような倫理的道しるべ」であるとして批判する。もし家族の成員が個別の依頼者として扱われるならば，利益相反ルールに違反しないようにするためには家族の個別の同意が不可欠である。しかし，「高齢の依頼者」は，説明を受けた上で理解して同意をする能力が欠けているか，または不当な影響を受けやすいかもしれない。さらに，家族の成員が個別の依頼者として扱われる場合，弁護士は辞任しなければならないが，これは残りの家族から弁護士選択の機会を奪い，経済合理主義に反して余計な出費を招くといえよう。さらに，バットは，次のモデルケースを用いて家族全体を依頼者とすべきであるという考えを展開する。

「年配の弁護士は，高齢のA氏とその夫人Bに長年法的助言をしていた。彼は信頼の厚い家族の法的助言者であったので，近年彼らの娘CとDにも法的助言を提供してきた。B夫人と痴呆が進行中のA氏および2人の中年の娘たちは，A氏の介護をめぐって助言を求めている。B夫人はもはや年老いた配偶者の面倒をみきれず，老人ホームに入れたいと考えている。娘たち（相続人）は，母親の生活と父親の制度的な介護の必要性について心配している。娘たちは，父親の長期的な介護費用のために母親の経済的な安定を脅かしたくはないが，父親の面倒をみきれなくなってくることも理解している。A氏は老人ホームに入れられたくないが，彼は，年配の弁護士の判断と同様に家族も信頼して

いる。これまで通り1人で，A氏は報酬の責任を負うことを主張する」。

　バットは，この弁護士は家族を依頼者という単位として扱うべきであると提言する。家族を代理することは，「家族問題の潜在的な違いを調整すること」，および家族成員からある程度の独立性を維持することを弁護士に認めるだろう。家族のために代理をする場合，弁護士は「家族の利益と同様に個々の家族の潜在的な不利益についても取り組む義務がある」。このような団体アプローチの下で家族の成員はいつでも離脱して個別の法的代理を得ることができるが，家族法弁護士は，辞任するまで家族の代理を継続することができる。モデルルール1.13（依頼者が組織である場合）の「組織」という概念に家族を含めるものとして考えることは最初は受け入れ難かったが，「依頼者としての家族」という単位で弁護実務を行うことは可能であるとバットは論じている（Batt 1992：p. 325-341）。

　(b)　家族という団体が家族を構成する各人よりも重要であり，一家族を代理する価値があるとする考え

　シェーファー（Thomas L. Shaffer）は，家族の代理に関してバットと同様に議論を展開しているいまひとりの研究者である。以下にシェーファーの考え方を要約して紹介する。

　「家族法弁護士というものは離婚を求める夫婦のために法的拘束力のある夫婦関係の終了や財産分与，そして子の福祉を実現するように行動するべきである。この提案は，離婚する夫婦に非常に魅力的にみえるが，実は弁護士には抵抗があるだろう。なぜなら，アメリカの弁護士というものは，過激な個人主義と個別代理という弁護士実務の伝統に深く根ざしているからである。しかしながらそれは非効率的であるか，もしくは倫理的にも問題である」という。

　シェーファーは次のような事例を示して，家族関係の特別な性質というものを考えさせる。

　「ジョンとメアリーは，成人の子を持つ中年夫婦であり，自分たちの遺言を文書にしたいと考えている。ジョンの指示にもとづいて，弁護士は遺言書を用意した。それは，夫婦のどちらかが死んだらすべての財産を存命している配偶者に残すこと，もし2人とも死んでしまったら，すべての財産を同じ割合で子供達に残すというものである。ジョンは自分の遺言書に署名した。その際弁護士は，メアリーが自分の遺言書に署名する前にジョンに席をはずすようにいっ

た。弁護士は，その遺言がメアリーの希望通りであるかどうか，また，遺言は夫に秘密にしたいかどうか尋ねた。メアリーは遺言の中には自分の希望に反する内容があるといった。しかしながら，メアリーは，夫の希望に反して自分の希望に従った遺言を作成したことを夫が知ったならば生じるであろう家庭の不和や対立には関わりたくないという」。

この事例についてシェーファーはいくつかの条件を加えてメアリーの本心を次のように解説する。すなわち当該夫婦の子の1人であるヘンリーはスーザンという女性と10年間結婚していたが，現在は離婚しており，ヘンリーとスーザンの子供はスーザンと一緒に住んでいるという設定を加えてさらに検討する。遺言書作成の協議の席で，ジョンは，「ヘンリーの分け前」は生きている場合はヘンリーに，死んだ場合はヘンリーの子供に行くべきであるといったとする。それに対してメアリーは黙って座っていた。メアリーは本当は自分たちの財産のいくらかはスーザンに渡すべきであると考えていた。

このようにシェーファーは家族関係の特別な性質を説明し，「家族はその構成する各人よりも重要であり」，そして「一家族を代理する価値がある」という。「法律事務所に現れるのは家族であり，そしてこの状況で最初にそれぞれ1人の弁護士が代理する方法で進めるならば，家族のことは考慮されない」ままになってしまうことを強調する。「弁護士ができる最も無責任なことはこれらの人々のどちらかを別の弁護士のところに，あるいは両方をそれぞれ別の弁護士のところに届けることである」。だから家族法弁護士は，「深く……家族の事情」に踏み込んで，「家族のための弁護士」として「調整」することを試みるべきであると断じるのである（Schaffer1987：p.963-982）。

(c) モデルルール1.7（b）の要件にさらに要件を加重すれば，双方代理を認めることができるとする考え

ロード（Deborah L. Rhode）は，家族紛争を扱う弁護士が直面する倫理的な問題や課題を以下のように示す。「弁護士の倫理的なジレンマは，家族法の領域で格段に頻繁にしかもより深刻に生じる。離婚，監護権，養子縁組，夫婦財産契約，同棲関係，および関連した問題を含む法的争点は，かなりの感情的な代価を伴い，当事者は，他の法領域よりも合理的な決定を行うことに気遣い，また困難であることが多い。さらに，多くの家族法の場面において，弱い立場の第三者の利益（典型的には子）は，紛争に巻き込まれるが形式上は代理され

ない。弁護士の多重的な依頼者への責任，他の家族メンバーへの責任，およびより広く正義システムに対する責任」が課題になる。

その上で，ロードは，家族を代理する弁護士は，モデルルール1.7（b）の要件（「影響を受ける各依頼者に対し，十分かつ熱心な代理行為を提供できると考え，かつそれが合理的であること」や「関係する個々の依頼者が，インフォームド・コンセントを与え，かつ，それが書面により確認されていること」）（藤倉2006：76頁）を満たすことが必要だが，それだけでは不十分であるという。ロードは，これらの要件のほかに，「交渉力が大幅に不均衡である場合，一方の配偶者が他方の配偶者の意思決定を支配する場合，または弁護士の一方当事者への特別な関係が中立を維持できない場合には，双方代理は合理性が認められない」と指摘する（Rhode1998：p. 732-777）。

それでは，実際の実務の状況はどうなっているのだろうか。次に，この点につき紹介する。

（3）実　務

(a)　夫婦の共同代理をするためには一定の条件が必要であるとする裁判例

夫妻は，2人の未成年の子がいる。彼らは，結婚6年目にして別居し，妻は離婚の申立てをした。2人には共有財産はなく，どちらにも大きな個人財産もない。夫婦は1人の弁護士に相談し，子の監護権に関する合意を口頭で行った。夫婦は，共同代理に同意した書面に署名し，弁護士は共同代理の申立てを行った。これに対して，裁判所は次のように判示した。夫婦がインフォームドコンセントを与えられた上で共同代理について同意を行ったことを裁判所は確認した。夫婦間には利益相反がなかったので共同代理は許されるべきだとした。ただし，裁判所はその判決の中で「一定の条件が整えば」共同代理は，認められることを示した。その条件とは，大きな財産や子の監護権の争いがない場合，または夫婦が同程度の収入があり，夫婦の教育水準もほぼ同じで，夫婦の扶養の問題が関係していない場合に限られるというものだった（Klemm v. Superior Court, 75 Cal. App. 3d 893, 142 Cal. Rptr. 509）（Cal. Super. Ct. 1977））。

(b)　ワシントン・コロンビア特別区の弁護士倫理委員会の意見 No. 143

ワシントン・コロンビア特別区の弁護士倫理委員会の意見 No. 143（Committee on Legal Ethics of the District of Columbia Bar, Op. 143）(Nov. 13, 1984)は，

離婚を求める夫婦の共同代理（joint representation）の条件について次のように示した。「離婚を求める夫婦の共同代理は，限られた特定の条件のもとでは許される。特定の条件とは，仕事の状況，給料，教育水準が類似していること，子供がいないこと，そして夫婦が『弁護士を雇う前に』すでに財産分与，およびその他の重要な条件の同意をしている場合のことをいう」というものだった。

(c) 共同代理が許容されるための条件をリストアップした裁判例

オレゴン州弁護士懲戒委員会の訴追請求により6カ月の営業停止の制裁を受けた弁護士がその決定を覆すために訴えを起こした事件である。この事件で懲戒規則違反と認定されたものの1つに，この弁護士が離婚訴訟において両配偶者の代理をしたという問題があった。弁護士は，以前から他の問題で法的助言を行っていた夫婦から離婚問題について相談を受けたが，その際夫婦は財産，監護権，および扶養の問題について合意に達しなかった。また弁護士は，潜在的な利益相反や個別の弁護士に相談する必要性について夫婦に説明しなかった。その後弁護士は，夫の方に有利な和解文書を起草した。妻は夫とこれ以上争いたくなかったのでその文書に署名した。その後，弁護士は妻に何度も助言を行ったにもかかわらず，妻の同意を得ずに夫の代理人として妻に対し訴えを提起した。

結果として，裁判所は，弁護士が離婚訴訟において両配偶者の代理をしたことを倫理規則違反と認定した。共同代理（dual representation）は必ずしも許されないものではないが，弁護士が当事者双方に潜在的な利益相反（conflict of interest）が発生することについて警告せず，完全な情報開示を怠ったことが全体として不適切であったとした。

もっとも，ピーターソン判事は，伝統的な共同代理に対する消極主義に同意しつつも，「恐らく，双方の『代理』を弁護士に許可することは一方の配偶者しか代理しないで終わることよりも望ましいと考える。なぜならほとんどの場合，物事はうまく運び，当事者双方が結果に満足するからである」と述べ，共同代理が許容されるための条件をリストアップした。この条件には，離婚と財産問題の全面的な同意があること，未成年の子供がいないこと，大きな資産または負債がないこと，当事者による完全な情報開示があること，そして「夫婦に問題処理能力があり，紛争が訴訟に進んだ場合の結果について予測ができている」と弁護士が確信していることなどを挙げた（In re McKee 849 P.2d 509

(Or. 1993))。

(d) アメリカ家事弁護士協会の「家事紛争を扱う弁護士の行動指針」

アメリカ家事弁護士協会の「家事紛争を扱う弁護士の行動指針」(Bounds of Advocacy-Goals for Family Lawyers 2000 年 11 月）は，モデルルールと異なり，弁護士の懲戒規範としては機能していないが，家事紛争に関して経験豊富な弁護士にとって明瞭な行動指針として作成されたものである。

「家事紛争を扱う弁護士の行動指針」は，「能力と助言」，「意思疎通と意思決定責任」，「利益相反」，「報酬」，「依頼者の行為」，「子」，「職業上の連携と裁判運営」，「調停人」，「仲裁人」という9項目で構成されている。このうち，「利益相反」に対する考え方を次のように示し，さらに基準を定めている。「弁護士の依頼者に対する忠誠は，利益相反によって薄められる。また，弁護士の忠誠は，個人的利益（経済的な安定性，名声，および自尊心），第三者の利益（家族，友人，仕事関係者，雇用主，法曹，および全体としての社会）によっても薄められるかもしれない。利益相反は，ある依頼者の代理が『直接的に他の依頼者の利益に反するとき』に生じる。弁護士は不注意で利益相反ルールの違反を招かないように，紛争の発展図式を予測することが肝要である。家事弁護士が依頼者に対する忠誠を薄めてしまうという影響は，甚大である。しかし，子，親戚，友人，恋人，雇用主，および相手方当事者の利益を，考慮に入れなければならない事件もある。伝統的な意味での『勝ち』『負け』が重要ではない家族法の問題においては，適切な倫理行為の定義づけは極めて難しいといえよう」と，あらかじめ弁護士に利益相反にならないように注意を促す。そして，個別に双方代理を規制する項目を置き，行動指針としている。

「利益相反」の基準3.1は，「弁護士は，夫と妻がそれぞれ個別に代理を付けたくないと考えている場合であっても，夫と妻の双方を代理すべきではない」と規定する。基準3.1の注釈において，「調整役（intermediary）として夫や妻を代理することは，モデルルールによって完全に禁じられてはいないが，弁護士が当事者双方に公平な助言を与えることは難しい。外見上友好的な別居または離婚でさえも，経済的問題または監護権を巡り熾烈な訴訟になってしまうかもしれない。したがって，家事弁護士は，たとえ夫と妻の同意があっても夫と妻の双方を代理するべきではない」と解説をする。

さらに，基準3.2で，他の弁護士によって代理されていない相手方当事者と

の接触について注意を促す。基準3.2は「弁護士は自分が代理していない相手方当事者に助言をするべきではない」と規定する。その注釈において，「相手方当事者が弁護士の代理のないままで手続きを進めていることを知った場合には，弁護士は速やかに次のことを相手方当事者に知らせるべきである。①私はあなたの配偶者の弁護士である。②私はあなたを代理していないし，これからも代理することはない。③私はあなたの配偶者の利益を考えるが，あなたの利益は考えない。④私がこの事件についてあなたに話すことは，あなたの配偶者の代理人として交渉・議論するためのものであり，あなたの利益を考えてあなたに助言を提供しているのではない。⑤私はあなた自身の弁護士を雇うことを勧める」と解説をする。

(4) アメリカにおける「調整型の職務」の限界

バットおよびシェーファーは，弁護士が調整活動をする場合に，利益相反の危険性があることを踏まえつつ，それでも家族紛争に関しては家族一人一人の構成員の利益よりも家族全体の利益を調整することが重要であるという考えを示す。他方，ロードは，弁護士が調整活動をすることはモデルルールに違反しなければ可能であるが，弁護士が家族の利害を調整するためには，別途さまざまな配慮が必要であることを指摘する。

これに対し，アメリカの実務動向を検討すると，弁護士は夫婦双方の利益を調整する場合には一定の条件を弁護士に課していることがわかる。一定の条件というのは，夫婦がすでに財産，子の監護権，夫婦の扶養について合意していること，夫婦に同程度の収入があること，そして教育水準が似ていることが挙げられる。

このような実務の状況について，トゥーラ（Richard H. S. Tur）は，次のように述べている（Tur1995：p. 153）。

「……この条件（前出の (c) In re McKee 849 P. 2d 509 (Or. 1993) 事件）はとんでもなくネガティブである。（夫婦双方の代理が認められるための）望ましいすべての条件が満たされる状況はまずないだろう。さらにこのアプローチは，弁護士に意見を求める前に夫婦が完全に独力で合意に到達することを求めることになる。この場合，どのような弁護士であっても単なる代書人として問題を解決することができてしまうだろう」と双方代理の条件について批判するが，その上で「このことをより肯定的に表現すれば，当事者双方がこのような代理

の意味をきちんと理解し，かつ同意する場合，そしていずれの当事者も著しく不利益を被らないだろうということを弁護士が確信する場合には，離婚訴訟において両配偶者のために弁護士が代理をすることができるだろう」という考えを示した。

　全体としてみると，モデルルールでは弁護士に複数の依頼者を調整することを一定の条件の下で認めているので，「調整型の職務」を行うこと自体は弁護士倫理に違反するわけではない。しかし，実際に弁護士が夫婦の双方を代理するのは，全く争いのない離婚のケースだけであって，争いのある離婚，または潜在的に争いのある離婚の場合は難しいのではないか。それは，弁護士が調整役を引き受ける際に「夫婦がすでに財産，子の監護権，夫婦の扶養について合意していることや，夫婦に同程度の収入があることや教育水準が似ていること」を注意深く確認しなければ，調整が失敗した場合に利益相反違反の追及をされてしまう可能性があり，「調整役」を引き受けることは，弁護士にとってリスクが高いと思われるからである。また，家族法弁護士の業界でも，前述の「アメリカ家事弁護士協会の行動指針」は，夫婦の利益相反を強調して，依然として一律に夫婦双方の代理を禁止する方針を変えていないことから，家族紛争という場面では，依頼者が望んだとしても弁護士が調整役を引き受ける場合は限られたものになるだろう。

5　おわりに

　わが国では，日弁連の弁護士職務基本規程の解説や日本のいくつかの法曹倫理テキストを参照するかぎり，弁護士が「調整型の職務」を行うことについては否定していない。ただし，弁護士がこの職務を行うことについて，若干の疑念を示すものがある。すなわち，「……複数当事者全員について同時に権利義務関係の調整を行うという事件の依頼は，依頼した複数当事者にとっては，調整が成功すれば，事後の紛争や訴訟を回避できることになり，メリットが大きい。そこで，弁護士としてもそのような依頼には積極的に応えたくなる。しかし，このような場合でも，その調整に失敗すると，弁護士が各当事者に対し公正・公平な立場を保持していたとしても，当事者が弁護士に対する不信感を抱くという事態をまねきやすく，依頼を受けることを躊躇する気持ちも生じる（傍点筆者）」（小島 2006：95頁）という。このような疑念はなぜ生じるのか。それ

は，代理人ではなく「調整型の職務」を行う弁護士の形と代理人として弁護士が「調整型の職務」を行う形との混在的思考がこのような疑念を引き起こしたものと考えられる。

　アメリカにおける議論は，代理人である弁護士が複数利害を調整できるかという問題を明確にした議論であった。しかし，日弁連の弁護士職務基本規程の解説は，「複数当事者間の利害の調整役は，当事者の代理人として行うものではないから，双方代理となるものではないし，弁護士職務基本規程27条1号や2号の利益相反となるものではない」と述べているのであり（日弁連2012：72頁），これは伝統的な弁護士倫理からいえば至極当然のことであろう。しかし，前述の疑念は，弁護士が代理人としての立場に立って調整役を行う場合の問題点を微妙にかすめているのではないか。

　いずれにしても，日本において「調整型の職務」を行うことが弁護士倫理上，問題がないとしても，その許容の条件は，「調整役がいずれの当事者の代理人となるものでもないこと」（日弁連2012：72頁）を依頼者に十分に説明し，理解を得ることであるとしている。しかし，弁護士が複数当事者に対し，「依頼者の代理人」の役割と「調整型の職務」を行う場合の役割の違いについて説明したとしても，それを本当に理解させるということは非常に難しいだろう。

　最後に，弁護士が「調整型の職務」を行うといっても，その状況は多種多様あるので，どのような場合にこのサービスが許容されるのか，まだ検討は尽くされていないと考える。たとえば，「弁護士費用についてはすべての当事者が平等に負担すべき」（日弁連2012：74頁）としているが，その弁護士費用の適正な基準をどのように設定するか，そして負担は平等といっても，常に負担割合は平等でいいのかについて論じているものは見当たらない。また，「調整型の職務」を行う場合の秘密保護の問題について，「依頼者との関係及び事案の内容について重要な情報を開示すること」（遠藤1993：295頁）をルールとして提案するものもあるが，現実に弁護士が各依頼者の秘密を開示して調整役を行った場合，依頼者が困惑する場合もあるだろう。このように，弁護士が「調整型の職務」を行うためには，まだまだ検討すべき課題が残されている。

〈注〉

(1) ABA「Ethics 2000 Commission」のReporter's Explanation of Changes（http://www.americanbar.org/groups/professional_responsibility/policy/ethics_2000_commission/e2k_rule22rem.html〔2013年12月31日現在〕）参照。

第2部　多様化する社会と正義の重層性——変 容——

◇引用文献◇

アメリカ法曹協会／朝日純一ほか訳（1986）：「アメリカ法曹協会の弁護士業務模範規則（2完）」法学志林（法政大学）83巻3号

遠藤直哉（1993）：「中立型調整弁護士モデルの展望」宮川光治ほか編著『変革の中の弁護士（下）——その理念と実践』有斐閣

小島武司（1986）：「リーガル・プロフェッションの二十一世紀を展望して（下）」判例タイムズ575号

小島武司（1988）：「紛争解決・法的予防における法曹の役割とその養成」法律時報60巻7号

小島武司・田中成明・伊藤眞・加藤新太郎編（2006）：『法曹倫理〔第2版〕』有斐閣

櫻田勝義（1970）：『判例弁護士法の研究』一粒社

日本弁護士連合会弁護士倫理委員会（2012）：『解説 弁護士職務基本規程〔第2版〕』日本弁護士連合会

藤倉皓一郎監修／日弁連訳（2006）：『ABA法律家職務模範規則』第一法規

Batt, Patricia M. (1992): The Family Unit as Client: A Means to Address The Ethical Dilemmas Confronting Elder Law Attorneys, *Georgetown Journal of Legal Ethics*, vol.6

Rhode, Deborah L. (1998): *Professional Responsibility Ethics by the pervasive method*, Aspen Law&Business

Shaffer, Thomas L. (1987): The Legal Ethics of Radical Individualism, *Texas Law Review*, vol.65

Tur, Richard H. S. (1995): Family Lawyering and Legal Ethics, In: Parker, Stephen and Sampford, Charles J. G. eds., *Legal ethics and legal practice*, Clarendon Press

◇参考文献◇

加藤新太郎（2000）：『弁護士役割論〔新版〕』弘文堂

小島武司・柏木俊彦・小山稔編（2007）：『テキストブック現代の法曹倫理』法律文化社

新堂幸司（1993）：「民事訴訟の目的論からなにを学ぶか」『民事訴訟制度の役割（民事訴訟法研究第1巻）』有斐閣

田中紘三（2004）：『弁護士の役割と倫理』商事法務

塚原英治・宮川光治・宮澤節生（2007）：『法曹の倫理と責任〔第2版〕』現代人文社

ロタンダ，ロナルド・D／当山尚幸訳（2012）：『概論アメリカの法曹倫理』彩流社

Rhode, Deborah L. and Luban, David (2004): *Legal Ethics*, Foundation Press

第10講　グローバル環境犯罪とカオス複雑系グリーン社会正義

竹村　典良

> 人類と他の生命は，グローバルな環境の悪化・破壊に直面し，その存在の危機に陥っており，環境問題に真摯に取り組むことが今日ならびに将来の重要かつ喫緊の課題となっている。とりわけ，グローバルな環境犯罪は，地球と私たちの生存に対して著しく有害な影響を及ぼしており，それが開発途上国の人々と先進国の人々の間で不平等かつ不公正に配分されている。国家，企業，人々はそれぞれの方法でこの困難を乗り越えようとしているが，そのあり方によっては不正義が増幅され，より深刻な問題となるおそれがある。これに対して，カオス複雑系グリーン犯罪学は，批判的な熟慮と実践を通じて，「カオス複雑系グリーン社会正義」の実現を目指している。

1 はじめに

　地球温暖化，原油漏出，大量絶滅，生物多様性の縮減，有毒環境，北極の氷の消滅，水質汚濁，大気汚染，ごみの焼却，森林破壊など，健全な地球環境が様々な方法で破壊され傷つけられていることは枚挙に遑がない。このような現象の大部分は，人間の破壊的介入やグローバルな資本主義的政治経済の絶対的原理に直接的原因を帰すことができる。危害は地球横断的に発生するが，その度合と様態はそれぞれ地域や人々によって異なる。これらの危害は刑法上の犯罪として認知されることもあるが，多くの場合，通常の人間活動の一部とされるだけである。ホワイトは，環境犯罪の現状とグリーン犯罪学の課題について，次のように指摘する (White 2009：p. 1-3)。

　「環境犯罪」(environmental crime) とは何か，その定義をめぐって議論が交わされている。警察等の刑事司法機関や法律関係者は，通常，刑事法に違反する作為あるいは不作為として，伝統的な用語法にしたがって定義づける。他の

第2部　多様化する社会と正義の重層性 ── 変　容 ──

多くの者は，法的定義付けではなく，新たなエコ正義（eco-justice）の考えにしたがって説明する。思想，価値観，観点の違いから，何が問題か，どのようにしてそれに対応するかについて，多様な考え方が生じる。グローバルな環境の変化とこの分野への学界の関わりから明らかなように，今日，環境犯罪は国際的な関心と重要性を高めている問題である。

そこから，法的定義に限定されず，広範な視野から環境犯罪を捉えることが求められる。環境問題と犯罪学の結合は環境犯罪学あるいはグリーン犯罪学に見出すことができる。環境犯罪あるいは危害に関する研究は過去10年間にかなり増加した。「社会正義」（Social Justice），「刑事司法における現代的諸問題」（Current Issues in Criminal Justice），「理論的犯罪学」（Theoretical Criminology）のように，犯罪学に関連するいくつかの雑誌はグリーンあるいは環境犯罪学のテーマを扱う特集号を発行した。『グリーン犯罪学』（サウス・ベイルン），『グリーン犯罪学における諸問題』（ベイルン・サウス）のような最近発刊された選集は，この分野における重要な業績を集め，環境犯罪に関するフォーラムを提供した。環境問題に関する犯罪学における研究者の関心と学術研究の拡大は，問題を明確にする新しい方法の発展とも関係する。たとえば，『自然に対する犯罪』（ホワイト），『グローバルな危害』（ソランド），『環境的正義の定義付け』（シュロスバーグ），『環境的正義と環境保護主義』（サンドラー・ピッツァロ）のような最近の研究書は，正義，犯罪，危害の性質を新たに考察するばかりでなく，私たちを取り巻く世界を描写する新しい言葉と概念を通じて新しい考え方を提示する。グリーン犯罪学あるいは環境犯罪学は，刺激的で新鮮で批判的な方法で危害の研究に取り組み，環境犯罪に関する研究を進展させる。

これまでの環境問題，環境犯罪に関する研究は，局所的あるいは地域限定的であった。グローバル化，そしてそれが一つの分野として犯罪学に提示する課題，とりわけグローバルな環境問題の研究が次第に認知されるようになっている。これは国境を越える犯罪学に注意を向ける最近の研究に明らかであり，地域的差異に注意を払いながら，同時に特定の犯罪行為と犯罪統制の一般化が可能な比較研究を企てる方法が求められる。グローバル犯罪学と比較国際犯罪学の差異と必要性も指摘されてきた。今日までの環境犯罪研究は，汚染，廃棄物の不法投棄，違法森林伐採から，絶滅の危機に瀕した種の取引のような特定の環境犯罪の訴追と防止まで，環境犯罪と人権についての既存の概念化に対する挑戦，研究のグリーン化が犯罪学にとって何を意味するのかに関する洞察など，

多岐にわたる（White 2009：p. 3-5, Carrabine et al. 2004：p. 313-330）。

2 環境犯罪とグリーン犯罪学の発展

(1) 環境犯罪の概念化

　何が環境に対する危害とされるのか，とりわけ何が環境に対する犯罪として法的に定義づけられるか，に関しては争いがあるが，これまでに環境犯罪の研究に関して理論的・思想的な議論が交わされている。ホワイトによると，次のように議論を整理することができる（White 2009：p. 25-26）。
　第1に，どのようにして私たちの世界観が危害，悪事，犯罪の認識を決定するか，が論じられる。ホールジーとホワイトは，人間中心的(anthropocentric)，生命中心的（biocentric），環境中心的（ecocentric）という3つの思想的な立場を説明し，それぞれが危害の概念化，環境規制，法執行において著しく異なる展開を見せることを明らかにする。ハービッグとジュバートは，犯罪学はこれまで自然保護問題を正しく認識しようとしなかった，機は熟し私たちが行動すべきである，と主張する。ホワイトは，犯罪学的想像力(criminological imagination)が飲料水のような日常生活における問題を捉え，疑問に付すことができる，と論じる。グリーン犯罪学は，諸問題を明らかにし，危害を規制し，対応策を考えなければならない。
　第2に，権力問題を論じる研究もある。リンチとストゥリティスキーはグリーン犯罪学と社会正義を結び付けるための強固な議論を展開し，企業による問題の定義付けを拒絶する。環境に対する悪行の中心主体は力をもつ人々とりわけ多国籍企業である。サイモンもこの問題を考察し，有力な企業がしばしば国家機関と共謀し，通常の業務として環境に対する最悪の危害を生み出すと論じる。グリーンとウォードとマッコナチーは合法と違法な森林伐採についての議論においてこの問題を探究し，どちらの場合にも環境に加えられるダメージは重大で，加害者が同一であることがよくあるとする。フリードリックスとフリードリックスは，世界銀行のようなグローバルな機関が環境破壊による大災害の発生において果たす役割について考察する。天然資源の開発は発展途上国に住む貧しい人々に対する搾取と密接な関係がある。
　第3に，犯罪や犯罪学に関する伝統的な見解に対して異議申し立てがなされ

る。ベントンは，人間以外の動物の権利や利益を考慮するためには地球規模の諸関係について思考する新しい方法が必要である，と論じる。同様に，ベイルンは，犯罪学が動物虐待と真摯に取り組むことが重要である，と主張する。人間優位主義を否定する犯罪学は，人間以外のものに対する危害が注意を払うに値する重要なものと考える。ウィリアムスの主たる関心は，正確に誰が危害を受け，どのように環境被害者が構成されるかであり，環境被害化を複雑な社会現象として理解する分析枠組みを提示する。スティーブンスは，特定の種類の環境危害のリスクに置かれる子どもたちの存在を明らかにし，環境危害の分布状況に関する研究の重要性を認識させる。

最後に，ホールジーは，特異な研究領域として，グリーン犯罪学に対して批判的な議論を展開し，環境犯罪学あるいはグリーン犯罪学に関連し，一般に容認されているいくつかの観点と概念化を批判的に検討する。

（2） 環境犯罪のダイナミクス

環境犯罪は人間，動物，環境に対する危害と関係する。これらの危害がすべて違法ではないが，危害をより包括的に定義づける実務家ならびに研究者の仕事により，現在ではそれらはすべて問題のあることであるとされる。近年，環境権，人間以外のある種の動物が人間による虐待，拷問を受けずに生きる権利に対する立法的・司法的注意が向けられるようになって来ている。これはエコ権活動家（例，自然保護論者）と動物権活動家（例，動物解放運動）による認識変革のための努力および自然環境と人間以外の生物種に関する法律を反映している。それは，何世紀にもわたる工業化と地球規模の資源利用が世界の生態系の基盤を変えつつあり，地球温暖化は居住地や社会経済状態とは無関係にすべての人々を脅威にさらしているという認識の高まりも反映している。ホワイトによると，議論を次のように分類することができる（White 2009：p. 267-268）。

第1に，環境犯罪の問題についての概説と枠組みが提示される。シュミットは，環境犯罪の多様性，人間と地球の健康に対する損害，場所，犯人について概説する。これは世界中の環境犯罪の状況を概観する指標的研究である。ホワイトの類型化は，環境犯罪が実践において分類され検討される多様な方法を説明する。

第2に，有害・有毒廃棄物の問題について論じられる。ブロックは，環境汚染と廃棄物処理をめぐる問題について描写し，組織犯罪シンジケートの関わり

をも含むある種の廃棄物処理の犯罪性を強調する。サラとモヘは，環境的不正義が現れる実際の過程，および，有害廃棄物処理施設の近隣に居住する人々の選択・非選択について探求する。サンタナは，廃棄物を生み出す最大の産業は軍隊であることに気づかせてくれる。しかも，それらの廃棄物は鉛や放射性物質を含む特に有害で危険な物である。

　第3に，「差異的被害化」（differential victimization）は，サラとモヘが説明するように，環境犯罪研究の重要な側面である。差異的被害化は，ある集団あるいは階級が他の集団あるいは階級と比べ環境的危害をより受けやすいという考えを表す。ピローは，違法廃棄の実際とその社会過程と社会的不平等についての理解を高めるための分析枠組みを提供する。パンダーヒューズは，人種差別や環境的不平等の問題に立ち向かい議論を続ける。アフリカ系アメリカ人がそれ以外のアメリカ人と比べあまりに不健康な環境に置かれている現状に関する多くの研究が米国を中心に行われてきた。

　第4に，様々な場所，様々な産業において生じている環境的危害について考察される。テルビとギャントは，多様な行為者，窃盗のコスト等も含め，オーストラリアにおけるアワビの密猟について概観する。マクミュランとピリアーは，カナダの東海岸諸州におけるロブスターの密猟について洞察し，密猟とそれに対する概して好意的な消費者の対応の背後にある文化過程とソーシャル・ネットワークについて考察する。ウォルタースは，多数の国際協定や道徳義務を侵害する仕方で，ジンバブエのような強力な国家が未開発国に遺伝子組換え作物（例，トウモロコシ）を騙してつかませるあり方について考察する。

　最後に，リンチとスティリティスキーは，代替的情報源を用いて，有毒物質の分布のような環境犯罪に関する研究の方法について重要な洞察を行う。彼らは，医学的疫学的証拠を参考にして，刑事司法機関が犯罪統計に頼らずに被害化と犯罪行為を立証する方法を説明する。

（3）　環境法の執行

　環境犯罪の研究は，その発生とダイナミクスを理解し，これに適切に対処するために行われる。環境的危害の性質と範囲を理解し，それらに立ち向かうためにより多くの研究が必要である。環境法と環境規制に関する文献はすでに膨大にあり，また増加しつつある。環境保護と持続可能性に対する関心は政府による広範な対応や専門的介入の新しい領域を生み出した。これらの新規構想は

気候変動調査機関への資金提供から環境・社会的影響評価のための体系的手段の開発まで及び，環境問題に携わる多数の人々がいる。ホワイトによると，次のように議論をまとめることができる（White 2009：p. 483-484）。

　犯罪学的視点からすると，コンプライアンスなどのような困難な目的については，現実にはこれまでほとんど研究されてこなかった。営業利益，有力なロビー集団，選挙周期等に関連する多様な理由により，環境的危害を犯罪として扱うことに対する情熱，緊急性，資金提供も生み出されなかった。刑事司法機関による環境犯罪への対応は，今日まで概して不充分かつ不適切であった。環境犯罪が刑事司法機関によって真剣に扱われることはなく，一般規則が強化されるだけで，環境犯罪者の訴追と拘禁は例外的であった。

　第1に，環境犯罪が真剣に扱われるかどうか，そうである場合に，どのような手段・方法が取られうるのか，が論じられる。ブラックは，環境犯罪と闘うために取り得る多様な方法について概観する。環境犯罪は，国家の安全問題に関わる場合でも，政府によって必ずしも優先されるわけではない（生態系破壊工作は顕著な例外で，テロリズムの一形態とする法領域もある。エリオットは，アジア太平洋地域における国境を超える環境犯罪について，優先的に扱われないことについて論じる。

　第2に，警察は環境犯罪との取組みにおいて重要な役割を果たす。トムキンスは，世界中の例を挙げ，警察的介入のレベルと類型について論じる。エイキラとキャノンは，多様なサービスから実際の実務の評価に至るまで，ブラジル，メキシコ，インドネシア，フィリピンの4カ国における環境法の執行に関する評価を行い，警察が様々な類型の環境問題に取り組む際に直面する共通の問題について考察する。

　第3に，環境危害の発生を防ぐための1つの方法は，良い犯罪予防手段・戦略について論じることである。衛星やDNAテストのようなテクノロジーの利用は環境法の執行において不可欠となりつつあり，不法侵入のような伝統的な街頭犯罪の取締りから学んだことが環境犯罪の領域においても応用されつつある。シュナイダーは，絶滅の危機にさらされた野生生物の違法取引を市場縮小アプローチを採用することによって減じる方法について論じる。スティリティスキーは，環境問題に関わる企業の自己管理手段の実行可能性と問題について吟味し，ある種の管理取締りと犯罪予防の限界を明らかにする。

　第4に，裁判所における刑法の適用に関わる問題もある。リースは，環境犯

罪者の訴追権限を有する機関と公務員によって，刑法が多様かつ不平等に適用されると説明する。ドゥ・プリツは環境訴追の儀式的卑小化を指摘する。法廷において多様な弁解が認められ，犯罪の重大性が減じられ，犯罪者が刑罰を免れる。英下院議事録は，裁判官が環境犯罪の担当となり，環境犯罪者の処遇が問題になる場合，裁判官に支援，訓練，教育が必要であるとする。フォートニーは，環境犯罪の適切な訴追を行うためには特有な状況に対応するために設えた執行方法を採用しなければならない，と提案する。

最後に，政策，法，実践的介入について論じられる。ドーンとダイリとヴィーキンは，廃棄物処理産業とその内部の圧力と変化から生じる諸問題について論じる。特定の環境危害に関する継続調査の重要性と絶えず変化する諸問題に関する戦略的考察の必要性が強調される。

3 環境犯罪の政治経済学，複雑性，多様性

(1) グリーン犯罪学批判

ホールジーは，ポストモダンの立場からグリーン犯罪学に対する批判を次のように展開する (Halsey 2004：p. 833-853)。

環境に対する犯罪とその規制に関する研究の大部分は，環境に対する危害の「改良」に主眼が置かれ，環境に対する危害の特徴と規制構造のタイプをどのように構想するかに関して極めて問題のある考え方に染まっている。グリーン犯罪学者は，ほとんど例外なく，近代思想の所産でありその短所を持った環境に関する5つの視点（リベラル・エコロジー，エコ・マルクシズム，エコ・フェミニズム，ディープ・エコロジー，社会的エコロジー）を，暗黙のうちにあるいは明白に，単独あるいは複合的に基礎としている。いずれであろうともこれらの思想潮流を忠実に支持することは，必然的に，自然，社会，主体，環境に対する危害の原因と防止策に関する極めて問題のある解釈に至ることになる。グリーン犯罪学は危害とその修復に関する近代的な概念を乗り越えるのに必要な語彙をもっていない。

また，近年における犯罪学による環境に対する危害の理論化の取組みを支える前提仮説には極めて多くの問題がある。①環境に対する危害の概念，それと関係する環境に対する犯罪を批判的に捉えることに抵抗がある，②社会と紛争

解決の弁証法的モデルを乗り越えることができない，③言葉と物の関係の近代的説明を取り除くことに対する抵抗，④人間と環境の相互作用についてニュアンスのある説明を展開することができない。世界（自然）は構造ではなくフロー（流れ）として捉えることができる。このような考え方は，今日までの環境問題に関する犯罪学の研究と国家による政策と実践によって支配されてきた「思考イメージ」を切り離すのに重要である。自然と環境規制システムを常時言説が生み出され議論されるものとして考えることによって，環境に関する問題の流動性を捉えることができる。

　以上から考えてみるならば，環境に対する犯罪の定義の有用性は，新しい類型の実存領域を顕在化し，人間と地球のつながりについて新しい様式で構想する可能性を開くことである。批判の任務は現実の偶発的な次元を示すことで可能性に注意を向けることであり，私たちの課題は，社会発展と環境保護の間の闘争の背後に隠れているカテゴリー化されていないものを進んで支援する集合体を育てることである。

（2）　環境犯罪の政治経済学

　グリーン犯罪学には2つの対照的な視点がある。その1つは企業の利益と結びつき，企業フィルターを通した環境保護として現れる。いま1つは環境的正義に基づき，社会運動の中に見出される人種，階級，ジェンダーに関係する諸問題を統合する（Lynch and Stretsky 2003：p. 217-238）。環境的正義に関する研究は，①環境問題の研究における上流階級の位置づけ，②グローバルかつ歴史的な視点，のような問題を等閑に付し，あるいは排除してきたと指摘される。世界中に見られる大規模な多国籍企業と国家による環境犯罪が研究されなければならない。環境犯罪は大企業と上流階級によって支配される政治経済の中で引き起こされる犯罪の一部である（Simon 2000：p. 633-645）。

　したがって，環境に対する危害とその規制の政治経済性が強調され，現代資本主義の基本制度と構造の分析にもとづいて研究がすすめられなければならない。環境の悪化と破壊の中核にある問題は，人間が生存するための体制とその自然との関係である。資本主義的政治経済によって環境に対する危害が生じ，その規制体制の限界が現れている。資本主義における生産と消費の関係，消費の拡大を支える発展，資本による剰余価値の実現，これらは環境問題の概念化と環境に及ぼす危害の規制の在り方と密接に関係している（White 2002：p. 82-

102)。

（3） 環境問題に対する多様な視点と想像力

　人間と環境の関係は3つの思想的枠組み（人間中心主義，生命中心主義，環境保護主義）をもって捉えることができ，これらは環境に対する危害の分析に必要不可欠である。これらの考え方に対するコミュニティーや専門家の批評は広範囲にわたっているが，主流の犯罪学や環境規制に関する法律の研究において，ほとんど関心が示されず議論も行われていない。経済活動における環境と人間の問題を鑑みるならば，そのような議論は極めて重要で中心に置かれなければならない。直近の目標は，環境に対する危害，人間と環境の関係に関する理解をより洗練し，犯罪とその統制に関する「環境保護的想像力」を発展させることである（Halsey and White 1998：p. 345-371）。

　そのためには，環境に対する犯罪の考察には複雑性と多元性を組み入れた方法が必要である。環境保護の活動とそれに対する抵抗は，企業と国家，グリーン（環境保護）活動家，2つの視点から批評される。どのようにして「改革」が問題の根本的な解決ではなく表面的な管理となり，民主的参加が悪しきものとされ犯罪化されるかを見分けるには，多元的で入り組んだ展開を批判的に精査することが重要である。強制力，イデオロギーを用いるキャンペーン，環境保護運動の換質と分裂が行われたとしても，人びとは有毒廃棄物，原油漏出，汚染飲料水のような生活環境の劣化に対して反抗し続けるであろう。企業による環境問題に関する狡猾な広報活動や企業利益を制限しようとしない国家のためらいは，環境破壊に対する継続的な反抗の物質的基盤を隠すことはできない。犯罪学的想像力は，どのように新しいグローバルな諸関係が環境に対する危害の原因を究明し，抑止し，時には犯罪化するかを再考することによって，これらの闘争に寄与することができるであろう（White 2003：p. 483-506）。

（4） 環境犯罪・危害の複雑性・多様性

　ホワイトは，複雑かつ多様な環境犯罪・危害について，次のように指摘する（White 2005：p. 271-285）。

　環境に対する犯罪は理論的にも実践的にも複雑であり，そのためにグリーン犯罪学の発展にはきわめて多様な視点と方策が組み込まれてきた。グリーン犯罪学は，広範囲にわたる環境（例，土地，大気，水）と問題（例，漁業，環境汚

染，有害廃棄物）を扱い，概念分析と実践的介入，多数の学問領域にまたがる政策評価（経済的，法的，社会的，環境保護的評価）を行う。それは，組織分析を引き受け，環境保護と規制に関するモニタリング，評価，実践，教育の最善の方法を探求する。分析においては，ローカル，地域，国家，グローバルの領域があり，それぞれの領域における活動が重なり合うこと，また，環境に関わる社会的実践の影響と結果には，直接的と間接的，即時的と長期的なものがあることを認識しなければならない。

したがって，グリーン犯罪学の課題は，多様なレベルと種類の分析を分類し，きわめて複雑な全体がどのようになっているかを理解することであり，その複雑性を理解するためには単純化も必要となる。環境問題は4つの視点（局所的，地理的，位置的，時間的）から考察することができ，それぞれの領域における課題と問題を探究することにより，グリーン犯罪学で用いられる視点，アプローチ，概念の多様性が明らかになる。

4 基本的人権と環境的正義の確立

(1) 環境的・エコロジー的正義

環境とエコロジーに対する関心は正義の問題と密接に関係している。これらの関連問題は，人々の間の環境の配分に関する正義，人間とそれ以外の自然との関係に関する正義，の2つの局面から論じられる。環境と人種，階級，ジェンダー，社会正義を結び付ける環境保護的正義が構想され，また，兆候（環境的危険の不平等な影響）ばかりでなく，原因，社会的不正義も論じるべきであるとされる。環境は，社会があるところに存在し，人間と他の生命に必要な物質を供給するがゆえに，環境的正義は社会正義から切り離すことはできない。それは，有害物質とその影響が不平等に配分される例に見られるような，配分的正義の問題である。社会正義は，人種，階級，ジェンダー，そしてこれらの交差と関係する諸問題から生じる差異的な結果と関係がある（Capeheart and Milovanovic 2007：p. 93, 96）。

この差異的な結果は，ある種の集団が有害な影響を受けやすいということを意味し，2つのイデオロギーによってその原因が説明される。第1のイデオロギーは，人種的マイノリティーが廃棄物処理場の近くに居住することを選ぶと

いう，生活スタイルの選択として説明するが，なぜそうするのかでなく，そのような傾向にあるということを説明するだけである。貧しいアフリカ系アメリカ人やラテン系の人々が都市で差別され，汚染物質の影響を強く受けるのか，農場労働者が貧困者とラテン系であるのか，に答えることができない。このイデオロギーは被害者を非難し，差異的な影響を自然な結果とし，構造的な問題を議論しようとしない。第2のイデオロギーは「市場のダイナミクス」であり，人々は合理的に経済的計算のできる者であり，事前に問題に晒されることを知っており，有害な廃棄物処理場の近くに居住することを選択したとする。しかしながら，この議論は構造的な選択の幅の狭さを軽視し，資本主義的市場の考え方を自明のイデオロギーに高めている。人種差別の現実を選択の名の下に隠し，ある種の集団には選択が狭められていることについて論じることはない(Capeheart and Milovanovic 2007：p.100, White 2007：p.32-54, Williams 1996：p.16-40)。

（2） ポストコロニアルの正義

ポストコロニアル理論はその起源を1960年代までさかのぼることができ，今日の代表的な思想家はスピヴァック(Gayatri Spivak)とサイード(Edward Said)などである。その概念は多様な意味をもつが，①植民地化に対する抵抗，②独立と解放の後における植民地的な考え方の強力な影響からの離脱，の2点に焦点が当てられる。植民者から押し付けられた正義でなく，独立解放後の人々によって創造される正義が重要である。ポストコロニアル理論は，歴史，文学，映画，支配的言説，文化の批判的な検討を強調する。ヨーロッパのテキストは，真理と合理性，論理と客観性を装って，自身の欲望や不安を植民地の人々に押付け投影するものである，と考えられた。ポストコロニアル理論は，言説分析といく人かの重要なポストモダン思想家，フーコー(Michael Foucault)，ラカン(Jacques Lacan)，デリダ(Jacques Derrida)の考え方から作成された(Capeheart and Milovanovic 2007：p.119-120)。

そこで，ポストコロニアルの著者は，①サバルタン（服従者）が作り出されたプロセスと転覆の方法，②解放後における植民地的言説の痕跡，二面に焦点を当てた。ポストコロニアルの理論家は，形式的平等を唯一の思想とは考えず，植民者の権力によって決められた長所や必要性の原理も指導的な手引きとは考えず，民衆から出現することを求めている。社会正義の原理は闘争から生まれ，

独立解放後の人々と結びついている (Capeheart and Milovanovic 2007：p. 124)。

(3) ポストモダンの正義

　ポストモダン思想は，啓蒙時代に発展した中心的仮説やイデオロギーの多くを拒絶することから始まり，大きな物語の優位性，個人概念，支配的で普遍的な真理，直線的論理と推論，普遍的で安定的な基礎の可能性，言語の中立性に疑義を唱える。広範囲に広まっている支配的イデオロギーに支えられる自明の真理に基づく正義の観念を発展させることに懐疑的であり続ける。ポストモダン主義者は，正義の観念をより偶発的な枠組みの中に位置づけることが必要であるとする (Capeheart and Milovanovic 2007：p. 125-126)。

　デリダは法と正義を区別する。法はフィクションや幻影に基づいているため常に脱構築することができるが，正義はその特質を単純化することなく特定の権利や義務のような法言説に十全にコード化できないがゆえにそのような批評をすることができない。人は他者に対して正義をなすよう求められるが，この正義は超過的で計算不可能で達成することができない。正義は見返りを求めない贈り物のようであり，常に他者との特定の関係に位置づけられ，計算を超えて他者に対して負う義務である (Capeheart and Milovanovic 2007：p. 128-130, デリダ 1999：12-71 頁)。

　また，ドゥルーズ (Gilles Deleuze) は，積極的な力の解放，権力への意思，逃走線 (諸力をさらに強化する継続的変化を生み出す) から生じる正義原理を主張する。彼の闘争機械は確固たる秩序に対して異議を申し立てる指導的な役割を果たし，その目的は私たちを支配する原理・原則を解明し，積極的な力を解放すること，脱コード化 (脱領域化) と再コード化 (再領域化) することである。彼の正義の考えは他者になる機会を最大にすることを中心に展開される (Capeheart and Milovanovic 2007：p. 132-135, ドゥルーズ＝ガタリ 1994：405-478 頁)。

　そして，ハート (Michael Hardt) とネグリ (Antonio Negri) は，正義は法によって洗練することはできず，社会の中にその表現を見つけ出さなければならない，と主張する。ロールズの正義原理は生産の領域を無視し，配分と流通の領域を優先させ，正義の起源が神秘化される，と批判する。新しいグローバルなプロレタリアートであるマルチチュードが，グローバルな闘争にもとづいて，正義に関する新しい洞察を蓄積するであろう。マルチチュードは，存在と生成

に微妙な差異がある多様な人々によって構成され，法主体，人民，労働者階級のような抽象概念に要約することができない（Capeheart and Milovanovic 2007：p.138-139，ハート＝ネグリ 2005：（下）133-218 頁）。

（4） 基本的人権と環境的正義の発展

清潔で安全な環境と天然資源へのアクセスは基本的人権の1つである。1994年の「人権と環境に関する原則宣言草案」は，その第3原則で環境的正義の基礎を確立し，第4原則で，人は誰も現在の世代のニーズを公平に満たすのに適切な環境権を有する，ただし，将来の世代が公平に彼らのニーズを満たす権利を妨げてはならない，と述べている（Steger 2007：p.16）。

したがって，環境的不正義の事例は2つのコンテクストのなかで考察されなければならない。①人は清潔で安全な環境と天然資源に公平にアクセスする権利を有する，②持続的発展は，ある人たちのニーズは将来の世代を含む他の人たちを不公正に遇することによって満たされてはならない，ということを意味する。人権と環境を結び付ける起源は思想と研究の4つの潮流にある。①環境リスクと利益の差別的配分を示す研究，②先進国が途上国に環境リスクを輸出していることを示す研究，③普遍的人権として清潔な環境への権利を確立する運動，④貧困が減少し，社会的包摂が強調され，市民が情報，参加，司法にアクセスする権利を保障する市民権によって武装する時に，環境保護それ自体が高まる，と主張する議論である（Steger 2007：p.15, 17）。

さらに，環境的正義は，環境に対する危害と利益の配分，そして，その配分を決定する手続へのアクセスとそこにおける議論，に関わることである。環境的正義の運動は，環境に対する危害と利益の配分における公平の要求に加え，多様性の認識を求めることにその特徴が見出される。環境的正義は，環境に関わる善と悪が人種や階級の間でどのように不平等に配分されているかばかりでなく，人々の生活に影響を及ぼす決定プロセスにアクセスならびに参加できるか否か，に関わる。「環境と開発に関する世界委員会」(The World Commission on Environment and Development) は，あらゆる決定に際して時間的問題を考慮し，現在の利益を将来の損失と比較検討するように，各国政府に求めている。要するに，環境に関する正義は3つの主要な領域によって構成される。すなわち，将来の世代に対する正義（世代間正義），生態的正義（人間以外の生命に関する正義），配分に関する社会的正義（世代内正義），である（Steger 2007：p.13

−14)。

5 カオス・複雑系理論と社会正義の統合に向かって

(1) 構成的犯罪学

　アッリゴとミロヴァノヴィッチは，構成的犯罪学における犯罪・危害の捉え方について，次のように議論する（Arrigo and Milovanovic 2009：p. 27-28）。
　構成的犯罪学は，法的に定義づけられた犯罪を有害行為の部分集合であり，1つの表現形態にすぎないと考える。それは統治過程において犯罪と定義づけられた行為のまとまりであり，政治的には権力者に対して十分に攻撃的であるとされ，国家による制裁が正当化される。一部の行為は同様に狡猾であったとしても犯罪の定義から排除される。
　この構成的犯罪学では，犯罪よりもより広範な概念である「危害」が使われる。危害は，権利侵害を発生させるエネルギーの使用であり，差異の周りに構成される不平等に基づいて社会的に構成される権力関係であり，私たちが十全な人間となることを否定し，妨げる行動と過程である。人間であるということは，世界で重要な者とされ，そのように行動し，他者と相互作用を及ぼし，ともに環境と己を変えることを意味する。それはたんに存在することではなく変化することであり，この過程が妨げられ制限されるならば，私たちは人間未満の存在となる。構成犯罪学は，「重要な存在となる他者の能力を否定する権力」としての危害を犯罪と定義づける。

(2) 自己組織化臨界理論

　自己組織化臨界理論（self-organized critical theory）は，多様でランダムな出来事や要因が認識できる形状とパターンで蓄積し，これらは最終的に，砂粒の落下によって砂山が形成されるのと同様に，類似の過程と結果が生じる。犯罪学における臨界事件理論は，変数が蓄積し，時の経過によって行動が発生することに焦点を当てる。蓄積されるのは，生物学的，社会的，環境的，心理学的変数であり，他者に先んじて堆積するものもあれば，取り除くこともできる。付加，差引，相互作用があり，これらはすべてシステムの複合的なウェイトに影響を及ぼす。変数の蓄積には特別な秩序が必要ではなく，山が特別な形状を

呈し始めることが必要である（Williams Ⅲ 1999：p.164）。

　これらの蓄積された変数は，ついには一触即発で何らかの現象がいまにも生じるであろう臨界点に達するに十分なウェイトを持つに至る。次の変数は，山にほんの微量が加わることで，現象が発生するであろう。もし臨界点が一定時間継続するならば超臨界に至り，そのような環境下では新しい変数が加わることでますます現象が起こる可能性が高まる。そのような超臨界においてストレスを軽減する行動は，自発的で潜在的により有害な行動であると考えられるであろう（Williams Ⅲ 1999：p.164, Takemura 2009a：p.304-292）。

（3）　カオス理論と社会正義

　カオス理論によれば，社会システムを含むすべてのシステムは秩序と無秩序，予測可能性と予測不可能性の混交に基づいており，カオス理論の非線形的ダイナミクスあるいは非線形的原理は社会正義の理解に役立つ。不確実性，ランダムさ，流動性，不合理，機会性等は人間とその生活の部分を構成し，非線形的な社会正義の観念は相互作用的な生活の特徴を具体化する（Young 1999：p.189）。

　また，カオス理論は，予測可能性と密な統制を伴う普遍的な法律という近代主義者による要請を無効にする。この新しい科学は，すべての物理的，自然的，社会的な複雑システムにおいて秩序と無秩序の混交が変化するのを明らかにした。単純な社会では著しく安定な環境のなかでネガティブなフィードバック・ループを用いて生存の問題を解決することができるが，複雑な社会では継続して変化する環境のなかで，非線形性を具体化する法と正義の理論と実践が必要になる。複雑適応システムでは秩序と無秩序の混交が変化することが必要であり，そのような環境では，正義は理論と実践の中にカオスの体制を内包しなければならない（Young 1999：p.191, 193, Arrigo and Young 1996：p.77-84, Takemura 2007a：p.233-220）。

（4）　社会変化の幾何学

　ウィリアムズとアッリゴは，カオス理論を媒介とする社会変革について，次のように説明する（Williams and Arrigo 2005：p.58, 61, 63）。

　人間と非人間的環境との間には相互関係と相互依存があり，人間の活動による生態系の持続的危殆化は人間と人間以外の種の繁栄を危険にさらす度合を高

めることになる。空気や水が安全でなくなるような環境の悪化，枯渇の進行とその結果としての天然資源の欠乏のような直近かつ長期的な問題が現れ出ている。環境の悪化はとりわけ低収入の国々において入り組んだ問題となっている。

　カオス理論はシステムを変えるための概念枠組みを提供する。非線形的なダイナミック・システムは初期条件に鋭敏で，小さなインプットが時を経て劇的な変化を遂げる。フラクタルな展開を理解することによって，最近の人間の相互作用の発展ばかりでなく，フラクタル・ダイナミクスの知識を意味のある変革のためにどのように使うことができるかという洞察を得ることができる。

　あらゆるレベル，人間の相互作用のあらゆる領域において受け入れられる変化を促すためにカオス理論を用いるには，変容の潜在的可能性を伴う事前戦略が必要である。暴力の未解決問題に関する社会変革は，国家，制度，人間によって惹き起こされる危害を適切に減じるであろう。権力の不均衡が取り除かれ，個性と差異が協力，寛容，相互扶助の情況のなかで共存することが決定的な社会の特徴となる時，暴力が減少する。ピースメイキング原理を特徴とする社会は，コミュニティーのなかで，多様性，個人，協力が結びついて全体の幸福が達成される社会である。

6　おわりに

　環境犯罪は著しく有害な影響を及ぼしているが，そのような影響は開発途上国と先進国との間で不平等かつ不公正に配分されている。産業の発達した豊かな国々の人々の利益になる方策が，開発途上国の貧しい人々に不利益をもたらすことがある。カオス・複雑系犯罪学は，「社会正義」という多元的な理論と実践によってグローバルな環境危機を乗り越えることができるとする。

　人類の歴史の当初より，土地，水，食料，燃料などの限られた資源をめぐる争いが繰り返されてきた。カノーラ，トウモロコシ，大豆のような穀物から作られるバイオ燃料は，食料用の農地を圧迫して食料価格を高騰させ，開墾のために森林破壊を加速しており，生産と輸送のコストを計算に入れるならば，伝統的な原油よりも気候温暖化など環境に悪い影響を及ぼしている。環境問題には「差異的被害化」が見られ，ある人々は他の人々と比べ環境悪化の影響を受けている。階級，職業，性差，年齢などにより不釣合に著しく，環境の悪化や破壊による危害のリスクに影響を受けている（Takemura 2009b : p. 83-93, 2010c :

第10講　グローバル環境犯罪とカオス複雑系グリーン社会正義

p. 45-65)。

　たとえば，電子廃棄物は世界で最も急速に増大している廃棄物の問題であるが，その莫大な量の危機ばかりでなく，健康を脅威にさらす有害な素材から生じる危機が問題である。しかしながら，現在までのところ，産業界，政府，消費者のいずれもこの迫りくる巨大な問題に対して，小規模な対策を取っているだけである。電子廃棄物の取引は，実際には貧しい社会への実質的危害の輸出にほかならず，過去数十年間，豊かな国々は貧しい国々を汚染物質と廃棄物のゴミだめとして使ってきた（Takemura 2009c：p. 95-105)。

　最後に，カオス複雑系科学と社会正義のための多元的な闘争から発展した「カオス複雑系犯罪学」は，何が個人にとって正義であるのかという狭い焦点ではなく，何が社会全体にとって正義であるのか，ということに関心を寄せる。環境的正義について語ることは，社会正義，公正，生活の質について語ることである。カオス複雑系正義の観念は，常に流動的で，自省的で，付加的で，限定的で，加工的で，削除的で，コンテクストにおける社会正義の応答的概念と置換的でさえあり，要するに偶発的である。「カオス複雑系グリーン犯罪学」は，環境に対する危害と正義についての伝統的な理解を疑問視し，大きな物語の構築に力を入れるこれまでの姿勢を批判し，微細な差異や微妙な陰影に細心の注意を払う理論と実践の更なる発展のために常に挑戦し続けるであろう（Takemura 2010a：p. 223-224，2010b：p. 988（69），2007b：p. 5-11，2012：p. 185-204)。

◇引用文献◇

Arrigo, B. and Young, T.R. (1996)：Chaos, Complexity and Crime： Working Tools for a Postmodern Criminology, in B. MacLean and D. Milovanovic (eds), *Thinking Critically About Crime*, Collective Press

Arrigo, B.A. and Milovanovic, D. (2009)：*Revolution in Penology：Rethinking the-Society of Captives*. Lanham, MD, Rowman & Littlefield

Capeheart, L. and Milovanovic, D. (2007)：*Social Justice：Theories, Issues, and Movements*, Rutgers University Press

Carrabine, E., Iganski, P., Lee, M. et al. (2004)：The Greening of Criminology, in *Criminology：A Sociological Introduction*, Routledge

Halsey, M. (2004)：Against "Green" Criminology, *British Journal of Criminology*, 44 (6)

Halsey, M., and White, R. (1998)：Crime, ecophilosophy and environmental harm, *Theoretical Criminology*, 2 (3)

Lynch, M. and Stretesky, P.B. (2003): The Meaning of Green: Contrasting Criminological Perspectives, *Theoretical Criminology*, 7 (2)

Simon, D. R. (2000): Corporate Environmental Crimes and Social Inequality: New Directions for Environmental Justice Research, *American Behavioral Scientists*, 43

Steger, T. (2007): *Making the Case for Environmental Justice in Central and Eastern Europe*. Budapest: CEU Center for Environmental Policy and Law (CEPL), Health and Environment Alliance (HEAL), and Coalition for Environmental Justice

Takemura, N. (2007a): Beyond Criminology: Emerging New Paradigm of Complexity Criminology. Chaos, Contingency and Criticality, *JCCD*, 100

Takemura, N. (2007b): "Criticality of Environmental Crises" and Prospect of "Complexity Green Criminology", *Research Bulletin* (Toin University of Yokohama), 17

Takemura, N. (2009a): Criticality of Complex System: Nuclear Power Plant, Earthquake and Environment－Are nuclear power plants on earthquake-prone islands 'safe panacea' or catastrophe'?－, in：下村康正・佐藤司・森下忠編『刑事法学の新展開──八木國之博士追悼論文集』酒井書店

Takemura, N.(2009b): Factitious Catastrophe, Global Warming, and Chaos/Complexity Green Criminology/Justice: Tug-of-war: environmental 'injustice' vs. 'green social justice' 1, *Research Bulletin* (Toin University of Yokohama), 21

Takemura, N. (2009c): Hazardous Waste Trafficking, Human Right to Clean Environment and Environmental Social Justice: Tug-of-war: environmental 'injustice' vs. 'green social justice' 2, *Research Bulletin* (Toin University of Yokohama), 21

Takemura, N. (2010a): The criticality of global environmental crime and the response of chaos criminology, in: White, R. (ed.) *Global Environmental Harm: Criminological Perspectives*, Willan

Takemura, N. (2010b): 'Criticality of Global Environmental Crises' and Prospects of 'Chaos/Complexity Green Criminology': Spreading environmental 'injustice' and Struggle for 'chaos/complexity green justice', in：川端博・椎橋隆幸・甲斐克則編『立石二六先生古稀祝賀論文集』成文堂

Takemura, N. (2010c): Water Crisis, Water Justice and Water Democracy: One aspect of Struggle for 'Green Social Justice' as 'Applied Complexity Green Criminology', *Research Bulletin* (Toin University of Yokohama), 23

Takemura, N. (2012): Uncontrollable Nuclear Power Accidents and Fatal Environmental Harm: Why We Have Not Been Ready for the Impacts of Climate Change, in: White, R. (ed.) *Climate Change from a Criminological Perspective*. Springer

White, R. (2002): Environmental Harm and the Political Economy of Consumption, *Social Justice*, 29

White, R. (2003): Environmental issues and the criminological imagination, *Theoretical Criminology*, 7 (4)

White, R. (2005): Environmental Crime in Global Context: Exploring the Theoretical and Empirical Complexities, *Current Issues in Criminal Justice*, 16 (3)

White, R. (2007): Green Criminology and the Pursuit of Social and Ecological Justice, in: P. Beirne and N. South (eds), *Issues in Green Criminology: Confronting Harms Against Environments, Humanity and Other Animals*. Willan

White, R. (2008): *Crimes Against Nature: Environmental Criminology and Ecological Justice*. Routledge

White, R. (ed.) (2009): *Environmental Crime: A Reader*. Willan

Williams, C. (1996): An Environmental Victimology, *Social Justice*, 23 (4)

Williams, C.R. and Arrigo, B.A. (2005): *Theory, Justice, and Social Change: Theoretical Integrations and Critical Applications*. Springer

Williams Ⅲ, F.P. (1999): *Imagining Criminology: An Alternative Paradigm*. Garland

Young, T.R. (1999): A Nonlinear Theory of Justice: Affirmative Moments in Postmodern Criminology, in B.A. Arrigo (ed.), *Social Justice/Criminal Justice: The Maturation of Critical Theory in Law, Crime, and Deviance*. West/Wadsworth

ドゥルーズ, G・ガタリ, F／宇野邦一・小沢秋広・田中敏彦・豊崎光一・宮林寛・守中高明訳 (1994):『千のプラトー──資本主義と分裂症』河出書房新社 (原著 1980 年)

デリダ, J／堅田研一訳 (1999):『法の力』法政大学出版局 (原著 1994 年)

ハート, M・ネグリ, A／幾島幸子訳 (2005):『マルチチュード (下) ＜帝国＞時代の戦争と民主主義』日本放送出版協会 (原著 2004 年)

◇参考文献◇

Beck, U. (1986): *Risikogesellschaft: Auf dem Weg in eine andere Moderne*. Frankfurtam Main: Suhrkamp (東廉・伊藤美登里訳 (1998):『危険社会──新しい近代への道』法政大学出版局)

Guattari, F. (1989): *Les trois écologies*. Paris: Éditions Galilée (杉村昌昭訳 (2008):『三つのエコロジー』平凡社)

第2部 多様化する社会と正義の重層性 ── 変 容 ──

Prigogine, I., et I. Stengers (1979) : *La Nouvelle Alliance : Métamorphose de la Science*. Gallimard/Prigogine, I., and I. Stengers (1984) : *Order out of Chaos : Man's New Dialogue with Nature*. Bantam Books（伏見康治・伏見譲・松枝秀明訳 (1987)：『混沌からの秩序』みすず書房）

第11講　暴力団にかかわる正義と公正
── 法社会学的視点から ──

河合　幹雄

> ヤクザや暴力団とか呼ばれる人達がいる。普通の日本人なら小学校の高学年ぐらいから，その存在を認知し始めるであろう。「かかわってはならないコワイ人達」というのが最大公約数的な認識であろう。その後，大人になるにつれて，悪いことをする人達なのに，なぜ撲滅されないのだろうと疑問に思いつつも，「自分たちにかかわらないからまあいいや」という態度を身につける。これが一般的であろう。ヤクザは，何か社会の役に立っている必要悪という話も耳にするが，彼らがゴミ拾いをしているところは見たことがないし，よくわからないというのが正直なところであろう。この論稿では，まずヤクザや暴力団の実像を検証し，彼らがどのように取り扱われてきたかを分析することによって，正義と公正の意味をより深く理解することを目差す。

1　ヤクザ・暴力団の正体

（1）語　　源

まず，一般にどう言われているかということから，整理していこう。ヤクザの語源は，諸説紛々としているが，893，花札で最低の手札からそう呼ばれているという説が有力である（岩井1963：48-49頁）。この，極めて自虐的な「俺たちは最低の人間だ」という自己認識は，開き直りの側面もあり，「何するかわからん」「これ以上落ちない」といった逆説的な強さを持ち，相手への脅しとなりえる。「ヤクザ」とは，ヤクザ自身が自分で自分たちを呼ぶ呼称であることが重要な特徴である。

これに対して，暴力団とは，警察が作り出した用語である。暴力団は，自分からは，けっして暴力団だとは認めない。警察は，立法において暴力団対策法

第 2 部　多様化する社会と正義の重層性 ── 変　容 ──

などの形でこの呼称を用いて，ヤクザに対して否定的な見方を定着させようとしている。

　さらに丁寧に調査すれば，「ヤーさん」はじめ，ヤクザの呼称は，全国各地で実に多様である。呼称だけでなく，全国には大きなバリエーションがある。誰かが，明確な目的を持って作ったものではない以上，当然のことかもしれない。そうはいうものの，カテゴリー化は可能であり，突然何万人もの組員を従える集団が出現するはずもない。歴史的なアプローチが有効的である。

　よく言われるまとめは，歴史的に博徒系のヤクザと的屋系のヤクザがいるというものである。博徒は，博打を生業にする集団で，的屋は祭りを取り仕切る集団とする簡明な説明である。しかし，この説明の欠点は，博徒と的屋がよくわからない人には，あまり説明になっていないことである。以下，補足しよう。

（2）博　　徒

　博徒とは，賭博によって生計を立ててきた者と定義したいが，そう簡単にはいかない。賭博の起源となると，サイコロの発明は古代，マージャンができたのでさえ中世末期以前に遡る。中国から日本に伝わったのは相当古い。花札のほうは宣教師が持ち込んだカードゲームから「かるた」花札となったようであるが，遊びに関しては制度の外にあり，歴史記録を見つけるのはむずかしい。その専門家でない私には，厳密な議論はできない。しかし，社会問題化してからが，ヤクザ問題に繋がるとすれば，江戸時代から検討すれば十分であろう。江戸時代は，なんといっても身分制の時代，刑事法も身分制に逆らう行為が厳罰の対象であった。そこを理解して考察すれば，博徒は，士農工商のどれにも該当しない，つまり，それ以下の階層となる。そうだとすれば，エタ，非人のいわゆる被差別集団に該当するかといえば，ここが曖昧なようである。最下層というより，アブレモノであり，どの身分も持たないというような扱いに見える。無宿というカテゴリーがあったが，これは所属なし的な意味づけがある。ヤクザには渡世人という呼び名があるが，無宿はまさにこれであり，親分に受け入れてもらう一宿の恩といった話に繋がる仕組みであった。

　賭場では，おそらく博打をするだけでなく，酒と女はつきもの，旦那衆を相手にするのは夜だとすれば，昼は別の仕事をすることができる。現在のヤクザもそうであるが，違法性がない昼間の稼業を営むことは不思議ではない。昼の仕事が中心の稼業人というカテゴリーは，20 世紀まであったようである。そ

の稼業は，何でなければならないわけではないが，土建業が多く，運送業などもありえた。この部分で，歴史上，呼称の混乱が起きている。博徒は，本来的には○○一家と称し，現在のヤクザでも一家を名乗るものもある。ところが，現在のヤクザは○○組の名称がつくイメージが広まっている。○○組とは，むしろ土建業の名称である。現在でも間組，大林組などの名称が残っているし，清水建設なども清水組と呼ばれていた。博徒と土建業との関係は深く，これについては，博徒の社会的役割のところで再び言及する。以上，博徒の簡単な説明である。地域差と時代の違いを無視した乱暴なまとめであることを承知しておいていただきたい。関西と関東は，大きく異なるし，沖縄も多数の組員を送り出しているが他とは異なる。

(3) 的　　屋

　的屋の説明は，さらにむずかしい。香具師とも呼ばれるとされていたり，別物との説明もある。ここでは，広く捉えて，お祭りのときに出る露天や屋台などを取り仕切る者としておこう。お祭りのときは，食品や玩具を売る店もでるが見世物小屋も立つし，猿楽，傀儡師といった大道芸を披露する者もいる。それらの者から，たとえば，売り上げの四分，つまり40％を受け取るが，電気代も含めた経費は的屋持ちといったことで生活している。店を出したり，芸をする側は，しばしば祭りから祭りに渡り歩き定住しない。エタ身分だったり，非人身分だったりもする。いずれにせよ完全に統制されていないので，研究者によって研究対象ごとのバリエーションの影響で記述が異なっている。私が強引に解釈すれば，何か儲かることがあれば，すぐにも商売を変えることができるのが身分に強く縛られない下層の人々の特徴だったと思う。また，日常に働いているわけではないし，定住もしている必要がないのも特徴である。もっとも，同一の祭りは，それを仕切る人がころころ変わるわけにはいかないし，縄張りは厳しいことは当然である。また，祭りには喧嘩はつきもので，暴力的なものも含めて紛争処理ができなければならない。屈強な若い者を抱えていなければならない必然性があると考えられる。

　歴史的説明は，さらに詳しく調べれば，壮士，院外団，大陸浪人なども出てくる。彼らには，不平士族が多く，博徒，的屋とは，まるで異なる人々である。政治活動することから右翼とひとまとめにされることもある。暴力団と右翼は，どう違うかというのも，しばしば問題にされるが，政治活動するかどうかだけ

第2部　多様化する社会と正義の重層性──変　容──

という分類以上に異なるように思う。ただし，動員される子分どもは，重なり合いが強いというかほぼ同じである。

（4）　近代ヤクザ

このように見てきても，あまり直感的には把握できないであろう。おそらくその理由は，現在，ヤクザ・暴力団と聞けば誰でもが真っ先に思い浮かべる山口組が，ここまでの説明と一致しないからであろう。現在，その構成員3万人以上という，文句なしに最大勢力を保持する山口組は，江戸時代から続く組織ではない。初代山口春吉が山口組を創ったのは1915年と言われる。山口組は，神戸港の船荷の荷揚げ荷下ろしをする港湾労働者(仲仕，沖仲仕と呼ばれていた)の手配をすることを生業としていた。勢力拡大後は，傘下に伝統的なヤクザも治めていったが，本家は，独自のシステムを作っていった。

一般化すれば，明治時代に入って，近代化が始まり，炭鉱労働，土建労働，港湾労働など多数の肉体労働者が必要とされ，その手配をする集団が現れた。宮崎学は「近代ヤクザ」と呼んでいるが，山口組はその典型例である。山口組傘下には，○○興行という名のつく企業を装った暴力団があると言われる。いわゆる企業舎弟である。これは，突然考案されたのではなく，日中，肉体労働系の仕事をしていて，何らかの業者であることはヤクザにとって普通であった。駅前に出る屋台のたこ焼き屋などでも，働いているのはヤクザであったりする。ヤクザは，働かないで犯罪だけしているようなイメージは誤りである。もっとも，これは犯罪一般にも言えることで，犯罪者は犯罪ばかりやっているわけではない。人殺しの場合も，一生に1人か2人殺すだけで，それ以外の長い時間，殺人はしていない。悪人といわれる人間も，人間としてあたりまえの普通の生活している時間帯がほとんどだということは忘れてはならない。

2　ヤクザの存在意義

（1）　古いヤクザの役割

ヤクザについて，歴史を振り返りながら一瞥した。続いて，伝統的なヤクザが何か社会の役に立ってきたか考察しておこう。資料がしっかり残っていない領域なので，厳密な研究はむずかしいのだが，概略をまとめると次のようになる。

まず博徒系の者について。土建業は，城作りをはじめ，江戸時代からある。この仕事は，肉体的にきついうえに危険であり，高い賃金でないとやり手がいない。高賃金は，雇う側が困る。ところで，仕事は明るいうちであり，昼間に限定され，暗くなると終わりである。その後の時間はどうするのか。危険な仕事であるし，独身の男性が多い。仕事を終えて暗くなれば，いわゆる「飲む，打つ，買う」しかない。「飲む」は酒，「打つ」は博打で，「買う」は買春である。そのさいに酒を飲む飲み屋のおかみが土建業の親方夫人であり，賭場を開帳しているのも親方であることが多い。そうすれば，高い賃金は，テラ銭として回収できる。その状況を頭に思い浮かべれば，実は，土建業の親方は，安い賃金で若い衆に働いてもらったも同然であり大満足。他方，若い衆は，高い賃金がもらえて飲む打つ買うができるということで大満足。素晴らしい仕組みである。賭博を禁止したのは間違いだという意見があるのも頷けるほどである。

的屋のほうは，祭りを仕切る。非日常の世界は，真面目な人々にまかせても面白くない。遊び人の活躍のしどころである。祭りには，多くの機能があるが，興味深い例を挙げておきたい。祭りの費用は，商店街などの店が寄付して集めることがある。そのとき，自分だけは負担しないというような「協調性」のない店が出現するようなこともあるであろう。そういうときは，どうなるのであろうか。ここがおもしろい。祭りの日にたとえば神輿などが，「偶然」その店に突っ込む。店は大損害である。こういうのを「天罰」という。日ごろの行いが悪いものには禍が襲いかかるわけである。なるほどうまくできている。

（2） ヤクザと社会道徳

普通の市民というか堅気の人間にとってヤクザはかかわってはならない人々だということの意味を，もう少し違った角度から見ておこう。日本社会では，神様を畏怖するということと道徳のつながりよりも，共同体の拘束と言われるように，他人の目を気にして「正しい行動」を取るということが重要な働きをしているといわれる。この場合の他人とは，自分たちの近隣，親族など仲間なのであるが，現実には，必ずしも強い拘束力があるとは限らず，日本社会においても公衆の面前でも，不道徳な行動を取るものが後を絶たない。

そこで考えさせられるのは，次のような例である。自分の個人的な例だが，学生時代に下宿の近所の風呂屋に行ったときのこと，背中に刺青のオジサンが体を洗っていた。そのときの他の客たちの様子が興味深い。大声で話すものも

第2部 多様化する社会と正義の重層性 ── 変 容 ──

いないし，風呂桶を片付けないでころがしておく者もいない。頭髪を洗っている者も，泡を飛ばさないように気を使って，全員が，これ以上ないぐらい，素晴らしく公衆道徳を遵守していた。確かに，ヤクザにイチャモンをつけられてはたまらない。おとなしくしているに越したことはない。もう一例だそう。やはり学生時代，夜行列車でスキーに行こうとしていた時の事，同じ車両内の若者グループがうるさくて，眠れないで迷惑していた。そのとき，ヤクザ風の男が1人乗り込んできた。そして，その男が，一言「オー」と叫んだら，一瞬で車両内は静かになり，以降全く騒ぐものはいなくなった。すばらしい効果である。

悪いことをしている子は，鬼にさらわれるという脅しを想起させられる。コワイ人がいるということは必要なのではないかと考えさせられる事例である。法が道徳を強制できないとすれば，道徳を遵守させる何者かに存在価値があることになる。

（3） 善用と悪用

ヤクザを活用するということなら，悪用も含めた話もしなければならない。一見平穏に過ぎ行く日常にひたっていると，現在の日本社会は，極めて秩序だっているように感じるかもしれない。しかし，たとえば，地籍調査など，とっくに完成していなければならないにもかかわらず，現在でも54％に留まる。自分の所有している土地が，どこからどこまでで，隣はどうなっているか，境界を精密に定めた地図が法務局に用意されているはずなのだが，ひどい話である。原野ならアバウトでもいいと思った人もいるかもしれないが，ひどいのは都会である。大阪は11％，東京も18％しか地籍調査は終わっていない。そんな状態で土地開発するとなるとどうなるであろうか。はっきりしないと強い人が勝つという，いわゆるジャングルの掟が幅を利かす。ここにヤクザを活用したい誘惑が発生する。実際に，地上げといわれる土地を集約する過程で，ヤクザが使われる。土地を売ってくれなかったり，開発に反対運動する人を意のままにするために，たとえば，トラックが「事故」でその人の家に突っ込むというわけである。もちろん賠償金は支払う。ここで重要なのは資金の出所である。開発業者が支払うわけだが，その出所は銀行の融資である。間にノンバンクを通すことはあっても，ノンバンク自体が資金を持っているわけがないので，必ず系列の銀行から資金は出ている。

ヤクザのみかじめ料というのが有名である。これは，パチンコ店やスナック

を想像する人が多いと思うが，それらの風俗系の店は，月に1万円から5万円をヤクザに支払ってきただけである。銀行こそがヤクザの本当の資金源なのである。

これはまさに，ヤクザの悪用であるが，このおかげで開発ができる。その意味では社会的な存在意義があるわけである。このように，真っ黒ではなく，真っ白でもない，グレーゾーンにあることがヤクザの特徴である。

3 ヤクザの特徴

(1) ハレとケ

西洋社会では，キリスト教，罪と罰といったことが重要な文化的支柱となっている。その枠内で，法と道徳を峻別し，法に最低限の道徳遵守とでもいうべき謙抑的な機能を持たせている。他方，日本社会の中で，最も重要な掟はなにか。義理，人情などを想像する者もいるかもしれないが，ハレとケの峻別が，常に大きな働きをしている。ハレとケは，さまざまな文字があてられるが，わかりやすく言えば，非日常と日常である。日常にはしてはいけないことが，非日常ならしてよいことになる。西洋社会では，法は，時空と時間を超越し，どこでもいつでも，してはいけないことはしてはいけない。日本では，そうではない。同じ行為が，してはいけなかったり，よかったりする。非日常は，祭りであるとともに，ケの反対，ケがない，ケガレ，穢れに通じる。日常世界からは，避けるべきことである。

民主主義国家といいながら，政治はマツリゴトであり，非日常で避けるべきことという感覚から一般国民は抜け出せていない。事件，事故は当然に非日常の事象だが，死と血が流れることを黒不浄，赤不浄として，とりわけ忌み嫌われてきた。ヤクザもまた，日常では付き合ってはならない，避けるべき者であり，このハレとケの二分法から由来するケガレた人々ということになる。これは，西洋の視点からは，差別である。

社会内には，誰かがしなければならないが，やりたくない仕事がある。それは，行政が担当することが多い。典型例は，焼き場，屎尿処理とゴミ回収と処理などである。警察，消防，保健所の仕事もそれに数え上げてよいであろう。そこまで明確ではないが，やはり，誰かが扱わなければならない厄介な仕事と

第 2 部　多様化する社会と正義の重層性 —— 変　容 ——

は，各所にある。たとえば，住民が首吊り自殺した建物，殺人事件があった家，事故を起こして修理された中古車など，ワケアリ，いわく付などといった言葉が当てはめられる物件を誰かが扱わなければならない。これらの仕事も，しばしばヤクザ系の業者が請け負っている。現在は，これに原発作業員の手配を加えなければならないであろう。

　別の見方をすれば，普通の人々は，世間という言葉が当てはまる，特殊な環境の中，そういった仕事をいっさいせずに，日常生活をひたすらに平穏にすごしている。そして，それのことを意識していないわけである。

（2）　大相撲と芸能界

　ヤクザは，確かにマイナスイメージ帯びているのだが，劣っている人々ではないことに注意が必要である。わかりやすい例を 2 つ挙げておきたい。大相撲と芸能界である。体が大きくてケンカが強く，気も荒く，事件を起こす少年は，どこにでも 1 人や 2 人はいる。そのような少年を相撲部屋に紹介し力士になってもらうという社会適応の仕方がある。腕力的には，極めて強い者が相撲取りになる。

　また，非常に美しく性的に魅力的な若い女性がいたとしよう。その子がしっかりしていればよいが，そうでなければ男，それもしばしば良からぬ男性が近づいてきてトラブルが発生する。このような女の子は，芸能界に入れるという方法がある。そうすれば，自分の魅力は生かせるし，トラブルはマネージャーや所属事務所が防いでくれる。これまた見事な社会適応の仕方である。この例でも，ある意味で極めて優れた者が芸能界に入っている。なお，男性についても「百人か二百人に一人くらいの割合で，若い組員の中にぞっとするほどの美男がいる」（安田 1993：27 頁）という証言もある。

　このような話の展開に面食らっている読者もいるかもしれない。実は，大相撲も芸能界も，歴史的には，まぎれもなくヤクザの一種である。興行関係は，基本的にヤクザの仕事であった。全国を渡り歩いて，見物客から料金をとって生活しているというライフスタイルは，堅気のものではない。

4　暴力団の取締り

（1）　明治期の取締り

　ここまで，ヤクザ・暴力団とは何か理解するために検討してきた。ここから，彼らがどのように扱われてきたかに焦点をあてたい。

　暴力団の取締りは，江戸時代の無宿人に対する取締りに遡るが，江戸時代については政治状況があまりに異なるので割愛し，ここでの検討は，明治初期の博徒系ヤクザを中心とした検挙，大刈込という事件から出発したい。

　この事件は，重要で，戊辰戦争で政府方だったヤクザも，有用だったにもかかわらず，処刑されている。この利用しておいて後で始末されるパターンは，今日まで変わらない。さすがに，ヤクザ側も不満をつのらせて，農民の不満も吸収した自由民権運動とも連動し，農民一揆の一種でもある秩父事件が発生した。これは大規模であったが，近代軍の装備を持つ政府にかなうはずもなく鎮圧された（猪野 2010：210-214 頁）。

　この後も，米騒動など，日本の歴史において暴動がおきたことは何度もある。民衆の怒りが爆発したなどと解説されることが多いが，暴力事件は，ミクロに観察すれば，必ず暴力的な人々が活躍している。多くの事件においてメンバーを特定すれば，実はヤクザということが多いと見られている。世間のなかで日常を手堅く生きていない人々は，祭り好きだし，騒ぎを好む。そういうことからも，暴力沙汰の両方の当事者としてヤクザが参加しているというか，巻き込まれているというかはともかく，活躍しているのが常のようである。

（2）　日本史上最大の喧嘩

　ヤクザの暴れっぷりの記録は残っていないことが普通であり，いわゆる表の歴史からは隠蔽されている。しかし，日本史上最大の喧嘩と呼ばれる鶴見騒擾事件は，司法が介入したこともあり，それなりの記録を辿れる。青山光二が喧嘩の一部始終を具体的に記録しているいるのを例として参照しておこう（青山 1991：9-554 頁）。

　鶴見騒擾事件は，1925 年年末の事件である。1923 年の関東大震災に引き続く，建設ラッシュのなか，電力会社が火力発電所を横浜の鶴見区に建設しようとしていた。そのとき，間組と清水組（現在の清水建設）とで，仕事の取り合

第2部　多様化する社会と正義の重層性 ── 変 容 ──

いが発生し，それぞれの土木業社，三谷秀組と青山組が激しく闘争した。双方が全国の仲間を呼び集め，千人単位の戦闘員が争った。武器は，押収されただけでも猟銃40丁，拳銃15丁，モーゼル自動小銃3丁となっているが，実際には，猟銃100丁以上，自動小銃だけでも10丁をくだらない，押収されていないが，最後は大砲も持ち出されて威力を発揮した。

興味深いのは，それだけ撃ち合ったのに，その戦闘では死者が出ていないことである。ヤクザの喧嘩は，義理で参加してくるが，本気で戦う気がない者が多く，戦術も組織もしっかりしていない。早いとこ逃げ出すものが多く，相手を殺そうという意思もない。応援に駆けつけるべき陣地を間違って相手方に行って日本刀で切られた死者が一人出ているだけである。ちなみに，これが戦闘開始のきっかけとなってしまった。また，双方が銃撃戦をするなか，地元の警察は，近隣からの応援を得ても数的にもヤクザに到底太刀打ちできず，やめるように説得することしかできなかった。憲兵隊も同様に無力で，東京からの多数の応援を受けても，直接介入はできなかった。戦闘が決着してから，ヤクザ側が，武器を渡してから検挙がはじまった。

現在でも，実は，暴力団側と警察側が戦闘すれば，警察のほうが強いわけではない。自衛隊が出れば話は別だが，人数的に捜査4課の警察官のほうが少なく，武器も不十分である。この当時は，事件解決のために，青山組の親分の手を借りる始末であった。

結局234名が起訴されたが，控訴審で罰金刑やら執行猶予がほとんどという「寛大」な判決となった。双方の本当の手打ちは，大日本国粋会が取り持った。これは，法制度の外で事件が解決されたことを意味する。大日本国粋会とは，1919年に結成され，立憲政友会の内務大臣を世話役に右翼で的屋の大親分頭山満を顧問とする強力な右翼団体であった。もっとも，現在は落ちぶれて，山口組傘下の暴力団である。

これほどの事件だったが，歴史の中ではほとんど抹殺されている。警察の取調べで被疑者3人が命を落としているし，当局としては恥ずかしい話ばかりのせいであろうか。銘記しておきたいのは，100年も遡らなくても，このような状況であったことである。大物政治家が，右翼やヤクザを使っていた時代は，それほど遠くはない。

第11講　暴力団にかかわる正義と公正

（3）　暴力団の取締り —— 頂上作戦

　第二次世界大戦直後というより敗戦直後，日本社会は混乱した。警察が機能しなくなり，闇市が立ち並ぶ時代がしばらく続いた。そのさいに，地元のヤクザが秩序維持機能を担って活躍したことは良く知られている。しかし，戦後のドサクサ期が過ぎて社会に平穏が戻ってくればヤクザは不要となる。さらに，さまざまな領域において，制度が整備されて正常化するにつれて，ヤクザは邪魔者となっていく。戦後のドサクサ期に伸張したヤクザは全国で20万人を超えていた。

　警察が，明確に暴力団を取締り始めたのは，いわゆる第一次頂上作戦であろう。時期は1964年，東京オリンピックを成功させるためという大儀もあった。このとき，山口組，本多会，柳川組，錦政会，松葉会，住吉会，日本国粋会，東声会，日本義人党など，10団体が暴力団と指定されて，取り締まり対象とされた。頂上作戦とは，組長を検挙するという意味である。それまでは下っ端の実行犯が検挙されるのみで組長は身柄を取られないのが常であった。1970年からは，第二次頂上作戦が実行された。多数の検挙者を出したものの，暴力団の撲滅には程遠く，むしろ，組員は減少せずに，今振り返れば，戦後暴力団の全盛期であった。

　60年安保のさいには，警察が暴力団や右翼の力を借りて左翼と対峙したぐらい，いわゆる必要悪としての存在感が強く，警察が本気で暴力団の撲滅をしようとしているとはみえなかった。この時期には，ヤクザがらみの興味深いエピソードが沢山ある。それについては書籍や映画での紹介がたくさんある（飯干1982：148-150頁）。映画は，実録・プロジェクト893シリーズとしてDVDが販売されている。

（4）　暴力団対策法

　1991年に暴力団対策法が成立し，民事介入暴力の取締り，公共事業からの締め出し，みかじめ料のとりたて禁止などを実施したが，これもヤクザ撲滅にはいたらなかった。

　2008年に法改正し，組長への損害賠償請求などもはじめたが，これも決定打にはならなかった。ただし，人数的には，バブル崩壊後は衰退し始めている。とりわけ，若い組員が少なく，現在では40歳代が主力となっており，後20年

たてば，ほとんど壊滅状態になる可能性がある。これは警察力によるものではない。日本中，どの業界でも，若者を世話して一人前にするインフォーマルな仕組みが崩壊し，少子化なども当然影響して，ヤクザの若い衆の激減が起きている。私見では，戦後しばらくは，兄弟の数が多く，5人とかいれば，一人ぐらいはグレてヤクザになったりしたが，子どもの数が減って，皆家を追い出されることなく育ったことがヤクザに入る子どもたちの人数の減少の原因だと考えている。

(5) 暴力団排除条例

これまでの暴力団対策と異なって，本気でヤクザをなくしてしまう方向に政策を変更したかもしれないのが，2009年9月から全国に広めて2012年4月に完成した暴力団排除条例である。

これは，暴力団と交際することを市民に禁止し，なんと，ヤクザではなく市民を逮捕しようというものである。これはどういうことであろうか，考察してみよう。

ヤクザは，ヤクザではない周辺の人々とつきあいながら存続してきた。必要悪という見方は，そのことを言い換えているだけである。繁華街の風俗店などは，きっと地元ヤクザと関係があると，日本人なら誰もが思っているだろう。実際は，風俗関係業界にヤクザ系の団体は少ない，近年シノギに苦労したヤクザが風俗店経営に乗り出すことはあっても，基本的には別業界である。店側は，ヤクザにトラブル処理を頼むというより，トラブルを避けるために「みかじめ料」を払っているだけの関係が多い。金額は，多くても1軒あたり月5万程度である。それでも，集金するヤクザにとって，1つのビルに10軒店が入っているなど，1地区に集中して店が幾つあるか考えれば，平均3万のみかじめ料は，十分な安定収入になる。

しかし，このような関係を社会的害悪として潰しにいく必要性は見えてこない。風俗店を無くせというのは別の問題である。

暴力団排除条例の狙いは，表向きの説明には名指していないが（重成2011：19-25），銀行である。銀行にヤクザが口座を開設できなくすることが内容に含まれていることに驚いた人も多いであろう。銀行口座開設は，電気代などの引き落としを考えれば，一市民として必要な事柄であり，基本的人権という観点から，ヤクザに口座開設させないのは行きすぎであろう。それにもかかわらず，

条例ができたのは，過去の事件のせいである。

　2003年に検挙された五菱会の闇金融事件で，海外の銀行支店に，儲けた資金を移そうとした事件がある。このとき銀行員がアドバイスどころか海外にお供して世話している。この銀行員は逮捕されたが，ヤクザから1円も報酬を受け取っておらず，無罪判決が確定している。暴力団排除条例があれば，この銀行員は有罪にできる。ここが焦点である。このときマネーロンダリングされていた金額が驚きである。90億を超えている。これは，総額ではなく，証拠がしっかりある，絞られた金額である（平尾・村井 2010：220-222頁）。

　また，2006年に発覚した飛鳥会事件として知られる，大阪でのヤクザへの利益供与は，訴訟になっているだけで80億である。これは，地上げなどの報酬を，ヤクザに融資して返ってこない形での利益供与である（森 2009：239-269頁）。銀行こそがヤクザの資金源だったのである。

5　ヤクザの行く末

(1) 2013年の現状

　これからヤクザはどうなるのか。人数は減ってきたし，これまでの資金源がドンドン消えていっている。2010年末で，構成員と準構成員を加えた総数78600人となっている（貴志 2011：4頁）。若者もひきつけないし，どうみても急速に衰退している。しかし，部分をみれば山口組の構成員は増えている。弱体化した暴力団が，ますます山口組に吸収されているからである。3万人を超える非合法集団があってよいはずがなく，警察が，撲滅のためにやっきになるのも頷けるほどである。また，福岡県の工藤会は，手榴弾を投げたり，拳銃で狙撃したり，極めて暴力的になっている。警察に対しても完全に敵対的となり，厳しい抗争中である。全国の警察から応援を受けても，福岡の警察力では押さえが利かない状態である。非常に懸念されるこの2団体以外の古いヤクザは衰退の一途である。撲滅する必要が低い，この連中のほうが先に暴力団排除条例の影響で消えそうである。皮肉なことである。

　かつてのシノギから追い出されたヤクザは，地上げで儲けた資金で投資したり，闇金融の世界に進出したりしている。逆に言えば，それ以外の資金源は，大幅に失ったと言えそうである（板倉 2011：13-18頁）。

第2部　多様化する社会と正義の重層性──変 容──

　以下は，警察庁の犯罪統計書から，暴力団員の検挙人員を年齢階層別にまとめた表である。若年層の減少のスピードは，まさに壊滅的である。

暴力団員　年齢階層別　検挙人員の推移

	14〜19歳	20〜24歳	25〜29歳	30〜39歳	40〜49歳	50〜59歳	60〜64歳	65〜69歳	70歳以上
1989年	2453	6652	4813	8858	9785	2959	290	103	59
2000年	1341	4705	5331	8992	5165	4524	662	251	83
2010年	554	2450	3330	7808	6216	3103	1330	583	312

（2）　ヤクザとグローバル化

　現状はさておき，べき論として，ヤクザは消えるべき，あるいは撲滅すべきなのであろうか。検討しておこう。
　暴力団撲滅の1つの理由は，グローバル化である。グローバル化にもいろいろなニュアンスがあるが，ここでは，アメリカの圧力である。暴力団という不思議な仕組みがある日本社会には，アメリカ企業が進出しにくい。世界標準に合わせるなら，ヤクザは，いてはならない。わかりやすい説明である。
　このような論法が正しいのかどうかの検証はむずかしい。ただ，ハワイが日本のヤクザによってかなり「支配」されるなどアメリカは困っており，アメリカ内へのヤクザの進出を食い止めるためにも，ヤクザのリストがほしかった。それで警察庁にヤクザの構成員リストを要求したが，警察庁は拒んだ経緯がある。暴力団排除条例ができた後，ついに，このリストをアメリカに提供する方針に変えた。
　とにかく，警察は，今度こそ本気で暴力団を撲滅するスタンスだということである。

6　まとめ

　ヤクザ・暴力団という非常に不思議な集団についてみてきた。あるべき社会の設計からは抜け落ちている一方，そういう人々が存在することは，前提にされてきた。しかし，制度が整備されていくにつれて，彼らの居場所はなくなっ

第 11 講　暴力団にかかわる正義と公正

てきている。それで，彼らがいなくなれば，全てはうまくいくのかといえばそうはいかないように思う。

　世の中には，そのときそのときの社会のあり様によって，行き場のない人々はどうしても出現する。そのような人々をどうするか。弱者ではない彼らを，弱者救済の仕組みでは救済できない。そこを工夫できなければ，ヤクザがいなくなって目出度し目出度しとはいかない。彼らの 1 部が担ってきた，誰かがやらなければならないダーティーワークを誰がやるのかという課題も残されている。その意味では，暴力団撲滅キャンペーンは何も解決しない。そのプロセスにおいて人権侵害にあたることが散見されることよりも，将来のあるべき社会像が不明確なままに，見切り発車のような形で暴力団への圧力が強まっていることは懸念される状況である。

◇引用文献◇
　青山光二（1991）：『闘いの構図（上・下）』朝日文庫
　猪野健治（2010）：「歴史の中から ── やくざと地域社会」猪野健治・宮崎学編『暴力団壊滅論　ヤクザ排除社会の行方』筑摩書房
　飯干晃一（1982）：『山口組 3 代目 (1) (2)』徳間書店
　板倉弘政（2011）：「社会を蝕む闇の資金・ヤクザマネーの怖さ」『季刊　現代警察　暴力団壊滅への道』37 巻 1 号
　岩井弘融（1963）：『病理集団の構造　親分乾分集団研究』誠信書房
　貴志浩平（2011）：「暴力団対策の現状と課題」『季刊　現代警察　暴力団壊滅への道』37 巻 1 号
　重成浩司（2011）：「暴力団排除条例の意義と効果 ── 約判定の状況，効果発揮の事例等を踏まえて」『季刊　現代警察　暴力団壊滅への道』37 巻第 1 号
　宮崎学（2007）：『近代ヤクザ肯定論　山口組の 90 年』筑摩書房
　森功（2009）：『同和と銀行 ── 三菱東京 UFJ "汚れ役" の黒い回顧録』講談社
　平尾武史・村井正美（2010）：『マネーロンダリング　国境を越えた闇金融ヤクザ資金』新潮社
　安田雅企（1993）：『ヤクザでなぜ悪い』青年書館
　警察庁組織犯罪対策部暴力団対策課企画分析課『平成 23 年の暴力団情勢』（警察庁 HP：2012 年 5 月 10 日）
　警察庁『犯罪統計書　平成 22 年の犯罪』（警察庁 HP：2011 年 10 月 4 日）

◇参考文献◇
　鈴木智彦（2011）：『ヤクザと原発 ── 福島第一潜入記』文芸春秋

第2部　多様化する社会と正義の重層性 ── 変 容 ──

デュプロ，ディビット・カプラン・アレックス／松井道男訳（1991）:『ヤクザ──ニッポン的犯罪地下帝国と右翼』第三書館
堀幸雄（1983）:『戦後の右翼勢力』勁草書房
ポンス，フィリップ／安永愛訳（2006）:『裏社会の日本史』筑摩書房
ラズ，ヤコブ／高井宏子訳（2002）:『ヤクザの文化人類学　ウラから見た日本』岩波書店

第 12 講　国家と法治観
── 戦後のアジア 3 大国家関係史と展望 ──

ペマ・ギャルポ

> 本講では，日本，インド，中国という，アジアの 3 大国家の法治，とくに条約に対する考え方の特質をできる限り浮き彫りにしたい。ここでいうアジアは本来の世界常識上のアジアであって，日本のメディアがしばしば暗黙裏に想定している東アジア（日本，中国，台湾，韓国）を指すような狭義のものではない。この広大なアジアは今後ますます国際社会において重要になる。日本の若者達が，3 国の関係と役割について，政治の実態に触れながら，その義務と責任を自覚する一助となれば幸いである。

1　日本・インド・中国

（1）　アジアの 3 大国家

　20 世紀後半に英国の著名な歴史家アーノルド・トインビーをはじめ多くの学者たちが「21 世紀はアジアの世紀になる」と予言した（トインビー 1971）。トインビーは，とくに奇跡的な復興を成し遂げた日本こそが，固有で高度な東洋の精神文明を維持しつつ，西洋の科学技術と合理主義を導入し，両文明をバランス良く混合した第三文明を発信し，世界に貢献することができると賞賛した。しかし，物質と経済の優先に盲進したためバランスが崩れ，バブルが弾け，日本が世界をリードする夢は，それこそ泡のように消えようとしている。逆に，長い眠りから目覚めたように台頭してきたのはインドと中国である。両国は著しい経済成長を背景に，また，核保有国としても政治的に大いに存在感を持つようになっている。両国は地域の軍事大国，核保有国というだけではなく，経済大国としても無視できない存在に成長している。もちろんこの両国は貧富の格差など多くの自己矛盾と問題と弱点を抱えていることも事実である。だが，

第2部　多様化する社会と正義の重層性 ── 変　容 ──

経済協力開発機構（OECD）などによると，2030年には，経済の中心はアジアに移り，中でも中国は2016年までにアメリカを追い抜き，インドがそれを追い込み2060年には世界一になると予測されている。この両国は互いに根深い不信感を抱きながらも新しい世紀を形作るうえで，戦略的に協力，競争する必要性を自覚し，様々に模索していることは事実だ。

（2）　中国の対インド重視の仮面と国境侵入

　印中関係は「緊張と緩和」の連続であったことは誰でも知っている（BBC News, 11/1/2001）。こうした背景のなか，中国の李克強首相が，就任後最初の訪問国にインドを選んだ。マスコミ関係者によれば，2013年5月18日にインドに到着した際，李首相は27年前に青年視察団員としてインドへ来ており，インドに対しとくに個人的な思いがあることをアピールした。また，駐中国インド大使ジャヤ・シャンカルも，「李首相の訪問を中国の新指導体制がインドとの関係を重視している証だ」として高く評価した（Jaishankar2013）。マンモハン・シン首相を含むインドの多くの要人やメディアに対し，李首相は3つの目的を持ってインドへ来たことを主張した。それは第1に相互信頼の増進，第2に協力関係の強化，第3に未来の展望について語ることであった。これを「中印関係ダイナミックス」と名付けた。李首相はハミド・アンサリ副大統領，スシュマ・スワラジ野党連合代表と与党連合のソニア・ガンディ代表にも表敬して，インドの政治界の人たちと幅広く接触した。安倍晋三首相が第1次内閣の時に日本と縁の深いパール判事とチャンドラ・ボースの子孫に会いに行ったことを意識したかのように，日中戦争当時，中国で医師として中国人を治療し続けたインド人医師の子孫に会うという演出も行っていた。

　印中両国は首脳会議後異例の談話を発表した。シャンカル駐中国大使は8項目の協定が結ばれたことを公表し，会談の成果と経緯について丁寧にコメントしたと聞いている。その内容は下記のようなものである。

①現在両国関係は拡大しつつある。
②両国の関係の基本は国境の平和と平穏にある。
③両首脳は両国の経済問題にかなりの時間を費やし，とくに貿易赤字問題についても言及し，中国の首相からは幾つか実用的な提案がなされた。
④インフラストラクチャー，エネルギー分野において協力関係を促進する。

ただし，李首相が訪印する3週間ほど前の4月15日，中国軍はインドの実

効支配線を犯してインド領土内に侵入してきた。中国は 2010 年から 2012 年までのわずかな期間だけでも，550 回もインドの領海と領土に侵入している (Times of India 17／5／2012)。それらは常に，首脳会談などの前に意図的に行われており，中国は原状に戻すことによってインドに譲歩しているかの様に見せるというトリックを今回も繰り返している。

（3） 日本・インド・中国の人々の相互イメージ

　人間や国は，互いに抱いている先入観によって関係を多分に形づけている。中国人のインド人に対する見方と，日本人の中国人に対する見方は似ている。また，中国人の日本人に対する見方と，インド人の中国人に対する見方も似ている。

　古来中国人はインドを仏教発祥の聖地として敬い，自国の様々な文化の源であるとして，よくいえば尊敬の念，逆にいえば劣等感を抱いてきた。日本では中国から禅や仏教が入り，少林寺拳法，そして最澄の天台密教や空海の真言密教が中国から伝わったことは有名だが，禅の開祖がインド人のボディダルマであることは知られていない。選挙のたびに勝利を祈願し，新年に願いを込めて達磨の片目に墨を入れ，そして願いが成就すればさらにもう片目に墨を入れて喜びと感謝を表す。この達磨がボディダルマとまさに同一人物であることに気づいている日本人はほとんどいないだろう。

　日本は中国から仏教をはじめ儒教的な文化を取り入れた。そのため，仏教やその他文化の源を中国と信じ，ある意味，無意識のうちに一種の劣等感を持っている。実際，日本の先達達は見事に他の国々の宗教や文化をよく学び，吸収，消化して，学んだものを日本に適したものに改善，改良した，日本ならではの仏教や文化を作った。一方の中国は，日本人が有している中国から伝わった仏教や文化への尊敬と感謝を日本人の劣等感として解釈し，日本人を「小人の倭人」として身下していたので，日清戦争で負けたことは大きなショックであり，承服できない屈辱であった。

　中国の日本観と同様に，インドも中国文明には自らが大きな影響を与えてきたという優越感があったので，1962 年に中国が不意に侵入してきたことにはショックを受け，自尊心をいちじるしく傷つけられた。インド人の対中自信喪失は，インディラ・ガンディ首相の指揮下で中国との戦いに勝利したことによって取り戻されたが，不信感は消えていない。しかし，中国はいまだに，自

分達より下と見下していた日本に負けた屈辱を払拭できず，先の戦争のことをいつまでも恨みに思っている。

（4） アジアの世紀の現実と幻想

21世紀はアジアの世紀と言われてきた。18世紀までは，アジアの2大文明として世界に影響を持っていたのは，インド文明と中国文明であった。陸のシルクロードと海のシルクロードを介して世界中と交易を営み，自国の宗教と文化の範囲を広げてきたその足跡は，中央アジアから東南アジアそしてインド太平洋に色濃く残っている。しかし，アジア・アフリカへの植民地化と宣教師などによる巧妙な押し付け文化で浸食された時代から，インド，中国の両国はもはや勢力を伸ばすどころか自国が分割され，植民地か半植民地への運命をたどった。このように両大国が衰退の運命をたどっている頃，唯一西洋列強に立ち向かい自国の独立を守り抜いたのは日本であった。そして日本こそが，インド独立と中国の辛亥革命に多大な貢献をした。

日本はアジアで唯一，自力で祖国の独立を守り通した。日本は多大な犠牲を払って明治維新をおこし，西欧諸国を真似ながら富国強兵の政策を実行した。明治維新を無血革命のようなイメージで伝える傾向があるが，吉田松陰をはじめ，坂本竜馬など有名無名の尊い命の犠牲の結果成し遂げたものである。日本は自国の独立を頑固に守り通しただけではなく，アジアの西洋植民地支配からの独立に様々なかたちで貢献した。中国の革命，インドの独立は日本の直接的，間接的貢献の成果であることは間違いない。中国はともかく，インド大統領が直々に日本の有力政治家に，インド独立の促進に日本が貢献したとして感謝の意を表したことも知られている。

2 印中関係の歴史

（1）「チベット問題」と印中関係のジレンマ

チベット問題の根源は大英帝国世界戦略にある。英国はインドを植民地支配していた時，隣国チベットにツァーリスト・ロシアの影響が及ぶことを恐れ，英露協商で勝手にチベットの宗主権は清朝にあることを認めさせた。当時の英国領インドの総督は「宗主権（Suzerainty）」という政治用語そのものが便利上

の造語であると議会に説明していた。英国はチベットとも通商条約等を結んでいた。先の大戦争の後，英国はインドをさった。それまでの英国領の近隣諸国との多くの条約，協定等の権利と責務はインドが継承した。

　インドは1947年8月15日，英国から独立を勝ち取った。続いて1949年10月1日，中華人民共和国が成立した。その1950年1月26日，インドは新憲法の制定と共に，連邦共和国として，ラジェンドラ・プラサード大統領のもと，ネルー首相の内閣が誕生した。新しいアジアの夜明けを意識していたネルー首相は早速，同年4月に早々と中国を承認した。しかし，両国の間にはすでに大きな障害が生じていたそれは「チベット」であった。中国共産党の主席で，人民解放軍総司令官の毛沢東は，チベットは我が祖国の一部であるとして「できるだけ早くチベットに進軍した方が良い」と言う文面通達を1949年12月に党中央委員会に指示した（CCTV 23／1／2014）。一方，インドはチベットと長い歴史的文化的な繋がりを持っていただけでなく，英国からチベットに関する条約も継承していた。インドはチベットに対し，前述のように英国植民地時代に英国が持っていた特別通商権以外に，政治的領土的な野望のないことを強調し続けた。ネルー首相は，復興アジア（resurgent Asia）の夢を抱いてきた。彼はアジアから旧被植民地国を排除し，アジアの国々が自助協力の精神でアジアを再起動させるべきだと考えていた。そのため，彼はチベット問題に関して英米の介入を嫌い，中国共産党と対話による解決が可能と信じていた。ネルー首相は理想主義者であった。

　毛沢東主席の指揮下，中国共産党の人民解放軍は1950年にチベット政府の東チベット総督府があったチャムドを占領し，翌年51年5月，中国政府はチベットに17条の協定を押し付け，チベットが中華人民共和国の大家族の一員であること認めた代わりに，ダライ・ラマ法王を頂点とする既存の政治・社会制度の堅持を保障するとした。これらを踏まえ，ネルー首相は中国政府に「チベットを中国に併合する意思はなく特別地域とする」という約束を取り付けた（Swaran1998）。ネルー首相はアメリカとソ連の関与を阻止し，ヒマラヤ地域全体の安全保障を確保し，中国をパートナーにアジアの平和共存を構築する道を選んだ。インド，中国両国は54年4月，いわゆるパンチャー・シーラ（Pancha・Silla）と呼ばれる平和5原則協定を結んだ（Shakabpa1984）。これはチベットが主題となった協定で，ネルー首相は，物理的には失ったチベットを精神的，心理的，文化的に残すため，中国の周恩来首相からチベットの特有性を尊重する

第 2 部　多様化する社会と正義の重層性──変　容──

との約束を取りつけるのに成功した。

　パンチャー・シーラとは，サンスクリット語で 5 つの徳法の意味で，平和 5 原則として知られている。それは以下の通りである。

　①互いの主権と領有権を尊重する（mutual respect for each other's territorial integrity and sovereignty）

　②互いに不可侵（Mutual non-aggression）

　③内政不干渉の原則（Non-interference in each other's internal affairs）

　④平等対等と相互利益（Equality and mutual benefit）

　⑤平和共存（Peaceful co-existence）

　ネルー首相が考案し，周恩来首相が同調したパンチャー・シーラはサンスクリット語であり，仏教的な発想である。ネルーは誠心誠意平和共存を促進するため，印中関係は「ヒンディー・チン・バイ・バイ」（インドと中国は兄弟）というキャッチフレーズを考案し，友好ムードは大いに盛り上がった。

（2）　一時的な現象に過ぎなかったインド・中国の蜜月時代

　ところが，中国は 1950 年代後半から 17 条協定を無視し，チベットの人々を封建社会（寺院，貴族，豪族，地主）から解放するためと称して宗教弾圧を始めていた。これはチベットを直接支配下に置くための口実で，このような弾圧に対し東チベットでは住民の反発が武力衝突に発展していた。

　チベットとインドの国境は，インドが英国の植民地時代にチベットと結んだ 1914 年の条約に基づいて定められていた。しかし，1959 年 1 月，周恩来首相はネルー首相に書簡を送り，インド領内の広範囲の土地を，中国の領土であると言い張り，インドに対し地図を訂正するよう要求してきた。ダライ・ラマ法王もネルー首相も対話による平和的解決に希望を託し続けたがその期待は裏切られ，ダライ・ラマ法王は 1959 年 3 月，インドに亡命した。印中関係は次第に緊張を増し，1962 年 10 月 20 日，中国軍の挑発で国境紛争が起きた。そして，ネルー首相はこの戦争の約 2 年後の 1964 年 5 月 27 日，中国に裏切られ，「アジア再興」の夢を実現しないままこの世を去った（Deccan Herald, 23/5/2004）。

（3）　衝突と対話を繰り返す印中関係

　ネルー首相の死後，3 人の短命首相を経て 1966 年 1 月，ネルー首相の娘の

第 12 講　国家と法治観

インディラ・ガンディが第5代の首相として誕生した。短命で終わった3代の首相たちは，1965年のパキスタンとの戦争，そして国内におけるマオイスト（毛沢東主義者）との戦いに苦労した。引き継いだガンディ首相は，強いリーダーシップを発揮し，国内外の勢力と対決した。「鉄の女」(Thelikorala2011) として高く評価する人と，「独裁的」(Himal Southasian, July 2000) と批判する人の間で評価は分かれるが，インドを共産主義から救った政治家としての情報分析力，決断力，そして勇気は高く評価されてよい。

　1965年の印パ戦争で，中国は明確にパキスタンを支援した。中国はパキスタンとインドの領有権の争点になっていた地域と新疆ウイグル自治区を結ぶ道路建設に着手したほか，1967年に2回もシッキム地方に侵入を図ったが，インド軍は強く反撃した。インドは東西をパキスタンに挟まれ，後方からは中国のみならず，米国までがパキスタンの軍事政権を支援し，インド国内に反インディラ・ガンディの風潮を煽っていた。このため，インディラ・ガンディ首相は，中ソの関係悪化を背景にソ連と平和友好協力協定を結んだ。

　その後，1977年の選挙で敗れたガンディ首相に代わって，モラルジ・デサイを首班とする新内閣が誕生。その閣僚たちはいわゆる右寄りで，チベット独立支持者やチベット支援議員連盟の中核的なメンバーだった。チベットの良き理解者であったアタル・ビハリ・バジパイが外務大臣に就任すると，中国は態度を一変し，78年にバジパイ外相を北京に招待，翌79年，外交関係を再開し，両国は関係拡大を前提に国境問題で対話をはじめることなどで合意した。しかし，その後もインドと中国の間では国境を巡る衝突が繰り返された。

（4）　冷戦後の印中関係

　冷戦後の1991年，中国の李鵬首相がインドを訪問した。インド政府は相当厳しくチベット人のデモ隊を規制した。翌92年には，ベンカタラマン大統領が中国を訪問した。相互訪問は首脳レベルで続き，ボンベイ（ムンバイ）と上海に総領事館を設置した。軍事，科学，技術，環境問題まで幅広い範囲の交流が行われ始め，第2次「ヒンディー・チン・バイ・バイ」の再来を期待させるような雰囲気が生まれた。

　だが，その一方で中国は，ビルマ（現在のミャンマー）に大量の武器を提供し，インド領アンダマン諸島付近にあるビルマのココ諸島に中国人の衛星技師などを送り込んでいた。インドが反発すると，中国は自国の国境部隊を減らす

など信頼構築に努めている姿勢を示したものの，インドが95年に台湾と「経済・文化センター」の相互設置に踏み切ったことへの報復として，中国はインド周辺の国々に対し，軍事的な援助を積極的に展開し始めた。インドでもジョージ・フェルナンデス国防大臣が「中国こそが仮想敵国のナンバーワンだ」と公言し，核の脅威についても，問題はパキスタンではなく中国であるなどと指摘した（Fernandes2008）。

強気の姿勢を崩さないインドに対し，中国は2002年，朱鎔基首相が，互いの誤解を解き，理解と友好を深めるためにインドを訪問するなどして，インドを事実上の核保有国として認めたほか，インドと中国の争点となっていたシッキムについて，正式にインド領であることを認めるなど良好な関係が構築されつつあった。両国の貿易も100億ドルを超えた。一部の専門家やジャーナリストは，21世紀はIC（India & China）の時代であり，インドのソフトと中国のハードが合体すれば，世界をリードできると主張していた。インドと中国は，2010年代も互いに牽制しながらアジアの安全保障と世界平和を盾にしながら，地域の覇権争いのジグザグゲームを展開している。

3 戦後の日中関係

（1） 中国の対日工作の歴史

半世紀にわたって印中関係は緊張と緩和を繰りしながら今日まで来ている。しかし両国関係が今後も安泰であるという保証はない。まず，日中関係について筆者の体験を交えながら回想してみたい。

筆者は1965年，つまり東京オリンピックの翌年に初めて日本の土を踏んだ。当時，日本は中国を「中共」と呼んでいた。これには2つの理由があった。1つは「中華人民共和国」は危険な共産主義国家であるという意味であり，もう1つは「中華民国（台湾）」と区別するためであった。当時の日本は，蒋介石総統が率いる国民党政権を，いわゆる中華人民共和国をも含む正当な中国の政権として認知していた。加えて共産主義に対する世間の印象も良くなかったので，心理的な壁を作るためにも「中共」という言葉を使っていたのである。そうした時代背景のなか，日本のマスコミは，中国の「侵攻」にあったチベット難民である筆者と仲間達に対して極めて同情的だった。しかし「侵攻」という言葉

は，70年代に入ると，「進入」に変わり，やがて「解放」という表現に変わってしまった。この例を取り上げたのは，それが日中関係における中国の対日工作の象徴のように思われるからである。

　1949年，毛沢東主席の中華人民共和国は，成立と同時にソ連に接近し，ソ連の全面的支援を得て出発した。日本は先の戦争で不可侵条約を破ったソ連・共産主義独裁体制に不信感を抱いており，中国とソ連は，米国と安保条約を結んだ日本を敵視し，日本軍国主義の復活，米国帝国主義の飼い犬と化したとして日本を仮想敵化して，日本とは国交を結ばず，最小限しか関わらないことを方針としていた。こうした事情から捕虜問題や漁業権などに関する問題に対処しようにも民間または国際機関が接触する以上のことはできなかったが，やがて領土問題やイデオロギーの対立などが原因で中ソ関係が悪化し，ソ連は中国への人的，技術的，経済的援助を打ち切った。東西冷戦の中で孤立する危機感を抱いた中国は，この閉塞状況を脱却するために，日本を含むいわゆる資本主義国家との関係改善を模索し始めた。その成果としてL-Tラインが構築された。日本と中国は互いを国家として認めなかったので2人の立役者のイニシャル（LIAO ChenziとTASAKI Tatsunosuke）を取って，交流のチャンネルを作ったのだ。

　1962年の貿易に関する覚書を皮切りに中国は最大限にこれを利用した。中国はアメーバのように日本の社会に様々な形を取りながら浸透し，工作活動をした。とくに，64年には日中記者交換協定を結び，両国は互いに8人までの記者を派遣し，通信の自由を保障し，他の外国人記者と同じような公平な扱いを受けるなどを，そこに盛り込んだ。そもそもこの協定は日本の言論を束縛する意図で作られていたといってよい。とくにこの協定の9項目では，互いに相手国の外国人記者に関する行政規定を尊重することになっていた[注1]。ここには真実を報道するためではなく政治的道具として記者達を利用する意図が潜んでいた。また中国側はこの時，政経不分離の原則と周恩来の政治3原則なるものに言及してきていた。政治3原則とは簡単にいえば以下のようなものである。

　第1に，日本政府は中国を敵視しないこと。

　第2に，日本はアメリカに同調し2つの中国（中国と中華民国）を作る企てに関与しないこと。

　第3に，両国の関係正常化の発展を妨げないこと。

　中国は兵器を使わず，言葉で日本を支配し始めていた。筆者は1967から1977

第2部　多様化する社会と正義の重層性 ── 変　容 ──

年まで続いた文化大革命の実態を必死に訴えたが，中国の工作の方が巧妙に働いて，メディアも政治家達もなかなか真剣に取り上げてはくれなかった。

　1972年までに中国は日本の各層各方面での民間交流やマスコミの誘導，世論操作を通じて，中国との国交正常化の世論を作ることに成功していた。その結果，田中角栄首相が中国を訪問し正式に国交を結んだ。日本は石油をはじめ資源の獲得に期待を高めていた。朝日新聞などは中国の油田の数を示す地図まで掲載して国交正常化の有益さを力説した。石油ショックの記憶がまだ新しかった日本人には，自国の経済が継続的に発展するためには，中国の広大な領土と強大な人口が資源の宝庫，巨大マーケットに見えたのは仕方のないことだった。

　日本は日中国交正常化過程において最初からだまし撃ちにあった。訪中の際，日本からは田中角栄首相，大平正芳外務大臣の他，通常なら首相の外遊中留守番役であるはずの二階堂進官房長官までが同行していた。中国側は日本使節団が北京に到着すると，先の戦争における中国側侵略と極悪残虐行為に対して謝罪を要求してきた。関係者の回想録などから広く知られていることであるが，田中角栄首相は日本人，愛国者として憤慨し抵抗しようとしたが，大平正芳外相などが「このまま手ぶらで帰ることは良くない」として，田中角栄首相が謝罪と言う言葉ではなく，「多大なご迷惑をかけた」ことに対して「遺憾の意」を表すことで一応決着した。一国の総理としての自尊心を持っていた田中首相は，毛沢東との会談の段取りをした際の中国側の二階堂官房長官を軽視する姿勢にも不満を持った。しかし国内には思想的に中国との関係強化を望む社会党，中国との関係改善を強く促すメディアと，一方これに反対する勢力もまだ大きな力を持っていたため，田中首相は引くに引けない立場に立たされていた。

（2）　アメとムチを巧みに使い分ける中国

　1972年9月の共同談話はほとんど中国側の主張が通った形のものだった。それまでの両国関係を「異常」と認識し，この日を持って「正常化」したという概念と解釈は，まさに中国の主張そのままであった。日本は中華人民共和国を中国の唯一合法な政府であること認め，「台湾」が中華人民共和国の不可分の領土とであることを認めた。それによって両国は正式に国交を結び，互いの首都に大使館を設置し，争いごとは武力手段を使わず，平和裏に処理することを約束した。両国は共にアジア太平洋地域で覇権を求めず，国連憲章を尊重し，

第 12 講　国家と法治観

互いの主権と国土の領有権を尊重し，平等と相互利益を重んじ，平和的に共存して行くことを確認した。中国政府は中国人民と日本国民の友益のため先の戦争の賠償金を放棄すると宣言した。この田中角栄首相の訪中と共同宣言を境に日中関係は一気にハネムーン時代に突入した。数多くの経済ミッション，地方行政，中央及び地方議員など視察団が競って訪中した。中国の対日本工作も，それまでは地下活動に徹していたのが，堂々と表立って行動するようになった。それを加速させたのはこの談話の8項目に記されている「平和・友好」条約の締結であった。1972年から1978年までの日中関係は様々なことはあったものの，基本的には着実に前進した。中国の4人組事件や毛沢東主席の死去なども政治的環境の好転に寄与した。鄧小平副主席は4つの近代化を本格的に促進し始め，日本との平和友好条約の実現を急ぎ，それまでとくに問題視していなかった尖閣諸島問題なるものを引っ張りだして日本を脅したのが1978年の4月のことだった。日本のメディアと財界は福田越夫首相に圧力をかけた。そして同年8月12日福田首相と鄧小平副主席は最終的にこの「平和友好」条約を結んだ。皮肉なことにそれまで福田越夫首相は中国と国交を結ぶこと，そして平和友好条約を締結することに関して，反対ないし慎重だった。しかし，角福戦争においては日中国交正常化に反対だった福田支持者達も，首相の立場を考え阻止を諦めた。逆手を使うのは中国の得意技だ。

　中国ではその後胡耀邦総書記が誕生し，日中関係だけでなく中国国内の問題，チベット問題などにも誠意を持って対応したが，結局失脚した。そして彼を失脚させた8つの大罪のうち2つは，日本とチベット問題へ対する柔軟な政策が党の中央を無視した独断であるということだった。胡耀邦総書記の退陣は，鄧小平と軍及び保守派の対立で鄧小平が不利になったことが本当の原因とみるべきだった。いずれにしても中国政府はこの条約と日中記者交換協定を楯として上手に利用しながら，アメとムチをうまく使い分け，日本との関係を操作してきた。

　中国政府にはもう1つ便利なカードがあった。それはソ連の脅威であった。ソ連の覇権を牽制し阻止することでは，日本も中国も利害が一致した。だが，ソ連の力が衰えてくるにつれ，中国の覇権主義が露骨になってきた。経済的にも軍事力的にも力をつけ発言力も増してきた。近代路線で実績をあげ自信をつけた中国はより一層自己主張をするようになった。日本に対して「教科書問題」「歴史認識問題」「南京大虐殺問題」「領土問題」「慰安婦問題」「靖国問題」な

どをめぐり，謝罪もしくは譲歩を求めてきた。ほとんどの問題は，史実や事実として十分な裏付けがないまま，一方的に日本を攻めている。例えば，日中国交正常化した1972年以降も，大平正芳首相など歴代の首相は慣例にならって靖国神社参拝してきたが，中国はいきなり1985年から抗議し始めた。

4 日印関係の歴史

（1） 日印関係の回顧

　多少重複するが，戦後の日印関係について少し触れたい。1960年代から90年代についてはあまり書くことがない。この間約30年，日本とインドは蜜月的に親しくというような現象はなかったものの，常にお互いに暖かい関係を維持してきた。戦後の激しい冷戦時代においても両国は米ソの言いなりにはならず，礼節を重視した良い関係を維持してきた。両国の首脳や政府要人の往来も途絶えることはなかった。

　日本とインドの関係は7, 8世紀から始まっている。日本人が中国から発祥したと思っていることの多くは，実はインドが源になっているものが多い。聖徳太子の17条憲法の第2条にある「(国民は) 仏法僧に帰依せよ」などはまさにインドの思想であり，東大寺の落慶式（開眼式）の御導師を勤めたボディセナ大僧正が736年に来日し，760年に日本で他界した。この他にも日印関係における文化的，宗教的交流は，宗教家，通商人などを通して行われ，日本文化の中に仏教やヒンズー教の影響が色濃くのこっているがここでは省略し，戦中，戦後の関わりについて，箇条書き的に述べたい。

　先の大戦で，ニタジー（指導者）として敬愛されているチャンドラ・ボース率いるインド義勇軍が日本と共に英国と闘ったという認識を持っている60歳以上は非常に多い。著名な法律家ピー・エンヌ・レキーや国際政治学者エム・エル・ソンディのように声高らかに日本へ感謝を述べる人はインドにはたくさんいた。インドのナラヤン元大統領のように，日本のおかげで独立の実現が早まったと認識し，謝意を表す政治家も少なくない。

　大隈重信，渋沢栄一，頭山満，岡倉天心などの偉人たちのインドとの関わりは余りにも有名な話だし，また，あの戦勝国による前例のない一方的な裁判に，法律家としての正義のために異論を唱えたパール判事のことも，あらためて取

第12講　国家と法治観

り上げる必要はないだろう。1949年，占領下の日本に，子供達を励ますため寄贈してくれた象のインディラの話は有名だが，その後任のスリヤも無償で提供された。中国からの友好の証として送られたパンダに多額のレンタル料を支払っているのとは違い，インドは決して象のレンタル料などを要求していない。

1951年に日本がサンフランシスコ講和条約によって主権を回復したがインドはこの条約が依然として加害者扱いしているとして抗議して欠席した。世界中でここまで日本を重んじてくれた国は他にない。翌年日本とインドは主権国家同志として平和条約を締結し外交関係を結んだ。昨年には日印国交60周年の祝いの行事が両国で行われた。

インドは戦後の日本が国連に加盟し国際社会に復帰できるよう積極的に支援した。ネルー首相はいち早く日本を訪問し，とくに若者を励ました。両国はあらゆる分野に関して協定，条約を結び協力し合った。

1957年の岸信介首相の訪問に続く1960年の皇太子殿下妃殿下訪問は多くのインド人の心を奪った。筆者はインドの歯医者や呉服屋で，その時の写真を見たことがある。医師も店主も写真を自慢していた。

1958年，経済復興に成果が現れた日本は最初の円借款をインドに提供した。これは両国の強い友情と信頼関係を表していた。とくに日本のインドに対する感謝と信頼があった。当時まだアジアの多くの国は感情的に日本の援助を受けたり，皇室の訪問を歓迎する状態ではなかった。しかしネルー首相は戦時中政治家として英国に協力はしたが，他のインドの指導者達や国民同様，日本に対し憧れと同情の気持ちを持っていた。ここで強調したいのは当時の日印関係は，日本のアジアへの復帰にも好影響をもたらしていたことである。しかし印中戦争，印パ戦争，冷戦が日印関係のさらなる発展を妨げていた。

独立を勝ち取ったインドは戦後一貫して非同盟の姿勢を崩さず，非同盟諸国のリーダーとしての地位を保ちながらパキスタンよりの核大国米国と，核武装した中国の脅威に対処するためにソ連と協力関係を強める方針を選んだ。一方日本はアメリカとの防衛協定によってアメリカの外交防衛の延長線上で行動していたため，冷戦の構図は日印関係にも影響した。

（2）アジア安定のための日本・インドの使命

ソ連の崩壊とアメリカの包括的衰退にともない，中国の覇権主義的な体質は，より一層強固になってきている。これへの対処は，中国対一国の問題としてで

はなく，アジア共通の安全保障の確保という観点から考えるべきだ。そしてそれを考える上でインドの役割が非常に重要である。

1990年代に入り，ソ連の崩壊と東欧諸国の自由化によって，米国は新しい国際秩序の構築に乗り出し，インドを無限の可能性を持った世界最大の民主国家と持ち上げ，インドのIT頭脳集団を活用し，インドの潜在的な力を正統に評価し始めた。そのため1998年のインドの核実験に対しても米国議会で形だけの決議をし，むしろ日本などが厳しい処置を取ったことで生じた隙間を利用して，アメリカの民間企業が積極的インドへ進出した。日本では親中派の橋本龍太郎首相と，政界の重鎮とされた野中広務幹事長代理が，日本が世界で唯一の被爆国であることを理由に，インドへの一切の政府開発援助（ODA）を停止させ，政府高官のインド高官との接触を禁止した。この間も米国を始めとする西側はどんどんインドへの企業進出を促進していた。日本は明らかに出遅れていた。日印関係の窮地を救ったのは，小渕恵三首相だった。小渕首相は何度もインドを訪問し，幅広い人脈がある野呂田芳成防衛庁長官が，親友であるインドのジョージ・フェルナンデス国防大臣と接触することを承諾した。フェルナンデス国防大臣はバジパイ首相のインド人民党の党員ではなく，連立パートナーで社会正義を掲げる社会党の党首で，大臣執務室に大きな広島の原爆の写真を飾って核の全面廃絶を心から願っているような人物だった。また，国連安全保障理事会の常任理事国のみが特権のように核を保有し他国を恫喝することに反対を唱えていた。もう1つ忘れてはならないのは平林大使の活躍である。全ての特命全権大使は自国から同じ権限と権威を与えられているわけだが，大使個人の人格，努力などによって，2カ国関係が変わってくることも大いにあることが痛感された。平林大使は複雑なデリケートな時期に両国の良好関係の維持発展のために奮闘した。多くのインドの上層部信頼を勝ち取っただけでなく関係者共感も得た。日印関係の重要性と可能性をいち早く認識した小渕首相は自らインド訪問を考えていた矢先に急逝した。日本にとってもアジアにとっても大きな損失であった[注2]。

日印関係の中興の祖は森首相であった。森首相はインド訪問を決意，実行した。当時，バジパイ首相は，インドと日本は最も自然なパートナーであると言って森首相を歓迎した[注3]。両首相は「グローバル・パートナーシップ」の関係を打ち出した（MOFA2012）。

その後，インドも日本も内閣が変わり，両国の関係は着実に前進した。小泉，

安倍両首相は，両国の関係を「グローバル・パートシップ」から「戦略的グローバル・パートナーシップ」へと発展させた。福田政権下でも民主党政権下においても後退することなく，今や両国首脳の1年おきの相互訪問と年1回の両国の防衛・外務の事務次官協議も定着している。CEPA締結以来，経済交流も着実に成果を挙げている。インド政府は野呂田芳成元防衛長官を「困った時の友人」と評価し，外国人として最高勲章を贈った。110年以上の歴史を誇る日印協会の会長である森元首相もインド政府から勲章を受賞された。両国の協力関係は，安全保障やエネルギーまで幅広く進んでいる。現在では，岸信介元首相の孫である安倍首相が日本のかじ取りをし，インドではネルー首相の孫の未亡人であるソニア・ガンディが与党を束ね，最高実力者としてマンモハン・シン首相を支える姿勢で力を発揮している。2014年4月，インドは総選挙を実地することになっている。野党第1党はすでにカリスマ性の高いグジュラート州首相を首相候補者に指名している。与党の最有力候補としてネルー首相のひ孫のラフル・ガンディの名前が上がっている。どちらの党が勝利しても，多少手法に温度差はあれ，日本重視の基本姿勢は変わらないということは確信を持って言える。今インドでは，天皇皇后両陛下訪問を，日本のインドに対して友好の表れであり名誉だと高く評価している。日印関係を維持し発展させて行くことは，次世代の責務であり課題でもある。

5 おわりに —— 日本・インド・中国の行方

ここまで戦後の印中・日印・日中の関係についてそれぞれ述べてきた。輪廻転生を信じるチベットの思想では，現在（現世）を知りたければ，現在の自分，また環境をみれば分かると言う。つまり現在の自分は，過去の行いの産物であるという意味だ。そして未来（来世）を予測したければ，今の自分の行動を見つめよ，と言うのだ。したがって，英国から独立を勝ち取ったインド，中華人民共和国として変貌した中国，米国の占領下から主権を回復した日本が，半世紀以上を経て，それぞれ何をしてきたか，その結果，今どうなっているのか，そして，これからどこへ行こうとしているかを，筆者の体験を通しつつ検討してきた。個人的な感情から国際対立を煽ろうとする意図など毛頭ない。むしろ，肉親，同胞を失い，自ら戦争の悲惨さ，残酷さを体験し，そして戦争の敗北者として他民族の植民地支配の残虐さと屈辱感を味わってきている人間として，

第2部　多様化する社会と正義の重層性 ── 変 容 ──

戦争を阻止しなければならないと切に願望している。だが，人間にも個人の癖があるように，国家にも国家の癖のようなものがある。それは過去と現在の行動からある程度読み取ることができる。

たとえば，条約や協定ひとつとってみても，国よって受け止め方，遵守の仕方が違う。日本及び日本国民は，成文化された条約だけでなく口約束まで，約束は約束として忠実に守るし，相手も守ってくれるという前提で生きている。だから憲法，条約，覚書にとどまらず，自ら課した〇〇談話，〇〇原則に縛られている。一方，中国にとっては，憲法，条約，協定，談話，覚書，〇〇原則というのは，あくまで自分や自国の利益を守るための政治的な楯であり，憲法でさえ，時の権力者の都合の良いように書き換えられてしまう。自国の理論を通るために身勝手に解釈を変え，それでも不都合であれば平気で無視する。自分は簡単に約束を破っても，相手には厳守を求める。中国にとっては条約，協定は，ある意味では自分の環境を整えるまでの時間稼ぎの手段でもある。だからソ連との「友好平和条約」も，インドとの「平和友好条約」も破棄して交戦した。「日中平和友好条約」も同じ運命に向かっているような印象もある。

インド人は基本的には，個人としても国家としても束縛されるのを嫌がる。だから安易に同盟など結ばず非同盟の道を歩んできた。口約束に関してはルーズなところがあるが，非同盟の精神と英国の遺産として継承した高度な法精神を背景に，条約や協定，覚書に関しては遵守する。締結前は極めて慎重で，ニュアンスなどに関してもうるさいほど細かい注文をつけてくるが，一度合意し成文化したものに対しては，原理原則を簡単には曲げない。それゆえか，相手国も自分達同様法を尊重するだろうと，ミラー・イメージを抱く傾向が強い。

日本と日本国民は憲法を遵守し，他国との約束や談話に対しても原則をかたくなに守ってきた。米国の保護と監視の下，平和と発展を手にしてきた。しかし今，その米国の力が総体的に衰えて始めている。それは単に軍事力，経済力だけでなく，モラルや視野なども含めてである。この変化に最も敏感に迅速に対応しているのが中国だ。

中国は，米国と日本，韓国，台湾の経済的，技術的支援をフル活用し，見事な発展を成し遂げたことは単純に称賛に値する。だが，中国は今や堂々とアジア太平洋の覇権を狙い始めている。中国が1960年代からウイグルで核実験を開始し，チベットにミサイルを配置し始め，廃棄物の処理場まで作った時，筆者は1人の青年として日本の著名な平和主義者や団体に陳情したが，逆に反革

命分子として嫌われた。あれから40回以上の核実験を遂行した中国は，今や自前の空母まで持った軍事大国としてアジアの平和を脅かす存在になった。中国は丹念に周辺諸国に接近し経済的軍事的支援をしながら，いわゆる真珠の首飾りと呼ばれる戦略を展開している。最近，頻繁にインドの国境内に侵入し，揺さぶりをかけている。同様に日本の領海領空を侵犯している。南シナ海ではベトナムとフィリピンなどに対しても挑発的に行為を繰り返している。中国の積極的覇権工作は，軍事的なものに限らず，ふんだんな軍資金を背景として，宗教，文化，メディアなどにも及んでいる。インドは一応受動的に対応しているが，日本はこのような危険な行為を阻止するどころか，野放しにしている。インドではつい最近も，再び毛沢東主義者が出現し，警察と武力衝突し警察6名とゲリラにも相当の死者がでたと報じられた。毛沢東主義者達がどこから武器を入手し，誰の支援を受けているのかについて，今のところインド政府はとくに言及していないが，専門家筋は中国の関与を指摘している（The Times of India 3／12／2013）。

　日本に対しても最近，中国政府に極めて近い言論人により，沖縄が日本のものではないという主張がなされている。それは，すぐに軍隊を派遣して日本を「解放する」という意味ではないだろうが，日本国内を混乱させ，やがて介入するための正当性を構築しているとみてよいだろう。現に人民解放軍が最初チベットへ入った時の口実は帝国主義者からの解放であった。中国の1950年の実質支配地域と今日の地図を比較すれば，中国がいかに膨張したかは明確である。

　中国は日本を攻め，インド領を奪い，アジア太平洋のかつての海のシルクロードを押さえたりはしないかもしれない。だが，国家としての過去の犯罪歴と現在の動向を慎重に見ている限り，攻めてこないという保証は全くない。筆者は，その短い人生の中で，国家が新たに誕生し，消滅するのを目撃している。中国も例外なく，自らが抱える腐敗問題，貧富の格差問題，環境破壊問題，民族問題，拡張膨張した地方閥，中国利権の中核にある軍閥等の要因で自爆する可能性もないわけではないだろう。また，そうした要因のために戦争を選択する必然性も否定できない。

　周囲の国々にとっては，こうした可能性を見据え，その事態に備えることこそが，最悪の事態を回避する最善の選択だといってよい。その場合，日本とインドはまさにナチュラル・パートナーであり，歴史，文化，地政学，経済的補

完性なども合致する。両国の政府首脳や財界のトップの間ではそれがよく理解され，インドとの関係を深化させる方向に進んでいるが，メディアと一般国民の意識を高める必要があるように思う。さらに米国，東南アジア諸国連合（ASEAN）との連帯と理解を重視していけば，中国の暴走と野望を阻止し，アジアの真の自由と平和と繁栄を確実なものにできるのではないだろうか。その時こそ，中国の発展もアジアの発展に寄与するファクターへと転じることができるだろう。

〈注〉
(1) 筆者はこの協定は，中国側は丹念に準備したもので極めて戦略的なものであるのに対し，日本は文面通りにしか解釈していないと思った。この協定は1968年に改定された。1972年にその改訂版に接した時には筆者はまだ経験不足な青年だったが，これでは日本は繭の中の蚕のようにがんじがらめになっていると思い，恩師のところに愚見を呈しに行った記憶がある。
(2) 筆者は約半世紀日本の政治を身近で観てきたが小渕首相ほど無私で誠実な首相はいなかったと思う。中国等の無理な注文に対しても総理自らの果断で頑固に拒否した事例を筆者は幾つも知っている。ここの記述した方々の日印関係再興の環境整備への貢献はいずれ両国の政府と史家達によって正しく評価されると信じている。
(3) 帰国後森首相はある集会で，「自分は小渕首相の遺言を果たした」というような発言をされ，筆者は大変感銘を受けた。筆者は故人の偉業を讃える森首相だけではなく日本人の偉大な精神に触れた感覚で敬服した。

◇引用文献◇

トインビー，アーノルド・J・若泉敬（1971）:『未来を生きる―トインビーとの対話』毎日新聞社

Fernandes, George (2008): China potential threat number one, *The Economic Times* 30/5/2008

Jaishankar, S (2013): India's relationship with China expanding substantively, *Business Standard*, 20/5/2013

MOFA (2012) Japan-India Relations (Basic Data), November 2012

Shakabpa, Tsepon W.D. (1984): *Tibet A Political History*, Potala Publications

Singh, Swaran (1998): *Three agreements and Principles Between India and China*, Gyan Publishing House

Thelikorala, S. (2011): Indira Gandhi: Iron Lady of India, *The Sunday Times*, 20

/9/2011

◇参考文献◇

Bhondare, Namita（2005）：*India and The World*, Roli Books
Chagla, M.C.（2000）：*Roses In December an Autobiography*, Bharatiya Bhavan
Dixit, J.N.（2002）：*India's Foreign Policy Challenge of Terrorism*, Gyan Publishing House.
Jalan, Bimal（2005）：*The Future of India Politics, Economic*, and Governance, Penguin Viking
Siddhu, W.P. Singh and Yuan, J.D.（2003）：*China and India, Cooperation or Conflict?* India Research Press
Vora, R. and Palshikar, Suhas（2004）：*Indian Democracy Meanings and Practices*, Sage Publications
荒井利明（2002）：『変貌する中国外交──経済重視の世界戦略』日中出版
内川秀二（2006）：『躍動するインド経済──光と影』アジア経済研究所
エモット，ビル／伏見威蕃訳（2008）：『アジア三国志　中国・インド・日本の大戦略』日本経済新聞出版社
何　清漣／中川友訳（2002）：『中国　現代化の落とし穴』草思社
キング，ジェームズ／栗原百代訳（2006）：『中国が世界をメチャクチャにする』草思社
宮崎正弘（2003）：『いま中国はこうなっている──最新現地取材［全33省］』徳間書店

第 13 講　政治と法の空間
—— 実践の空間における政治的判断 ——

升　信夫

　自転車に乗るとき，交通法規に従った運転が望ましいのは当然だ。ただし，法律に従って運転すれば必ず安全が保証されるわけではない。法律から逸脱すれば避けえたのに，法の指示通りに運転したために，法律に従わないバイクや自動車などに追突され，回復不能な障害を背負うこともある。その場合も加害者から金銭的補償を得ることはできる。しかし以前の健康な生活を取り戻すことはできない。このように実践の決定的な瞬間においては，法が最優先されるべきものとは限らない。そうした実践の場での判断の中で政治的判断は，その重大性などから特別な地位を与えられてきた。本講は，できるかぎり具体例を示しながら，こうしたことを検討していく。

1　権力，政治，近代国家

(1)　権力の2つの側面

　政治は権力の操作にかかわって成立する。もちろん，言葉とそれが意味するものとの関係は，恣意的なものであり，権力，あるいは政治についても，普遍的な概念を見出すことは本来的に不可能であり，結局，その定義はそれぞれの論者の手に委ねられる。ただ，一般に用いられる意味を参照しながら，議論を始めることは理解や実践の手がかりとしては有益である。まず，権力という言葉について考えてみよう。

　ある人が，人知の及ばない悪魔的な力を持ち，その力を用いて，しばしば人々に危害を加えるという場合，その人は権力を持っているとは一般には表現しない。それに対して，その人がその力を背景として人々を労働にかりたて，その労働の果実をほぼ独占するということが長期に続き，それが制度化すれば，そ

の人は権力を持っていると表現される。つまり，権力は協働組織の力を，ある種の正統性をもって利用することとかかわっている。

　ところで，古代ギリシアのゾーン・ポリティコンという観念に，人間はポリスを作る存在であるということが含意されているように，人間の特性をその集合性と，それにより手にする飛躍的な力にみる視点は古い。近代においても，D・ヒュームは，人間が他の動物よりも優位性を発揮するのは，協働するからだとしている。狼を倒すこと，巨大なピラミッドを建設すること，軍事的に他国を圧倒すること等々，いずれも組織された人の力によって実現される。遠い他国の人と交易を行うことも，それぞれの労働の成果が結びあわされるという点で，束の間の協働と捉えてよい。ここから，何かを実現するポジティブな組織的な力こそが権力であるとする考え方が生まれた（佐々木 2012：52頁）。たとえば，現在，政治経済の諸制度の殆どが少子高齢化社会に対応するシステムにはなっておらず，その打開に向けて「政治の力」に期待が寄せられるが，そこで想定されているのは，このポジティブな意味での権力に他ならない。

　もちろん，権力は抑圧的なものだとする立場も広く共有されている。まず集合的な力は，その管理が少数の手に委ねられることが多い。その少数のものが恣意的に組織の力を利用して支配すれば，構成員には多大な害が及ぶ。そこから権力をネガティブに捉える見方が生まれる。また，上記のような組織的協働が力を発揮するとき，人はその一員として，それぞれの役割を全うしなければならない。協働により作り出された力は，構成員に向けては，役割を強制する力として作用する。意に反して役割を強制されることは苦痛を伴う。優れた業績をあげている企業でも，地道なバックオフィスの作業を，低い賃金で続けることは快適とはいえず，戦力的に圧倒的に優位であっても，最前線に投入された兵士は死の危険に晒されている。ジェンダーも社会的な役割を強制するという側面を多分にもっている。

　なお，権力の本性を実体的に捉える場合でも関係的に捉える場合でも，この2つの側面のうち，後者のネガティブなイメージが一般には強い。それは次のような理由による。協働的組織は，驚異を与える環境に対応するために作られ，その協働を安定して維持するために制度化が行われ，制度は経路依存的に持続し，やがてポジティブな機能を弱め，貝殻化する場合が少なくない。そうした場合の組織は，構成員に対しては，ただ抑圧的な機能のみを果たすことになり，ただ呪詛の言葉を浴びせるべき否定的な存在となる。

できれば，ネガティブな側面をできる限り抑えつつ，ポジティブな協働の力を引き出したい。ルソーが案出した一般意志も，そうした試みの1つであったが，階統的組織が一般的となる近代以降にあっては見果てぬ夢であった。

（2） 近代国家の特殊性

このように権力を捉えると，家族，企業，教育組織，宗教組織など，どのような協働組織の中にも政治や権力の問題が存在しうるということになる。実際，20世紀以降の権力論は，そのように理解している。ただし，伝統的な政治認識では，特にことわりが無い場合は，政治や権力といえば，国家組織に焦点があてられてきた。それは，以下に述べるような近代国家の特殊性に起因している。

近代国家成立以前の中世西欧では，親族・血族，都市，教会，中世国家など，人は多様な協働組織に属し，そこに属することで組織的力の形成に寄与し，同時に役割を強要されていた。たとえば，親族集団は一大結社のごとき様相で立ち現れ，貧しい者たちから，軍事奉仕を行う武装した従者が集められた（ゴンティエ1998：48頁）。また，役割の強制も最終的には暴力的な性格を有していた。たとえば，ある人間が暴力による被害を受けると，本人または親族は，加害者やその血族に対して暴力による復讐を行ったが，この復讐は，親族集団の名誉を守ることであったので，生命の危険などの大きな負担に耐えながら，社会的義務として遂行せざるを得なかったという（斉藤1994：446頁）。こうした社団的編成の社会では，個々の社団が制裁手段をもつため，より上位に立って多元的紛争を調整する近代国家のような装置は整っていなかった。

ヨーロッパでは16世紀頃から，火砲の破壊力の著しい向上と防御のためのイタリア式築城法など，時に軍事革命と説明される変化のために巨額の資金が必要となり，それを集めることができた国家のみが自立性を維持することができた。14世紀には1000の政治単位が存在したが，1789年には350，1900年には25が残ったにすぎなかったとされる（Porter1994：p.11）。またこの過程で，国家は国家内の社団的存在への浸透を深め，徐々に社団の政治的自立性を削いで行き，暴力を正当に行使できる唯一の主体としての地位を確かなものとした。この結果，近代国家は，19世紀末に国民国家として完成するまでに，統合された主権的正統性を背景に，①暴力的な機能の集中，②多様な価値の最終的調整という特徴を持つことになった。そして，これらを司る制度として，立法，

第2部 多様化する社会と正義の重層性——変 容——

行政，司法などに集約される国家機関が整えられた。政治学は，そうした主権国家の振る舞いの分析や，判断原理について説明する学として発展し，そのため，権力現象についても国家組織に中心的な関心を払うことになったのである。そのため，グローバル化による近代主権国家の揺らぎと権力現象の変化は，政治認識と他の学問との関係にも影響を及ぼさざるをえないといってよい。

（3） 政治の位置関係

もともと人は多様な存在であり，それを調整しなければ協働の力を引き出すことはできず，その作業には権力のネガティブな暴力性が多かれ少なかれつきまとう。そしてその調整過程を一般に政治と呼んできた。そこで，協働の課題について，実行に移す過程での紛争性の強度（暴力性の程度）を縦軸に，その課題についてどれほど多元性な価値がかかわっているかを横軸にとり，状況の位置関係を図1に示した。

その際，価値とは何かが問題となる。経済的価値，宗教的価値などが異なることは一般に認められるところとしても，夏期休暇に海と山のどちらを選ぶか

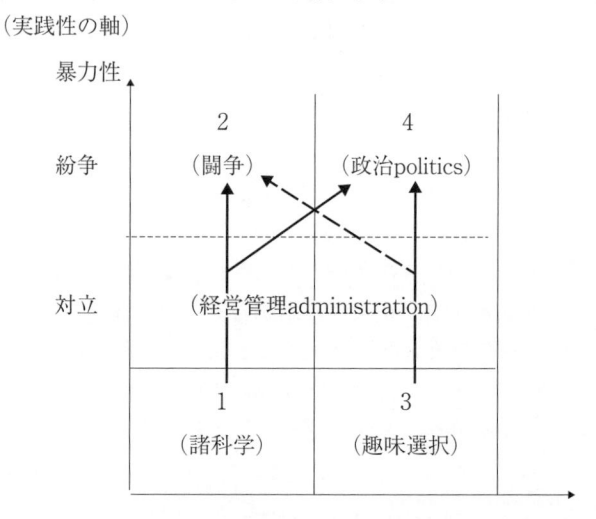

図1　政治の位置

（実践性の軸）

```
暴力性
           2              4
紛争     （闘争）      （政治politics）
  ------------------------------------
           （経営管理administration）
対立
           1              3
        （諸科学）    （趣味選択）
                                    →
      一つの基礎価値  複数の基礎価値  （価値の軸）
      （複数の言説） （複数の言説／紛争価値）
```

264

などは価値の相違というより趣味の違いに過ぎないように思える。とはいえ，海派と山派がそれぞれ徒党を組み，かたや羊水の記憶や太古性を持ち出し，かたや高山の霊的性格を語り出して激しく争えば，単に趣味の問題とはいえなくなる。そこで，前者のようにルーマン的システムとも重なり合う価値を基礎価値，後者のように趣味の相違が紛争に発展した場合を紛争価値と置くこととする。そのうえで本講では政治を「紛争化した多元的価値を協働の力をもたらすために主に弁論を軸として統制する技術」と捉える。

　1の領域では，基礎価値が1つであり，複数の言説があっても対立化していない。たとえば，ある企業において低価格商品を主力とするか，高付加価値商品に力を入れるかという選択肢があっても，その差異が戦略論や経済状況の分析などの言説の違いにとどまり，対立が深まっていなければここに位置する。あるいは，ある山間地域での防災対策としてダム建設と森林育成との2案がある場合，防災上の効果という基準で選択が行われ，とくに対立を生じていない場合も同様である。

　ところで，山間地域の防災ダムについて，たとえば，中央官庁の資料にもとづいて効果があると主張する人々と，研究機関の調査に依拠して効果がないと考える人々との対立が生まれた場合，まずは話し合いの場を設定するなどして収拾が図られる。それは組織の経営管理の領域に属す。収拾策が功を奏さず，さらに対立が深まった場合は，2に接近する。ただし，そうした紛争状態では，防災上の価値の実現以外にどちらの集団が闘争に勝つのかという別の価値が加わり，実際には1から2へ移動したのではなく，4に移動している。このように顕在化した対立状況を調整しつつ価値の選択を行い統制するのが政治の役割である。なお，相手に対しての勝利のみに価値を置く2の場合は，もはや協働の実現という目的は見失われており，政治ではなく闘争に過ぎない。

　3の領域では，基礎価値が複数係わり，言説も複数存在する。たとえば，先の事例で，防災ダム，病院建設，小学校改築，林道整備，公共墓地の造成の課題があり，自治体の限られた予算では全ては実現できないとする。そこで自治体の長が，防災ダムと林道整備に予算をつけ，他は次年度以降にすることを決めたとすれば，教育や医療よりも防災と産業振興に価値を置いたことになるが，それだけならば，趣味的選択にとどまる。その選択が対立をもたらし，単に趣味の事柄が価値の対立の問題となり4に移動したときに政治的に決着を図るべき事柄となる。この場合も，紛争の過程で党派的勝利のみに関心が集中し，も

第2部　多様化する社会と正義の重層性 ── 変　容 ──

ともとの価値選択が見失われれば，2の領域に陥ってしまう。

（4）　価値対立の様態と判断

　窓辺に飾る花として赤い薔薇と白い薔薇のどちらを選ぶかについては，一般には好みや趣味の問題であり，花や色に特別の意味を見出して決定する事柄ではない。とはいえ，赤の花を忌むべきものとみなす宗教が仮にあれば，その宗教に帰依している者は，そうでない人とは，赤の花に対しての身体的な感覚を全く異にする。

　そうすると，選択対象となる事柄については，①同じように理解しているが趣味の問題として，選択（順位）が異なる場合，②異なる理解をしていて選択も異なる場合，③異なる理解をしているが選択は同じ場合，があることになる。①については基礎価値が共有されている。③は選択結果が同じであるため，図1の4への展開はないが，異なる言説により異なる像を結んでいる点で対立を内在させている。たとえば，防災対策としてダムと植林のどちらかを選ぶという事柄で皆がダムを選択するという場合でも，防災効果の優劣にもとづいた語り，工事から生まれる経済的利益に関心を向ける語り，工事発注と引き替えに期待できる投票行動に焦点をあてる語り，土木予算を確保することで課内の自己の評価が高まると考えた語りなど，多様な語りに基づいている場合がある。

　②については，たとえば，防災ダムの予定地にソメイヨシノの古木を想定してみよう。この木について，植物学者は，ソメイヨシノはエドヒガンとオオシマザクラから生まれたものだなど，その起源について語るかもしれない。経済学者は，1本のソメイヨシノの景観は，日本全国どこにでもある景観であるため殆ど経済的価値はなく，その古木の価値は，切り倒して木材にしたときの価格に過ぎないと言い切るかもしれない。旅行中にたまたま通りかかった画家は，山の雪を背に，静かに佇む姿には凛とした美を感じざるをえないと語り，この地で生まれ育った人たちは，祖父母などと花見をした遠い記憶を花の開花とともに思い出すことだろう。あるいは，このあたりでは，武田信玄がこの桜で花見を楽しんだという言い伝えが古くからあり，この桜は信玄公花見桜とも言われていたとしよう。ソメイヨシノが江戸後期から明治にかけて誕生したものであれば，それは事実に反している。だが，事実に反していることをもって，その伝承に何の意味もないとすることはできない。アボリジニの伝承が事実にもとづいていないからといって，否定することができないのと同様である。

第13講　政治と法の空間

　ダム建設のために古木を伐採するかどうかという問題が持ち上がるとき，経済的な語り方をすれば，ダムがもたらす利益はサクラの木材価値を遙かに凌駕する。だが，個人の思い出や集合的記憶に金銭的交換価値はなくとも，共同体は集合的記憶を媒介として構成員のつながりを維持するという側面もある。それがなくなれば，各人の物質的生活は成り立っても，共同体としての活動は沈滞してしまうこともあろう。いずれを選択するのかについて対立が深刻化すれば図1の4の領域の事柄となる。そして，いずれを選ぶか問われるとき，客観的な判断基準を提示することは難しい。法的思考も法的手続きの正当性を越えて語る言葉を殆ど持ち合わせていない。

　そこでさまざまな言説を評価選択する何か特権的な言説，あるいは正義や功利性などさまざまな言説の上位にある規範を見出すことはできないのかということが問題となる。文化はさまざまな言説の集積であるのだから，この問題は，多元的な文化の調整の問題とも通じる。たとえば，イスラームとヒンドゥーの民とが衝突したときに，ヨーロッパ的なヒューマニズムを裁定原理として頼ることができるのか，などである。これについて，特権的な言説はないと断念するのが政治的自由主義の立場であり，本講もその立場を支持する[注1]。

　引き続き，軍事的価値を最優先とする傾向を強く持つ近代国家の判断の実例として沖縄戦を取り上げることにする。

（5）　沖縄戦の戦術の変転

　戦争は，クラウセヴィッツに従えば政治に属すが，勝利が自己目的化されれば，本講の捉え方では政治の領域外にある。また軍事組織は上意下達の命令系統が厳格であり，組織内での紛争価値の対立は例外的事象でもある。ただし，総力戦体制下では，行政も軍の管理下に置かれ，軍は基礎価値の調整を行う役割も与えられていた。

　大本営では，沖縄戦について，制空権制海権を絶対的に保有する米軍との離島作戦は，増援，補給が不可能であり，沖縄の防衛は時間の問題と考えられ，結局米軍に占領され，本土への来寇は必至と覚悟していた（戦史室1968a：284頁）。沖縄に配された第32軍でも，八原参謀の発案にもとづき，米軍上陸時を好機として一斉攻撃を加えるという戦術ではなく，那覇，首里など島南に主力を配して，持久戦に持ち込むという戦術が採用された。この戦略持久戦術については，牛島司令官，長参謀長もこれに同意し，米軍上陸前にはこれを遂行す

267

ることに決していた。

　慶良間諸島を攻略した米軍は，4月1日，本島上陸を敢行した。日本軍はこれに攻勢をかけず，米軍は上陸後，直ちに北・中飛行場を確保した。この状況は，第32軍にとっては，戦術通りの事態であったが，本土や台湾などの日本軍は，これに批判的であり，腰抜けと評したり，あるいは自己保全の思想であるなどと受けとめた。このことは戦術の立案，遂行に際して，大和魂や武士の精神などの言説を用いる流れが存在していたことを示唆している。軍事的価値は共有しても，異なる語りからは異なる作戦選択がもたらされ，さらに対立が深まれば紛争価値の問題となる。

　大本営内にも同様の批判があったが，作戦の立案遂行は現地司令官に委ねる方針が維持された。とはいえ，第10方面司令官，第8飛行師団，聯合艦隊などから，第32軍に対して次々と反撃を要望する電文が送られ，異なる言説による相克が生じた。そうした状況で，第32軍の牛島司令官，長参謀長とも，もともと心情的には待機よりも積極攻勢に傾いていたこともあり，攻撃要請を無視することはできないと判断するに至った。その結果，4月3日，攻勢に転じるという決断を行い，実行に移したが，期待した成果はあげられない。そして再び戦略持久に戻るという決定を下すことになった。その後，4月末，長参謀長は，「現状をもって推移すれば，軍の戦力はローソクのごとく消磨し，軍の運命の尽きることは明白である。よろしく，攻撃戦力を保有している時機に攻勢を採り，運命の打開を策すべきである」と述べ，再度，攻勢に転じることを押し通し，成功の見通しもないまま，これを実行に移し，大きく戦力を失うことになった（戦史室1968a：460頁）。

　もちろん，科学性の要素の乏しい言説には価値がないということではない。死を覚悟して戦場に赴くには，ある種の狂気を鼓舞するような言説も必要となる。悠久の大義についての様々な理解もそうであり，また沖縄に向かう大和艦上で語られた以下のような言説もこれにあたる。「敗レテ目覚メル，ソレ以外ニドウシテ日本ガ救ワレルカ　今目覚メズシテイツ救ワレルカ　俺タチハソノ先導ニナルノダ　日本ノ新生ニサキガケテ散ル　マサニ本望ジャナイカ」（吉田1994：46頁）。

（6）　南部撤退

　5月20日過ぎ，八原参謀は，「彼我一般の情勢より判断して，喜屋武半島地

区に後退し，新しい陣地に依り，最後の抗戦を試みるのが軍の根本的目的に照らし妥当であるとの印象を強めつつあった」（八原 1972：288 頁）。つまり，首里にとどまり玉砕するよりも，喜屋武半島地区（南部）に撤退した方が，より長期間もちこたえることができ，戦略持久という点で優れていると考えたのである。そして 22 日夜の会議を経て，喜屋武半島に後退する案が採用となり，25 日夜から撤退行動が開始された。だが，南部にはすでに多くの市民が避難していた。軍が南部に撤退し，市民と軍が混在することは，市民の生命財産という基礎的価値と，軍事的価値の相克をもたらす。

沖縄戦については 10 万人をこえる一般市民が犠牲になったことは忘れることはできない。その多くは周囲に着弾した砲弾の灼熱の破片により身体をえぐられ，あるいは避難したガマの中で負傷して死に至り，さらには自決を強いられた。例えば，次のような手記がある。「二三本のサトウキビをかついで壕に入った瞬間であった。轟然と直撃弾が洞窟の入口に破裂し，硝煙が壕に立ちこめた。「当美ちゃん，私の脚がないの」と牧志さんが叫ぶ。ふりかえると，大腿部からすっかりもぎとられて血だるまになって横たわっていた。古波蔵さんは寝たきりで息が絶えていた。比嘉さんは胸部，知念さんは目を射貫かれ，神田さんは足，……二十余名の血が岩壁や私達の顔や腕，もんぺとあたり一面に飛び散っていた」（仲宗根 1974：234 頁）。

市民の手記を手にすると，南部への撤退が開始された後に，これらの殆どが起きていることがわかる。それまで米軍の砲撃は，時に広範囲な艦砲射撃があるとしても，ほぼ戦闘の続く前線に集中していた。しかし，撤退開始後は，市民と軍が混在する南部地区の広範囲に砲弾が注いだ。喜屋武半島への撤退の決断は，市民に犠牲を強いる決断でもあった。

軍事的な言説だけで像を結ぶならば，撤退後 1 カ月間戦闘を継続することができたのだから，喜屋武半島への撤退は適切な選択であったといいうるだろう。最終的に軍事的価値を最優先とする近代国家の軍事官僚として，八原参謀は，軍事的な論理に忠実な言説で状況を把握し，現場判断を下した。ただし，これと対照的に，海軍沖縄方面根拠地隊の大田司令官が最終的に撤退を断念したことも記憶にとどめておきたい[注2]。

小禄に本拠を置いた海軍は，ひとたび 5 月 26 日には小禄地区から南部への撤退を行うが，首里司令部との齟齬から，28 日中に再び小禄陣地に復帰した。6 月 2 日軍主力の撤退がほぼ完了し，その後，海軍にも撤退の指示がでた。だ

が，海軍は撤退せず，6月4日小禄地区は米軍からの激しい攻撃に晒されるようになった。同日，大田司令官は，第32軍への合流を「着々準備中ナリシ処」，敵の攻撃を受けて応戦することとなり，合同は不可能となったという趣旨の電文を関係各方面に送付している（戦史室1968b：665頁）。さらに6月5日，大田司令官は牛島司令官に，海軍は包囲されて撤退は不可能であり，小禄地区で最後まで闘うという電信を送った（八原1972：352頁）。しかし，この時東西から攻撃を受けていたとはいえ，ほぼ包囲されたのは7日から8日にかけてであり，この段階で，南への退路が完全にたたれていたようには思えない（戦史室1968a：571-572頁）。6月はじめの経過を追ってみると，大田司令官は，撤退しないことを6月4日の前に決断していたと推測できる。では，なぜ，そうした決断を下したのだろうか。

　沖縄方面根拠地隊の生還者は，「後退が早過ぎるとして小禄に復帰させられた煮えくり返るような怒りが背景にあった」と指摘する（田村2007：422頁）。しかし，そうした個人的な怒りの感情だけから兵員の死を意味する重大な組織的決断が行われたとも考えにくい。26日に南部に撤退したとき，南部に相当数の一般市民が自然壕などに避難していることを知り，海軍がそこに撤退すれば，多くの市民を巻き添えにしてしまうと考え，それを避けるために撤退を断念した可能性を考えてもよいだろう。実際，大田司令官は，米軍上陸前，専属の理髪師の家族が南部に疎開していることを聞き，そこは危険なところだから北部に移した方がよいと指示している（田村2007：342頁）。いずれにせよ，第32軍と太田司令官との間の認識の相違は，対立として政治化することはなく，協働行動は途絶した。

2　現場での実践と判断

（1）　科学的な言明

　ここまで近代国家における政治と多元的価値について検討してきたが，実践の場での判断ということについて検討してみよう。まず科学の位置づけについて確認する。科学（science）という言葉は，ヨーロッパの知的伝統では，古くは「知ること」という広い意味で用いられ，19世紀に入るまでartと重なり合う言葉として用いられた。それ以降，科学は，次第に自然科学と同じ意味で用

いられるようになり，artとは対立するものと捉えられるようになり，今日に至っている。とはいえ，たとえば歴史学や精神分析学などが科学なのかについては幅広い合意があるとはいえ，科学をどのように定義するかは論者により異なるといってよい。ここでは科学的知識とは，自然科学的言明と，公理からの演繹的推論に基づき真であると認められる言明（statement）を意味することとする。「である is」と「すべき ought」，及び反証可能性（カール・ポパー）を軸として整理すると，点線部より上の（A）1と2を科学的知識と整理できる(注3)。

(A)　「～である／is」というタイプの言明
1　実験調査や公理からの演繹などにより暫定的に真とできる言明
　　（反証可能性があり，まだ反証が示されていない言明）
2　反証が示された言明
　　1）　蓋然的な知識（一定の条件下において成り立つ）
　　2）　成り立つ場合は殆どないか，全くない言明
3　証拠立てられず，また反証可能性のない言明
　　（階段で転んだが先祖の霊が守ってくれたので怪我がなかった，など）
(B)　「～すべき／ought」など，感情に依拠しつつ価値を選択する言明
　　（科学的には語りえないもの）

(2)　科学的言明と遂行性 ── 背後に隠れた言説

　「①このフライドポテトは牛脂を用いて揚げてある」という言明は，揚げ油の組成を確かめれば真偽が確定でき，もし牛脂の成分が検出されれば，科学的知識となる。補足的に揚げ油の入手経路を追跡してもよい。「②デフレを終わらせる金融財政政策が存在する」という言明は，無税国家の推論から，演繹的に真だと確定する方法があり，また様々な施策を試行的に行い経験的に確認する方法がある。無税国家の推論とは，無限に紙幣を発行してもインフレにならないなら，税金のない国家を作ることができるはずだが，それはありえないことだから，どんな政策をとってもデフレは解消できないというのは誤りだ，というものである。それに対して，「③豚丼より牛丼の方が美味しい」という言明は，個人的な趣味の表明であり，科学的な言明にはならない。

オースティン以来，言語の遂行性ということが論じられてきている。上記①の言明を，インドのマクドナルドの店内で大きな声で発したとしたら，それは単なる科学的言明を発することを意味してはいない。牛を聖なるものとしているインド文化で，いま口にしているフライドポテトが牛脂で揚げてあるとわかれば，多くの人がすぐそれをはき出すだろう。その発言は，店に対しての激しい非難の表明であり，他の客に対して，これを食べてはいけないという警告を意図している。②の言明を総理大臣が記者会見などで発したとすれば，それは「デフレは良くない」，「デフレを克服する政策を実行するのでそれを支持して貰いたい」などの意図を背景としている。また③の言明が，駅周辺のファストフード店の新規メニュー会議での店長の発言だとすれば，豚丼はなく牛丼をメニューに採用するという判断を意味する。このように，実際の日常で発せられた言明は，(A)(B)の区別なく，遂行性を帯びている。あるいは遂行性なく，言葉を発することはない。

その際，牛脂の例であれば，発言者はヒンドゥーの言説(narratives, discourse)に従い，そう発言することが好ましいと価値評価し，行動を決断している。デフレの例であれば，総理大臣はリフレ派の言説に依拠しながら，デフレは悪であり，その克服手段があると考え，そのように発言する。牛丼の例であれば，何が美味しいかということよりも，何が売れるのかという経済的利益の観点から，店長はそのように発言する。つまり，科学的言明や価値選択的な言明にかかわりなく，言明が発せられる場合には，価値を含み，それをコントロールする言説が存在し，それにもとづいて言明は遂行性を発揮する。

（3） 実践の現場空間

先のフライドポテトの例に照らせば，牛脂で揚げてあるとわかったとき，それを店舗内で声を発して伝えれば，混乱が生まれたり，危害を加えられたりするかもしれず，実行に移すには決断が必要となる。実践の場での決断について具体的に考えてみよう。

たとえば，一緒にいた知人が，突然崩れるように倒れ，確かめてみると息をしていないとする。この場合，どのように振る舞うことになるのだろうか。人の命は何にも代え難い程に尊いという言説は，科学的に論証できる言説ではないが，幼少期から教育，メディア等を通じて受容されている。したがって，この言説にもとづき，まず，知人の救命が行動目的に設定され，その手段が模索

される。そして、「1分遅れると救命率は10％下落する」「専門家による治療が最も救命率が高い」などの科学的な言明が参照されつつ、①救急車を呼ぶ、②AEDを開始する、③心臓マッサージを開始する、という行動の順番が、いわば厳密な知見として、導かれる。

　この事例に、もう少し具体的な事情を追加してみよう。早朝、全く人影のない公園を、何も持たない身軽な状態で、ジョギングをしていたら、突然、前を走る知人が膝から崩れるように倒れ、駆け寄り抱きかかえてみると、息をしていなかったとする。この時の適切な振る舞いは上記の場合と同じだろうか。119番通報やAEDの入手に手間取り、その間、何の措置もとられないなら生存率は著しく低下することを思えば、①、②、③の順番が常に成り立つわけではない。処置開始までの時間と生存率、専門家と一般人の心臓マッサージの効果の差異、AED処置の有無による生存率の違いなど、さまざまな要素を相関的に考慮して導かれる生存率についての統計的分析から適切な選択が決定される。たとえば、1分30秒以内に119番通報が可能なら、まず通報した後、心臓マッサージをするのが生存率が高く、通報に1分30秒以上必要なら、直ちに心臓マッサージに着手する方が生存率が高い、など。この選択方法に照らせば、片道2分のコンビニまで走って救急車を呼び、とって返して4分後に心臓マッサージを開始し、結果として蘇生できなかった場合には、適切な判断ではなかったと評価される。

　ただし、実際の現場では、予想しにくい大小、さまざまなことが継起する。そもそも手元に携帯電話を持たない場合、119番通報にどれほどの時間が必要なのか明確にはわからない。近所のコンビニまで走って1分以内に行けるだろうと思っても、正確な計測にもとづくわけではない。また、その出来事は、毎週繰り返されることではなく、その人、その状況で、その時に生じるのは、その1回だけに限られている。

　さらにこれに複数の他者がかかわるようになるならば、状況は一層複雑になる。たまたま通りがかった人に緊急通報やAEDの取得を依頼したり、心臓マッサージの助力を要請したりする場合などである。あるいはその他者が折り合いの悪い隣人であったりすれば連携は容易ではない。近接した人の死という切迫した状況の中にある現場では、日常とは異なった時間が流れているように感じられるものだ。人の命は尊いという言説は、科学的な知識から自動的に結論を導くのではなく、それにコミットしている者の主体的跳躍を経て行為を具現化

する。

　なお,こうした考察から法的判断と政治的判断の違いの一端が浮かび上がる。この事例を用いれば,法は,法的に不適切な行為があったのかどうかを問題とし,そこでは結果として知人を救命できたかどうかは決定的な判断基準とはならない。もし救急車を呼ぶのが一般的であれば,10分かけて救急車を呼び,結果として知人の死を招いても,法的な責任は問われないだろう。それに対して政治的判断は,傍観者であることを許さず,結果を自分に係わることとして引き受けること（責任）を求める。

（4）　実践的現場判断

　前項で説明したように,実践の現場は,1.切迫性,2.当事者性,3.予測困難性,4.一回性という特徴を持つ。これらの制約の中で下す実践性を持つ判断を,実践的現場判断と置き,そうした要件を欠く場合を,事後的他者評価とおく。法的判断の殆どは事後的他者評価に属す。また,現場判断は,価値選択を伴わない場合も,これらの諸特徴のため,科学的言明で置き換えることはできない。このことについて経営学を素材に別の角度から考察してみよう。

　経営者についての古典的な理論では,経営者の仕事は,計画化,組織化,人員配置,指揮,調整,報告,予算化であるとされた。その場合には,経営的な判断の多くは,経営科学の知識や情報に大きく依存する。おそらくアメリカを中心とした経営学の研究では,そうした観点から科学的な探求が行われている（入山 2012）。ただし,そうした経営者像とは異なったイメージも,経営学の中では提示されている。たとえば,ミンツバーク（Henry Mintzberg 1939- ）は『マネージャーの仕事』の中で,マネージャーが短時間で多様な仕事を断片的に処理してゆく姿を描いた。短時間で断片的に仕事をこなしてゆく場合,そこでの判断は,実践的現場判断の性質を多分に持つことになるだろう。

　ところで,ドラッカー（Peter Drucker 1909-2005）がハーバード・ビジネススクールから誘われたとき,そのケース・スタディという方法への疑念と,月に3日以上のコンサルタント活動が禁じられていることを理由として招聘を断ったという逸話があるが,経営的な判断のあり方を考えるとき,これは示唆的である。ハーバードのケース・スタディは,過去において現実の企業がおかれた状況と課題を再現して,そこでの判断をそれぞれが自分で考えることを狙いとしたもので,そのときの企業家の判断を批判的に検討するものではないが,

教室で学生が下す判断は，切迫性，当事者性，一回性を欠き，事後的他者評価に属す。ドラッカーが固執したコンサルティングの方が現場性は強い。ドラッカーは，ミンツバークと同様，経営者の判断は，実践的現場判断であることを重視していた。

　ミンツバークは，『MBA が会社を滅ぼす』の記述で，マネジメントの仕事で，科学化できない部分を強調し，art, craft, science という表現を用いつつ，マネジメントは，「かなりの量のクラフト，しかるべき量のアート，それにいくらかのサイエンスが必要とされる仕事」だと論じている（ミンツバーク 2006：21頁）。これを先に挙げた心肺停止の例に引き据えてみると次のように説明することができるだろう。現場で適切な判断を下すには，停止後から処置開始までの時間と，生存率の関係についての医学的なデータ，119番通報から救急車が到着するまでの平均時間のデータなど，science に類する知識，情報が不可欠である。しかし，直ちに心臓マッサージを行わないと生存率は急速に低下すると science が教えても，心臓マッサージは身体的動作であり，誰もが同じように標準5センチという圧迫を行えるとはかぎらない。この動作は craft（身体性）の領域に属している。また現場にあって，近所のコンビニを思い浮かべつつ，そこまでの往復の時間，応援の可能性などを考慮し，自分ができることの優先順位を設定し，決断し，実行に移すのは art（創造性）の領域の事柄といってよい。ミンツバークの指摘に従えば，ビジネススクールで，経営科学だけを教えても優れたビジネスマンは育たないということになる。敷衍すれば，法律の学説にどれほど通暁しても，それだけでは優れた法律実務家にはなれない。これらのことは science の研究，教育に傾斜しているように見受けられる現代の高等教育のあり方に，重要な示唆を与えてくれる。

3　2011年エジプト革命

（1）タハリール広場

　これまで政治が多元的価値にかかわること，政治判断が切迫性，当事者性などの特徴を持つ現場判断であることを論じてきた。2011年エジプト革命を取りあげ，これらのことを具体的事例の中で確認してみる。

　エジプトでは 2010 年末までに，政府の不正，腐敗，抑圧に対しての抗議活

動が多く行われるようになっていたが，抗議参加者はせいぜい100人から1000人規模であり，組織に属していない一般市民が抗議に参加することはなかった。しかし，チュニジアでの革命の成功により，若者達は，変化を現実的なものとして希求することができるようになった。1月21日「われわれはみなハーリド・サイード」は，ネット上で1月25日に反政府デモを行うことを呼びかけ，これにさまざまな民主化運動団体が賛同する。そして，当日，タハリール広場には，予想を遙かに超える多数の若者たちが集合した。

　広場の若者達は，独裁政権の打倒とその後の政治体制についての具体的なプログラムは持たず，見通しは不透明としても，何らかの変化を実現できるのではないかと感じて行動している。そこにあったのは，至福感であったとしばしば説明されるように，こうした場は，祝祭性と楽観的観測が支配的となる(Bellin2012 : p.137)。とはいえ，仮に統治機構が実弾を用いて運動を鎮める等の厳しい行動に移ることがあれば，祝祭性は曇り，空気は凍りつき，個々の参加者には，命を賭するのかという新たな決断が迫られることになるだろう。だが1月25日段階では，治安警察も軍も，一線を越えることはなかった。

　3日後の1月28日，金曜日礼拝の後に全土に広がった「怒りの日」は，運動の決定的な転換点となった。治安側も，反政府運動の拡大を抑止するべく，28日は，未明からインターネットと携帯電話を停止するなどの対策をとった。一方ムスリム同胞団は，25日のデモには積極的には関与していなかったが，運動の強度と広がりを見て，これに関与することを決め，28日には全国的規模でデモの支援態勢に入った。これによって運動に宗教の言説にもとづいて行動する者たちが加わることになり，反政府デモは規模，強度ともに拡大した。イスラームの言説では，命を賭して抑圧に抵抗することか是認される。治安警察が実弾射撃を含む弾圧行動に及ぶことで多数の死者が出たとしても，著しい不平等の告発，政権の腐敗の糾弾，宗教的正義を強く把持して行動する者は，それを乗り越えるだろう。その数が膨れあがるほどに，警察の持つ暴力機能は，権力としての実効作用を失ってしまう。実際，28日の治安警察は，地域によって実弾を用い，エジプト全土で数千の死傷者が出たが，デモ隊は，投石で対抗しつつ，警察装甲車に火をつけ，警察署を焼き討ちするなど，激しく抵抗した。その結果，催涙ガス弾を撃ち尽くし，帰る場所も失った警察は翌日から機能を喪失した。大統領にとって，もはや警察力に頼って反政府運動を抑えることはできないことは明白であった。深刻な抵抗が発生したとき，体制の延命は，究

極的には軍が抵抗者に発砲するか否かという1点にかかってくる（Bellin2012：p.130）。28日，軍の最高司令官でもある大統領は軍の展開を命令し，それを受けて軍が路上に現れた。

（2） ムバーラク辞職までのプロセス

チュニジアのように軍が体制に背を向ければ革命は成功する。バーレーンのように軍が体制側にたって暴力を行使すれば運動は挫折する。かつての天安門を想起してもよい。また，リビアのように軍が割れれば内戦になる。エジプト軍は，1月28日の事態に接して，選択を迫られた。

軍幹部は退職後には相応の年金と高報酬の仕事が保証され，ムバーラク体制の縁故システムに組み込まれている。その点では体制を維持したい。しかし新自由主義にもとづく制度改革は，軍の関連企業にも及び，対立は深まりつつあった。反政府デモに銃口を向け，大統領擁護に安易に動けば新自由主義の言説の拡大に手を貸すことになり，自分たちの諸権益を危うくしかねない。また，軍は，国民が腐敗と不平等の糾弾の言説に依拠しつつ，大きな運動を展開していることを理解している。エジプト軍は徴兵制にもとづいており，末端の兵士も腐敗と不平等への怒りを共有している状況下では，仮にデモ隊を弾圧する命令を出せば，兵士の離脱を招き，軍組織が崩壊する危険もある。さらに，多数の死者をもたらす弾圧は，欧米メディアなどからの強い批判を招き，援助を受けているアメリカとの関係にも悪影響を及ぼす危険もある。結局，軍は新自由主義的言説にくみせず，静観を選択し，路上に戦力を展開するものの，デモ隊に銃口を向けることはなかった。軍が持つ暴力機能は圧倒的に強大であるが，腐敗と不平等の糾弾に依拠する反政府運動に対して自己抑制的になるかぎりにおいては，権力作用の主導権を握っていたのは反政府運動の側であった。

大統領としては，事態を乗り切るには，民衆を慰撫すると同時に，軍の協力を取りつけねばならない。切迫した状況の中で，大統領は翌29日，内閣を更迭すると同時に，スレイマンを副大統領に任命するという思い切った対応策を発表した。大統領は，自らの統治体制の維持のために，国民に対しては，格差や不正の責任を内閣に取らせることで慰撫をはかり，軍に対しては，新自由主義の論理を捨てたというメッセージを送ったのである。そして大統領は30日に軍総司令部を訪れた。もともと縁故システムという点で，大統領，軍，国民民主党の保守派は，共通性を持っている。息子ガマールへの統治権の継承と新

第2部　多様化する社会と正義の重層性 —— 変 容 ——

自由主義的な政策を持ち込んだために，齟齬が生じていた。大統領は，状況の切迫性，重大性を理解し，自らの保身を最優先に置く決断をしたのである。

　これは大きな決断だった。内閣の更迭は10年近く継続してきた政策の失敗を認めることであり，ガマールへの統治権の継承を断念することを意味したからだ。しかし軍は，1月31日，デモ隊の主張は正当であり，鎮圧するために軍事力を行使するようなことはしないというコミュニケを発表する（Kandil 2012：p. 227）。これで帰趨はほぼ決したといってよい。もちろん，軍内部での調整や，ムバーラク後の体制についての検討も必要であり，最高評議会が明確な意志を示すまでには，あと10日を要することになる。それまでに大統領の周囲で考えられた最後の手立てが，2月2日の「ラクダの戦い」，2月4日ムバーラク支持派のデモであった。ムバーラク支持派の投石，ビルからの火炎瓶，タハリール広場に暴走乱入したラクダで多くの負傷者がでたが，反政府運動は，これも乗り越え，2月11日ムバーラク大統領の辞職へと至る。

（3）軍の判断

　エジプトの体制変革をもたらしたのは，言うまでもなく，運動に参加することを決断した1人1人の市民であった。エジプト国民8000万人のうち，運動に参加したのが1500万人とも言われる圧倒的な数こそ，軍の発砲を回避させた最も大きな要素であった。その一方で，大統領の譲歩，次の体制への軍の決断などは，数日のうちに行われており，そうした短期間の切迫して濃密な決断の応酬の中で，30年続いた独裁体制に終止符が打たれた点にも注目してよい。

　デモ隊のシュプレヒコール，焼かれた警察署，数千の死傷者という環境の中で，軍は，新自由主義や縁故資本主義の言説を退け，腐敗と不平等の糾弾と軍至上主義の言説に調和を求め，それによって軍至上主義に最も忠実な行動を短時間で選択した。軍がムバーラク体制を救わなかった理由としては，次の4つが指摘されている。(1) 軍幹部がガマールを軽蔑したこと，(2) 軍幹部が若者の疎外，イスラム過激主義の蔓延を危惧しつつあったこと，(3) 兵士達が，警察や治安組織への体制の依存を快く思っていなかったこと，(4) 徴兵組織であるため軍と社会とのつながりが強かったこと（Barany2011：p. 28）。もちろん，これらにより自動的に軍の判断が生まれるわけではない。軍幹部の中には，深く縁故システムに取り込まれ，軍を体制維持に向かわせようとしたものもいたに違いない。移行体制の人選がそれを示唆している。決定的な時間の流れのな

かで，仮に軍内部でムバーラク体制維持の声が優位となれば，事態は全く違った道を辿ることになっただろう。「エジプトの事例は，こうした出来事の流れがいかに偶然的要素に左右されるかを明らかにしている」(Bellin2012：p. 134)。その時には，革命側に棹さした幹部は，地位と，場合によって命を失うことになったに違いない。

4 おわりに ── グローバル化と政治認識

　20世紀末からのグローバル化の進展により，国家を越える協働の諸組織が多様に展開している。この協働組織には，国際機関など，持続的管理組織を持つものから，経済的協働などの緩やかな連携関係まで多様な形態が見出される。こうした状況は政治認識の枠組みの変化をもたらざるをえない。徴兵制を維持して近代国家の特徴を維持している途上国，新興国では，従来の枠組みが持続するとしても，グローバル化に飲み込まれ，軍事性を弱めた国では，国家が多様性の紛争を一元的に担当する構造が綻び，近代的意味での政治は，国家から明らかに分散してゆくからである。

　まず経済的協働組織の相対的な強化は，経済組織から生じる消極的権力問題，つまり経済的格差の問題を顕在化させる。また，国境を越えた協働組織はもちろんこと，一国内の協働組織も，容易になった人々の移住から複数の文化を含みがちであり，より濃密な協働関係が求められるほど，多文化的軋轢のリスクが増す。さらに，男性観，家族制度などは，最終的には軍事的必要性に規定されていたが，国家が軍事性の手綱をゆるめれば，多様化し，家族内の不協和音がもたらされ，政治的となる。これらは従来，主として経済学や社会学の領域の事柄とされ，取り組まれてきた課題である。

　一方多くの国では，戦力の行使に際しては，国民の軍事参加は想定されておらず，徴兵制は次々と撤廃され，軍事的なものの比重は相対的に低下し，国家はかつての財政軍事国家から財政福祉国家ともいえる状態に移行しつつある。その結果，従来の政治は財政福祉国家の経営問題という性格を強め，求められるリーダーも優れた経営者の像に重なり合うようになる。

　こうして国家という中心核と周辺領域という，かつての堅牢な形は失われ，政治は，経済学，経営学，社会学，国際関係などの多領域の言葉となっていく。

第2部　多様化する社会と正義の重層性 ── 変　容 ──

〈注〉
(1) 特権的な言説がないとする場合，齟齬，相克は，何にもとづいて調整したらよいのだろうか。多数意見とするのが1つの方法だが，それでは少数が圧殺されてしまう危険がある。強いていえば，蓄積された過去の経験や知見に，手がかりを見出すという以外にはなさそうに思える。もちろん，蓄積された過去の経験と知見に本質的な特権性があるわけではない。また，その蓄積は，権力的に再構成される歴史的記述とも異なる。ただ，広大な過去の経験と知見は，ヒューム的な表現を用いれば，最も静かで安定した感情であり，最も静かで安定した感情は，普遍的真理ではないとしても，最も頼りがいのある水先案内人に思えるのである。

(2) 大田司令官は，「沖縄県民斯ク戦ヘリ」の電文で知られている。6月6日，海軍次官宛のその電文には，以下のような文面が含まれている。「……（前略）……県民ハ青壮年ノ全部ヲ防衛招集ニ捧ゲ残ル老幼婦女子ノミガ相次グ砲爆撃ニ家屋ト財産ノ全部ヲ焼却セラレ，僅ニ身ヲ以テ軍ノ作戦ニ差支エナキ場所ノ小防空壕ニ避難尚　砲爆撃下○○○風雨ニ曝サレツツ　乏シキ生活ニ甘ジアリタリ……（中略）……更ニ軍ニ於イテ作戦ノ大転換アルヤ自給自足夜ノ中ノ遙カニ遠隔地方ノ住民地区ヲ指定セラレ　輸送力皆無ノ者　黙々トシテ雨中ヲ移動スルアリ……（後略）……」（戦史室 1968a：574 頁，戦史室 1968b：668 頁。○○○部分は判読不明）。

(3) なお，is と ought の区別については，ヒュームにより提起され，カントに継承され，19 世紀から 20 世紀初めにかけて広く共有された枠組みである。ただし，カントによれば，ought は普遍的な倫理法則から導かれるのであり，(B) もまた広い意味での科学的探求の対象となりえた。またベンサムなどの功利主義も，快楽と苦痛の感情を数量化して計測できるとして，(B) を科学的に明らかにしようとしている。さらに，今日では，(A) も (B) も，全て言語ゲームであり，その差異はゲームのルールの違いにもとづくのであり本質的な違いはないと論じられる。

◇引用文献◇
　入山章栄（2012）：『世界の経営学者はいま何を考えているのか──知られざるビジネスの知のフロンティア』英治出版
　ゴンティエ，ニコル／藤田朋久・藤田ちな子訳（1999）：『中世都市と暴力』白水社（原著 1992 年）
　斉藤寛海（1994）：「15 世紀フィレンツェにおける権力構造」佐藤伊久男編『ヨーロッパにおける統合的諸権力の構造と展開』創文社
　佐々木毅（2012）：『政治学講義（第 2 版）』東京大学出版社
　田村洋三（2007）：『沖縄県民斯ク戦ヘリ』光文社 NF 文庫
　仲宗根政善（1974）：『沖縄の悲劇──ひめゆりの塔をめぐる人々の手記』おりじん書房

防衛庁防衛研修所戦史室（1968a）:『沖縄方面陸軍作戦』朝雲新聞社
防衛庁防衛研修所戦史室（1968b）:『沖縄方面海軍作戦』朝雲新聞社
ミンツバーグ，ヘンリー／池村千秋訳（2006）:『MBAが会社を滅ぼす』日経BP社（原著2004年）
八原博通（1972）:『沖縄決戦 ── 高級参謀の手記』読売新聞社
吉田満（1994）:『戦艦大和ノ最期』講談社文芸文庫
Barany, Zoltan（2011）: The Role of the Military, *Journal of Democracy, vol. 22*
Bellin, Eva（2012）: Reconsidering the Robustness of Authoritarianism in the Middle East, *Comparative Politics 44*
Kandil, Hazem（2012）: *Soldiers, Spies, and Statesmen*, Verso
Porter, Bruce D.（1994）: *War and the Rise of the State*, Free Press

◇参考文献◇

佐藤俊樹（2005）:『桜が創った「日本」── ソメイヨシノ起源への旅』岩波新書
保苅実（2004）:『ラディカル・オーラル・ヒストリー ── オーストラリア先住民アボリジニの歴史実践』お茶の水書房
ウェーバー，マックス／脇圭平訳（1980）:『職業としての政治』岩波文庫（原著1919年）
Giddens, Anthony（1999）: *Runaway World, How Globalization is Reshaping Our Lives*, Profile Books

コラム② 歴史的空間としての法廷
── 旧横浜地方裁判所陪審法廷

日本法史研究所

1 はじめに

　桐蔭横浜大学（メモリアルアカデミウム）には，「旧横浜地方裁判所陪審法廷」が，昭和戦前の当時のまま，保存・展示されている。同法廷は，横浜地方裁判所の老朽化に伴って取り壊されることになったが，1996年，その歴史的価値に鑑み，移築・復元がなされたものである。ここでは，この法廷が，どのような歴史的意味を有するのか，日本法史の観点から紹介することとする。

2 陪審法廷として

　この法廷は，そもそも「陪審裁判」の審理のために新築されたものである。「陪審裁判」とは，法律の素人である陪審員が合議体で事件の判断をする裁判制度のことで，現在はなされていないものの，戦前においては実施されていたものである（もっとも，現在はそれを参考にした「裁判員裁判」がなされているのは周知の通りである）。この陪審裁判は，1923年に，「陪審法」が制定されたことを受け（施行は5年後の1928年から），実施されたもので，次々と，全国各地に陪審法廷が開設され，陪審員による評議が行われていた。日本で初めて行われた陪審裁判は，施行された年の10月21日に東京で行われたものであった。横浜地方裁判所は，関東大震災の復興計画の1つとして建設が計画されていたため陪審法の施行からやや遅れた1930年に竣工し，陪審法廷として利用が開始された。床に青緑色のリノリウムを張った陪審法廷の広さは約200m^2，天井までの高さは約5.4mに達し，当時としては東洋一の規模を誇った

という。法廷の構造は，判事席から見て同じ壇の右手に検事席があり，その向こうの右手の1段下がった壇に2列で弁護人席を，そして判事席の左側に書記の席があり，その向こう側の1段下がった壇に2列で陪審員12席と予備陪審員2席を置く。被告人は弁護人席の前に柵で囲っていた場所である。

陪審裁判の実施件数は施行2年目にピークを迎え，戦争が激化する中でその後は減少の一途をたどる。立憲政友会総裁の原敬のリーダーシップによって導入された陪審制度には，裁判官が陪審の答申に拘束されない（「更新」と称した），上訴が制限されるなどの制度上の問題があったことが指摘されている。『司法省刑事統計年報』によると，横浜地方裁判所の陪審法廷では，1943年に陪審法が施行停止となるまでにわずかに36件の審理が行われたに過ぎない。このうち有罪となったものが23件，無罪となったものが10件，上述の更新事件は3件であった（北井辰弥「横浜の陪審裁判について」桐蔭論叢13号〔2005年〕参照）。

③ BC級戦犯裁判の軍事法廷・特号法廷として

戦後においては，この法廷は，連合国軍に接収されてBC級戦犯裁判の軍事法廷として用いられ，さらに，1950年に米軍接収が解除された後は，一般の民事・刑事の法廷（「特号法廷」と通称された）として使用された。

1945年8月，日本はポツダム宣言を受諾して連合国に無条件降伏したが，同宣言10項は「吾等ノ俘虜ヲ虐待セル者ヲ含ム一切ノ戦争犯罪人」を厳重に処罰することを明示していた。この規定に即して実施されたのが，市ヶ谷で行われた「平和に対する罪」にかかわるA級戦犯についての裁判（極東国際軍事裁判，いわゆる「東京裁判」），および，俘虜虐待や略奪などの「通例の戦争犯罪」・「人道に対する罪」にかかわるBC級戦犯についての裁判である。BC級戦犯裁判は連合国各国が個別に行ったが，アメリカにより5ヶ所で実施されたもののうち，日本国内で実施されたのBC級戦犯裁判の舞台が，横浜地方裁判所陪審法廷であった。

アメリカ太平洋陸軍第八軍により接収された横浜地方裁判所において，同年12月に開始された軍事委員会によるBC級戦犯裁判には，日本国内だけでなく世界から報道記者が集まり，陪審員席は各国の報道員で占められたという。かつての陪審法廷には，大きな2本の星条旗が掲げられていた。最初に審理された俘虜虐待事件は，フランキー堺主演でドラマ・映画化され，近時は中居正

コラム② 歴史的空間としての法廷

広主演で映画化された「私は貝になりたい」(橋本忍脚本)のモデルとなっている。また、アメリカ軍捕虜に対し生体解剖実験を行った「九大生体解剖事件」(遠藤周作の『海と毒薬』の題材になっている)も、この法廷で審理された。同法廷におけるBC級戦犯裁判は、1949年10月に最後の判決が言い渡されるまで約4年にわたって行われ、起訴された1037名のうち、再審理を経て、53名が死刑、88名が終身刑、702名が有期刑を宣告された(人数については、典拠により若干異なる)。第八軍による接収が解除された後、横浜地方裁判所陪審法廷は、特号法廷として利用され、1995年には東海大学安楽死事件の判決言い渡しの場ともなっている。

その後、1998年、横浜地方裁判所の老朽化に伴い解体された同法廷は、東京木場にある美術工芸の修復を専門とする工場で入念な修復作業が進められ、昭和戦前期に陪審法廷として用いられていた際の姿にほぼ完璧に復元された(ただし、BC級戦犯裁判において使用されたときの名残である英語、中国語など各国語の同時通訳用のイヤホンジャックについては、証人席と傍聴席を仕切るバーの側面柱にそのまま保存されている)。国内で現存する陪審法廷は、京都地方裁判所から立命館大学(松本記念ホール)に移設されたものと、桐蔭横浜大学のものの2つのみである。

以上のように、旧横浜地方裁判所陪審法廷は、戦前においては陪審裁判の審理のために、戦後においてはBC級戦犯裁判の軍事法廷に、そして接収解除後は一般の特号法廷として使用された。このように、同法廷は、いわば、昭和から平成にかけて、わが国の歴史と並行して歩んできた場であり、その激しい変転のさまが刻まれた「歴史的空間」であるといえよう。なお、この法廷は、一般に公開されている。ご興味を抱かれた方は、是非お越しいただきたい。

(山城　崇夫)

第3部
法学部教育の新たな可能性
── 展 開 ──

第14講　法の視覚化における視覚的法学教育の可能性

山口　裕博

　法は言語と密接な関係にあり，法的思考は文章化された法を出発点とし，あらゆる場面において拠り所となることは当然なこととされており，法学教育においてもそれを前提としている。しかし，一般的には法を認識する局面では，文章化されたテキストを介して行われるのではなく，むしろ視覚的・感覚的に認識されているともいえる。デジタル情報化に伴い，法の視覚化現象自体が一層強まると推測される。日本の法学教育の目標とされたアメリカのロースクールにおいてはテキスト中心主義への限界が議論されており，イギリスにおいては新たな教育方法を開拓する研究が活発に行われている。本講では，こうした状況を前提に，法の視覚化を検討するとともに，従来，法学教育において実践されてきた説明を簡略にするための図式などの活用に止まらない，視覚的法学教育の可能性について考察する。

1　はじめに

　法は言語を通じて意味が伝達され，その内容を理解するのも文章化されたところによるのであり，法と言語は密接不可分であるとされている。法学教育でもそのことは当然視されている。すなわち，いずれの国の法制度の下でも，第一次的法源を制定法とするか判例法とするかの違いはあっても，法的思考は文章化された法を起点とし，それが最終的局面まで貫徹されていることは自明の理とされている。しかし，リアリズム法学からの指摘を待つまでもなく，法律専門家が結論を導く際には勘による判断が先行し，文章化された法は理由付けとして機能することは珍しくなく，法的思考において感覚的なものは重要な機能を果たしている。法律の素人である一般人の場合は，法を認識すること自体において，五感，特に視覚を通じて行っていると考えられる。

第3部　法学部教育の新たな可能性 —— 展　開 ——

　法的な情報を伝達する手段として，視覚的手法は積極的に用いられている。それは，今日に比して格段に識字率の低かった時代において，法や正義の意味内容を伝える方法として効果的であったと考えられる。法，正義を体現する代表的なものが，正義の女神（テミス）像である。最近では，裁判員制度を周知させる目的で映画が活用されている。視覚的に法を認識することは，日常生活において無意識のうちにも行われており，デジタル情報化の普遍化に伴い，法的情報の獲得・法認識の起点として視覚的手段の有する重要性は今後一層高まるものと予想される。

　本講は，現代社会における法の視覚化というべき社会現象をうけて法的思考のパラダイムを転換する必要はないのかとの問題意識の下，法科大学院生との間で，法的知識の獲得は法曹教育の第一義的意義を有するかを議論したことを機縁としている。このため，法学部教育そのものを念頭においていないが，そこにおいても必然的に妥当するものがあると考えている。社会における法的知識の普遍化の要請とこれを前提とした法律専門家養成のあり方の再検討が差し迫った課題とされている状況においては，法学初学者から法曹養成段階までを通じて，現代社会における法の本質に迫る新たな法学教育の手法を開拓していくことが重要であることはいうまでもないからである。

　さて，法の視覚化とは何であろうか。法，正義のイメージを伝達する手段には，正義の女神像の他，建物としての裁判所，法廷における裁判官の法衣を始めとする伝統的な道具立て等があるが，映像化，デザイン化，ドラマ化等の感性に直接訴える手段により，法のイメージに触れる機会が多くなってきている（日本における「描かれた法」について，岩谷：107-139頁）。アメリカでは裁判手続きにおいて視覚に訴える証拠や議論の重要性が増し（Sherwin 2011：p.1），陪審への証拠の提示方法や議論の仕方において法実務のあり方に影響を及ぼしているとされている（Feigenson and Spiesel：p.62-103）。さらには連邦最高裁等の判決中においても，地図，作品，または写真等の各種のイメージが使用されることは珍しいことではなく（Maeder：p.331-364, Gonzalez-Servin v. Ford Motor Co., 662 F.3d 931（7th Cir. 2011）），視覚文化で育った者が判決中の意見へのアクセスを容易にする効果を発揮している。また，デジタル機器による視覚的コミュニケーション技術の革新は法実務，法理論，さらには法学教育に深甚な影響を及ぼし始めている（Sherwin et al. 2006：p.234-236）。

　法の視覚化の意味するところは多元的であり，法や裁判と視覚文化との垣根

が不明確化し（Sherwin2011：p. 2-3），今日の裁判手続きは特に映画の影響を受けているとされ（Almog and Aharonson：p. 1），日常生活や法廷等における法のイメージ化と情報量の増大に起因した法自体のイメージ化までを包含している。

なお，本講でテーマとする視覚的法学教育においては，受講生の理解の一助としてレジュメなどにおいて図式化したものを利用するに止まるものを念頭に置くものではない。しかし，法学教育の現場においては，パワーポイントの使用，インターネットによる情報検索・収集といったものから，iPadを使用した双方向的な授業まで行われており，デジタル化の波が急速に及んでいる。このことは，デジタル化＝視覚化とは言い切れないまでも，法解釈学を中心とした伝統的な法学教育が，法は文章表現化されるというテーゼを前提にするテキスト主義とすると，今日の法学教育において視覚的手法の側面が前面に現れてきていることは否定できないようである。そこに視覚的な手法を導入する余地はないのであろうか。

法の視覚化現象は，すでに法律入門書の内容に反映されていると考えられる。たとえば，ある法学学習者向け雑誌の最近号は人間ドラマから会社法入門の特集を掲載し，会社法の重要論点を，具体的なストーリーとマンガを併せて説明している（高橋ほか2013）。コミック，グラフィックノベルやストーリー仕立ての手法によるものは珍しくなく，憲法，民法，刑法等の入門書にマンガ化されたものが多数出版されて百花繚乱状態であり，ストーリー的要素を重視した視覚的手法を活用していることが特筆できる。視覚的手法によらないまでもストーリー的要素を活用したものとして，民事訴訟法の領域では，民事裁判の当事者になった者の訴訟日記により，読者にその全体像をイメージさせる書籍（山本2008）も存在している。コミックやストーリー仕立てによるものは，法律学初学者の心理的負担の解消を促進して個々の法領域の知識を吸収することを可能とし，各法分野の全体的イメージの定着が重要視されている。

法の視覚化現象を前にして，わが国においては，主に法学入門者を対象に，マンガとストーリー性の要素を盛り込んだ解説が盛んであるが，法学教育の本体的な段階における視覚的要素の積極的な取り組み，さらにはそうした現象を前提にした法理論の再検討は手つかずのままになっているように思われる。

以上のことから，本講においては，効果的な法学教育を模索するため，社会の視覚化，デジタル化の潮流の中で発生した法の視覚化の法理論の動向とそれ

第3部　法学部教育の新たな可能性 ── 展　開 ──

に対応すべく新たに展開している視覚的教育方法の実践例を検討することにより，それがイメージの形成を中心とすることの意義と問題点を考察し，法の視覚化の可能性を検討する。

2　法自体の視覚化の可能性

(1)　法の視覚化の動向

　道路交通法などの交通法規が機能するうえで，種々の道路標識または道路標示が重要な役割を果たしており，また独創的なデザインの保護に関する意匠法は，個別の意匠登録手続に関して画像を含む意匠を説明するのにデザインを使用している等，これまでも制定法を運用するために部分的には法を視覚化することは行われているといえる。

　法の視覚化は，法学教育や法廷における裁判手続きに可視的なものを導入することに止まらず，一歩進んで，例えば制定法や条例の条文をデザイン画で表現する等,法自体の視覚化することで理解し易くすることが考えられる。ニューヨーク州のおける路上販売人の指針に関する図1はその代表的なものの1つで

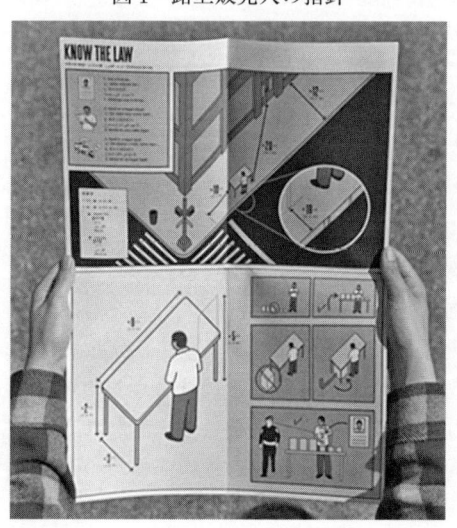

図1　路上販売人の指針

このパンフレットは，グラフィックデザイナーがNPO法人と共同で，ニューヨーク市の路上販売人の指針に関する行政法規を図表化したものである。

ある。この他にも，アメリカでは，ツリー図，チャート図を用いることにより，U.C.C.§2-207の書式の攻防（battle of the forms）等の法理内容を視覚化する試みも行われている（"Visualizing Legal Rules: Battle of the Forms" from the Wolfram Demonstrations Project, http://demonstrations.wolfram.com/VisualizingLegalRulesBattleOfTheForms/）。

これらの2例は，説明方法の工夫，改善と捉えることができるであろう。この他の法領域において，またもより積極的に法自体を視覚化することは可能であろうか。

（2） 契約の視覚化

法的なイメージの獲得において，法律の条文のように文字を媒介とする場合と視覚化されたものやそれに限りなく近いものに依る場合とを比較すると，後者の方が優れていることは明白である。このことから，1990年代末からフィンランドのレクスパート社のエレナ・ハピィオを中心として，法の視覚化はとりわけ契約法の視覚化において効果が期待できるとする積極的な研究が行われている。

ハピィオの直接的な研究対象は，国際商事契約領域の契約である。同氏は，契約法における契約と現実に機能するそれとは区別されるとし，契約は法廷において証拠として機能する場合もあるが，多くの場合にはその機能を果たしておらず，契約実務においては，契約は取引自体と取引関係に関する法的側面とビジネスの側面を包含しており，後者の方がより重要性が高いとする。複数の会社が共同する取引や製造業における契約を見ても，契約締結は複雑で時間を要するのが現実であり，利用者の利便につながる視覚化の手法を取り入れる必要があるとする。こうしたプロアクティブ・アプローチの着想は，1950年代に南カリフォルニア大学のブラウン（Brown, L.M.）が提唱した予防法学（preventive law）を出発点とするが，さまざまなビジネス契約において，紛争を未然に防止するだけでなく，依頼者と弁護士の共同作業により事前に対策を講じることで，依頼者の自己管理を促し，それを補強するとする。

契約の視覚化を積極的に取り入れた典型的な例は，図2の新技術契約（NEC）ファミリーである。イギリスの民間技術者協会が伝統的な契約書式を，柔軟性，明確性と単純性，および善き経営への刺激という3点において改善する目的で1993年に生み出し，定式化されたものであり，契約関係を明確にするととも

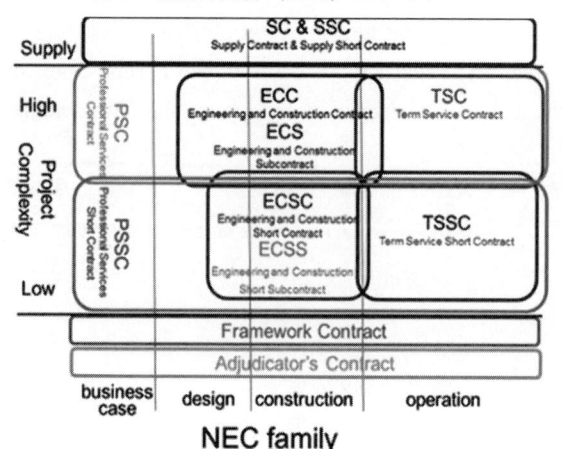

第3部　法学部教育の新たな可能性 —— 展 開 ——

図2　新技術契約（NEC）ファミリー

この図は，プロジェクトの企画段階から，マネジメントの構築およびその後の全体を包括する契約の集合体の全体像を示している。

に，適切なプロジェクト管理の原理と慣行を促進する一団の契約からなっている（Happio 2013：p75）。各契約書には，契約内容ではないが，それに関連した注意書きやプロジェクトの期間全体の手順を詳述するフローチャートが盛り込まれている。

ハピィオによれば，現行のNEC3の実施により，イギリス内外において，工期の短縮，コスト削減，および品質向上の効果を生じているとされる（Happio 2013：p. 75）。

アメリカでは，1970年代より連邦政府が行政文書で用いられる英語の平易化する試みを開始し，契約法の領域においても，消費者契約の文章表現を平易化することにより，契約書を読み易くし，理解し易くする目的で，平易な英語法が制定されている。また，約款を契約当事者が理解し易くする工夫として，簡易なダイジェスト版が添付されることは普通に見られることである。契約の視覚化は，こうした従来の改革とは異なり，契約の機能自体を契約内容の実現に重点を置いたビジネスの道具へと変更を加えるものである。

しかしながら，契約締結時に契約書を視覚化することにより契約内容を当事者に分かりやすくすることは，必ずしも契約の法的拘束力の軽減を意味するものではなく，契約上の紛争が発生した場合の最終的な紛争解決機関は依然として裁判所が予定されていても，協同的なプロアクティブ・アプローチの立場からは契約の紛争解決は調停を用いるのが適切であるとしており（Berger-Walliser et al. 2011：p. 7），事前に ADR での紛争解決を合意していない場合には争いがより深刻なものとなる可能性がある。

このように，契約の視覚化によっても契約の効力はそのままとされるのであり（Berger-Walliser et al. 2011：p. 3），契約書に挿入される図式等は効果が期待されるとはいえ，補足的な資料として位置づけられるとするのが無難であろう。

（3）小　　括

条文や法理論などの法自体を分かり易くする工夫の一つとして，法自体の視覚化を導入する試みは一定の成果を得ており，後述するブルンシュヴィックの法規範の視覚化に関する先駆的な研究も発表されている（Brunschwig 2001：p. 1-316）。しかし，本節での検討からは，全面的な法に視覚化を実現することは現時点では困難であるとするのが妥当であろう。

3　法の視覚化と新たな法理論の動向 ── シャーウィン，ブルンシュヴィックの見解

法の視覚化を前提にした新たな法理論の展開が模索されており，その代表的な研究者の見解について検討を加えておく。

まず，法の視覚化が進展している状況を前にして，法に関する考え方それ自体，さらには法廷内や映像において私達が目にするものを直接の研究対象とし，その成果を積極的に発表しているのがニューヨーク・ロースクールのリチャード・シャーウィンである（Sherwin 2011：p. 13-55, 2012/2013：p. 11-39）。

シャーウィンは，「法が権力と意味の結合したものに立脚しているとすると，我々は一層深くかつ豊穣な認識的文化的資源に到達する必要があり，驚きと気がかりの道徳的直観を探し求める必要がある。知識は十分ではない」（Sherwin 2011：p. 191）とする。正義を求めることは，法のイメージの脱構築から始まるのであり，仮想現実の時代において正義の源としての仮想イメージの実体を探る必要があり，視覚的法律学の構想はそれに対する答えの1つであるとする（Sherwin 2011：p. 190）。シャーウィンは，その文化的意義の基盤が存在するとし，イメージの法律学は正義を研究することであると主張して，次のように述べている。

「法は，イメージと同様，私達に見せかけの（比喩的な）側面を超えて存在

第3部　法学部教育の新たな可能性 ── 展　開 ──

するものを失念すること，または否定することを促す．法が権力と意味の間を，美的形式（イメージ，表象，コピー，テキスト）と道徳的権威の間……を，振動するので，私達の2つの本質の両極……を歴史的に振動することに反応する」(Sherwin 2011：p. 52)．

シャーウィンは，イメージというものは，事実ではなく仮想的文化の構築物であるので，視覚的法律学のアプローチを用いることにより正義の根拠を探求することは可能であるとする．

これに対して，デジタル化に伴う法の視覚化はさらに深い影響を及ぼしており，視覚的認識だけを研究対象とするのでは足りないと主張するのが，チューリッヒ大学のコレッテ・R・ブルンシュヴィックである．ブルンシュヴィックは，法領域における視覚的転換の発生を指摘するだけでは不十分であり，人は内的および外的な複数の刺激に影響を受けるとし，法領域の内外おける単感覚現象と多感覚現象の双方を法として扱う，多感覚応用法学（multisensory law）および法情報学（legal informatics）の構想を提唱している（Brunschwig 2011：p. 573-650，2012：p. 707-746，2013：p. 231-283）．

シャーウインとブルンシュヴィックの見解の相違は，研究対象の重点の違いから導き出されるものと思われる．すなわち，前者は社会の視覚化現象を対象とし，後者はデジタル化に重点を置いており，こうした立場の違いから，法学教育方法についても，前者においては，視覚的法的コミュニケーションを生み出し，分析し，評価する能力を包括する視覚的リテラシーを身につけることが法学教育において重要であるとし，視覚的側面に限定しているのに対して，後者はあらゆる感覚を通じて認識される法情報を獲得するトレーニングの必要性を提唱している．

法の視覚化は法のイメージ化を伴うので，新たに克服すべき課題としてイメージの多様性と不確定性が生じることになる．このことを強調するのがサフォーク大学ロースクールのジェシカ・シルベイであり，法およびその外縁においてイメージの拡散現象が見られるが，イメージを定まった形で文字に著すことには困難が伴うため，明白性と公平性とを特質とする正義のシステムは，法的知識においてイメージが一般化する状況においては，イメージを言語により精査する方法を学ぶことを必要とするという（Shilbey：p. 172）．

シルベイは，イメージの正確な認識には専門家による解釈を必要とすることがあり，場合によっては写真に写っている人物が同一人物か否かを認識するこ

とも難しい場合があり,「フィルムや写真のイメージが有する内在的な不可思議性は,書かれたテキストもしくは口述されたもののそれと何ら異なることはないかもしれず,テキストや口述されたものは長期に渡る学術的研究の対象となっているのである」(Shilbey: p. 176)ので,私達はフィルムや写真のイメージについては懐疑的になる習慣はないが,訴訟上の争点になった場合にはそれらについても,証人の証言や書証と同程度の精査を行う必要があるとする(Shilbey: p. 176)。

近年,法と映画の研究が進んでいるが,映画やテレビにおける法の研究,法に関する映画が作品を超えて法文化となっているかの研究,および証拠としての映画の研究,すなわち映画の役割を紛争解決の場面に特化して考察することの3つに分けられる。加えて,法廷における手続きのテレビ放映の可否についての学問的立場からの政策的議論が1980年代から続いており,法廷にカメラを持ち込んで撮影できるかが中心になっている。連邦最高裁は,スコット対ハリス事件(Scott v. Harris 550 U.S. 372,(2007))において,警察側が証拠として提出した原告とのカーチェイスを車のダッシュボードから記録したビデオテープはサマリー判決の証拠となるとしたが,裁判手続きのカメラ撮影は現在においても断固として否定している。

シルベイはこの点に関し,スクリーン上のストーリーやキャラクターと法実務における現実とが乖離しているのであり,法のイメージ研究においても,大衆文化的側面の基準による再編成を目標とするではなく,イメージを言語や政策に読み替える必要があるとし,結論として,イメージに基礎を置く美学的文化的理論が法学教育・実務の中心でなければならないとする (Shilbey: p. 181-183)。

4 伝統的な法学教育の抱える問題点

法の視覚化現象に対応すべく提唱されている法理論面での研究成果は,法学教育の各論的領域においてそれを実施することは可能であり,実践例も報告されている(Christina et al.: p. 239-245)。他方において,今日,国内外において,法学教育の方法は何らかの手直しを加える必要性があると問題提起されているのであり,法学教育の本体的領域において視覚的教材を利用する可能性を検証することが要請されている。

第3部　法学部教育の新たな可能性 ── 展 開 ──

　明治期に開始されたわが国の法学教育の典型は講義形式を中心とするものある。それは，教師が多数の受講生に対して，文章化された法を中心に準備してある内容を伝達し，受講生はそれをそのまま正確に受けとめ理解するという一方向的な授業形態を特徴としている。こうした形態が採用されたのは，印刷，複写といった技術面での制約を1つの理由としたが，今日までの間には講義形式にはさまざまな工夫が加えられてきており，一方的に教師の伝える文章表現により受講生が法的理解を深めことに終始することはなくなった。しかし，講義形式の授業中の使用される，レジュメ，板書，パワーポイント，教科書，参考書，六法等を通じて，受講生が理解すべき法情報は基本的には文章表現されることが前提となっていることは同じである。
　法科大学院においては，従来型の一方通行型の講義形式ではなく，双方向的な授業展開を目指すことが行われているとはいえ，現実的には文章表現化された法の理解に重点が据えていることには変わりない。
　旧来型の法学教育の対極にあるとされ，改革の到達地点と目されたのが米国のロースクールでの教育である。しかし，近年発表されたアメリカのロースクールでの法学教育改革に関する報告においては，テキスト中心主義への限界が論じられている。
　2007年，ロースクールにおける法学教育の実態と問題点を明らかにする研究報告書が2冊刊行された。プロフェッション・プログラムの教育改革に関するカーネギー財団の報告書（『アメリカの法曹教育』）（サリバンほか）および，臨床法教育協会が出版した『法学教育の最善プラクティス』（Stuckey et al.）である。
　『アメリカの法曹教育』は，法曹教育に不可欠な要素として，①法律分析と分析的思考の習得，②法実務と実務スキルへの導入，および③しばしばプロフェッショナリズムまたは倫理とも称されるプロフェッショナルのアイデンティティの確立であるとする。
　法律分析に関して，『アメリカの法曹教育』は，ロースクール教育の主流である議論を重視したラングデル流のケース・メソッド方式の有用性を示唆しており，法実務と結びつくことによりその価値を評価することになるとするが，他方ではケース・メソッド方式には以下の様な内在的な欠陥があるとする。
　「ケース対話法は，法律学としての能力の中心的特徴である正確な描写と意図的な単純化の仕方を示してくれる。単純化は日常の状況事実のなかで，法的

に関連ある側面と人を抽象化することである。ケース対話法を行っているクラスでは，学生は明確な法的な観点から，彼らが遭遇するすべての状況をバラバラに解明することを学ぶ」が，「対照的に，これらの結論の社会的影響や倫理的側面にも配慮して考えることはもちろんのこと，結論を多元的人間が関与する現実の非常に複雑な状況と再び結ぶ付ける作業はこの方法の対象外である」（サリバンほか：253頁）。

　結論として，『アメリカの法曹教育』は，ロースクールにおける法曹教育には2つの限界があるとする。その1つは，「法的思考を複雑な現実の法実現においてどのように使うかについては，すこししか教えていない」ことであり，2つ目は「ロースクールが，法的分析のスキルに焦点を合わせることとプロフェッションの倫理的かつ社会的次元の発達を効果的に支えることを相互に補完できない」（サリバンほか：253-255頁）ことであるとする。

　『法学教育の最善プラクティス』は，ロースクールの基本的任務の1つは，学生が法実務に就くための準備をすることにあるとするとともに，ロースクールの法曹教育について，特有な教育システムと内包する欠陥について検討を加え，多くのロースクールでは，カリキュラム展開において，法曹として活躍するのに不可欠な，十分な理由に裏付けられた問題解決能力の育成に根ざすものになっていないとする。

　『法学教育の最善プラクティス』は，法曹教育改善に向かっての12段階の改革案を示しており，最も重要なのは，プログラムの教育目標を明確にし，なるべくならそれらを望ましい結果として記述することであるとする（Stuckey et al.：p. 5）。

　「文脈に基礎を置く学習は『実務上の技術』を教えるのには有益であるが，実体法もしくは『弁護士のように考える』と結びついた理論的推論にはそうではないとする観念」があるけれど，「実際には，反対なのが真実である」とする（Stuckey et al.：p. 71）。

　『法学教育の最善プラクティス』は，『アメリカの法曹教育』と多くの点でほぼ同一の結果を強調しており，伝統的な法曹教育が過度にソクラテス流ケース・メソッドに依存しているとし，次のように他の教育方法と織り交ぜることを提唱している。

　「私達は，法学教師が，ソクラテス流対話法ないしケース・メソッドへの依存を再評価すること，一切の教授方法に関する前提を再検討すること，および

第3部　法学部教育の新たな可能性 ── 展　開 ──

われわれの教授計画の教育目標を達成するのに最善の教授技術を用いることを奨励する」(Stuckey et al.：p. 97)。

　ロースクールがダイナミックで効率的な教育機関になるためには，法学教師は教授方法を多様化し，教授技術を改善し，そしてソクラテス流対話法およびケース・メソッドへの信頼を減少させる必要があるとする（Stuckey et al.：p. 104)。

　伝統的な法学教育の問題点はテキスト中心主義の限界と踵を接しており，教授素材としてケースを使用するかぎりにおいて，ソクラテッド・メソッドを徹底したとしても伝統的な教育法方法の枠内に止まることになる。

5　法の視覚化現象に対する法学教育の対応

　伝統的な法学教育の改革を目指して，テキストを超えた法学教育を模索する研究が，エジンバラ大学のゼノン・バンコーフスキーを中心にして活発に行われている。

　法学教育および法律専門家の研修における教材がテキスト中心主義となっているのは，法規範面だけでなく，法曹倫理についても同様であり，そのことを通じてではさまざまな状況においていかに道徳的に複雑であるかを観察し，認識することは困難であり，それを克服するためには，道徳的イマジネーションを高める必要があるとの問題意識の下で，テキスト以外の多様な教育方法が提唱されている。エジンバラ大学を拠点において行われている研究について，同大学法学部ホームページは，法の視覚化をテキスト中心主義からの脱却として捉えている。文学を活用した法と文学の立場からの研究が活発に発表されているが，そこにおいてはテキスト中心主義の呪縛から脱却できずにいるとし，非テキスト的方法を用いて道徳的イマジネーションが教え込まれ，かつ一歩先の瞬間を経験できる空間を生み出すべきであるとする。

　テキストを超えた法学教育に関する研究成果は，2冊の研究書，すなわち2012年の『芸術と法学会：法学教育におけるテキストを超えて』（Bańkowski et al. 2012）と，2013年の『道徳的イマジネーションと法生活：法学教育におけるテキストを超えて』（Bańkowski et al. 2013）として刊行されている。

　まず，『芸術と法学会』においては，法学者や法実務家だけでなく，建築，美術，および音楽その他の芸樹領域の専門家が計23名参加している。法が言

第14講　法の視覚化における視覚的法学教育の可能性

語により表現され，テキストを中心に解釈が行われる法文化が支配している社会においては，テキストに依らずに，芸術作品に触れる際に共通する，認識，感性，記憶，および期待の型の方が，法的議論や法実務の理解に有益であるとし，教材として芸術作品は，法理論面および法学教育を活性化する点において優れた面があるとしている。

次いで，『道徳的イマジネーションと法生活』においては，9名の執筆者がロースクールおよびローファームにおける法曹倫理の教育資源としてテキスト以外のもの，特に視覚芸術，舞台芸術に焦点を当て，個別の状況における道徳的な複雑さを克服するために，それらを活用することの効用について検証を行った結果を報告している。

テキストを超えた法学教育を提唱する研究は，法学教育の現場に芸術を取り入れるさまざまな実践例において，法学教育における道徳的側面において効果が発揮されることが期待されることを明らかにしており，英米の法学者や法実務家だけでなく，芸術領域の専門家が参加して行われたものである。上記2冊における各執筆者の研究対象領域は多岐に渡り，すべてのものを追検証できない。本講では，絵画は芸術領域における代表的存在で，教材となりうる作品数も多数あり，視覚的法学教育に馴染みやすい要素があると思われるので，それを法学教育の教材として導入することの可能性に関する，ノーザンブリア大学のクレア・スタンフォード＝コーチの論稿（Stanford-Couch: p. 145-163）を手がかりにして，具体的に検討していくことにする。

6　芸術作品の視覚的教材としての利用

（1）芸術作品における法の視覚的認識

テキストを超えた法学教育を目指して芸術領域におけるさまざまなジャンルでの試みが行われており，一見すると法律学とは無縁に思われる芸術作品，特に絵画，影像の発するイメージを活用し，教材として授業の中に積極的に取り入れて議論の素材とする試みが報告されている。芸術作品を通じて，直接的，間接的に法を視覚的に認識することは可能であるが，それを実際の授業においてどこまで活用できるのかが問題となるので，以下において具体例について検討する。

第3部　法学部教育の新たな可能性 ── 展　開 ──

（2）　教材としての「正義の女神像」

　正義の女神像の形態は古くからさまざまであり，彫像，絵画，図案，ステンドグラス，工芸品その他さまざまなもののモチーフになっている。このことは，イエール大学ロースクールのジューディス・レスニクとデニス・カーティスの共著による正義の女神像に関する大部の研究書（Resnik and Curtis）において示されている。同書は，政治的な正義のイコンを通じ裁判が現代の形態となる注目すべき動きを明らかにし，正義の役割を担わされた公的空間，すなわち裁判所の発展過程を辿りながら，裁判所と民主主義の関係の解明を課題としている。そのなかでは，視覚的に表示された正義の歴史が展開する過程で，正義を実際に行う装置としての裁判所の側面がどの様にして形成されたかが説明されている。

　レスニクとカータスの共著に掲載された下掲の図4～9における正義の女神像を対比することにより，以下のさまざまな論点についての議論の素材が提供されることになる（Resnik and Curtis：p. 160-162）。

　まず，女神像の置かれている場所，女性としての女神が司法制度の象徴とされている程度，また現代の裁判の概念との関係で，女神が剣を所持しているか

図3　アルブレヒト・デューラー作「愚か者の法廷」

パピルスに描かれた，1508年のアルブレヒト・デューラー作「愚か者の法廷」と題する木版画では，裁判長と4名の裁判官全員が目隠しをして道化師の帽子を被っている。画面の上部には，「悪しき習慣から，これらの盲目の愚か者は正しいことの逆の判断を下して人生を過ごしている」と記されている。目が見えないのは誤りと同義で，目隠しはルネッサンス期の他のイコンでもしばしば目にするとされている。

第14講　法の視覚化における視覚的法学教育の可能性

図4　メソポタミア期の天秤

正義の女神像の起源はエジプトとされているが，バビロニアまで遡ることができ，図4は紀元前2350年～2100年のアッカド王朝時代もののイラスト画である。着席しているのは，同時代に最も崇拝された太陽神のシャマシュで，天と地の裁判官にして人間の運命を定める者とされ，真実を誤りから線引きする特別な鋸を手に持つこともあった (Resnik and Curtis: p. 18)。

図5　死者の本

パピルスに描かれた絵画で，古代エジプト神話の女神であるマートのホールで死者の判決がなされる場面をテーマとする。神により死後に行われる儀式であり，秤に掛けられている人の心臓（意思，感情，思想，および性格）とマートの羽（真実と正義）を比べて，前者は後者より重くなってはならないとする (Resnik and Curtis: p. 21)。

否か，それが向かっている先は何処か，刑罰を科すだけでなく報いの概念を示しているか等について視覚的に分析することができる。

　秤に注視することで，女神像の持つイメージを議論することができる。裁判と秤は古くエジプトの神マート (Maat) に遡ることができるが，正義と不正義，正と悪の概念を議論する際の素材を提供するのであり，現代社会における司法制度の概念を暗示している。秤を手にした目隠しをする女神というギリシャローマ風のイメージは，ルネッサンス期を通じて生み出され，ヨーロッパにおける正義の視覚的なイコンとして支配的になったが，これとは別に正義の伝統は近東においても存在し，主に聖書を通じて，神聖な正義の起源，すなわち神

303

第3部　法学部教育の新たな可能性 —— 展 開 ——

図6　アルブレヒト・デューラー作「愚かな目隠しをした女神」

1494年，アルブレヒト・デューラー（Albrecht Dürer）作とされる「愚かな目隠しをした裁判官」は，司法的過誤の警鐘として目隠しを用いることがしばしば行われた時代の作品である（Resnik and Curtis：p. 67）。

図7　ユルゲン・オーフェンス作「正義（または，思慮，正義，および平和）」

肖像画を専門とするドイツ人画家のユルゲン・オーフェンス（Jurgen Ovens）が1662年に制作した「正義（または，思慮，正義，および平和）」においては，正義の女神は，はっきりと目を開けて秤と剣を持っている（Resnik and Curtis：p. 53）。同時代におけるこの作品の解説では，「正義の女神の仕事は，思慮の女神の助けがなければ常に極めて危険である」（Resnik and Curtis：p. 51-52）とされていた。

第 14 講　法の視覚化における視覚的法学教育の可能性

図 8　オールド・ベイリの正義の
　　　女神像

　この作品は，イギリスの彫刻家フェデリック・ウイリアム・ポメロイ（Frederick William Pomeroy RA, 1856-1924）が 1907 年に制作したもので，ロンドンの中央刑事裁判所（Old Bailey）の屋根に設置されており，目を見開き，手を広く広げている。「20 世紀に建設された多くの裁判所の建物に見られる美的変化を反映している」（Resnik and Curtis：p. 87）。

図 9　バンクーバー裁判所の「テミス，正義の女神」

　1982 年，ジャック・ハーマン（Jack Harman）作で，バンクーバー市のパブリック・アート登録の説明では，伝統的には片方に剣を携えているが，制作者は，「死刑に反対しており，剣を巻物に替えた」とする（Resnik and Curtis：p. 88）。

305

第3部　法学部教育の新たな可能性 ── 展 開 ──

聖な仲裁者である国家の役割を強調している。古代エジプトでは，調和と秩序の女神として描かれ，ギリシャやローマでは，妹，妻，さらにはゼウスの相談役として描かれているとされている（Resnik and Curtis：p. 20-21）。

　正義の女神像が目隠しをしているか否かは歴史的に変転しており，それ自体議論の対象となる。正義の女神像は，何時も目隠しをしていたのではなく，目隠しをするようになったのは17世紀になってからだとされている（Resnik and Curtis：p. 74-75）。ちなみに図3のアルブレヒト・デューラー作「愚か者の法廷」では，目隠しをしている裁判官を描いており，目隠しは誤った判断を行うことを暗示しているとされている。

　あるイメージの図像学的変化は異なった意味を伝えており，それが発生した時代の価値観に結びつけることができるので，正義の女神像は社会と政治，社会と法の問題提起することになるであろう。

（3）　アメリカのロースクールの授業における芸術作品の利用例

　（a）　ニューヨーク・ロースクールにおける試み

　ニューヨーク・ロースクールにおいてカレン・グロスが試みたのは，ロースクールの一年次生が受講生に判例を比較・対照することを学ぶことことに困難を感じていることが多いので，その手助けを行うために，絵画を使用した授業を展開するというものである。

　具体的には，グロスは，上記の図10と11の2枚の人物画を示して，両者の類似性，特質を議論させるかたちで，次のように授業を展開する（Gross 1999：p. 8）。

　第一に取り上げられるテーマは以下の通りである。

「単純なレベルにおいて，学生は，私が判例において発見して貰いたいことを作品において発見している。人物画を比較する際に，彼らは『判例』を比較し，法におけるいわゆる『事実の類似性と相違点』を見分けている。判例は，絵画と同様，ストーリーを語るものであり，個々のストーリーは異なっていることを強調したい。判例を読むことは，絵画ではなく，言葉で表現されているストーリーにおける類似性と相違点を探すことである」。

　次に，作者である画家について解説する。作品が制作された時期と同様に，判決が下された時が重要であることを説明するとともに，法的展開の考え方を議論する。

第14講　法の視覚化における視覚的法学教育の可能性

図10　パブロ・ピカソ作「マリー゠テレーズ」(1937年)

図11　ダンテ・ゲィブリエル・ロセッティ作「ラ・ギルランダータ」(1873年)

　また，画家やそのスタイル，アプローチなどを説明することにより，判決のスタイルに結びつけて説明する。裁判官が判決を下すには一定のスタイルがあること，司法積極主義，司法抑制，および司法哲学について説明し，ピカソとロセッティの相違点を明らかにして，判決文を書いた者への注意を促す。
　グロスは，以上のことにより，判決にはストーリーがあることを学生に認識させることが可能であるとし，学生の中にはほとんど芸術作品に関心を持たない者やこうした試みが効果的ではない者もいるが，時間と工夫とを行うだけの価値があると結論する。
　その後の論文においても，グロスは，現代のロースクールの学生は成長段階において情報化の洪水の中で成長しており，視覚的な教育の重要性が増大しており，過去の教育とはまったく異なったものをイメージする必要があるとする (Gross 2004：p. 451)。

(b)　インデアナ大学ロースクールにおける試み
　財産法の授業において，ウイリアム・C・ブラッドフォードが，同分野の主要判例を素材にしたプロの画家である妻の描いた絵画を素材とする授業の試み

第 3 部　法学部教育の新たな可能性 ―― 展　開 ――

図12　ジョンソン対マッキントッシュ事件
　　　のイメージ図

この判決では，アメリカ原住民であるインデアンは，生活している土地を占有しているが権原を有していないので，権原の譲渡はできないとしたが，その理由付けにおいては法的フィクションが用いられた典型例であるとされている。

を行っている (Bradford: p. 12)。権原連鎖に関する連邦最高裁のジョンソン対マッキントッシュ事件 (Johnson v M'Intosh, 23 U.S.542 (1823)) を素材とする授業においては，争点になっている法理，マーシャル首席裁判官 (Chief Justice John Marshall) の法廷意見等の説明にもとづいて制作された絵画 (図12) を教室の前方に置き，学生は当該絵画を観察し，事件や他の資料との関係で考察し，受講生の約半数が短いレポートを作成する。こうした授業形式により，受講生の熱心な関心を呼び起こすことができたとして，芸術作品を教材として用いることは有用であるが，結論を普遍化することはできないとする (Bradford: p. 13)。

（4）小　　括

　絵画を法学教育の教材として使用とすることは，万人向きで常に成果を期待できるものではない。なぜならば，判決のストーリー性の認識を目的とするグロスの試みに見られるように，法学教育における最終的な目標自体が普遍的ではなく，わが国においては絵画を教材とする際には，グロスの目指したものとは別の意義を見いだす必要があることに注意すべきだからである。さらにまた，受講生側にそれを受け入れる受容態勢と教授者側には絵画の造詣が深いことが要求されるという前提条件が充足される必要がある。しかしながら，テキストだけに依存した場合に比べて，議論の論点や方向性が固定化されず，受講生に想像力を発揮させて自由に授業を展開できる可能性は残されているであろう。

7 おわりに

　法の視覚化は法のイメージ化ともいうべきものであり，イメージを有する特殊性により視覚的認識に加えて五感の総てを総動員した認識を要求されることもあり，法学教育においてもこれに対処することが必要となっている。このことは，法学教育の実践場面における視覚的手法が，伝統的な法学教育方法を全面的に否定するのではなく，絵画のような視覚的教材の使用により受講生のイマジネーションを育む可能性が認められるのであり，少なくともその補完的機能を果たすと考えられる。

　初学者段階において法のイメージを植え付ける手法としては，視覚的教育方法の採用は有意義であるが，絵画のような静止画のものと動画とでは効用面において大きな相違があることはいうまでもない。着想を豊富にすることを目的とする場合には，静止画を活用する教授方法が効果的であると考えることができるのであり，豊かなイマジネーションを育む領域において視覚的教育方法の採用によりは，従来のテキスト中心主義の陥りがちな欠陥を補充する一定の機能を果たすことを期待できるであろう。

　ただし，視覚的認識を通じて獲得されるイメージには常に個体差があり，このことは法におけるイメージの場合でも同様であり，同一の情報として共有することには困難を伴う。このため，むしろ視覚的教材より文章や音楽を用いた方が効果な場合も少なくない。イマジネーション自体が認識的レベルでの問題であるので，実際上にどれだけの効果があったかの測定や数値化には困難を伴うとはいえ，実証的な根拠を示すためには，イマジネーションを高める手段として視覚的教育方法の有用性を検証し，その有用性を立証するためには具体的証拠を得る努力を行う必要がある。

　なお，視覚的法学教育の方法を採用した場合でも，イメージは解釈を必要とするので，それを表現して他者と共有するためには文字を使用してテキスト化することが必要となるのであり，テキスト中心主義の重要性は維持されていかざるを得ないものと思われる。

第 3 部　法学部教育の新たな可能性 —— 展 開 ——

〈注記〉　本講においてインターネットから引用した図の URL は，下記の通りである（2013 年 10 月 31 日現在）。

図 1：http://candychang.com/street-vendor-guide/
図 2：http://www.neccontract.com/about/
図 3：http://documents.law.yale.edu/representing-justice/tribunal-fools
図 4：http://documents.law.yale.edu/representing-justice/mesopotamian-scales
図 5：http://documents.law.yale.edu/representing-justice/book-dead
図 6：http://documents.law.yale.edu/representing-justice/fool-blindfolding-justice
図 7：http://documents.law.yale.edu/representing-justice/justice
図 8：http://m1.img.libdd.com/farm1/72/CD6B187160FC48E60E9C2EE16E432A48_377_600.JPEG
図 9：http://lyche.diandian.com/post/2011-03-24/168654#
図 10：http://www.pablo-ruiz-picasso.net/work-161.php
図 11：http://www.the-athenaeum.org/art/list.php?s=du&m=a&aid=3&p=2
図 12：http://lawteaching.org/lawteacher/2004fall/lawteacher2004fall.pdf

◇引用文献◇

　Almog, Shulamit and Aharonson, Ely（2004）: *Law as Film : Representing Justice in the Age of Moving Images*, Canadian Journal of Law and Technology vol. 3
　Bańkowski, Zenon, Mar, Maksymilian Del, and Maharg, Paul eds.（2012）: *The Arts and the Legal Academy : Beyond Text in Legal Education*, Ashgate
　Bańkowski, Zenon and Mar, Maksymilian Del eds.（2013）: *The Moral Imagination and the Legal Life : Beyond Text in Legal Education*, Ashgate
　Berger-Walliser, Gerlinde, Bird, Robert C., and Haapio, Helena（2011）: *Promoting Business Success through Contract Visualization*, The Journal of Law, Business & Ethics, vol. 17
　Bradford, William C.（2004）: Reaching the visual learner : Teaching property through art, *The Law Teacher* vol. 11
　Brunschwig, Colette R.（2001）: *Visualisierung von Rechtsnormen : legal design*, Schulthess
　Brunschwig, Colette R.（2011）: Multisensory law and legal informatics-a comparison of how these legal disciplines relate to visual law, In : Geist, A., Brunschwig, C. R., Lachmayer, F., and Schefbeck, G. eds., *Strukturierung der juristischen Semantik : mit einem Beitrag zum Multisensorischen Recht* : Festschrift für Erich Schweighofer, Editions Weblaw

第14講　法の視覚化における視覚的法学教育の可能性

Brunschwig, Colette R. (2012)：Multisensory Law and Therutic Jurisprudence : How Family Mediators can better communicate with their clients, *Phoenix Law Review* vol. 5

Brunschwig, Colette R. (2013)：Law is not or must not be just verbal and visual in the 21st century : Toward multisensory law, In : Svantesson, D.J.B. and Greenstein, S. eds. *Internationalisation of Law in the Digital Information Society Nordic Yearbook of Law and Informatics 2010-2012*, Ex Tuto Publishing

Feigenson, Neal and Spiesel, Christina (2009)：*Law on Display : The Digital Transformation of Legal Persuasion and Judgment*, New York University Press

Gross, Karen (1999)：Visual Imagery and Law Teaching, *The Law Teacher*, vol.7

Gross, Karen (2004)：Process Reengineering and Legal Education : An Essay on Daring to Think Differently, *New York Law School Law Review*, vol. 49

Haapio, Helena (2013)：Contract Clarity and Usability through Visualization,In : Marchese, Francis T. and Banissi, E. eds., *Knowledge Visualization Currents : from text to art to culture*, Springer

Marder, Nancy S. (2013)：The Court and the Visual : Images and Artifacts in U.S. Supreme Court Opinions, Chicago-Kent Law Review, vol. 88

Resnik, Judith and Curtis, Dennis(2011)：*Representing Justice : Invention, Controversy, and Rights in City-States and Democratic Courtrooms*, Yale University Press

Sherwin, Richard, Feigenson, Neal, and Spiesel, Christina (2006)：Law in the Digital Age : How Visual Communication Technologies are Transforming the Practice, Theory, and Teaching of Law, *Boston University Journal of Science & Technology Law*, vol.12

Sherwin, Richard (2011)：*Visualizing Law in the Age of the Digital Baroque : Arabesques and Entanglements*, Routledge

Sherwin, Richard (2012-2013)：Visual Jurisprudence, *New York Law School Law Review*, vol. 57

Silbey, Jessica (2012)：Images in/of Law, *New York Law School Law Review*, vol. 57

Spiesel, Christina O., Sherwin, Richard K., and Feigenson, Neal (2005)：Law in the Age of Images : The Challenge of Visual Literacy, In : *Contemporary Issues of the Semiotics of Law*, Hart Publishing

Standford-Couch, Clare (2013)：Challenging the Primacy of the Text : The Role of the Visual in Legal Education, In : Bańkowski, Z. and Mar, M. D. eds.,

The Moral Imagination and the Legal Life : Beyond Text in legal Education, Ashgate

Stuckey, Roy and Others（2007）：*Best Practices for Legal Education : A Vision and A Road Map*, Available at http://www.cleaweb.org/Resources/Documents/best_practices-full.pdf

岩谷十郎（2009）：「沈黙の法文化 —— 近代日本における法のカタチ」法学研究（慶應義塾大学）82 巻 1 号

サリバン，ウイリアム M ほか／柏木昇・伊藤壽英ほか訳（2013）：『アメリカの法曹教育』中央大学出版部（原著 2007 年）

高橋美加ほか（2013）：「〈特集〉人間ドラマで会社法入門」法学セミナー 58 巻 9 号

山本和彦（2008）：『よくわかる民事裁判 —— 平凡吉訴訟日記〔第 2 版補訂〕』（有斐閣）

◇参考文献◇

Mertz, Elizabeth（2007）：*The Language of Law School : LEARNING TO "THINK LIKE A LAWYER"*, Oxford University Press

Resnik, Judith, Curtis, Dennis, and Tait, Allison（2013）：Constructing Courts : Architecture,the Ideology of Judging, and the Public Sphere, In : Wagner, Anne and Sherwin, Richard K. eds., *Law, Culture and Visual Studies*, Springer

新井正男（1987）：『判例の権威 —— イギリス判例法理論の研究』中央大学出版部

亀本洋（2006）：『法的思考』有斐閣所収

柳田幸男・フット，ダニエル H.（2010）：『ハーバード　卓越の秘密 —— ハーバード LS の叡智に学ぶ』有斐閣

第15講　法学部教育と司法アクセスの拡充

小林　学

> 法学部の役割は何か。とりわけ，法科大学院創設を機に全国の法学部に突き付けられた問いに，10年間の試行錯誤を経ても明確な答えを見出しがたい。
>
> 本講は，その間の桐蔭横浜大学法学部での経験を踏まえ，「法の支配」確立に寄与するなど，社会における正義の総量の増大を目指して，法曹とともに，あるいは，独自の角度から社会を導く「正義のフロントランナー」の養成であるとする試論を展開し，司法アクセスの向上，正義の総量増大を担う人材養成のためのプラットフォーム戦略として，法学部教育のカリキュラムに新たな眼差しを向けてみたい。
>
> 法学部教育の可能性に思いを馳せ，そこに集う者すべてが矜持を抱く契機となれば，本講はその目的を達しよう。

1　はじめに

　かつて，曳航による滑空するグライダーと自力で飛ぶ飛行機とのコントラストから，人間には受動的に知識を得る「グライダー能力」と能動的に発明・発見する「飛行機能力」があるとのメタファーを用い，学校は「グライダー人間の訓練所」であり，「飛行機人間を育てる努力はほんのすこししかしていない」と記したおよそ30年前のエッセイ（外山 1986：10頁）がいまだに多くの愛読者を擁するという事実は，上記の指摘が決して色褪せてないことの証左であろう。

　それでは，そうした問題意識は，果たして現在の法学部教育にも妥当するのか。そもそも法学教育の目的が法的知識の習得に尽きるとすれば，グライダー人間の製造は批判されるべき筋合いではないことになる。しかし，法学部で半

年も学ばぬうちに，飛行機能力をも涵養すべきであるということが理解されるはずである。そうすると，法科大学院創設後の法学部教育はグライダー人間の訓練から解放される分，相対的に飛行機能力の涵養に重心が移行するとも思えるが，果たしてそうであろうか。

さらに，滑空するにせよ，自力飛行するにせよ，法学の分野に固有の方向性は設定されていなければならない。すなわち，何のために法的知識を習得し，そして，創造的な法的思考能力を身に着けるのか，換言すれば，法学部教育の目的は何かについて明確な指針が示されなければならない。しかし，これについては未だ模索中の域を出ない。

そこで，本講は，結論からいうと，法学部教育の目的を正義（Justice）を実現する人材の育成という意味で「司法アクセス向上のための人材養成」と措定して，グライダー能力よりも飛行機能力が一層重視されることを法科大学院教育との対比で示し，今後の法学部教育の方向性を探るための手がかりを提供することにしたい。「司法アクセス」という用語のインプリケーションは，英語表記「アクセス・トゥ・ジャスティス（Access to Justice）」が示すように，「正義」実現の志向である。なお，上記の目的は法科大学院の法曹養成と実質的には変わりないとの見方もあろうが，法曹はプロフェッションとして他人の正義実現に関与するに十分な法的素養が求められるのに対し，法学士は自己の正義を実現する法的素養で足りるのであり，そうした相違がいかにグライダー能力と飛行機能力との関係に連動するかは後述する。

②　桐蔭横浜大学の法学部教育の実態 —— 卒業生の職域と教育現場との距離感

（1）　職域の諸相と教育現場の憂慮

桐蔭横浜大学法学部20年史の約半分をともに過ごした筆者でさえ，その巣立ちを見送った学生は相当数にのぼる。桐蔭横浜大学法学部の専門演習（いわゆるゼミ）である「法律演習」の歴代メンバーを中心に若干追懐してみたい。

在学中から両親に代わって自宅マンションの管理組合の活動に従事しながら，不動産関係の種々の資格を取得し，不動産会社に就職したM氏は，地元市議会議員になる夢を語ってくれた。視力が足りずパイロットの夢を断たれた悔しさを勉学にぶつけたT氏は，履歴書に行政書士試験合格と書き添えて第

一志望のマスコミ（地方新聞社）に進んだ。1年間休学して海外で生活し，卒業後も海外に渡ったF氏は，さまざまな経験を積んで帰国し，直ちに大手銀行への就職を果たした。

そのほかにも，法科大学院へ進学後，司法試験を突破して法曹の道に進んだ者もおり，警察官や消防官として活躍中の者も少なくない。進路として最も一般的な民間企業についても，特定の分野に偏ることなく，金融，不動産，マスコミ，情報通信，観光，旅行，出版，製造などの各業界に広く分布する。

そうした学生諸君の卒業後の進路を列挙するだけで，桐蔭横浜大学法学部の社会的役割を再確認するとともに，そこで教育活動の一端を担った者として達成感を味わうには十分である。

しかし，その一方で，法科大学院制度が導入されるはるか以前から，大部分の学生が法律家になるわけではない「法学部」自体のレーゾンデートルが問われ続けていたのであって，桐蔭横浜大学法学部も決してその例外ではない。実定法科目（民法や民事訴訟法など）を担当してきた筆者の場合でも，法解釈学教育の束縛を解き，多様な角度からリーガルマインドを涵養すべく，さまざまなアプローチを試みてきたつもりであるが，それでも「法学部」としての専門科目であることを意識しながら提供する授業内容が学生の職業選択や社会生活に果たしていかなる意味があるのかについては，未だ確信の程度に至っていない。教室の内外で，虚無感や焦燥感に襲われた経験は数えきれない。そして，それは学生側でも同じであるに違いない。ある種の形骸化が法学部教育の現場を支配しているといってもよいのかもしれない。学生の多様性を口実にして，そのような苦悩と折り合いをつけてきたというのが筆者の偽らざる心境である。

そもそも，法学部で学生が法を学ぶ意味は何か。また，法を学んだ法学士を毎年社会に供給する法学部はいかなる役割を果たしており，あるいは，果たすべきか。さらに，そこで学ぶべき法とは何か。そうした初歩的な問いを自覚的に深く掘り下げようとする意識は，教員自らの専攻分野に近づくほど薄れるのかもしれない。

（2）ある卒業生の話

そうした憂いの最中，あるパーティの席上で桐蔭横浜大学法学部の卒業生のひとりから，そうした問題を考えるうえできわめて示唆に富む話をうかがう好

機を得た。彼の話を参考としながら，法学部教育に期待される今後の方向性に関する愚見を披瀝して，10余年の間，桐蔭横浜大学法学部の教壇に立つことを許された者としての責をその一部でも塞ぎたい。なお，本講にいう「法学部」は，法学部法律学科を想定している。

さて，卒業後，ビジネスパーソンとしての生活をスタートさせたのも束の間，交通事故により複雑骨折の重症を負った彼は，損害賠償について加害者の加入していた保険会社と交渉したものの，先方の提示金額に納得がいかなかった。そこで，判例を検索して同程度の被害でどれくらいの金額が裁判所によって認められるかについてのデータを収集したうえで，自ら保険会社との交渉に臨んだところ，先方の態度は一変し，結果として，自ら起業することを決心させるだけの金額を手にすることができたのだという。ここまで語った彼は，法学部の民法や民事訴訟法，あるいは，法情報学などの授業で，判例の検索や読み方の基本を勉強したり，内容証明郵便などの知識を得たりしたことがこの上なく役立ったとして，法学部教育への感謝のことばを口にした。

その後，彼は，会社を辞し，リハビリで訪れていたタイで自動車関係の会社を立ち上げることになるのであるが，その際も，法学部で商法や労働法などを勉強したおかげで，たとえタイの法律であろうとも，会社の設立や従業員の雇用といった局面で苦労した覚えはないとのことであった。そして，現在，経営は順調であり，ベトナムに進出する計画のあることを打ち明けてくれた。

彼のように，判例や外国法などを含むさまざまな法情報にアクセスしたうえで，それらを駆使して，紛争や契約の相手方，あるいは，ビジネスパートナー，さらには，監督官庁などと交渉し，自己または自己の所属する組織にとっての正義を実現する力量は，まさに法学部教育によってこそ涵養されるべきものであるといえよう。

そこで，以下では，法学部教育の現在とそこに至った経緯を眺めたうえで，上記エピソードにもヒントを求めながら，今後の法学部教育に期待される役割について考察することにしたい。

3　法学部教育（法学士課程教育）の現在 ── リベラルアーツとコース制

法学部教育は，大学進学率の大幅上昇によるユニヴァーサル段階（大学進学率50％以上）への突入，および，法曹養成を担う法科大学院の創設という異な

る方向からのダブルパンチを受けて動揺し，その教育目的をいかに定めるかについて談論風発，未だ結論をみないままに，法科大学院制度の根幹に再考を迫る方向性も示されるに至り，あたかも法学部教育は羅針盤を持たずに大海原を彷徨う箱舟のようである。もっとも，法学部教育の問題がそれほど深刻化していないかにみえるのは，法科大学院問題の陰に隠れがちであることに加えて，大学ごとの創意工夫や現場の教員の試行錯誤によるところが大きい。

　そうした大学レヴェルの工夫として，法学部にかぎられるわけではないが，リベラルアーツをスローガンとして幅広い教養教育を学部教育の使命として前面に打ち出そうとする動きがある。リベラルアーツ自体は，古代ギリシア時代に起源をもつクラシカルな概念であり，アメリカで17世紀頃よりリーダー養成機関として独自の発展を遂げたリベラルアーツ・カレッジ (Liberal Arts Colleges) は大学教育のモデルとされるだけでなく，現在も総合大学とは異なる高等教育機関として存在感を示している。もっとも，日本の高等教育のなかでリベラルアーツが一般的に語られるようになったのは，大学全入時代を目前に危機意識の高まった比較的最近のことである。専門教育・研究の重心が大学院へ移行したことにより空洞化した学部教育を補填すべくリベラルアーツという発想が広く普及し，あるいは，学部教育の現状を憂い学士力の向上が喫緊の課題とされていた状況のなかでリベラルアーツ教育の展開というトレンドが生まれたという面は見逃せない。とりわけ，それまで実施してきた法解釈学中心の技術的な法学教育の大部分を高度専門職業人である法曹の養成を担う法科大学院へ移譲した法学部においては，リベラルアーツ教育に向かうのは自然な流れであったといえよう。法学部卒業後の進路が多岐にわたることも，かかる傾向の追い風となった。

　もう1つ挙げられる工夫として代表的なのがコース制の導入である。これも法学部に固有の現象ではなく，同一学部（学科）内に将来の進路，職業に対応した複数のコースを設置してカリキュラム上の工夫を施すというものである。コース制は，学生の志望や目標意識に適合した緻密な学修プログラムのメニューを学生に提示して，将来の進路との関係を意識することで学習意欲と教育効果を引き出すことを狙いとしており，大衆化した大学教育において主体的な学びの場を提供する工夫として各大学に浸透したのである。もっとも，そうしたメリットの反面，コース制には緻密なプログラムのなかに学生を押し込めてしまうといった硬直的な運用に陥るリスクが内在する。すなわち，コースの

第3部　法学部教育の新たな可能性——展開——

振り分けは，2年次または3年次に行われるのが一般的であるが，それまでに志望が定まらなかったり，その後に進路変更したりするなどして，学生の志望や目的意識が所属コースのそれと齟齬を来しかねないのである。そうした両刃の剣であるコース制については，個々の学生の事後的なコース変更を柔軟に許容したり，コース編成の際に重畳的にデザインしたり，あるいは，包摂的なコースを受け皿として設置したりするなどの対策が現に散見される。現在，新たにコース制を採用する大学がある一方で（たとえば，中央大学法学部は2014年度から導入），コースの縮小を図る大学（たとえば，青山学院大学法学部は2013年度から6コースを4コースに再編），あるいは，コース制を廃止する大学（たとえば，同志社大学法学部法律学科は2005年度からコース制を廃止してパッケージ制［進路等に応じた選択履修可能な14種類の科目パッケージを用意］を導入）など，コース制の内容や仕組みについては模索段階にあるといわざるをえない。

　ちなみに，桐蔭横浜大学法学部においても，10年ほど前から「名著を読む演習」というリベラルアーツの流れに配慮した科目を設置しており，また，2013年度より緩やかなコース制を導入し，「Ⓐ法曹・公務員コース」，「Ⓑ警察官・消防官コース」，そして，「Ⓒ企業ビジネスコース」の3コースを用意している。

　このように法学部教育は，桐蔭横浜大学法学部が誕生した20年前とは，外見上は大きな変化は認められないとはいえ，その内実は様変わりした。一方でリベラルアーツの名の下に幅広い教養教育の一環として法学の専門性を希釈した法学教育が展開され，他方で将来の進路や職業に対応したコース別のカリキュラムを組み，学生のニーズに適合した法学教育を提供しようと試みる。大学としてアカデミズムの伝統を保持しつつも，学生の職業訓練などをも視野に入れて大学教育を再編成しようとする現在の方向性は，バランスのとれたものと評価することが許されよう。

　もっとも，なぜ「法学部」であるかの問いに正鵠を射た解答をすることができるかは甚だ心許ない。理論的に突き詰めると，教養教育の強調は法学教育の専門性を薄め，ひいては「法学部」である必然性を失わせるに至るし，コース制を支える目的適合的な専門職業教育の重視は，大学の授業を受験指導に変容させかねない点はまだしも，そもそも大部分の法学部生は法律を専門とする職業には就かないのであるから，彼らに対する職業教育に法専門性は不要であるということになるが，そうした職業教育を中心とする学部が「法学部」である必然性もまた見出しがたい。

この点は，カリキュラム全体としてのバランスの問題であることは確かであるが，少なくとも法学部としてのアイデンティティは，専門としての「法学」に焦点を合わせることによって保たれるのではなかろうか。「法学」へのズームの度合いがリベラルアーツとコース制のバランスに影響を及ぼすのかもしれない。以下では，こうした点への手がかりを求めて，法学士が社会からいかなる役割を期待されているのかを法科大学院教育の役割と比較しながら考察することにしたい。

4　法学士に期待される役割

（1）　法学を学ぶことの意義

　日本の法学部教育は，伝統的に法的素養のある，あるいは，リーガルマインドを備えたジェネラリストの養成という役割を担ってきたのであり，法曹養成に特化されることはなかった。明治以来，官僚を筆頭とする国家公務員の養成にはじまり，地方公務員やビジネスパーソンの育成など，1世紀以上にわたって法的素養のあるゼジェネラリストを社会の隅々に送り込んできたのである。

　それでは，法的素養ないしリーガルマインドとは果たして何か。イェーリングは，「権利＝法の目標は平和であり，そのための手段は闘争である。……あらゆる権利＝法は，一国民のそれも個人のそれも，いつでもそれを貫く用意があるということを前提としている。権利＝法は単なる思想ではなく，生き生きとした力なのである。だからこそ，片手に権利＝法を量るための秤をもつ正義の女神は，もう一方の手で権利＝法を貫くための剣を握っているのだ」という（イェーリング1982：29頁）。

　これによると，法的素養とは，平和，すなわち，自己の希求する幸福（利益）を達成するための闘いの技能ということになろう。

　それでは，闘いの技能とは，具体的に何を指すのか。法は社会のルールであるといわれるが，社会には多数の個人や組織が存在し，それらの間には利害関係やしがらみが複雑に絡み合い，そこに財産や感情などのエネルギー群があたかも地中のマグマのように渦巻いているのであって，これを放置すると，噴火のごとく紛争が勃発することも稀ではない。そのため，この個人や組織の間に流れるエネルギーの流れを予め整序したり，衝突を事後的に修復したりするこ

第3部 法学部教育の新たな可能性 —— 展 開 ——

とはきわめて重要な作業である。そして，現代では，そうした事前規制や事後救済を法という明確なルールにもとづいて透明かつ公正に行うことが社会の法化とともにますます求められるようになっている。そうすると，法的素養とは，社会に渦巻くさまざまなエネルギーの流れを読み取る分析力を備えたうえで，それをコントロールないし変化させることのできる説得力であるということになろうか。

若干敷衍すると，まず分析力とは，社会に存するエネルギーの流れを捉える力量であり，人間や社会を対象とした諸学問，とりわけ，歴史学，文学，社会学，経済学，心理学などにもとづく幅広い知識や深い洞察力はもちろんのこと，人間観察力や社会経験などにより育まれるきわめて実践的な素養である。とりわけ，物事を多角度的に眺めることのできる複眼的思考能力は重要である。

次に説得力とは，エネルギーの流れをデザインする理論的かつ政策的な企画・立案の創造的能力に基づいて，その構想を個人，組織，さらには社会へ訴えて実現することのできる論理的思考力およびコミュニケーション能力などから成る。これらは立法論および法政策論，そして，法解釈論として具現化するが，それらは説得力の一部であり，いわば表層にすぎない。もっとも，表層といっても，法情報へアクセスする能力を前提に，法情報を活用する能力，とりわけ，事実に法規を適用して結論を導く能力，すなわち，法的思考能力を涵養するのは法学教育だけであり，これらの能力は法学教育を受けた者の特徴となる。この法的思考能力は，法的三段論法によって考えることのできる能力であり，換言すれば，要件が満たされれば効果を生ずるという「要件・効果」という法律のメカニズムないし法の考え方を理解して法を能動的に使うことのできる能力である。さらに，実定法の根底にある法原理を理解する能力も，広い意味では法的思考能力の範疇に入るのであり，これは問題解決能力や政策立案能力などの創造性を発揮する。ちなみに，法曹として求められる法的思考能力は，高度な法解釈学が含まれること，および，裁判を想定して要件事実論の習得が求められることを除くと，法学士のそれと概ね重なり合う。なお，法律知識について付言すると，自ら主体的に法を使いこなすために必要な知識というのは，法情報それ自体ではなく，法の体系的理解や判例検索のスキルによって必要な法情報にアクセスし，それを用いて一定の帰結を導くノウハウである。時折散見される「暗記ではなく，理解を！」という指導は，そうしたコンテクストによるものであろう。

以上より，法学部教育により涵養すべき法的素養とは，法によりエネルギーの流れをコントロールないし変化させるために必要とされる力量をいい，それは実定法以前の法の考え方そのものに支えられている。さまざまな法学部のディプロマシーを眺めると，事案分析能力，事務処理能力，論理的思考能力，複眼的思考能力，あるいは，法情報に関する知識などが掲げられているが，いずれも上記のように整理することが可能であろう。ちなみに，こうした法的素養はそのエピソードを紹介した卒業生の場合，どのように発現しているであろうか。彼は，交渉や会社設立といった局面において，状況をよく分析したうえで，判例検索など法情報にアクセスする能力，そして，得られた法情報を活用して結論を導く能力，導かれた結論を実現するためのプレゼンテーション能力，交渉力，調整能力，あるいは，傾聴能力などを包摂したいわゆるコミュニケーション能力を駆使して，保険会社や監督官庁を説得することができたのである。

（2） 法学部教育（法学士課程教育）の変遷

第2次世界大戦後における日本の法学部教育は，このような法的素養のある人材を養成し，社会の各層に供給してきたわけであるが，果たしてその社会的役割は何かについては必ずしも判然としない面があり，そこに現在の法学部教育の混乱の淵源の一端を求めることも許されよう。

そこで，日本の大学における法学士教育の歴史をきわめて単純に素描してみたい（詳細については，本書第16講参照）。まず，戦前は，ドイツ中央集権的な官僚国家をモデルとして近代国家を目指した明治期以来，行政官と司法官（判事，検事），そして，司法官と代言人（弁護士），それぞれの間にプレステージに厳然たる序列が存在し，帝国大学（官学）は官僚養成，私学は弁護士養成という棲み分けがなされており，しかも，帝国大学法科大学卒業生には代言人免許付与の特権が認められていた。この時代，進学率からみて大学は超エリート教育の場であったことは間違いないが，なかでも帝国大学法学部は私立法学校に対して法学エリートの独占を意図していたとみられ[注1]，そこでの法学は「治者の学」として教授されたのであった。

これに対し，戦後は，日本国憲法の三権分立によって行政官と司法官との格差が取り払われ，また，在朝法曹たる司法官と在野法曹たる弁護士との関係もフラットとなり，法曹三者に対する統一試験（旧司法試験）制度および司法研修所における統一修習が設けられた。そのため，民主主義社会における開かれ

第 3 部 法学部教育の新たな可能性 —— 展 開 ——

た新制大学の法学部教育としては，法曹や官僚といった職業資格の前提となる専門的知識の伝授と能力の涵養を目標とすることはせず，そうかといってリベラルアーツでもない専門教育として，いわば法的素養ないしリーガルマインドを備えた市民の育成を目指して，幅広いカリキュラムを備えたのである。もっとも，そうした教育理念は，官僚養成などの明確な目標をもつ戦前の法学教育と比較するまでもなく，あまりに漠然としていた。この時点で現在の混乱の種はすでに蒔かれていたともいえよう。

そのように判然としない教育理念の下，特定の職業や資格・採用試験などと切断された法学教育をそのほとんどが法曹資格も教職免許もない法学研究者が担ってきたことから，当然といえば当然であるが，研究者レヴェルのアカデミックな法学教育（時に教室は教師が自説を披露する場と化した）や法解釈学中心のプロフェッショナルな法学教育が行われることとなった。それでも，エリート教育の時代には相応の教育的効果を望むことができたであろうが，進学率の向上によってマスプロ教育の時代に移行するにつれ，研究と教育の距離は次第に増し，それはまた，法学部教育の現場が抱えるジレンマを拡大したのであった。たとえば，法学教員については，基本的に研究業績を重視した教員評価の慣行のままで，研究者としての適性や能力とは異質の教育力や指導力が1人ひとりの法学教員に対して求められるようになり，そうした傾向は強まる一方であった。

しかしながら，ユニヴァーサル段階を目前として，そのような法学部教育の実情が放置されるはずもなく，早晩，法学部教育による人材育成という側面がクローズアップされることは必至であり，現にコース制の導入が流行したわけであるが，そうした動きはその後に浮上した法科大学院構想とも結びついて一段と加速された。もっとも，そこでの人材育成と「法学」教育との関係は必ずしも明確ではなく，各大学法学部における試行錯誤の時代が継続中である。

（3） 国家戦略としての法学部教育 ——「小さな司法」から「大きな司法」へ

ところで，そもそも高等教育によっていかなる人材を育成するかは，国家戦略ないし国家政策の問題でもあるところ，法学士教育について，これまでどのような戦略ないし政策が選択されてきたのであろうか。そこに，今後の方向性を見定めるうえでの手がかりを求めてみたい。

まず，前述のとおり，中央集権的な近代国家を目指した明治期に，ドイツの

官僚（行政）国家をモデルとしたため，当初から司法はその存在感を示し難い環境に置かれていた。そうしたこの「国のかたち」は第2次世界大戦後に三権分立体制を整えた日本国憲法の下でも変わらず，護送船団方式などと呼ばれた官僚による事前規制・調整型社会は，高度経済成長を迎え，その足かせとなりうる司法に対しては，法曹人口を抑制するなど，「小さな司法」政策が採用された。東京大学法学部を中心に法的素養のあるエリート官僚を行政官庁に大量に送り込む反面，その他全国の法学部は，地方公務員などを別とすれば，法曹というきわめて小さなパイの争奪戦のすえ，多くの学生のプライドを奪いかねない状況に置かれていたといっても過言ではあるまい。しかも，旧司法試験受験に学部は問われず，法学部教育との関係は希薄であった。主権者である国民が事実上統治の客体として扱われていたことも，法学部教育の意義を薄れさせた。要するに一部のエリート（官僚）により，エネルギーが規制・調整され，国民はその御膳立を享受すれば，それで足りたのである。さらに，官僚主導体制を堅持するために，法曹人口を厳格に抑え込み，司法の規模をコントロールしてきたという見方さえあり得よう。

しかし，こうした「小さな司法」政策は，先進国をモデルとするキャッチアップ型の国家戦略が許された時代には奏功するものの，経済成長の限界を迎え範とすべき国家を失うと，民間活力を頼みに規制緩和が進められる結果，それまでの画一的な護送船団方式から多様性を前提とする自由競争方式へと移行することになるが，そのことは競争による弊害を事後的にフォローする司法の役割をクローズアップする。

そこで，「小さな司法」から「大きな司法」へ舵を切り，明治期以来のこの「国のかたち」の変革を宣言したのが今世紀初頭の司法制度改革である。わが国が今後目指すべき方向性として，「法の支配がこの国の血となり肉となる」，つまり，「自由と公正を核とする法（秩序）が，あまねく国家，社会に浸透し，国民の日常生活において息づくようになる」世界が示されたのである（司法制度改革審議会2001）。こうした法化社会の実現のためには，国民の誰もが無理なく司法へアクセスすることができる環境を整備する必要があるとして，そのための具体的諸施策が「国民的基盤の確立」，「制度的基盤の整備」，そして，「人的基盤の拡充」という3つの柱に分けて掲げられた。それらは，社会の全体にわたるとともに社会の根幹にもかかわることから，運用段階に移った現在においても，未だ道半ばの感は否めない。

第3部　法学部教育の新たな可能性 ── 展　開 ──

　そこで，法学士の登場である。法学部の存在しないアメリカ合衆国と比較して，法学士が日本社会のリーガル・リテラシーを高水準に保ち，プロフェッショナルと一般市民との距離を縮める役割を担ってきたことはしばしば指摘されるが（マーク〔木南訳〕2004：24頁），こうした機能を今般の司法制度改革の推進とその後において表現するならば，法学士は司法アクセスの向上に向けて，法曹とともに，または，独自に活躍することが期待されるということになろう。しかし，実際には司法制度改革という文脈において法学部教育の役割は閑却されたものといわざるを得ない。司法制度改革審議会は，改革推進の担い手として法曹を中心に据えたうえで，その増員と養成に関して法科大学院構想を提唱するにすぎず，法学部教育については「独自の意義と機能を担っている」ことを認めつつも，法学部教育を法曹養成に資するよう再編成するという考え方を，「大学法学部が，法曹となる者の数をはるかに超える数（平成12年度においては4万5千人余り）の入学者を受け入れており，法的素養を備えた多数の人材を社会の多様な分野に送り出すという独自の意義と機能を担っていることを看過するものであり，現実的妥当性に乏しい」として一蹴するのであり（司法制度改革審議会2001），司法制度改革の推進にとり，法学士はいわば戦力外通告を受けたに等しい。

　しかしながら，全国で毎年5万人近くが社会の隅々に送り込まれる法学士を司法制度改革推進の人的資源として活用しない手はない。法科大学院に比べて歴史も伝統もあり，全国に分布する法学部の果たしうる役割は決して小さくはないはずである。そこで，以下では，「司法アクセスの向上」を担う人材育成として法学部教育を再定義することにしたい。なお，「大きな司法」や「法化社会」ではなく，「司法アクセスの向上」を掲げるのは，特定の政策的インプリケーションを排し，法学部教育の目的とするのに相応しい普遍性を見出すことができるとの考えによる。すなわち，司法アクセスは，成熟した民主主義国家の指標であり，個人の尊厳を保障する社会的インフラと位置づけられるのである。

5 司法アクセスと法学部教育

（1） 法科大学院教育（法務博士課程教育）との関係からみた法学部教育

　それでは，日本社会における「司法アクセスの向上」のために法学部教育がいかなる役割を果たすことができようか。この点は，法学教育の全体構想にもかかわることから，法科大学院教育までをも射程とした検討を要する。

　そこでまず，法科大学院教育によって涵養すべき能力（いわば法務博士力）と法学部教育により涵養すべき能力（いわば法学士力）とは何が異なるのかを考えることから始めよう。

　法科大学院は，専門職学位課程のうち専ら法曹養成のための教育を行う専門職大学院であって（専門職大学院設置基準18条1項），その教育目的は法曹に必要な学識および能力を培うことにあるとされるので（法科大学院の教育と司法試験等との連携等に関する法律2条1号），「法曹養成」に特化する点で法学部と異なることは明らかである。ただし，法曹養成といっても，その教育内容が一義的に明確となるわけではない。法曹，すなわち，法律実務家として要求される学識および能力は，裁判実務を中心に活動する裁判官と検察官については比較的判然としているが，裁判実務以外にも多方向に職域を広げつつある弁護士にとって必要な学識および能力は多様化せざるを得ず，弁護士教育をめぐってはさまざまな見解が示されている。この点，現在の（一般的な）法科大学院教育は弁護士業務については裁判中心モデルを前提としていると考えられ，したがって，培うべき学識や能力についてもことさら裁判官や検察官とは区別していない。以下，これを「裁判オリエンティッド教育」と称する。なお，このこ

図1　現在の（一般的な）法科大学院教育

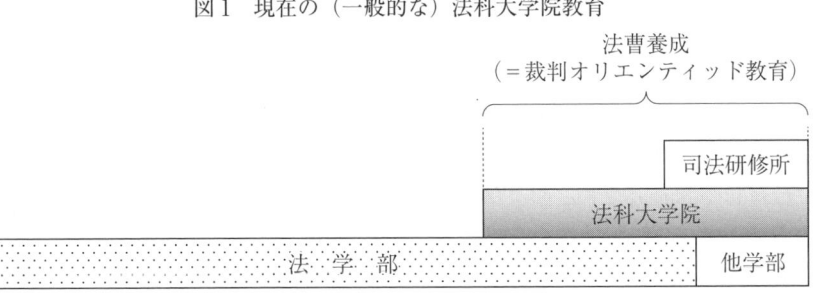

第3部　法学部教育の新たな可能性 —— 展 開 ——

図2　法曹一元制下の法科大学院教育

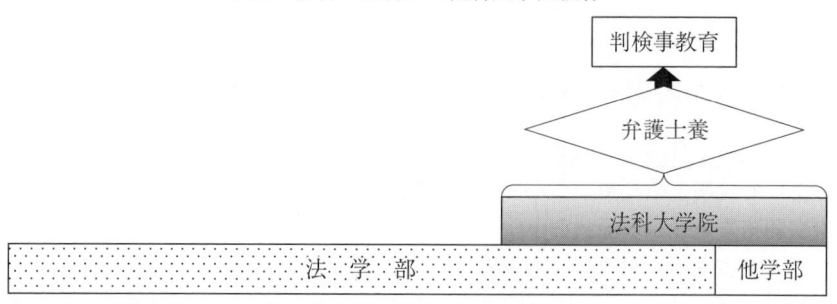

```
                        ┌─────────┐
                        │ 判検事教育 │
                        └─────────┘
                           ↑   ↑
                        ╱        ╲
                       ╱  弁護士養  ╲
                      ╱              ╲
           ┌──────────────────────────┐
           │       法科大学院          │
           ┌──────────────────────────────────┐
           │         法　学　部          │ 他学部 │
           └──────────────────────────────────┘
```

とは司法研修所教育にも妥当する。

　以上に対しては，現行の裁判オリエンティッド教育を中心とする法曹養成制度は法曹を狭い世界に封じ込め，とりわけ弁護士の職域拡大による司法アクセスの改善という流れを等閑に付しているとして，法曹一元制の採用と司法研修所による統一修習の廃止をパッケージとして提唱する見解がある（川村 2013：28頁など）。これによると，法科大学院教育および司法試験は弁護士養成を目的として再編成すべきことになろう。なお，そうした弁護士独自の事情に配慮して，2009年の弁護士法改正により，司法試験合格者が司法研修所を経ずに企業・官公庁等で一定期間の法律関係事務に従事した実務経験をもとに日本弁護士連合会主催の研修受講と法務大臣の認定により弁護士資格を認める弁護士資格認定制度が設けられたが，その運用次第では司法研修所のあり方，さらには，法科大学院の教育内容に対して変革を迫る事態も予想されるところであり，今後の動向が注視される。

　法科大学院で養成される法曹が裁判実務を中心に活動するか否かにかかわらず，法曹三者に共通するのは，法専門家として第三者の法律事件に関与する業務であるということであり，この点が法学部教育によって養成される法学士との決定的な相違となる。法学部で育まれるのは，自己の正義または自己の所属する組織の正義のために，法という武器を使いこなす能力である。ちなみに，自己の所属組織のためにその正義実現を担うという発想は，現行法上，法曹資格がなくても業務に精通する地位および当該組織との一体性からそれを包括的に代理して訴訟追行することが認められる「法令上の訴訟代理人」（支配人［商法21条1項，会社法11条1項］，船舶管理人［商法700条1項］，船長［商法713条1項］など）にすでにみられる。

そうすると，法科大学院も法学部もいずれも法学教育を行う以上は，法的素養ないしリーガルマインドの涵養を目指す点で共通するが，法科大学院の目的は，リーガル・プロフェッションとして法律を駆使して他人の法律関係の形成にかかわり，または，他人の法的利益を中心とした正義の実現を請負うことのできる能力を有した法曹の養成であるのに対し，法学部の狙いは，自己の正義またはその所属組織の正義を実現することのできる法的素養を身に付けた人材の育成にある。自動車運転免許にたとえれば，法曹資格は旅客を乗せて報酬を得ることの許された第二種免許であるのに対し，法学士は移動手段として自動車を運転するにとどまる第一種免許であるといえようか。なお，冒頭のグライダーと飛行機の比喩により両者を比較すると，法曹は第二種免許をもつプロフェッションとして他人の正義実現にコミットする以上，法学士よりも高いグライダー能力が要求されることに異論はみられまい。そうすると，グライダー能力より飛行機能力に重きを置く程度は，法学部教育の方が高いということになる。しかし，そもそも涵養すべき能力の質量が全体として異なるうえに，学部教育を受けた学士が法科大学院へ進学するのであるから，単純な比較の意味は乏しい。もっとも，法学部・法科大学院がそれぞれの教育カリキュラムを組む際に，いずれに重きを置くかがきわめて重要な視点となることは確かである。

（2）　司法概念の広狭による司法制度改革および法学教育の射程

いうまでもなく，「司法アクセス」にいう"司法"とは外縁が曖昧な多義的概念であるが，その広狭いかんによって司法制度改革の射程範囲を変じうるとともに，法科大学院教育および法学部教育に期待される役割をシフトチェンジさせる。

たとえば，三権分立のコンテクストで語られる司法は，国家の統治作用のうち，具体的な争訟について，法を適用し，宣言することで，これを裁定（解決）する国家作用であると定義づけられるが，これは最も狭く限定された，いわば"狭義の司法"概念である。これを前提とすると，司法制度改革は裁判制度を中心とする司法権の発動に直接影響する制度のみを対象とする小規模なものにとどまり，その担い手たる人材の育成としては法科大学院教育による裁判オリエンティッドな法曹養成で足り，法学部教育は直接には射程外に置かれよう。この点，桐蔭横浜大学法学部の「Ⓐ法曹・公務員コース」のように司法書士や行政書士などの隣接法律専門職種の養成を謳うことも稀ではないが，これらの

第3部　法学部教育の新たな可能性——展　開——

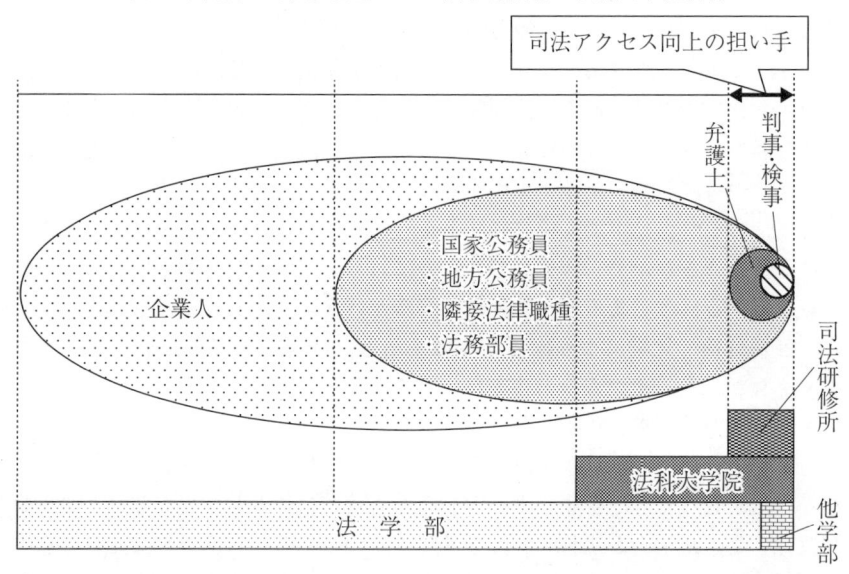

図3　「狭義の司法」概念による法学部教育・法科大学院教育

資格試験は，旧司法試験と同じく，学部不問であり，法学部教育との関係も希薄である。また，法曹以外で司法部門に携わる裁判所事務官（裁判所書記官，執行官を含む）や検察事務官も，事実上法学部出身者が多いものの，これまた学部不問であり，法学部教育との関係も希薄である。

次に，司法の射程を，「争訟の解決」にも，「国家作用」にも限定せず，法律関係や権利義務を実定法に即して発生・変更・消滅させる作用として広く捉えることが考えられるが，ここではこれを"広義の司法"概念とする。ちなみに，これは法とは人間が措定した実定法のみを対象とすべきとの法実証主義に親和的な司法概念といえようか。司法の領域は，この概念によると，狭義の司法の場合に加えて，弁護士会等の設営するADRセンターによる調停・仲裁や，そのような対処法務のみならず，予防法務や戦略法務などにも広がり，さらに，その展開は国境を越える。こうした"広義の司法"概念を前提とした法科大学院教育は，もはや裁判オリエンティッドでは足りず，ローヤリング教育を中心とした職域拡大に資する実務教育を中心として法曹養成を行うことが期待され，法学部は法務部員をはじめ，企業等でコンプライアンスを担当したり，法律問題について弁護士等と折衝したりする人材の育成を担うことになる。

328

第15講　法学部教育と司法アクセスの拡充

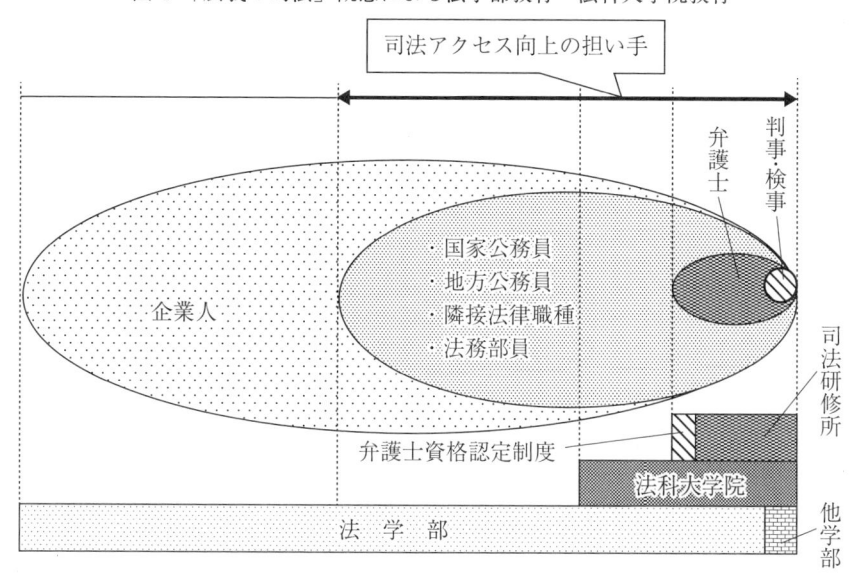

図4　「広義の司法」概念による法学部教育・法科大学院教育

　さらに，司法の外縁を広げて，「正義（Justice）」と同義に理解するのが「最広義の司法」概念ということになろうか。これは司法アクセスの英語表記である「アクセス・トゥ・ジャスティス（Access to Justice）」からは最も自然な理解であろう。ただし，そこでいう正義は法と無関係に実現されるものではなく，法とのかかわりを要するという意味で限定的であるが，ここでの法とは実定法に限らず，自然法，すなわち，理性によって見出される「あるべき法」をも包摂したコンセプトである。こうした理解に立脚するならば，司法制度改革は社会全体に及ぶことになり，法曹も法学士も「正義」へのアクセスの導き手として尽力すべきである点で変わりないが，法曹はプロフェッションとして他人の正義実現に関与ないし寄与することを業としながら社会全体の正義の総量増大に貢献するのに対し，法学士はさまざまな分野に進出して，橋頭堡のごとく，自己または所属組織の正義実現の範を示すことで，ルールにもとづく透明で公正な社会の構築に寄与するのである。このような正義へのアクセスの角度の相違にもとづくそれぞれの人材の育成を法科大学院と法学部は分担して行うことになる。
　以上のような3つの司法概念を前提とするならば，司法制度改革は広義の司

第3部　法学部教育の新たな可能性 ── 展　開 ──

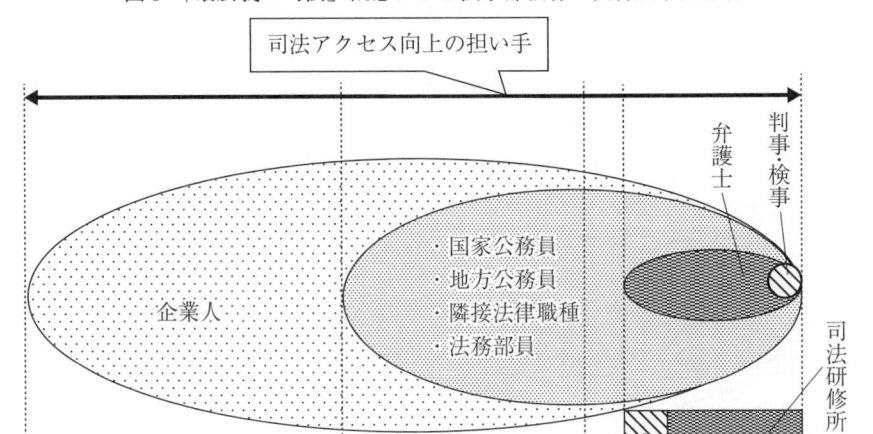

図5　「最広義の司法」概念による法学部教育・法科大学院教育

法を想定するものの，法科大学院教育については狭義の司法に傾いており，そのような齟齬が司法試験合格者数年間3,000人方針の見直しなどの現在の法曹養成問題として顕在化したという側面がみえてくる。これに対し，法学部教育を司法アクセスに役立てようとする発想は，広義または最広義の司法概念から導かれる。そして，その傾向は最広義の司法概念による方がより徹底しよう。

　また，法曹の職域は，広義または最広義の司法概念によると，裁判とその外側にあるADRなどによる紛争解決を包摂した対処法務だけでなく，予防法務や戦略法務といった広大な領域にまで及ぶことになるが，これを法曹養成に反映させ，弁護士の職域拡大，すなわち，司法アクセスの向上を目指すならば，法科大学院教育は，多様な内実を包含するローヤリング教育へ重心を移行することになり，その行き着く先には法曹一元制の採用と司法研修所の廃止が控えている。もっとも，仮に法曹の職域という文脈では狭義の司法を前提とする立場においても，法学士に期待される役割という文脈においてより広い司法概念に立脚することは必ずしも矛盾ではなく，論理的に可能であろう。

　したがって，司法概念の広狭およびそれにもとづく司法制度改革の射程範囲にかかわらず，法学部教育の役割は，正義の担い手たる法学士を社会の隅々に

送り込み，法曹とは異なるさまざまな角度から，たとえば，ある者は自らまたはその所属組織の正義を希求し，ある者は公務の場で正義を体現し，ある者は隣接法律専門職種として，また，ある者は法曹と協働して他人の正義実現に助力するなど，司法アクセスの改善・向上を実現し社会全体における正義の総量を増大させることであると措定することができよう。法学部教育がそうした機能を果たすとき，後を絶たない企業不祥事の予防ないし事後的な自律的処理が可能となり，また，反社会的勢力からその活動の場を奪うなどして，この社会における正義の総量は確実に増大するといえよう。

6 おわりに —— 司法アクセスのプラットフォーム戦略としての法学部教育

　万人に開かれ，ユニヴァーサル・アクセスを実現しつつある大学教育の現場では，多様な学習者のニーズに応答的であることが求められ，そこでの教育目的は，かつてのエリート教育における一般性抽象性の高いものから，各大学の現状に即した個別具体的なものへと変容し，それに応じて教育内容・方法も刷新され，多様な展開をみせつつある。これまでのトレンドは，各学部の専門性を相対化し，それを教養の軸とする専門教育のリベラルアーツ化であり，あるいは，コース制などにより学生の志望・進路に適合的な専門職業教育への重点移行であった。

　法学部教育も，高等教育の一角をなす以上，そうした流れから逃れることはできず，未だその方向を定めがたいものの，法科大学院制度の創設10年の節目を機に，法学部教育の現場に累積した経験やデータを集約化して，法学部教育の目的ないし期待される役割についてのミニマムスタンダードをめぐり，そのコンセンサスを形成するための準備作業をそろそろ開始すべきではなかろうか。

　本講は，その1つの方向性として，司法アクセスを改善・向上し，社会における正義の総量の増大に尽力する人材を育成し，社会各所に輩出することを提示した。もちろん，司法アクセスの向上を目指して，人々の正義実現を担うプロフェッションは法曹にほかならないが，いくら法曹人口が増加したとしても，社会全体が正義で満ち溢れるわけではない。法曹が活動しうる環境を整え，法曹を直接または間接に支える法学士の存在が鍵を握るのである。正義の総量増大を目指して，司法アクセスの問題に本格的に取り組むのであれば，法学士と

法曹の協働・連携は不可欠であり(注2)，この点を踏まえた法学部教育が展開されなければなるまい。

そこで，次に，法曹と協働しながら，あるいは，独自の視点から，司法アクセスを向上させ，社会全体における正義の総量を増大させるべく，社会の隅々を開拓し先導する，いわば「正義のフロントランナー」たる法学士を養成するには，いかなる知識（グライダー能力）とスキル（飛行機能力）を涵養すべきかを検討し，カリキュラム作りをすべきことになる。その際，「正義のフロントランナー」養成という角度から，法学以外にも語学，哲学，倫理学，心理学，社会学，政治学，経済学，あるいは，経営学など，幅広く学べるメニューを用意することが肝要であろう。また，初等・中等教育における法教育を想定した教職課程科目を開講することも一案である。

そうした教育内容についての具体的な検討課題を頭出しするにとどめ，その本格的作業は他日を期すことにしたい。

〈注〉
(1) 明治19年公布の帝国大学令には「帝国大学ハ国家ノ須要ニ応スル学術技芸ヲ教授シ及其蘊奥ヲ攻究スルヲ以テ目的トス」とあった。
(2) こうした協働・連携の視点は，弁護士法72条の問題を考えるうえで有用かもしれない。すなわち，隣接法律専門職種と弁護士とを排他的な対立関係ではなく，協働・連携する協調関係に立つことを前提として同条を解釈・適用するのである。なお，日本独自の隣接法律専門職種のあり方を問題視して，その整理・統廃合を示唆したうえで，法学部教育は隣接法律専門職種による疑似的法の支配に加担してきたと批判する見解もある（萩原2013：77頁以下）。

◇引用文献◇
イェーリング，ルドルフ／村上淳一訳（1982）：『権利のための闘争』岩波書店（原著1872年）
ウェスト，マーク・D／木南敦訳（2004）：「アメリカで耳にする法科大学院構想に関する噂の真相」法律時報76巻2号
川村明（2013）：「日本の法曹養成改革と国際通商政策――2014年IBA東京大会の課題」法の支配169号
司法制度改革審議会（2001）：『司法制度改革審議会意見書――21世紀の日本を支える司法制度［平成13年6月12日］』

外山滋比古（1986）:『思考の整理学』筑摩書房
萩原金美（2013）:『検証・司法制度改革 —— 法科大学院・法曹養成制度を中心に』中央大学出版部

◇**参考文献**◇

トロウ, マーチン／天野郁夫・喜多村和之訳(1976):『高学歴社会の大学 —— エリートからマスへ』東京大学出版会（原著1973年）
小島武司（1993）:『展望：法学教育と法律家』弘文堂
天野郁夫（2006）:『大学改革の社会学』玉川大学出版部
日本学術会議（2012）:『大学教育の分野別質保証のための教育課程編成上の参照基準 —— 法学分野［2012年11月30日］』
滝沢聿代（2013）:『変動する法社会と法学教育 —— 民法改正・法科大学院』日本評論社
関東学院大学法学研究所編(2013):『リベラル・アーツのすすめ —— 法学部で学ぶ』関東学院大学出版会

> # 第 16 講　六法的思考
> ── 法学部教育の歴史から ──
>
> 出口　雄一

　日本の法学部において行われている法学教育の内容は，法曹・公務員の養成を中核とするものの，その制度や目的が変化するにつれて多様化しつつある。そこで本講では，日本の大学における「法学部教育」について，その内容が外国から継受された「法典」及び「法学」により体系化されていく過程を「公法・私法二元論」にもとづく「六法的思考」として把握し，政治学・経済学・社会学などの隣接社会科学との関連をも視野に入れながら，その変容についてたどっていくことで，現在の「法学部教育」がどのような背景を持っているかを探ってみることとしたい。

1　はじめに

　われわれが法学部において日常的に用いている「六法全書」は，フランス・イタリアなどの国々における「五法」，すなわち，民法・商法・刑法・民事訴訟法・刑事訴訟法に憲法を加えた出版物である。1889（明治 22）年に大日本帝国憲法（明治憲法）が発布され，帝国議会の開設とともにその施行をみた翌 1890 年には，いわゆる法典論争の結果，公布されたものの施行延期となった旧民法を含めて，上記の「六法」が出揃うことになったが，同年 11 月には早くも，これらを収めた『日本六法全書』が刊行されるに至っている（石井 1993：242-243 頁）。

　しかし，わが国において「六法」の名を関する書籍は，それ以前にも散見される。たとえば，1885～86（明治 18～19）年にかけて刊行された『独逸六法』は，「近来ニ至リ独国普通五法斬ク備ハラントス」という状況を踏まえて，フランスにおける上述の「五法」に「裁判所編成法」を加えて訳出したものであり（堅田 1999：32-33 頁），「明治元年ニ起リテ今茲十八年九月三十日ニ終ル其

335

間ノ官省ノ布達布告達告示等最モ日常百般之事ニ必要ナルモノ」を採録した 1886 年の『大日本六法類編』は，全編を行政・民事・商事・訴訟・刑事・治罪の六編に構成する（小松 1886：1-2 頁）。われわれが「六法」を用いるときに暗黙の了解としているような「体系性」，とりわけ，公法と私法を二元的に把握するような思考方法は，明治中葉にはまだ自明のものではない。

　それでは，われわれはいつから「六法」を体系的に把握し，法的な思考方法の前提とするようになったのだろうか。本講はこの問題について，「学知」のあり方に対象を限定して，帝国大学を中核とする高等教育機関における「法学部教育」の構築の歴史と，明治期以降に法学と並行して西欧から導入され制度化されていく隣接社会科学，具体的には，政治学・経済学・社会学との関係から検討することを試みる。まず，明治期以降のわが国における西欧法の「継受」について，その「ナショナライズ」と「学問化」の過程を法曹養成との関係から論じ (2 (1))，法典編纂に伴う「法学部教育」の変容と「国法学」を通じた「公法・私法二元論」にもとづく「六法」の体系化について，政治学との関係を視野に入れながら検討する (2 (2))。そのうえで，法／法学のあり方が第一次世界大戦前後の「近代法の再編」の時期に動揺することに着目し，戦前の「経済法」と戦後経済民主化との関係から経済学の制度化について論じ (3 (1))，社会学における「国家」と「社会」の関係の論じられ方を踏まえ，戦前の「社会法」が戦後の「法社会学」へと転轍されるさまをみる (3 (2))。そして，これらの知見を踏まえて，これからの「法学部教育」に関する若干の展望を述べることとしたい (4)。

2　日本の法学と「六法」

(1)　明治初年の法学と法曹養成

(a)　イギリス法学派とフランス法学派

　明治初年のわが国は，「外国法のほとんど無反省といってもよい急激な摂取」が行われた「立法的摂取」の時代として描出される（野田 1966：164-171 頁）。とりわけ，1881（明治 14）年までの時期は，イギリス法・フランス法が圧倒的な影響力を持った時期であったが，立法の主な参照先となったのはフランス法であった。当時の法制官僚たちは，操作・移植の困難な英米のコモンロー，及

び，同時代の一般的な法令形式であった体系性を欠く単行法令（岩谷 2012：3-63 頁）を自覚的に避け，一覧性を備えた「装置」としての「法典」を編纂するという方針を選び取ったのである（金山 2011：5-8 頁）。

　このような「立法的摂取」の時代においては，法を支える「法学」の担い手を養成する制度の構築が同時に試みられていたが，ここで興味深いことは，立法の参照先がもっぱらフランス法であったにもかかわらず，法学教育に関してはイギリス法とフランス法のプレゼンスがほぼ拮抗していたという点である。すなわち，1871（明治 4）年に司法省内に設置された明法寮における試みを引き継ぐ形で，司法省法学校正則科・速成（変則）科においてフランス法教育が行われ，多くの法律家・法学者を育成したことはよく知られているが，これと並行して，幕末の洋学研究機関を前身とする開成学校を引き継いで 1877（明治 10）年に設置された東京大学法学部においては，もっぱらイギリス法が講じられ，やはり多くの人材の母胎となったのである。これらの官立法学教育機関の関係者によって私立法律学校が設置され，司法官試験，代言人・弁護士試験，さらに，官僚養成制度とも連動する形で，フランス法学派とイギリス法学派が対立を孕みつつ形成されたが，その対立がいわゆる「民法典論争」において顕在化し，フランス法の影響下において編纂が試みられた旧民法が施行延期に追い込まれたことは，よく知られているところであろう（天野 2009：上 55-78 頁）。

　(b)　ドイツ法への転回とさまざまな「法学通論」
　さて，もっぱらイギリス法の影響下にあった東京大学においてその「模範国」の遷移が生じるのは，1881（明治 14）年である。当初の留学先であったイギリスからドイツへと「転国」して同年 6 月に帰国した穂積陳重（1855-1926）は，7 月に東京大学に着任，翌年 2 月には法学部長になり，東京大学綜理であった加藤弘之（1836-1916）と共にドイツ学の導入に力を注ぐことになる。これは，「進大臣」と題する文書によって井上毅（1844-1895）が「独乙学ヲ奨励」したこと，さらに，いわゆる「明治 14 年の政変」と軌を一にする動きであった（堅田 1999：17-30 頁）。

　東京大学で穂積陳重が行ったドイツ法の組織的な受容のための変革は多岐にわたっているが，本講で注目したいのは，「独逸諸大学ノ制」に倣って「法律ノ大体ヲ学習セシメンガ為」に第一学年配当科目として開設され，穂積自らが講義を担当した「法学通論」である。その設置の経緯については，穂積自身が

第3部 法学部教育の新たな可能性 ── 展 開 ──

　後年「イギリス法律のみを教えた」東京開成学校において「初年級に法律大意 (General Outline) という講義があった」ことに言及したうえで「余がドイツより帰朝し，東京大学の講師となった時に，ドイツ国では Enzyklopädie der Rechtswissenschaft という学科があって，法律学の大体を教えておるが，我邦でもこれを一つの学科として初学者に教授したい」旨を加藤弘之に提案したとその経緯を回顧している（穂積陳重 1980b：148 頁）。イギリスから「転国」した後の留学先であったベルリン大学において，穂積は Juristische Encyclopaedie と題された講義を受講しており，イギリス滞在中にこの種の講義を受講した形跡はないことからも，穂積の提案した「法学通論」がドイツ法及びドイツ法学を直接の参照先としていることは明らかであろう（穂積重行 1988：232-278 頁）。この「法学通論」は，その用語法が示すように，18 世紀後半のドイツにおける法学教育改革，とりわけ，1737 年に創設されたゲッティンゲン大学において実施された大学改革のなかから生まれた「法のエンツュクロペディーとメトドロギー (Enzyklopädie und Methodologie des Rechts)」に関する講義の系譜に連なるものである。法学教育の場においてコルプス・ユーリス・キヴィリスによって担保されていた法の統一性が，法領域の拡大と多様化によって破綻をみせ始めた当時のドイツにおいて，「法のエンツュクロペディー」は，イギリスやフランスにおいて計画・出版された「百科全書」に影響を受けつつ，大学における諸学の領域を確定し，その連関を明らかにするという意味での「体系性」を志向する営為であった（石部 2006：157-169 頁）。

　しかし，穂積の回顧に示されるように，主としてイギリス法を講じていた東京大学系列の法学教育機関では「法律大意」と題されるイギリス型の法学入門講義が行われており，その卒業生によって 1885（明治 18）年に設立された英吉利法律学校（後の中央大学）において当時開講されていた「法学通論」は，テリー (H. Terry) の『法の第一原理 (The First Principle of Law)』などに依拠した内容であった（山崎 2010：65 頁）。また，司法省法学校の卒業生によって 1881（明治 14）年に設立された明治法律学校（後の明治大学）における「法学通論」（当初はやはり「法律大意」と題されていた）は，「法ト道トノ区別」から説き起こされるフランス法的な内容のものであった（村上一博 2007：30-31 頁）。明治 10 年代半ばにおいては，法学はまだドイツ法の独占物となってはいなかったことは，これらの多様な「法学通論」の内容からも推し量ることが出来よう。

(c)　「法学のナショナライズ」

　1886（明治 19）年の帝国大学令は，上述のような法学のあり方をドイツ型に体系化する大きな画期となった。帝国大学法科大学は，イギリス法教育をベースにドイツ法の受容へとシフトしつつあった東京大学がフランス法教育を行っていた司法省法学校を（東京法学校への改称を経て）吸収する形で，法律学第一科（フランス法），法律学第二科（イギリス法），政治学科の三科体制で発足し，翌年には法律学科と政治学科の二科体制とし，法律学科の中に英吉利部・仏蘭西部・独逸部を置く形に再編された（天野 2009：上 89-95 頁）。しかし上述のように，立法に関しては，この時期にはすでにイギリス法・フランス法のプレゼンスは相対的に弱まり，1889（明治 22）年のプロイセン型の大日本帝国憲法の発布，及び，その翌年に開設された帝国議会におけるボワソナード（G.E. Boissonade）が起草に深く関わった旧民法の施行延期決定を経て，ドイツ法がこれらを圧倒するに至る。フランス法型の旧民法の「根本的改修」として編纂された明治民法が「完全なドイツ民法典の模倣だという信仰」に覆われたことも含め，日本法は，「立法的摂取」に続く「法学的摂取」の時代において，ドイツ法学の下で「一個の整合的な法体系に組み上げられ」ることになる（野田 1966：169-172 頁）[注1]。

　このことは，法典調査会において自らも明治民法の編纂に携わった穂積の述べる「法学のナショナライズ」の過程とも連動している。穂積の回顧するところによると，1881（明治 14）年に東京大学に赴任した際にはほとんどが外国語によって講義が行われていたことを踏まえて「邦語で法律学の全部の講述が出来るようになる日が一日も早く来なければならぬ」と感じた穂積は，「先ず法学通論より始めて，年々一二科目ずつ邦語の講義を増し，明治二十年の頃に至って，始めて用語も大体定まり，不完全ながら諸科目ともに邦語をもって講義をすることができるようになった」という（穂積陳重 1980a：172 頁）。ここには，外国人立法者からの「自立」を志向し，母国語で「法」に関する言説を紡ぎながらも，自主的にドイツ法学への「自己接続」を図ろうとする，形成期の「法学者」たちの能動的・自覚的な姿が看取される（岩谷 2006：36-41 頁）。

(d)　「法学」と「法術」

　しかし，明治期の法学者たちが「自己接続」の先として自覚的に選んだドイツ法学はこの時，大きな変革の時期を迎えていた。上述したゲッティンゲン大

第3部　法学部教育の新たな可能性——展　開——

学における大学改革の時期を含め，ドイツにおける「法理論」は実務と緊密に連携した「法の賢慮」としての「法学（Jurisprudenz）」であったものが，19世紀に入ると，ベルリン大学を中心とするドイツのアカデミズムという場を得て「客観的で抽象的に考えられた法の知」の「総体」としての「法学（Rechtswissenschaft）」へと「学問化」し，他国へと波及していったのである（笹倉 2007：145-160 頁，シュレーダー 2009：5-13 頁）。このことは同時に，ドイツにおいて伝統的に大学の法学部が担ってきた法曹養成の訓練・教育方法である「レラチオーンステヒニク（Relationstechnik）」が，18 世紀には「実務法学（Praktische Rechtsgelehrsamkeit）」という科目として盛んに講じられていたにもかかわらず，法学の「学問化」に従い衰退していった過程と重なっている。その背景には，18世紀末葉のドイツにおいて進められていた法学教育改革，すなわち，大学において理論的教育を行い，実務修習は裁判所が担うという2段階の法曹養成システムの制度化があった（石部 1993：140-161 頁）。

一方，「法学のナショナライズ」を自覚的に推進した穂積陳重は，1882（明治 15）年 10 月に行われた東京大学法学部の卒業式学位授与式において，法理を明らかにし法律の本質を究める営為としての「法学」と，法律の本質を究めてこれを事実に適用する営為としての「法術」を区別し，同式典を後者にとっての「開業式」であると述べている（穂積重行 1988：310-312 頁）。この両者の差異は，1884（明治 17）年に制定された「判事登用規則」により導入された「学識」を問う試験制度の運用の過程において顕在化する。同法にもとづく判事登用試験は，1887（明治 20）年に公布，翌年より施行された「文官試験試補及見習規則」によって廃止されるまでの約3年，計5回実施されたに過ぎないが，その試験科目として，すでに成文法典を得た刑法・治罪法以外の科目は英法・仏法から選択する方式が採られていた。その試験の問題形式として「抽象的で系統立った法概念の定義や性質をめぐる議論」としての「法理問題」が登場していることは注目に値する。この試験方式は，判事登用試験に先行して「事例問題」を用いていた代言人試験にも波及し，法律家に相応しい「学識」を外国法に準拠して教授する場としての法学教育の制度化を帰結する（岩谷 2012：321-419 頁）。帝国大学令と同年に定められ，翌年施行された「私立法律学校特別監督条規」は，上述の判事登用試験の導入に伴い司法官試験の門戸が私立法律学校に開かれたことを受けて，法科大学長を兼ねる帝国大学総長がこれらを監督下に置くことにより，私立法律学校の法学教育の質を担保するための措置と

いう側面をもつものでもあり，後に1888（明治21）年の「特別認可学校規則」による文部大臣による認可制度，さらに，「司法省指定校制」の制定に伴う司法大臣による監督へと移行していく。上述した各私立法律学校における多様な「法学通論」も，これらの「監督」によるカリキュラム統一の産物であった（天野2009：上148-156頁）。しかし，19世紀末のドイツにおいては，「法のエンツュクロペディー」は上述の法学の「学問化」に伴い「法学入門（Einführung in die Rechtswissenschaft）」へと取って代わられていっていたのである（石部2006：162頁）。

（2）「六法」の整備と公法・私法二元論

(a) 法典編纂と「法学部教育」

上述のように，明治中葉における「六法」の整備は，司法官を含めた官吏任用制度の体系化と密接に連動していた。「文官試験試補及見習規則」の下で1888（明治21）年より行政官試験，司法官試験を分けて実施された高等試験は，一部の科目については英法・仏法・独法から選択する形で実施されていたが，1890（明治23）年2月に公布された「文官試験ノ件」が「試験ハ本邦ノ成文慣例及一般ノ学理ヲ以テ問題ト為スヘシ」と定めたことにより，その試験問題は国内法を素材とすることとなった。同年10月に実施された行政官試験（憲法・理財・財政・行政・民法），11月に実施された司法官試験（商法・民事訴訟法〔裁判所構成法を含む〕・刑法・刑事訴訟法・民法）のうち法学科目は，同年に公布されたばかりの旧民法を含めた「ナショナライズ」された「六法」から出題されるはずであったが，実際には，民法・商法・民事訴訟法に関しては，各外国法に対応した第一部から第三部の選択問題となっていた（安原2011：71-72頁）。

この「文官試験試補及見習規則」は，高等試験の科目について試験実施年毎に文官試験局長が選定することしていたが，裁判所構成法の規定にもとづき1891（明治24）年に制定された「判事検事登用規則」は，「一回試験」として，民法・商法・刑法・民事訴訟法・刑事訴訟法の各法についての筆記試験とこのうち少なくとも3科目を選択しての口述試験（1896年の改正により憲法・民法・商法・刑法・民事訴訟法・刑事訴訟法・行政法・国際公法・国際私法に増加），「二回試験」として，2件以上の訴訟記録について事実及び理由を詳示した判決案の作成と民法・商法・刑法・民事訴訟法・刑事訴訟法のうち少なくとも3科目

を選択しての口述試験を行う旨を明文で規定していた。さらに，1893（明治26）年には，文官任用令及び文官試験規則によって明治国家の官吏任用制度が体系化され，無試験で官吏任用が認められていた帝国大学卒業生も行政官になるためには文官高等試験（高等文官試験，通称「高文」）を受けることとされたが，同試験は，憲法・刑法・民法・行政法・経済学・国際法を本試験の必修科目，財政学・商法・刑事訴訟法・民事訴訟法を選択科目とすることを明文で規定しており，行政官になるためにはこれらを「学識」として備えることが求められることになった。ここに至って，「法学部教育」は，明治初年の法曹養成を中軸としたものから，広く官吏養成のためのものへと拡張したのである。司法官試験については裁判所構成法の「帝国大学法科卒業生ハ第一回試験ヲ経スシテ試補ヲ命セラルヽコトヲ得」との規定による無試験特権が文官高等試験制度の下でも維持されたことも含め（いわゆる「帝大法科特権」），明治国家における「法典」と「法学」は，行政官と司法官，官学と私学，さらには在朝法曹と在野法曹の間の構造的差異を含みこんだ，帝国大学法科大学を中心とした上昇型社会を構成する「学知」となっていくのである（大久保2001：118-126頁，岩谷2012：414-417頁）。

(b)　「国法学」と法学の体系化

われわれの「六法的思考」の大きな前提となっている概念の１つとして「公法・私法二元論」という考え方がある。「公法」と「私法」の区分自体は，ローマ法にまでさかのぼるものであるが，この概念は歴史的に構築されてきたものであり，諸外国においてもそのあり方は決して一様ではない。前節において言及した明治初年の法学教育の場においても，「公法」と「私法」の把握のあり方は多様で，統一性を欠くものであった。1884（明治17）年に『法学協会雑誌』に掲載された「公法私法ノ別ヲ評ス」と題された論文において，イギリス法理学を素材とした紹介が行われる一方で，同時期にフランス法の影響の強い行政法の教科書が刊行されていることなどは，上述のイギリス法学派・フランス法学派の並立という状況を反映したものであるといえよう（塩野1989：6-13頁）。

1882（明治15）年，東京大学において「国法学」の講義が設置され，ドイツから招聘されたラートゲン（K. Rathgen）により翌年から講義が開始された。この「国法学」は帝国大学法科大学においても引き継がれ，1890（明治23）年にラートゲンが帰国した後は，伊藤博文（1841-1909）の憲法調査と並行する形

でドイツ・オーストリアに留学した末岡精一（1855-1894）がその講義を担当することとなった（高見 2001：807-810 頁）。この末岡による国法学講義の営みが，「学問分野相互の体系的整序」及び「個別の学問の体系化」としての公法と私法の区分における画期となった。末岡は，ドイツにおける法学の変遷を踏まえたうえで，「近世ノ初期頃」から公法と私法の区別を行う学者が増加し，それが法理上不可欠なものとなったとし，ドイツ実定法の体系を援用して，憲法・行政法・刑法・刑事訴訟法・民事訴訟法・寺院法を包括したものを「公法」と定義している（塩野 1989：22-23 頁）。1893（明治 26）年に帝国大学に講座制が導入され，講座担当教員の専攻が明示されることで，「六法」を中心とする法学のアカデミズムにおける制度化と専門化が進行することになるが（天野 2009：上 202-225 頁），この講座制の下で，末岡は憲法国法学第二講座（後に国法学講座と改称）を担当することになった。末岡が翌年に没したため，同講座は一木喜徳郎（1867-1944）に担当が代わり，以後国法学講座は，大日本帝国憲法下の憲法学におけるいわゆる「立憲学派」の母胎となっていく。

一方，1889（明治 22）年の大日本帝国憲法の発布と軌を一にしてドイツ留学から帰国し，帝国大学法科大学において憲法の講義を担当したのが，前節において言及した穂積陳重の弟，穂積八束（1860-1912）であった。帝国大学の憲法国法学第一講座（後に憲法講座と改称）の担当となった八束が，いわゆる「伝統学派」とされる憲法学説を担い，また，民法典論争において施行延期派として論陣を張ったことは周知の通りであるが，その立論においては，公法と私法の区分を実定法の技術の問題として認識し，形式的な意味で把握しているものの，著名な「余ハ公用物ノ上ニ『此ノ所民法入ルヘカラス』ト云フ標札ヲ掲ケ新法典ノ実施ヲ迎ヘントス」との標語を示す以上の体系化を行ってはいない（塩野 1989：13-22 頁）。「公法ノ源」を「祖先教」におき，かつ，家族関係もまた「権力関係」として公法秩序に服するとの八束の把握は，「家」を中心として国制を一元的に把握するものであり，後に「立憲学派」の流れをくむ美濃部達吉（1873-1948）が「自由権」論を媒介として「公法」と「私法」とを二元的に把握しようとしたことと鋭い対照をなしている（水林 2013：134-138 頁）。

さて，末岡が述べているように，わが国における公法と私法の区別に関する思考は，ドイツにおける国法学の成果を受容したものであるが，このことは，前節において言及した法学の「学問化」の動きと対応している。19 世紀初頭のドイツにおいて盛んとなった「国家学（Staatswissenschaft）」は，「体系」の

概念の導入によって従来の「国家学（Staatenkunde）」との差異化を図っていたが，この頃，プロイセンにおける社会変動を背景として，サヴィニー（F. C. v. Savigny）によって近代私法の体系が確立されたことにより，19世紀半ばには近代的な意味における公法と私法の分離が成立したのである（村上淳一1979：177-194頁，水林2013：117-125頁）。サヴィニーらによって学問として確立されつつあったパンデクテン法学の影響を受けて，19世紀後半の「国家学」は，ゲルバー（C. F. v. Gerber）やラーバント（P. Laband）らの「国法学（Staatsrecht）」，イェリネック（G. Jellinek）らの「一般国家学（Allgemeine Staatslehre）」へと展開していく。19世紀ドイツにおける「国家学」の発展と変容は，その「学」としての統一的な姿が解体されていく過程でもあった（瀧井1999：11-19頁，笹倉2007：171-174頁）。

(c) 「国法学」と「政治学」

ところで，「伝統学派」及び「立憲学派」の最初の担い手であった末岡精一，穂積八束を含み，日本の憲法学を担う最初の人材を輩出したのは東京大学文学部であり，帝国大学設置の後も，憲法学者には政治学科の卒業生が多い（高見2001：805-823頁）。このことは，明治国家における社会科学のあり方を考えるうえで示唆的である。

東京大学では1885（明治18）年に文学部政治学及理財学科を「政治学科」と改称して法学部へと移管しており（このことに従い東京大学法学部は「法政学部」と改称），前節で述べたように，帝国大学法科大学設置の翌年には二学科体制の一角を「政治学科」が占めるようになるが，これと同年，「憲法行政財政外交経済政理統計等国家学ニ属スル諸学科ヲ講究」することを目的として「国家学会」が設立されている。この「国家学会」は，先行して設置されていた「法学協会」との専攻領域の棲み分けとともに，アカデミズムにとどまらない広義の「国家学」の振興を企図したものであったが，やがて，研究に軸足を置く「法理研究会」，政策に軸足を置く「社会政策学会」や「国際法学会」などの組織へと分化していき，やがてアカデミズムの内部に回収される（瀧井1999：245-291頁）。

日本における政治学は，帝国大学の初代政治学講座担当者であった小野塚喜平次（1871-1944）以降，一貫して「国家学」からの独立をその課題としていた。このことは，「政治学」と「国法学」の間の緊張関係の存在を示唆する。わが

国の政治学史においては，戦前期において政治学が活発に研究され，論議された時期として，明治10年代から大日本帝国憲法発布までの時期，及び，第一次世界大戦の半ばから昭和初期にかけての時期の2つのエポックがあったことが指摘されるが，それ以外の「政治学が沈滞した時期」は「ドイツの影響を受けて，ドイツ的国法学，ドイツ的国家学が政治学界にいろいろの影響を与えた」時期であり，政治学の基礎づけが法律学によってなされたことがその「停頓」の要因として挙げられているのである（丸山ほか 1950：36-45 頁〔蠟山政道発言〕）。また，わが国の政治学の「2つ目のエポック」となっている時期に，蠟山政道 (1895-1980) は「昭和研究会」において笠信太郎 (1900-1967) らとともに積極的に発言を行っているが，後述する『講座　日本近代法発達史』の時期区分においては，この時期が「近代法」の「崩壊期」と評価されていることも興味深い現象である（出口 2013：(1) 123-132 頁）。

3　「近代法の再編」と社会科学

(1)　経済学と「経済法」

(a)　経済学の「制度化」

明治初年の東京大学において政治学と並列して置かれていた「理財学」は，帝国大学の設置に伴い政治学科に吸収され，わが国における経済学は当面，法科大学に設置された政治学科の中にその位置を占めることになった。このことは，政治学と同様，経済学もまた「国家学」からの独立という課題を控えるという構図を帰結する。上述の「社会政策学会」に参加した金井延 (1865-1933) は，経済学と政治学を総合した国家学の分科大学を構想し，その動きは高野岩三郎 (1871-1949) が主導する経済学部独立運動に引き継がれていった（八木 1999：12-13 頁）。

しかし，経済学の「制度化」に大きな影響を与えたのは，明治中葉以降に生じた帝国大学以外の高等教育機関における社会科学の再編の動きである。上述した 1888（明治21）年の「特別認可学校規則」は，文部大臣の認可を受けた「法律学政治学又ハ理財学ヲ教授スル私立学校」の卒業証書を持つ者に高等試験の受験資格を認めると定めており，私立法律学校への特権付与は法学から政治学・経済学にも拡大されることになった。そして，1893（明治26）年の文官

第3部　法学部教育の新たな可能性 —— 展 開 ——

任用令及び文官試験規則の制定とともに定められた「司法省指定校制」は，特別認可学校制度を廃止し，判事検事登用試験についてのみ，司法大臣の指定する公立・私立の学校において「三年以上法律学ヲ修メタル証書ヲ有スル者」に受験資格を認める形となった。私立法律学校を母胎とする高等教育機関は，民法典論争を画期として法学以外の社会科学をも教授する複合的な機関へと転換し，監督・認可にもとづく「庇護と統制」から「統制と競争」の時代に移行する（天野 2009：上 295-308 頁）。

「虚学から実学へ」という高等教育の重点移動と対応して生じた経済学・商学の隆盛を象徴するのは，東京高等商業学校（後の一橋大学）を中心とした「商科大学運動」である。明治30年代に欧米諸国に派遣された東京高商の卒業生・教員たちが，当時ドイツで勃興しつつあった商科大学開設の動きに刺激を受けて，東京高商の大学昇格を求めて盛んに運動を行った。1908（明治41）年に東京帝国大学（1897〔明治30〕年の京都帝国大学の開設を受けて帝国大学を改称）法科大学の改組により政治学科から経済学科が分離，翌年にはさらに商業学科が新設されたのは，上記の運動に対応したものであり，当然東京高商側からの強い反発を招くことになる（天野 2009：下 70-198 頁）。東京帝国大学・京都帝国大学において経済学部が独立し，経済学が「国家学」から制度的に「解放」されるのは，1918（大正7）年の大学令により明治国家の高等教育制度が大きく再編成された翌年のことであるが，この過程は，帝国大学の卒業生の進路が官界から実業界へと転換する時期と重なっている。1920（大正9）年に東京商科大学に昇格した東京高商を皮切りに，大阪商科大学，神戸商科大学が高等商業学校からの昇格を果たすが，これらの動きは，経済学教育の需要・供給の両面における競合と連動するものでもあった（八木 1989：159-163 頁）。

(b)　「経済法」の導入と展開

20世紀初頭，「総力戦」として戦われた第一次世界大戦のインパクトは，社会構造そのもののあり方へと波及したが，日本の法と法学もその例外ではなかった。「立法的摂取」及び「法学的摂取」の帰結として一応の「確立」をみたと評される日本の「近代法」のあり方は，明治末葉から大正〜昭和前期において大きく動揺することになる。とりわけ，日本の法学が準拠していたドイツにおいて自由法運動が盛んとなり，さらに「経済法」や「社会法」といった「六法」以外の新たな法分野についての関心が高ることで，既存の公法・私法二元

論を相対化する動きをみせるようになったことは，本講の問題関心にとって重要である（塩野 1989：94-99 頁）。

1911 年に創立された「『法と経済』協会（Verein "Recht und wirtschaft"）」に深く関わったヘーデマン（J.W. Hedemann）は，あらゆる分野において「経済性（Wirtschaftlichkeit）」が古い学問領域の限界を動揺させている，と同時代の状況を描写している。後述する「社会法」との関係も含めて，「経済法」を独自の法領域として措定するかどうか，また，その特色をどのように把握するかについては，1920 年代のドイツにおいて多様な学説が展開されたが，1933 年にナチス体制が確立すると，やがて経済統制法へと収斂していくことになる。このような状況を受けた日本の経済法学説は，多くがドイツ学説の紹介の域を出ていなかったことが指摘されている（丹宗・伊従 1999：49-68 頁）。

上記のような状況は，しかし，「学知」としての日本の法学のあり方に規定されている側面があった。とりわけ，日中戦争勃発以後に展開した，「輸出入品等ニ関スル臨時措置ニ関スル法律」や「国家総動員法」を根拠法令とする膨大な経済統制法規をその特色とする「戦時法」をめぐっては，東京帝国大学の法学者が公法・私法二元論の枠組みに原則として依拠しながらその「解説」に従事したのに対し，新設の帝国大学や私立大学においては，そのあり方を乗り越えようとするモメントが看取される。そのような動きが具体化して「法学関係最初の全国的な学会」として，「経済学は再び法律学と提携しつつある」との認識にもとづいて 1939（昭和 14）年に創立された日本経済法学会が，上述の東京商科大学を中心とする組織であったことは，この時期の法学と経済学の緊密かつ微妙な関係を示している（出口 2013：(1) 143-147 頁）。

(c) 「経済民主化」と戦後経済政策

第二次世界大戦後に連合国の占領下に置かれたドイツ及び日本は，アメリカ起源の競争秩序，すなわち，1890 年に制定されたシャーマン法による反トラスト法の「継受国」となった。ドイツにおいては，19 世紀初頭に導入された「営業の自由」の「契約の自由」に対する優越の原理が，1887 年に公表されたドイツ民法典第一草案と，1895 年に公表された第二草案の間で逆転し，判例によって「契約の自由」の優位にもとづくカルテル許容が確認・固定されていた（村上淳一 1985：206-226 頁）。このことは，19 世紀末にアメリカとヨーロッパで「反独占自由主義」と「独占放任型自由主義」に分岐した競争秩序が，20

第3部　法学部教育の新たな可能性 ―― 展　開 ――

世紀中葉に収斂する過程として捉えることが出来る。法伝統・経済学の理論動向との違いから，戦後改革の一環である「経済民主化」政策の下での日本における反トラスト法原理の継受は，（西）ドイツよりも「直線的」なものとなったが（広渡 2009：134-166 頁），一方で戦後しばらく間，独占禁止法の法体系上の位置づけが不明瞭なままに推移するという帰結をもたらした（丹宗・伊従 1999：73-81 頁）。

　さて，戦前・戦時と戦後のアカデミズムに転換をもたらした措置としては，公職追放・教職追放を挙げることが出来るが，その影響範囲は社会科学の諸領域によって異なっている。経済学に関しては，自発的な退職者も含めて東京帝国大学・京都帝国大学・大阪商科大学のスタッフが大幅に入れ替えられており，これらの大学に復帰した経済学者の中には，戦後経済統制の立案及び運用に参画した者も少なくない（八木 1999：203-212 頁）。一方，法学に関しては，滝川事件の影響の残った京都帝国大学の他は，戦時期に明示的に「国体論」に接近した者や「日本法理研究会」の関係者等が追放されたに留まり，とりわけ東京帝国大学法学部のスタッフは，少なくとも占領政策の転換に至るまでの間は，戦時との強い連続性の下で法令の「解説」を手がけていた。なお，東京商科大学において「経済法」の研究を行い，上述の日本経済法学会の中心となっていた米谷隆三（1899-1958）らが教職追放処分を受けていることは，同会と意図的に距離をおいた経済法学会の設立が 1951（昭和 26）年にずれ込んだことと併せて，注意すべき点であろう（出口 2013：(2) 39-40 頁）。

（2）「社会法」から「法社会学」へ

　(a)　「社会」の発見

　1885（明治 18）年に東京大学文学部から政治学及理財学科が法学部に移管された際の文学部長であり，翌年初代帝国大学文科大学長となった外山正一（1848-1900）は「スペンサー輪読の番人」とも称されたという。このことが象徴するように，明治初年に「世態学」として導入された社会学理論の中で大きな影響力を持ったのはスペンサー（H. Spencer）の社会有機体説であり，やがて社会進化論と結合してアカデミズムに定着していった（秋元 2004：2-5 頁）。この社会進化論が，明治中葉におけるドイツ法の受容と緊密に結びついていたことは，加藤弘之が天賦人権論に即して記した『真政大意』『国体新論』を自ら絶版として，進化論的な権利論に即して『人権新説』『強者の権利の競争』を世

に問うたこと，また，穂積陳重が「法律静止」の国であるイギリスから「法律改新」の国であるドイツに「転国」し，歴史法学の影響を受けつつ『法律進化論』を生涯の仕事として手がけたことからも理解される（堅田 1999：24-30 頁，堅田 2010：16-30, 69-81 頁）。

ところで，上述のように同時代のドイツにおいて「解体」の過程にあった「国家学」を明治国家に伝播することを企図し，伊藤博文の憲法構想に大きな影響を与えたシュタイン（L. v. Stein）は，その「国家学」を「社会理論」にもとづいて改鋳することを構想していた（瀧井 1999：46-64 頁）。このことは，経済的な階層化が進行し，貧富の差が拡大していくときに「国家」と「社会」がどのような関係を取り結ぶべきか，という普遍的な問いに結びついている。この点は，旧民法典を批判して「国家的民法」の制定を唱える穂積八束にも共有された問題意識であったが（水林 2013：137-138 頁），この問いが前景化した場が，これまで何度か言及した「社会政策学会」であった。1890（明治 30）年に設立された同会は，ドイツ的な社会政策学を予防的に採用し，社会主義と一線を画しながら「社会問題」の研究を行うことを目指していたが，日露戦争前後の対外硬的な姿勢とも共振して「国家」を前面に出して「社会」に対峙する金井延らの世代と，「国家」を「社会」の手段として把握する福田徳三（1874-1930）らの世代の間には，日本の社会科学が「国家」から「社会」へと重点を移していくさまが看取される。しかしこれは，マルクス主義の影響が強まり，社会主義者と社会政策論者の間の対立が先鋭化することで，同会が活動停止に至る過程でもあった（石田雄 2013：51-71 頁）。

(b)　「社会法」の導入と展開

第一次世界大戦後の社会変動が日本の法と法学にもたらした影響は究めて大きなものであったが，なかでも，大戦後のドイツにおいてワイマール憲法に書き込まれた「社会国家（Sozialstaat）」的な方向性が，大正期においてさまざまな含意を込めて用いられた「法律の社会化」と呼ばれる動きに接続したことは重要である。とりわけこの時期に重視されたのは労働問題であり，1925（大正14）年に東北帝国大学法文学部に「社会法論」講座が，1927（昭和 2）年に九州帝国大学法文学部に「社会法」講座が設置されていることは，内務省社会局の設置（1920［大正 9］年に地方局社会課から昇格）などと併せて，労働問題への対応「社会法」として制度化される動きとして把握することが可能である。

東北帝大の橋本文雄（1902-1934），九州帝大の菊池勇夫（1898-1975）らによって担われた「社会法」は，ドイツでラートブルフ（G. Radbruch）らによって展開された理論を受容しつつ，もっぱら社会政策に力点を置く静態的なものとして展開した（片岡 1965：144-149 頁）。

一方で，第一次世界大戦の際にヨーロッパを避けてアメリカに留学し，1920（大正 9）年に帰国した東京帝大の末弘厳太郎（1888-1951）は，ドイツ法の影響を受けつつ本国における展開とは微妙な差異をはらんで構築されていた日本の「概念法学的法実証主義」に対して，法の国家からの解放を主張して制定法至上主義を批判し，エールリッヒ（E. Ehrlich）の「生ける法」理論などを踏まえつつ（笹倉 2007：191-192 頁），法典のなかにある「あるべき法律」から実生活に内在する「ある法律」へと「法」の概念を拡大することを主張した。「法学のなかにはじめて，社会を登場させ，社会を全面に押し出した」と評される末弘の方法論は，しかし，自由主義にもとづく弊害を認識しながらも，社会政策立法に関しては「契約自由」の貫徹を主張するというアンビバレントな側面を持ってもいた（石田眞 2007：164-168 頁）。

上記二つの「社会」を意識した法と法学のあり方は，日中戦争が勃発して「戦時法」が全面展開される時期に入ると，ともに変容を被ることになる。たとえば，「高度国防国家」に対応した社会法のあり方として経済統制立法を社会法に含めることを提言しつつも「全体的経済に固有な経済法が共同体理念によって指導される」という意味であると論じる菊池の戦時下の「社会法」理論は，産業報国運動に親和性の高いものであり（出口 2013：(1) 142-143 頁），華北慣行調査に参加することで戦後の法社会学に繋がる方法論を模索する末弘は，「国家の法律」と「社会の法律」の対抗と相互補完関係を意識しつつも，議論の中心を「国家」へとシフトさせていた（石田眞 2007：168-175 頁）。

(c)　「戦後法学」と「社会法」

第二次世界大戦後の占領下において，その初期に「社会科学」として圧倒的なプレゼンスを示していたのは，戦前においてもその普遍性・体系性・批判性のゆえに大きな影響力を持ったものの，治安維持法体制の下で「危険思想」として弾圧されていたマルクス主義であった（石田雄 2013：166-171 頁）。このマルクス主義を主な「方法」のひとつとして，1947（昭和 22）年 5 月に施行された日本国憲法に示された民主主義的価値を前提としながら，「戦前の支配的な

法律学との自覚的な断絶」の意識にもとづいて「戦後法学」の主な「研究分野」となったのが，同年12月にいちはやく学会を立ち上げるに至った法社会学である。法社会学会や民主主義科学者協会法律部会を拠点として活発な活動をはじめていた「戦後法学」の担い手たちは，1948（昭和23）年6月に設立された公法学会・私法学会を拠点に「再生」されつつあった既存の法学との鋭い対立をみせることになる（出口2013：(2) 43-56頁）。

　戦後経済民主化の一環として労働三法の制定を始めとする労働改革が行われ，かつ，占領後期には公務員の争議行為の禁止という大きな転換をみせたことは，戦後の「社会法」のあり方にも変動をもたらした[注2]。当時の労働法学においては，戦前の「社会法」との連続性を持つドイツ的な理論，マルクス主義に立脚して組合運動に社会変革の階級闘争の担い手としての期待をかける理論，そして，変転する社会的事実のなかに「在る法」を発見する法社会学的理論が並列していた（籾井1996：25-27頁）。このうち，マルクス主義に依拠して立論を行う「戦後法学」の観点からは，戦前において「社会法の虚偽性を鋭く自覚したイデオロギー批判」を展開した加古祐二郎（1905-1937）の「社会法」研究が評価され，1950年代後半に「市民法と社会法」という形でその概念内容が検討されるにあたって，経済法は「国家権力による上からの規制を通じて資本ことに独占資本の利益を擁護する側面を持つ」ものとして，社会法から切り離されて議論されるようになる（片岡1965：147-154頁）。

　1957（昭和32）年から刊行が開始された『法律学全集』（有斐閣）と，翌年に刊行が開始された『講座　日本近代法発達史』（勁草書房）は，戦後に多様な論点を持ちながら行われた法社会学論争・法解釈論争を経て，日本の法学が共通の問題意識を徐々に失い，法解釈学と「戦後法学」が距離をあけていくさまをよく示している（出口2013：(2) 57-60頁）。このうち「戦後法学」を象徴する『講座　日本近代法発達史』において，磯村哲（1914-1997）は上述の末弘厳太郎を「市民法学」の推進者として描出している。磯村は，戦前の日本の法学において支配的であった「概念法学的法実証主義」が，権威主義的な国家によって動員されたものであると把握し，末弘を「法の社会学的基礎づけ」と共に，戦後になってもなお日本に欠けている「啓蒙的，自由で民主的な基盤の確立」の担い手として位置づけ直した。その背景には，公法・私法二元論に近代法の理解のための鍵を見出すヴェーバー（M. Weber）の議論を踏まえつつ，20世紀以降に大きく変動する社会において「社会法的な定めをもたらす決定的な刺

激」を「社会そのもの」に求め「法秩序構築に当たっての国家主導という想定それ自体の相対化」を企図した磯村の含意があったのである（守矢2011：12-16頁）。

4 おわりに

わが国の「法学部教育」は，外国法の「立法的」及び「法学的」摂取，高等教育機関の制度化，社会科学そのものの変容などのさまざまな要因が歴史的に重なりあうことで，きわめて複雑で多様な内実をもつに至っている。その中で本講が注目したのは，「法典」と「法学」の対によって規定される法と法学の「学知」としてのあり方である。明治中葉に編纂を終えた「六法」を核とする「法典」をもとに，資格試験と密接に結びついた教育がなされることで，いつしか「法典の言葉と体系で考え，かつ語ること」が「法学部教育」のなかで自明化していく（金山2011：11-15頁）。しかし，わが国の「法典」の編纂は，同時代に自生していた「国家制定法とは異なる次元の法の存在」についての複数のお雇い外国人の注意喚起にもかかわらず，それを「自覚を伴った無視」によって一蹴した結果であり，このことが，後に末弘が指摘することになる継受法と社会の二元構造を帰結することになった（岩谷2006：35-36頁）。このような，継受法としての日本の「法典」とそのあり方を前提とした「法学」のあり方，すなわち，国家制定法に依拠した「六法的思考」を分析するうえでは，法学との影響関係を持ちながら発達してきた政治学・経済学・社会学等の隣接社会科学の知見が有用であるように思われる（広渡2009：3-9頁）。

この「六法的思考」は，上述のように，明治期以降に「法学部教育」が法曹養成から官吏養成へと拡張していく中で形成されてきたものである。しかし，法学が「ナショナライズ」され「学問化」する過程は，穂積陳重が述べるところの「法術」が「法学部教育」において外部化する過程でもあった。大正期，及び，戦後改革期における高等教育機関の拡大の中でさらに変質を遂げた「法学部教育」は，現在，法科大学院制度の導入による根本的な再検討を迫られている。「六法的思考」に規定された法学部のカリキュラムと国家試験科目の「相互依存関係」をどのように定位していくのか，歴史的経緯を踏まえながら検討することが求められよう（大久保2001：124頁）。

「六法的思考」の前提となっている公法・私法二元論は，ドイツ法に淵源を

持つ歴史的なものであるが，すでに1935（昭和10）年に宮沢俊義（1899-1976）によってその「理論的な区別」と「技術的な区別」の峻別の必要性が説かれている。宮沢の問題提起は，行政法学における両者の技術的区分という形で受け止められたものの，その理論的検討が深まるのは1950年代のことであった（塩野 1989：56-130頁）。この動向は，「戦後法学」において議論されてきた「市民社会論」のうち，「公法の私法への同化」を提起する川島武宜（1909-1992）の問題提起を踏まえた，市民社会の法体系を一元的に理解する方向の議論と接続している(注3)。グローバル化が進行して法の多元的な存在形態が前景化する現在において，公法・私法二元論の古典的な意味での意義は低下している。しかしこの概念は，私的領域の確保や公共性による連帯といった現代的課題に関して考える際に，なお有用な視座を提示してくれるように思われる（広渡 2009：249-285頁）。「六法的思考」を問い直すことは，われわれが「法学部教育」について自明のものと捉えているさまざまな価値について，本質的なところから再考することへとつながるであろう。

〈注〉
(1) これは「学説継受」とも呼ばれる問題であり，元来ドイツ法に由来しない法文をもドイツ法理論に依拠して無理に解釈するという弊害を生んだことが指摘されている（野田 1966：173頁）。
(2) 末弘厳太郎は，戦後労働立法においても中心的な役割を果たしたが，1946（昭和21）年9月に教職追放処分を受けて東京帝国大学を離れている（石田眞 2007：175頁）。
(3) 明治国家における「公法」と「私法」の関係は「特殊日本的」なものであったことを指摘し，穂積八束と末弘厳太郎を対置したうえで，「日本国憲法の歴史的位置」を「『公法』であるとともに『私法』でもあるところの，全法体系の基本法」であったとする水林彪の議論も，この系譜に属するものであろう（水林 2013：142-151頁）。

◇引用文献◇
秋元律郎（2004）：『近代日本と社会学 ── 戦前・戦後の思考と経験』学文社
天野郁夫（2009）：『大学の誕生 上・下』中央公論新社
石井良助（1993）：『日本の歴史を読み解く 法制史家がみた歴史の光と影』明石書店
石田眞（2007）：「末弘法学の軌跡」六本佳平・吉田勇編『末弘厳太郎と日本の法社

第 3 部　法学部教育の新たな可能性 ── 展　開 ──

　　会学』東京大学出版会
石田雄（2013）:『日本の社会科学〔増補新装版〕』東京大学出版会
石部雅亮（1993）:「『実務法学（Praktische Rechtsgelehrsamkeit）』について ── レラチオーンステヒニク（Relationstechnik）を中心に」海老原明夫編『法の近代とポストモダン』東京大学出版会
石部雅亮（2006）:「啓蒙期自然法学から歴史法学へ ── 18 世紀ドイツの法学教育の改革との関連において」原島重義先生傘寿『市民法学の歴史的・思想的展開』信山社
岩谷十郎（2004）:「日本法の近代化と比較法」比較法研究 65 号
岩谷十郎（2012）:『明治日本の法解釈と法律家』慶応義塾大学法学研究会
大久保泰甫（2000）:「日本の法学部教育の歴史から見た法科大学院構想」法律時報 72 巻 1 号
堅田剛（1999）:『独逸学協会と明治法制』木鐸社
堅田剛（2010）:『独逸法学の受容過程 ── 加藤弘之・穂積陳重・牧野英一』御茶の水書房
片岡昇（1965）:「社会法の展開と現代法」小林直樹編『岩波講座現代法（1）　現代法の展開』岩波書店
金山直樹（2011）:『法典という近代 ── 装置としての法』勁草書房
小松恒編（1886）:『大日本六法類編』花井卯助
笹倉秀夫（2007）:『法思想史講義　下　絶対王政期から現代まで』東京大学出版会
塩野宏（1989）:『公法と私法』有斐閣
シュレーダー，ヤン／高橋雅人・三原泉・西村清貴訳（2009）:「18 世紀以降のドイツにおける法理論・法律家養成・法実務の関係」曽根威彦・楜沢能生編『法実務，法理論，基礎法学の再定位 ── 法学研究者養成への示唆』日本評論社
高見勝利（2001）:「講座担当者から見た憲法学説の諸相 ── 日本憲法学史研究序説」北大法学論集 52 巻 3 号
瀧井一博（1999）:『ドイツ国家学と明治国制 ── シュタイン国家学の軌跡』ミネルヴァ書房
丹宗暁信・伊従寛（1999）:『経済法総論』青林書院
出口雄一（2013）:「戦時・戦後初期の日本の法学についての覚書（1）・（2） ──『戦時法』研究の前提として」桐蔭法学 19 巻 2 号，20 巻 1 号
野田良之（1966）:「日本における外国法の摂取」伊藤正己編『岩波講座現代法（14）外国法と日本法』岩波書店
広渡清吾（2009）:『比較法社会論研究』日本評論社
穂積重行（1988）:『明治一法学者の出発 ── 穂積陳重をめぐって』岩波書店
穂積陳重（1980a）:『法窓夜話』岩波文庫（初出 1916 年）
穂積陳重（1980b）:『続法窓夜話』岩波文庫（初出 1936 年）

丸山眞男ほか（1950）：「共同研究　政治学の過去と将来」政治学 1950 年度
水林彪（2013）：「『憲法と経済秩序』の近代的原型とその変容 —— 日本国憲法の歴史的位置」企業と法創造（早稲田大学）9 巻 3 号
村上一博（2007）：「岸本辰雄と横田秀雄の民法（家族法）理論」村上一博編著『日本近代法学の揺籃と明治法律学校』日本経済評論社
村上淳一（1979）：『近代法の形成』岩波書店
村上淳一（1985）：『ドイツ市民法史』東京大学出版会
籾井常喜（1996）：「戦後における労働法と労働法学の歴史的軌跡」籾井常喜編『戦後労働法学説史』労働旬報社
守矢健一（2011）：「日本における解釈構成探求の一例 —— 磯村哲の法理論の形成過程」松本博之・野田昌吾・守矢健一編『法発展における法ドグマーティクの意義 —— 日独シンポジウム』信山社
八木紀一郎（1989）：「"経済学の制度化"視角の提起するもの —— 経済学史学会関西部会の討論から」経済論叢（京都大学）143 巻 6 号
八木紀一郎（1999）：『近代日本の社会経済学』筑摩書房
安原徹也（2011）：「明治憲法体制成立期における司法官任用制度の形成」史学雑誌 120 巻 8 号
山崎利男（2010）：『英吉利法律学校覚書 —— 明治前期のイギリス法教育』中央大学出版部

◇参考文献◇
上山安敏（1966）：『法社会史』みすず書房
清水唯一朗（2013）：『近代日本の官僚 —— 維新官僚から学歴エリートへ』中公新書
南野森編（2013）：『法学の世界』日本評論社
手島孝（2004）：『学としての公法』有斐閣
山室信一（1984）：『法制官僚の時代 —— 国家の設計と知の歴程』木鐸社

＊本稿は，平成 25 年度科学研究費補助金（基盤研究（C）：課題番号 25380017）の助成を受けた研究成果の一部である。

コラム③　対話促進による協調的紛争解決に向けて
　　　　　——ミディエイションの展開

ミディエイション交渉研究所

1　「ミディエイション」と「調停」

　「ミディエイション」とは，何だろうか。やや聞き慣れない日本語であろうが，原語である「mediation」は，通常，「調停」や「和解」などと訳される言葉である。紛争が生じた場合の解決手段としては，訴訟という裁判の場での解決はもちろん，裁判外でも，仲裁，和解，調停による解決が考えられる。ただ，ここでいう「調停」と，アメリカの「ミディエイション」とは若干，異なる概念であることに注意されたい。

　日本では，「調停」というと，民事調停や家事調停のような法制度にもとづくものが連想されるように，第三者が，当事者双方から紛争の実情を聴取し，「正しい」あるいは「良い」と思われる解決案を提示し，それに合意するよう当事者に交渉・説得するものが一般的である。このように，日本の伝統的な「調停」は，法律や裁判予測がその評価基準となる「評価型」のものが主流である。他方，アメリカの「ミディエイション」は，弁護士や専門家などの第三者が，「ミディエイター（仲介者）」として，対立する当事者双方の対話を促し，共通する意見を出しながら，双方が納得のいく解決策を模索するというものが一般的である。ここでは，当事者の主体性を重視し，積極的に当事者間の自主的な対話を促進したうえで，当事者双方が協同・協調して，独自の解決案を創造することを支援するものとして位置づけられている。そのため，このような「対話促進型」または「自主交渉援助型」の調停ともいうべき「ミディエイション」は，日本の伝統的な「評価型」の調停モデルとは異なっている。また，「ミディエイション」は，先に紹介した「裁判外紛争解決手続」(Alternative Dispute Resolution〔以下，ADRと略す〕) の1つではあるが，仲裁のような「裁断型」のADRとは異なり，「調整型」のADRと呼ばれている。

　以上のような相違を示しつつ，訳することで生じる意味のズレをも防ぐために，近時，「ミディエイション」あるいは「メディエーション」等のカタカナ表記が用いられている。

第3部　法の発展と法学部教育の新たな可能性 ── 展 開 ──

2　ミディエイションの制度的基盤

　近年，日本では，事後規制社会への転換に伴い，司法の役割は徐々に増してきており，判決というかたちで強制力を伴う裁判による解決にとどまらない，多様な紛争処理のあり方が求められている。とりわけ，さまざまな紛争内容に応じ，柔軟な解決を提示しうるADRに期待がなされている。実際，裁判という公的場と資源を用いることなく，ADRを用いることによって，当事者の自主性を尊重しつつ，多様な分野の専門家の知見を活かしたきめ細かで，かつ，法律上の権利義務の存否にとどまらない実情に沿った解決を，プライバシーや営業の秘密を保持したうえで，簡易・迅速・廉価に行いうるのである。

　このようなメリットを備えたADRの拡充と活性化を図るため，2004（平成16）年に，「裁判外紛争解決手続の利用の促進に関する法律」（通称「ADR法」）が成立した。このADR法は，ADRの基本理念および国の責務について定めるとともに，認証制度を導入し，国民に紛争解決手続の選択の目安を提供し，弁護士でない専門家をミディエーターとして活用できるようにした。これにより，民間による紛争解決手続としてミディエイション交渉が制度的に保障され，私たちがADRに安心して携わることのできる法的環境が整えられたのである。

3　ミディエイションの展開

　このような動きを受け，また，ミディエイション交渉およびその技法が，法学だけでなく，心理学等の関連する諸分野を含め，学際的かつ組織的に研究を進める必要があることから，桐蔭横浜大学は，ADR法が施行された2007（平成19）年に，「ミディエイション交渉研究所」を創設した。そこでは，知の創造の場として内外に研究成果を発信するとともに，社会・経済の変化とニーズに対応し，社会貢献できる研究所となりうるよう，次のような活動を行っている。まず，国内外の研究者や実務家などとともに公開研究会（年2回）を行い，

コラム③　対話促進による協調的紛争解決に向けて

内外にその研究成果を公表している。また，次世代の社会を担う人材をも育成するべく，学部教育においても，コミュニケーション能力や人間関係調整能力などを養うためのロールプレイやグループワークを中心とした，参加・実践型の授業を展開している。このように，研究と教育を架橋し，互いにその成果をフィードバックしあうような試みがなされている。この試みがうまくなされれば，従来のマスプロ教育から脱し，学部教育のイノベーションにもつながる一つの手段として機能し，「人間教育」という大学教育の本来の使命を果たしていくことが可能になると考えられよう。

　科学の発展とグローバル化の進展に伴い，世界は，物理的にも心理的にも，その距離は狭まったものの，さまざまな社会的場面において，今なお，意見の対立や紛争に直面している。このような成熟しつつある現代社会においては，人々が互いに異なる多様な存在であることを認め合いながらも，相互に対話の努力を通じて，新しい価値を創造し，新たな社会関係を形成していくことが求められていると考えられる。このような場において，ミディエイション交渉の中核にある「対話」のプロセスは，非常に有用な手段と考えられる。私たちの日常生活において生じるさまざまな課題はもちろん，ビジネスの最前線で行われている契約交渉，あるいは複雑で困難な紛争解決の活動等を超えて，私たち人類にとって必要不可欠なプロセスであると考えられるからである。以上のようなことからすると，今後，「ミディエイション」は，ますます発展していくものと期待できよう。

(韓　寧)

おわりに

　2013年4月に，桐蔭横浜大学法学部は，設立20周年を迎えた。そこで，全教員が統一したテーマのもと，一書を共同で編むことを通じ，法学部の20周年を祝うとともに，今後のさらなる発展を願い，「桐蔭法学」を編集・発行する桐蔭法学研究会が編者となって，この桐蔭横浜大学法学部20周年記念論文集を公刊することとした。
　このようにして公刊する本書の目的を端的に述べれば，研究と教育との新しい形での融合を模索し，今後の法学部教育の可能性を提示することである。これまでの高等教育は，まず研究が独自の論理にもとづいて成立し，その研究内容を社会に還元あるいは継承するために教育がある，という形で展開されてきた。しかし，近時の大学においては，研究内容を消化できる学生，あるいはそれをふまえて継承できるだけの学生は，相対的に少なくなってきており，従来型の高等教育が立ち行かない状況となってきている。他方，学生ニーズあるいはその能力に合わせ，学生が必要とするものに基づいてのみ教育内容を構築するならば，結局のところ，大学が「大学」たりえなくなり，その存在意義を失っていくこととなる。このような大学が抱えるある種のジレンマを打破すべく，研究と教育を架橋するようなかたちで，今後の法学部教育の可能性につき，桐蔭横浜大学法学部から，1つの方向性を発信することが，本書の狙いである。
　具体的には，これまでの伝統的な法律学の分類にしたがった教授法とは異なり，法の根幹に通じる「法の窮極に在るもの」（尾高朝雄）ならぬ，法の「基層」にあるものを模索するとともに，それが現代において，どのように「変容」しているのか，それぞれが専門とする分野を通じ，複眼的に考察・検討することで，研究と教育の架橋を試みたものである。なお，本書のタイトルは，法学部設立以来，チュービンゲン大学との提携をはじめ，長らく法学部長を務め，本学の研究の基盤の構築にご尽力頂いた村上淳一先生の『ドイツ現代法の基層』（東京大学出版会，1990年）を意識したものである。
　本書は，法学部はじまって以来の試みとして2012年度から開講されている，複数の教員がオムニバス形式で行う「法哲学」の授業（担当：出口雄一）を一つの契機としている。そのためか，必ずしも意図したわけではないが，各部のテーマは，法哲学の3つの問題領域（第1部は法概念論，第2部は法価値論，

おわりに

　第3部は法学方法論）に通じる側面がある。この点に，法をめぐる思考の，ある種の普遍性を感じとれるが，本書は，それを超えて，より大きな視点で，それぞれの専門領域から，法をめぐる問題に研究と教育を架橋するかたちで対応しようとするものである。

　各部のテーマを述べると，まず，第1部では，「基層」をテーマに，「自由」，「平等」あるいは「意思」，「責任」といった近代以降，確立ないし活発に議論された概念を中心に，ある種，法の精神にかかる「法の原理・原則」に関する諸論文を所収した。次の第2部では，「変容」をテーマに，資本主義の発展やグローバル化の進展等により「多様化する社会」において，新たに生じてきた現代的な法状況・法問題をも意識したうえで，法の中核とその枠を形づくる人権の尊重や民主主義・自由主義といった点をもふまえ，第1部で考察した価値概念等とともに，法の基層に通奏低音をなし存在する「正義」の重層性を示唆する諸論文を所収した。最後の第3部では，「展開」をテーマに，これまでの「基層」と「変容」に関する議論をふまえたうえで，ポストモダンとして，われわれはどのように新しい社会へと立ち向かっていくべきか，今後の「法学部教育の新たな可能性」について検討する諸論文を所収した。

　「社会あるところに法あり」といわれるように，社会とは無関係に法を語ることはできない。そのため，本書に所収されている各論文は，上記のタイトルとテーマのもと，各教員が各々の専門分野において，研究活動と，学生が必要とする知識・能力を位置づけつつ，その具体的なあり方を模索し，試行した産物である。これにより，法を学ぶ者の法的素養を涵養していくことができればと願っている。

　最後になってしまったが，表紙およびコラムに掲載した写真およびその撮影については，小野寺毅仁氏をはじめとするメモリアルアカデミウムならびに入試広報センターの職員の方々にご尽力頂いた。記して深く感謝の意を表する次第である。

　2014年3月

桐蔭法学研究会

◆執筆者紹介◆
(2014年3月現在)

■はじめに

小島　武司（こじま・たけし）
1936年生まれ，中央大学法学部，法学博士，2006年9月〜赴任（現在，同大学学長・中央大学名誉教授），民事訴訟法専攻。
『民事訴訟法』（有斐閣，2013年），小島武司＝伊藤眞＝田中成明＝加藤新太郎編『法曹倫理〔第2版〕』（有斐閣，2006年），小島武司編『外国弁護士法（上）（下）』（信山社，2004年），『裁判外紛争処理と法の支配』（有斐閣，2000年）ほか。

■第1部　法の原理・原則 ── 基層

中野　邦保（なかの・くにやす）
1976年生まれ，名古屋大学大学院法学研究科博士課程（後期課程）満了退学，2005年4月〜赴任（現在，同大学准教授）。民法専攻。
「カントによる『自由の体系』の基礎づけ ── 啓蒙期自然法論からの哲学的転回」筏津安恕先生追悼論文集『法思想史の新たな水脈 ── 私法の源流へ』（昭和堂，2013年），「売買契約が公序良俗違反で無効な場合の立替払契約と既払金の返還 ── 最高裁平成23年10月25日判決を契機として」桐蔭法学19巻1号（2012年），「韓国における民法典の改正 ── 急展開を迎えた2009年を中心に」民法改正研究会『民法改正と世界の民法典』（信山社，2009年）ほか。

小島　奈津子（こじま・なつこ）
1970年生まれ，法政大学大学院社会科学研究科博士課程（後期課程）満了退学，2004年4月〜赴任（現在，同大学准教授）。民法専攻。
「『出捐の中間者』について ── エルトマンの有償論を中心に」桐蔭法学19巻2号（2013年），「報償的贈与についての一考察 ── アメリカ法を参照して（1）〜（3・完）」桐蔭法学14巻1号（2007年），15巻1号（2008年），16巻2号（2010年），『贈与契約の類型化 ── 道徳上の義務の履行を手がかりにして』（信山社，2004年）ほか。

勝亦　啓文（かつまた・ひろふみ）
1973年生まれ，中央大学大学院法学研究科博士後期課程単位取得退学，2005年4月〜赴任（現在，同大学准教授）。労働法専攻。
「近時の裁判例における労働協約の制度的効力の位置づけ」法学新報（中央大学）119巻5・6号（2012年），「非常勤職員をめぐる裁判例の検討」日本労働法学会誌110号（2007年），「フランスにみる組合機能と従業員代表制度の調整」季刊労働法216号（2007年）ほか。

原口　伸夫（はらぐち・のぶお）
1968年生まれ，中央大学大学院法学研究科博士後期課程単位取得退学，2002年9月〜赴任（現在，同大学教授）。刑法専攻。
「刑法43条ただし書における『中止した』の解釈について」刑法雑誌51巻2号（2012年），

363

執筆者紹介

「不能犯についての若干の覚え書」八木國之博士追悼論文集『刑事法学の新展開』(酒井書店，2009年)，「間接正犯者の実行の着手時期」法学新報（中央大学）105巻1号（1998年）ほか。

谷脇　真渡（たにわき・まさと）
1974年生まれ，桐蔭横浜大学大学院法学研究科博士後期課程満期修了，2005年4月〜赴任（現在，同大学准教授）。刑法専攻。
「遊客が周旋行為の介在を認識していなくても売春防止法6条1項の周旋罪が成立するとされた事例」判例時報2196号（2013年），「酩酊運転関係犯罪の故意」桐蔭法学13巻2号（2007年），「抽象的事実の錯誤」桐蔭論叢11号（2004年）ほか。

原　千砂子（はら・ちさこ）
1955年生まれ。国際基督教大学大学院比較文化研究科博士後期課程単位取得退学，1993年4月〜赴任（現在，同大学教授）。政治思想史専攻。
「民主主義社会における宗教の役割――トクヴィルの宗教論」千葉眞ほか編『歴史のなかの政教分離――英米におけるその起源と展開』（彩流社，2006年），「デモクラシーと社会統制――トクヴィルの刑罰論」思想No. 885（岩波書店，1998年）ほか。

浅岡　慶太（あさおか・けいた）
1974年生まれ，桐蔭横浜大学大学院法学研究科後期博士課程満期退学，2001年4月〜赴任（現在，同大学助教）。ヨーロッパ近代法史専攻。
K・W・ネル著（邦訳）「裁判理由の拘束力について――ドイツ連邦憲法裁判所を例として」桐蔭法学15巻2号（2009年），「サヴィニーの既判力理論について」桐蔭論叢19号（2008年）ほか。

■第2部　多様化する社会と正義の重層性――変容

茂木　洋平（もぎ・ようへい）
1981年生まれ，東北大学大学院法学研究科後期博士課程（博士（法学）），2012年4月〜赴任（現在，同大学専任講師）。憲法専攻。
「多様性に基づくAffirmative Actionの正当性（1）〜（3・完）――多様性の価値の意味」法学（東北大学）76巻1号，76巻4号（以上，2012年），77巻1号（2013年），「アメリカにおける階層に基づく（class-based）Affirmative Actionの正当性（1）（2・完）」桐蔭法学19巻1号（2012年），19巻2号（2013年），「Affirmative Actionの正当化理由（1）（2・完）――過去向きのAffirmative Actionと将来志向のAffirmative Action」東北法学33号，34号（以上，2009年）ほか。

麻妻　和人（あさづま・かずひと）
1969年生まれ，中央大学大学院法学研究科博士前期課程修了，2005年4月〜赴任（現在，同大学准教授）。刑事訴訟法専攻。
「上訴制度の在り方について」川端博ほか編『立石二六先生古希祝賀論文集』（成文堂，2010年），「訴因変更の限界について――裁判員制度を契機として」桐蔭法学13巻2号（2007年）ほか。

執筆者紹介

秋田　知子（あきた・ともこ）
1973 年生まれ，桐蔭横浜大学法学研究科博士後期課程満期修了，2005 年 4 月〜赴任（現在，桐蔭横浜大学准教授）。民事手続法，法交渉学専攻。
小島武司編著『よくわかる民事訴訟法』（ミネルヴァ書房，2013 年）（Ⅱ　裁判所の 1・2〔裁判所の組織等〕，Ⅶ　証拠の 3・4〔自由心証主義〕担当），「アメリカにおける家族法弁護士の役割」桐蔭論叢 23 号（2010 年）ほか。

竹村　典良（たけむら・のりよし）
1957 年生まれ，中央大学大学院法学研究科博士後期課程単位取得退学，1993 年 4 月〜赴任（現在，同大学教授）。刑事政策，犯罪学，刑事法専攻。
"Complex Dynamic Transvoyage Criminology in Multiple Time and Space Dimensions : Paradigm change from 'clockwork life course' to 'chaotic unstable human itinerancy'," in K. Boers et al. (Hrsg./Eds.) *Kriminologie-Kriminalpolitik-Strafrecht. Festschrift für Hans-Jürgen Kerner zum 70. Geburtstag/Criminology-Crime Policy-Penal Law. Festschrift Hans-Jürgen Kerner on the occasion of his 70th birthday*, Tübingen : Mohr Siebeck, 2013 ; *Transnational Crime/Harm/Injustice and Struggle for Social Justice : Development of Chaos/Complexity Criminology, A/CONF.213/IE/8*, Twelfth United Nations Congress on Crime Prevention and Criminal Justice (Salvador, Brazil, 12-19 April 2010) ；『犯罪と刑罰のエピステモロジー』（信山社，1999 年）ほか。

河合　幹雄（かわい・みきお）
1960 年生まれ，京都大学法学研究科博士後期課程認定修了，1993 年 4 月〜赴任（現在，同大学法学部長・教授）。法社会学専攻。
『日本の殺人』（ちくま新書，2009 年），『終身刑の死角』（洋泉社，2009 年），『安全神話崩壊のパラドックス──治安の法社会学』（岩波書店，2004 年）ほか。

ペマ・ギャルポ
1953 年生まれ。モンゴル国立大学，2004 年 4 月〜赴任（現在，同大学教授）。国際政治専攻。
『日本人が知らなかったチベットの真実』（海竜社，2008 年），『中国が隠し続けるチベットの真実──仏教文化とチベット民族が消滅する日』（扶桑社，2008 年），『チベット入門』（日中出版，1998 年）ほか。

升　信夫（ます・のぶお）
1958 年生まれ，東京大学大学院法学政治学研究科博士課程（法学博士），1997 年 4 月〜赴任（現在，同大学法学部法律学科長・教授）。政治思想史専攻。
「Science, Art, Craft（1）──経営学説史，ビジネス教育史を素材とした思想史的考察」桐蔭法学 19 巻 1 号（2012 年），「高等教育における職業教育についての試論（1）」桐蔭論叢 22 巻（2010 年）ほか。

山城　崇夫（やましろ・たかお）
1951 年生まれ，中央大学大学院法学研究科博士後期課程退学，1993 年 4 月〜赴任（現在，

執筆者紹介

同大学教授）。民事訴訟法専攻。
「法律扶助の魂，理論，そして政策」小島武司先生古稀祝賀『権利実効化のための法政策と司法改革』（商事法務，2009年），「合理的敗訴者と非合理的敗訴者」後藤勇ほか編『木川統一郎博士古稀祝賀——民事裁判の充実と促進（下巻）』（判例タイムス社，1994年）ほか。

■第3部 法学部教育の新たな可能性——展開

山口　裕博（やまぐち・やすひろ）
1951年生まれ，中央大学大学院法学研究科博士後期課程単位取得退学，博士（法学）（新潟大学），1994年4月〜赴任（現在，同大学教授）。英米法専攻。
『芸術法の基礎』（尚学社，2013年），『芸術法学入門——アートの法の広がり』（尚学社，2006年），『芸術と法』（尚学社，2001年）ほか。

小林　学（こばやし・まなぶ）
1969年生まれ，中央大学大学院法学研究科後期博士課程単位取得退学，2002年4月〜赴任（現在，同大学教授）。民事訴訟法専攻。
「複合対話型審理モデル——民事訴訟における協調的対話と競争的対論」桐蔭法学19巻2号（2013年），「対抗的和解申出・預託——自主的合意形成のためのデヴァイス」小島武司先生古稀祝賀『民事司法の法理と政策・下巻』（商事法務，2008年），「和解成立率と『対抗的和解申出・預託』」法学新報（中央大学）113巻9・10号（2007年）ほか。

出口　雄一（でぐち・ゆういち）
1972年生まれ，慶応義塾大学大学院法学研究科後期博士課程単位取得退学，2004年4月〜赴任（現在，同大学准教授）。日本法制史専攻。
「戦時・戦後初期の日本の法学についての覚書（1）（2・完）——『戦時法』研究の前提として」桐蔭法学19巻2号，20巻1号（以上，2013年），「日本近現代史における市民の刑事司法参加」後藤昭編『東アジアにおける市民の刑事司法参加』（国際書院，2011年），「占領管理体制の法的特質」法制史学会60周年記念若手論文集『法の流通』（慈学社，2009年）ほか。

韓　寧（かん・ねい）
1974年生まれ，中央大学大学院法学研究科博士後期課程，博士（法学），2007年4月〜赴任（現在，同大学准教授）。民事手続法・比較法・中国法専攻
「中国調停制度の新展開」白鴎大学論集27巻2号（2013年），「中国の行政調停に関する一考察——日本法との比較の視点から」小島武司先生古稀祝賀『権利実効化のための法政策と司法改革』（商事法務，2009年），『中国の調停制度——日本・米国との比較』（信山社，2008年）ほか。

■おわりに

桐蔭法学研究会（とういんほうがくけんきゅうかい）
1994年発足。年2回（6月・12月），『桐蔭法学』を発行。
（編集委員：升信夫・出口雄一・中野邦保）。

桐蔭横浜大学法学部20周年記念

法の基層と展開
―― 法学部教育の可能性 ――

2014(平成26)年4月15日 第1版第1刷発行

編　者　桐蔭法学研究会
発行者　今井 貴　稲葉文子
発行所　株式会社 信 山 社
〒113-0033 東京都文京区本郷6-2-9-102
Tel 03-3818-1019　Fax 03-3818-0344
info@shinzansha.co.jp
笠間才木支店　〒309-1611 茨城県笠間市笠間 515-3
笠間来栖支店　〒309-1625 茨城県笠間市来栖 2345-1
Tel 0296-71-0215　Fax 0296-72-5410
出版契約 2014-1717-9-01010　Printed in Japan

Ⓒ著者, 2014　印刷・製本／亜細亜印刷・渋谷文泉閣
ISBN978-4-7972-1717-9 C3332 P 440/245. 230-a004 法律消費者法
1717-9-01011：012-150-070《禁無断複写》

JCOPY 〈(社)出版者著作権管理機構委託出版物〉

本書の無断複写は著作権法上での例外を除き禁じられています。複写される場合は、そのつど事前に、(社)出版者著作権管理機構（電話 03-3513-6969、FAX03-3513-6979、e-mail : info@jcopy.or.jp）の許諾を得て下さい。また、本書を代行業者等の第三者に依頼してスキャニング等の行為によりデジタル化することは、個人の家庭内利用であっても、一切認められておりません。

◆ 学術世界の未来を拓く研究雑誌 ◆

憲法研究　樋口陽一 責任編集　（近日創刊）

行政法研究　宇賀克也 責任編集

創刊第1号　宇賀克也／原田大樹
【東アジア行政法学会学術総会（第10回大会）】宇賀克也／大橋洋一／木村琢麿／原田大樹
第2号　木藤茂／田尾亮介　　第3号　稲葉馨／德本広孝／田中孝男
第4号　村上裕章／黒川哲志／板垣勝彦
第5号　【特集：グリーンアクセスの実効的保障をめざして】大久保規子 監訳

民法研究　広中俊雄 責任編集

第1号　大村敦志／広中俊雄　　第2号　磯村保／広中俊雄　　第3号　広中俊雄／中村哲也
第4号　山野目章夫／樋口陽一／広中俊雄　　第5号　水林彪／山本敬三／瀬川信久
第6号　中村哲也／蟻川恒正　　第7号　水林彪／広中俊雄
　　　　　　　　　　　　　　　　　　　　　　　　　（続刊：大村敦志 責任編集）

社会保障法研究　岩村正彦・菊池馨実 責任編集

創刊第1号　【社会保障法学の草創・現在・未来】荒木誠之／稲森公嘉／尾形健／中野妙子／
小西啓文／水島郁子／菊池馨実／丸谷浩介／太田匡彦／岩村正彦／秋元美世
第2号　【特集：社会保障の費用負担】岩村正彦／高畠淳子／柴田洋二郎／新田秀樹／橋爪幸代
【研究座談会】堀勝洋／岩村正彦／菊池馨実／島崎謙治／太田匡彦
第3号　【特集1：社会保障法の法源（その1）】笠木映里／嵩さやか
【特集2：社会保障の法主体（その1）】小島晴洋
【特集3：平等・差別禁止・ジェンダー（その1）】山本まゆこ
【立法過程研究】和田幸典

国際法研究　岩沢雄司・中谷和弘 責任編集

創刊第1号　中谷和弘／中井愛子／坂本尚繁／坂巻静佳／石井由梨佳
第2号　【藤田久一先生のご業績を振り返る】松井芳郎／新井京／西平等
中島啓／石井由梨佳／權南希／鶴田順

環境法研究　大塚直 責任編集

創刊第1号　【特集：福島第1原発事故と環境法】交告尚史／首藤重幸／下山憲治／下村英嗣／大塚直
【判例研究】畠山武道

消費者法研究　河上正二 責任編集　（近日創刊）

医事法研究　甲斐克則 責任編集　（近日創刊）

法と哲学　井上達夫 責任編集　（2015年5月創刊）

〒113-0033　東京都文京区本郷6-2-9-102　東大正門前
TEL:03(3818)1019　FAX:03(3811)3580　E-mail:order@shinzansha.co.jp
信山社
http://www.shinzansha.co.jp